21世纪普通高等院校汽车专业系列教材

汽车制造工艺学

QICHE ZHIZAO GONGYIXUE

- 主　编　钟诗清
- 副主编　吴焕芹　张　宏

华南理工大学出版社
·广州·

内 容 简 介

本书共分八章,内容包括汽车制造过程、毛坯制造工艺、冲压工艺、焊接工艺、工艺装备及机床夹具、机械加工工艺、装配工艺、涂装工艺等内容。每章附有学习要点和复习思考题。

本书可作为普通高等院校汽车类专业教材,也可作为相关行业岗位人员培训教材或自学指导书,还可供汽车设计、制造部门的工程技术人员参考。

图书在版编目(CIP)数据

汽车制造工艺学/钟诗清主编.—广州:华南理工大学出版社,2011.2(2019.1重印)
21世纪普通高等院校汽车专业系列教材
ISBN 978-7-5623-2861-2

Ⅰ.①汽… Ⅱ.①钟… Ⅲ.①汽车-生产工艺-高等学校-教材 Ⅳ.①U466

中国版本图书馆CIP数据核字(2011)第011104号

总 发 行:华南理工大学出版社(广州五山华南理工大学17号楼,邮编510640)
　　　　　营销部电话:020-87113487　87110964　87111048(传真)
　　　　　E-mail:scutc13@scut.edu.cn　　http://www.scutpress.com.cn

责任编辑:吴翠微
技术编辑:杨小丽
印 刷 者:虎彩印艺股份有限公司
开　　本:787mm×1092mm　1/16　印张:21　字数:525千
版　　次:2011年2月第1版　2019年1月第4次印刷
印　　数:4001~4502册
定　　价:35.00元

版权所有　盗版必究

21世纪普通高等院校汽车专业系列教材
编 委 会

主　　任：丘宏扬（华南理工大学广州汽车学院副院长）

　　　　　吴永桥（武汉理工大学华夏学院院长、董事）

副 主 任：陈　永（湖北汽车工业学院科技学院院长）

　　　　　王宏甫（北京理工大学珠海学院机械与车辆工程学院院长）

　　　　　陈秉均（华南理工大学广州汽车学院汽车工程系主任）

　　　　　杨万福（武汉理工大学华夏学院汽车工程系主任）

　　　　　邓宝清（吉林大学珠海学院机电工程系主任）

编　　委：（以姓氏笔画为序）

　　　　　王宏甫　邓宝清　甘　泉　卢　山　田　晟　任长春

　　　　　李艳菲　宋长森　宋玉林　余晨光　陈秉均　陈　永

　　　　　杨万福　邵海忠　钟诗清　姚胜华　容一鸣　唐文初

　　　　　韩同群

总 策 划：范家巧　乔　丽

策划编辑：袁　泽　吴翠微

前 言

汽车制造工艺学是一门综合性的工程技术学科。汽车制造涉及多种制造技术，是一门跨专业的课程。传统教学方式，主要讲授机械制造工艺知识，不能满足现代汽车技术发展的需要。由于计算机应用技术的普及，知识的集成和信息量的增大，使得全面讲授汽车制造技术成为可能。本教材结合教学改革和生产实际，全面地介绍了汽车制造过程的工艺知识，内容精简，重点突出，力求使其具有较好的创新性和实用性。

本书取材和编写的特点如下：

（1）紧密结合汽车现代制造技术，以汽车制造的基本理论为基础，注重基本概念、基本原理的阐述，同时适当地反映一些实际工程应用的实例。

（2）以汽车的毛坯制造工艺、冲压工艺、焊接工艺、机械加工工艺、装配工艺和涂装工艺等为题材，重点介绍其工艺特点、工艺方法、工艺参数、工艺规范及其工艺装备等基本知识，内容丰富，信息量大，同时亦便于组织教学。

（3）注重基础，重视实践，适合于普通高等院校应用型人才培养，也可供汽车行业工程技术人员参考使用。

本书由武汉理工大学华夏学院钟诗清教授任主编，吴焕芹、张宏任副主编，参加编写的有钟诗清（第一章、第六章），蒋芬（第二章），吴焕芹（第三章），张宏（第四章），童亮（第五章），梅栋（第七章），孟丽君（第八章）。江厚祥先生对书稿特别是对图稿进行了仔细的审校并给出了很好的建议，在此表示衷心的感谢。

由于我国汽车工业发展迅速，汽车制造技术更是日新月异，加之时间较紧，编者水平有限，缺点、错误在所难免，敬请读者批评指正。

编 者
2010 年 10 月

目　录

第一章　汽车制造过程概述 …………………………………………………（1）
第一节　汽车生产过程及其特点 …………………………………………（1）
一、汽车生产过程 ……………………………………………………（1）
二、汽车生产过程的特点 ……………………………………………（1）
第二节　汽车制造工艺过程及其组成 ……………………………………（1）
一、汽车制造工艺过程 ………………………………………………（1）
二、机械加工工艺过程的组成 ………………………………………（2）
第三节　生产类型及其工艺特点 …………………………………………（4）
一、生产纲领 …………………………………………………………（4）
二、生产类型 …………………………………………………………（4）
三、不同生产类型的工艺特征 ………………………………………（6）

第二章　毛坯制造工艺 ………………………………………………………（8）
第一节　铸造 ………………………………………………………………（8）
一、砂型铸造 …………………………………………………………（8）
二、金属型铸造 ………………………………………………………（16）
三、熔模铸造 …………………………………………………………（17）
四、压力铸造 …………………………………………………………（18）
五、离心铸造 …………………………………………………………（26）
六、各种铸造方法的比较 ……………………………………………（26）
第二节　锻造 ………………………………………………………………（28）
一、概述 ………………………………………………………………（28）
二、坯料的加热 ………………………………………………………（28）
三、自由锻造 …………………………………………………………（29）
四、模锻 ………………………………………………………………（29）
五、锻造设备简介 ……………………………………………………（32）
第三节　粉末冶金 …………………………………………………………（37）
一、概述 ………………………………………………………………（37）
二、粉末的制取 ………………………………………………………（38）
三、零件的成形 ………………………………………………………（38）
第四节　塑料成形工艺 ……………………………………………………（40）
一、概述 ………………………………………………………………（40）
二、注射成形原理和工艺过程 ………………………………………（40）
三、压缩和压注成形工艺 ……………………………………………（41）

第五节　毛坯的选择 …………………………………………………… (42)
　　一、各种毛坯的特点 …………………………………………………… (42)
　　二、毛坯选择原则 ……………………………………………………… (43)

第三章　冲压工艺 …………………………………………………………… (45)
　第一节　概述 ………………………………………………………………… (45)
　　一、冲压加工的特点 …………………………………………………… (45)
　　二、冲压工序的种类 …………………………………………………… (45)
　第二节　冲裁 ………………………………………………………………… (48)
　　一、影响冲裁质量的因素 ……………………………………………… (48)
　　二、合理间隙的确定 …………………………………………………… (50)
　　三、冲裁力的计算及减少冲裁力的方法 ……………………………… (51)
　　四、材料的经济利用 …………………………………………………… (54)
　　五、冲裁的工艺设计 …………………………………………………… (55)
　　六、冲裁模的典型结构 ………………………………………………… (59)
　第三节　弯曲 ………………………………………………………………… (59)
　　一、弯曲件的工艺性 …………………………………………………… (59)
　　二、弯曲件的回弹 ……………………………………………………… (61)
　　三、弯曲件毛坯尺寸的计算 …………………………………………… (62)
　　四、弯曲力的计算 ……………………………………………………… (62)
　　五、弯曲凸、凹模之间的间隙 ………………………………………… (64)
　　六、弯曲模的结构 ……………………………………………………… (65)
　　七、提高弯曲件精度的工艺措施 ……………………………………… (65)
　第四节　拉延 ………………………………………………………………… (67)
　　一、拉延过程 …………………………………………………………… (67)
　　二、拉延工艺参数的确定 ……………………………………………… (68)
　　三、矩形件的拉延 ……………………………………………………… (85)
　　四、形状不规则零件的拉延 …………………………………………… (89)
　　五、拉延中的辅助工序 ………………………………………………… (94)
　第五节　其他成形工艺 ……………………………………………………… (97)
　　一、局部成形 …………………………………………………………… (97)
　　二、翻边 ………………………………………………………………… (99)
　　三、胀形 ………………………………………………………………… (105)
　　四、缩口 ………………………………………………………………… (106)
　　五、校形 ………………………………………………………………… (107)

第四章　焊接工艺 …………………………………………………………… (111)
　第一节　焊接工艺基础 ……………………………………………………… (111)
　　一、电弧焊 ……………………………………………………………… (111)

二、气焊 … (118)
　　三、电阻焊 … (120)
　　四、其他常用焊接方法 … (122)
　第二节　电阻焊及其应用 … (129)
　　一、点焊 … (129)
　　二、凸焊 … (133)
　　三、缝焊 … (134)
　　四、对焊 … (135)
　第三节　焊接工艺设计 … (137)
　　一、金属材料的焊接性 … (137)
　　二、焊条的选用 … (137)
　　三、焊缝符号 … (139)
　　四、焊接工艺参数的选择 … (143)
　　五、焊接质量及其检验方法 … (147)
　第四节　汽车焊接工艺 … (153)
　　一、汽车焊接工艺概况 … (153)
　　二、汽车焊接生产方式 … (154)
　　三、轿车车身装焊线 … (160)
　　四、轿车车身装焊调整线 … (162)

第五章　工艺装备及机床夹具 … (167)
　第一节　概述 … (167)
　　一、获得加工精度的方法 … (167)
　　二、工件的装夹方法 … (168)
　　三、基准与定位 … (169)
　第二节　机床夹具的组成及其分类 … (173)
　　一、夹具的组成 … (173)
　　二、夹具的分类 … (174)
　第三节　工件的定位及其定位元件 … (175)
　　一、定位元件及其所限制的自由度 … (175)
　　二、定位误差的分析与计算 … (182)
　第四节　工件的夹紧及其夹紧装置 … (188)
　　一、夹紧装置的组成和夹紧的基本要求 … (188)
　　二、夹紧力的确定 … (189)
　　三、常用的典型夹紧机构 … (191)
　第五节　机床夹具典型结构 … (202)
　　一、钻床夹具 … (203)
　　二、铣床夹具 … (206)
　第六节　机床夹具设计的基本要求和步骤 … (209)

一、机床夹具设计的要求 (209)
　　二、机床夹具的设计步骤 (209)
　　三、机床夹具的制造精度 (210)

第六章　机械加工工艺 (212)
第一节　机械加工工艺规程 (212)
　　一、机械加工工艺规程的作用 (212)
　　二、制订工艺规程的原始资料与步骤 (212)
第二节　零件的工艺分析 (213)
　　一、零件图样及技术要求分析 (214)
　　二、零件加工工艺分析 (214)
　　三、零件的结构工艺性分析 (214)
第三节　工艺路线的拟订 (215)
　　一、表面加工方法的选择 (215)
　　二、定位基准的选择 (219)
　　三、加工阶段的划分 (221)
　　四、加工顺序的安排 (222)
　　五、工序的集中与分散 (223)
第四节　加工余量和工序尺寸的确定 (224)
　　一、工序余量和总余量 (224)
　　二、影响工序余量的因素 (225)
　　三、工序尺寸及其公差的确定 (226)
第五节　工艺尺寸链 (227)
　　一、尺寸链的基本概念 (227)
　　二、尺寸链的基本计算公式 (229)
　　三、尺寸链计算的三种情况 (230)
第六节　工艺文件的编制 (231)
　　一、机械加工工艺过程卡 (231)
　　二、机械加工工序卡 (233)
第七节　机械加工质量 (234)
　　一、概述 (234)
　　二、加工精度 (236)
　　三、表面质量 (249)

第七章　装配工艺 (255)
第一节　概述 (255)
　　一、产品的组成及零件、部件的连接方式 (255)
　　二、装配精度 (256)
　　三、装配工艺过程及装配作业的组织形式 (256)
第二节　装配尺寸链 (257)

一、装配尺寸链的基本概念 (257)
　　二、装配尺寸链的解法 (259)
　第三节　保证装配精度的装配方法 (263)
　　一、完全互换装配法 (263)
　　二、不完全互换装配法 (265)
　　三、选择装配法 (268)
　　四、调整装配法 (270)
　　五、修配装配法 (272)
　第四节　汽车总装 (273)
　　一、概述 (273)
　　二、生产类型和组织形式 (274)
　　三、汽车结构的装配工艺性要求 (275)
　　四、装配工艺规程的制订 (276)
　　五、汽车总装配工艺过程 (279)

第八章　涂装工艺 (282)
　第一节　概述 (282)
　　一、涂装的作用 (282)
　　二、涂装的要求 (282)
　第二节　涂料 (283)
　　一、涂料的组成 (283)
　　二、涂料的分类、命名及编号 (287)
　第三节　涂料的调配及使用 (291)
　　一、涂料颜色的调配 (291)
　　二、调色的注意事项 (298)
　　三、合理选用涂料的一般原则 (298)
　　四、计算机配色 (298)
　第四节　涂装前金属的表面处理 (299)
　　一、概述 (299)
　　二、脱脂方法 (300)
　　三、除锈方法 (303)
　　四、金属表面的磷化处理 (305)
　第五节　汽车的涂装工艺 (308)
　　一、静电喷漆 (308)
　　二、电泳涂装 (310)
　　三、粉末喷涂 (312)
　第六节　干燥工艺 (314)
　　一、干燥方法 (314)
　　二、各类涂料所适用的干燥方法 (314)

第七节　汽车涂装工艺简介 ………………………………………………………(315)
　　一、汽车用涂料 …………………………………………………………………(315)
　　二、车身用底漆 …………………………………………………………………(315)
　　三、车身用中间层涂料 …………………………………………………………(316)
　　四、车身用面漆 …………………………………………………………………(317)
　　五、车身涂装的典型工艺 ………………………………………………………(318)
参考文献 ……………………………………………………………………………(321)

第一章　汽车制造过程概述

【学习目标与要求】
- 了解汽车的生产过程和工艺过程
- 掌握工序划分的基本原则和方法
- 了解并掌握汽车生产类型的划分原则及各种生产类型的工艺特征

第一节　汽车生产过程及其特点

一、汽车生产过程

汽车的生产过程是指将原材料转变为汽车产品的全过程。汽车的生产过程包括毛坯的制造、机械加工、热处理、装配等。这些过程是汽车生产中的中心环节。除上述生产过程外，还包括保证生产过程能正常进行所必需的其他一些过程，一般称为辅助生产过程。如生产过程中的运输、储存、保管，投产前的技术准备、生产准备，产品的销售及售后服务等。

二、汽车生产过程的特点

汽车是一种复杂的机电产品。汽车的生产涉及多个行业，如机械制造行业、玻璃制造行业及橡胶塑料制品行业、电子电器行业、化学化工行业等。一个企业、一家公司是不可能承担全部汽车零部件的生产的。一般汽车企业只完成汽车主要零件或部件的生产，如发动机、变速器、驱动桥、车架、车身等的主要零件制造和总成的装配，其余的一些零部件或附件则由社会的一些专业厂家协作生产。在汽车制造企业内部，按产品专门化和工艺专业化的原则，设置铸造、锻造、热处理、发动机、变速器或传动器、驱动桥、转向器等车间，它们专门制造不同车型的多种零件或总成，以利于保证制品的制造质量和降低制造成本等。汽车行业是一个行业关联性强、技术密集、资金密集的产业，汽车行业的发展能带动其他相关行业的发展。

第二节　汽车制造工艺过程及其组成

一、汽车制造工艺过程

在生产过程中，直接改变生产对象的形状、尺寸、表面之间的相对位置和性质等，使其成为成品或半成品的过程，称为工艺过程。汽车制造的工艺过程包括毛坯（铸件、锻件等）制造工艺过程、热处理工艺过程、机械加工工艺过程、装配工艺过程等。

将原材料通过铸造或锻造方法制造成铸件或锻件，称为铸造或锻造工艺过程，统称为毛坯制造工艺过程。

在机床设备上利用切削刀具或其他工具，将毛坯或工件加工成零件的过程，称为机械加工工艺过程。机械加工工艺过程主要是改变生产对象的形状和尺寸的过程。根据机械加工中有无切屑，又可以分为切削加工和无屑加工两类。切削加工是利用切削刀具从生产对象（工件）上切除多余材料的加工方法，如在汽车零件制造中常采用的车、钻、铰、铣、拉、镗、磨、研磨、抛光、超精加工和齿轮轮齿加工中的滚齿、插齿、剃齿，以及锥齿轮轮齿加工中的铣齿、拉齿等加工方法。无屑加工是使用滚挤压工具对生产对象施加压力，使其产生塑性变形而成形并使其表面强化的加工方法，如汽车零件制造中采用的热轧齿轮轮齿，冷轧和冷挤压齿轮轮齿，滚挤压轴类零件外圆和内孔等。

按规定的装配技术要求，将零件或总成（部件）进行配合和连接，使之成为半成品或成品的工艺过程，称为装配工艺过程。它是改变零件、装配单元（总成或部件）间的相对位置的过程；分为总成或部件的装配（分装或部装）和汽车整车的总装配。

二、机械加工工艺过程的组成

机械加工工艺过程是由一系列工序组成的。工序又包括安装、工位、工步以及走刀等工艺内容。

1. 工序

一个或一组工人，在一个工作地点（或机床设备）上，对同一个或同时对几个工件所连续完成的那一部分工艺过程，称为工序。工序划分的最主要依据是，工作地点是否改变，对一个工件不同表面的加工是否连接（顺序或平行）完成。例如，图 1-1 所示为铣削汽车变速器第一轴毛坯大、小头两端端面简图。图 1-1a 所示是在专用铣削轴端面机床上使用两把端面铣刀同时铣削大、小头两端面的过程，是在一道工序中平行完成两端面加工。图 1-1b 所示为采用普通卧式铣床，依次在两台铣床上分别铣削大、小头端面，是在两道工序中完成铣削大、小头端面的。图 1-1c 所示为在一台普通卧式铣床上，首先铣削大头端面，然后将工件调头装夹在同一机床上，再铣削小头端面，由于是在同一台铣床上连续（顺序）完成铣削大、小头两端面，因此，属于同一道工序。

2. 安装

工件在一道工序中通过一次装夹后所完成的那一部分工艺过程称为安装。一道工序中可以有一次或几次安装。如图 1-1 所示，图 1-1a 和图 1-1b 均为一道工序中只有一次安装；图 1-1c 为一道工序中有两次安装。与图 1-1a 加工方案比较，图 1-1c 加工方案的缺点是：生产率低，而且在两次装夹中分别铣削大、小头两端面，其平行度误差较大。因此，对于有位置公差要求的表面，应在一次安装中加工出来。

3. 工位

为了完成一定的工序内容，工件（或装配单元）装夹后与夹具或设备的可移动部分一

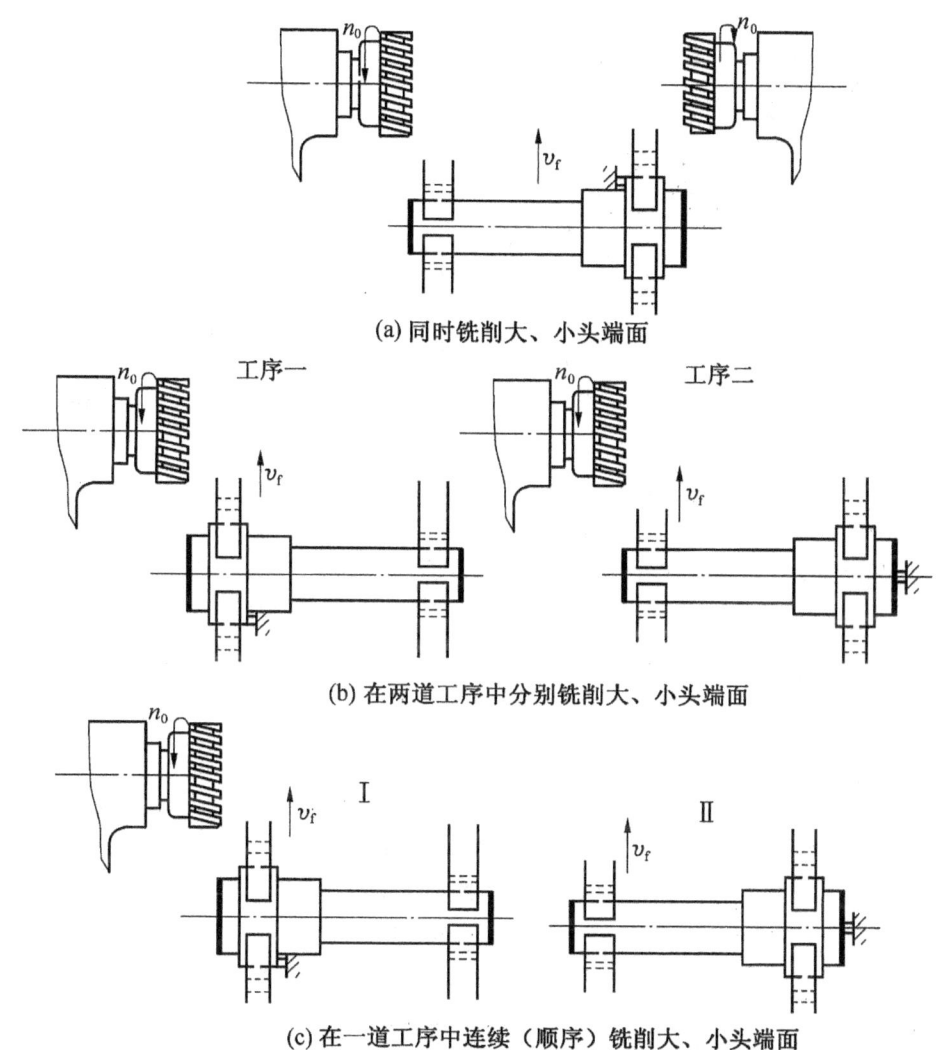

图 1-1 铣削变速器第一轴两端面简图

起相对刀具或设备的固定部分所占据的每一个位置均称为工位。

利用转位夹具、移位夹具、回转工作台、多轴自动机等进行加工时,工件要连接在几个工作位置上进行切削才能完成一个工序的工作,这时一个工序就包含几个工位。图1-2所示为采用多工位机床进行孔加工,工件在一次装夹后依次进行钻、扩、铰加工,总共有六个工位,第一个工位是装卸工件工位。

4. 工步

在一次安装或工位中,加工表面(或装配时的连接表面)和加工(或装配)工具、切削用量中的转速与进给量保持不变时所连续完成的那一部分工序称为工步。有时,为了提高生产率,用几把刀具同时加工几个表面,这种工步称为复合工步;在工艺规程中,只写为一个工步。例如按图1-3的方法进行多刀加工,就只包含一个工步。

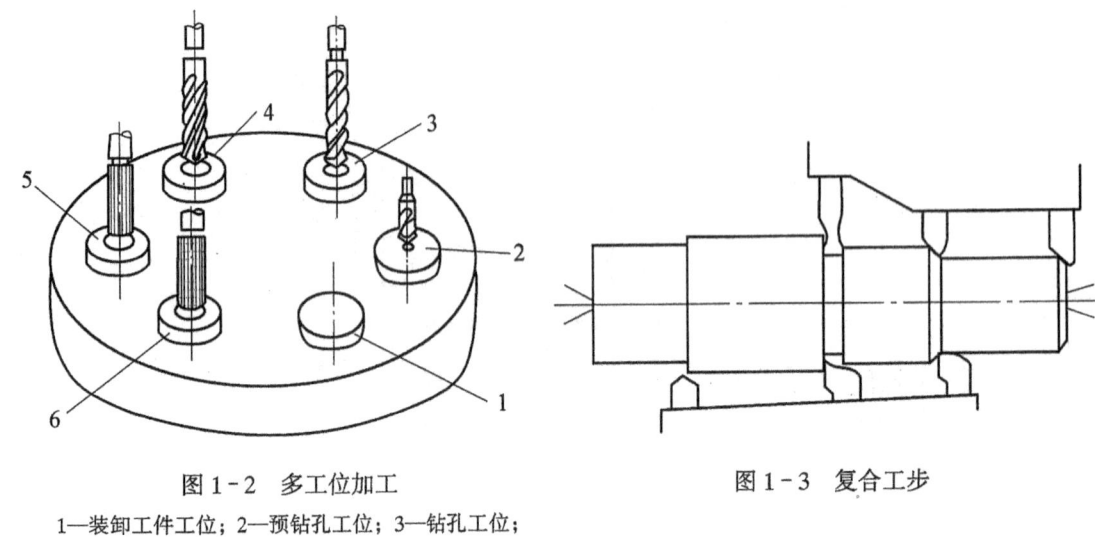

图 1-2　多工位加工　　　　　　图 1-3　复合工步
1—装卸工件工位；2—预钻孔工位；3—钻孔工位；
4—扩孔工位；5—粗铰工位；6—精铰工位

第三节　生产类型及其工艺特点

一、生产纲领

汽车企业，根据市场需求和本企业的生产能力制订的年产量和进度计划，称为该企业的生产纲领，生产纲领表征该企业的生产规模。而汽车零件的生产纲领 T_0，可按下式计算：

$$T_0 = TZ(1 + a\%)(1 + b\%)$$

式中，T 为企业产品的生产纲领，台（或辆）/年（或月）；Z 是每台（或每辆）产品中该零件的件数，件/台（或辆）；$a\%$ 是备件率；$b\%$ 是废品率。

将生产纲领计划的零件数量，在一定的时间内分批生产，每批生产的数量即为批量。汽车制造企业常用生产节拍控制其生产能力。所谓生产节拍是指在汽车零件的生产线上，工序之间被加工零件流动的时间间隔。生产节拍 P（单位为 min/件）可按下式计算：

$$P = \frac{60 F_n \eta}{T_0}$$

式中，F_n 是生产线上年有效工作时间，h/年；η 是工时利用率，%；T_0 是零件年生产纲领，件/年。

二、生产类型

汽车的社会需求与企业的生产能力，决定了企业的生产纲领。而生产纲领的确定，决定了产品的生产类型，生产类型是企业（或车间、工段、班组、工作地）生产专业化程度的分类。根据企业的生产性质（如产品的特征、外形尺寸、质量大小等）和生产纲领的不同，生产类型分为大量生产、成批生产和单件生产。成批生产又可分为大批生产、中批生产和小批生产。

1. 单件生产

一次生产一辆或几辆汽车，不重复或很少重复制造的一种生产方式称为单件生产。这种生产类型，常出现在汽车产品试制阶段。由于其生产过程往往只进行一次或很少重复，因此在生产组织上很灵活，加工设备为通用设备，专用夹具使用很少，而更多的是采用通用夹具或组合夹具。

2. 成批生产

小批生产、中批生产、大批生产统称为成批生产。在成批生产中，产品一批一批地周期性投入生产。每一工作场地或加工设备分批完成不同零件的一道工序或同一工件的几道相似工序。中、重型载货汽车的生产即属于这种生产类型。在小批生产中，汽车产品的品种多，批量不大，其特征与单件生产相近，而中批生产和大批生产的工艺特征与大量生产相似，故通常把这些生产类型称之为单件小批生产和大批大量生产。

3. 大量生产

产品的品种不多，但数量很大，每一设备或工作场地重复地进行一种零件或几种相似零件的某一工序的生产。汽车、发动机大部分零部件均属于这种生产类型。由于大量生产的零件数量很多，因此，在生产组织上，按零件的结构或部件的独立功能进行专业化生产，如发动机、变速器、车身等的生产部门分别称为发动机分厂、变速器分厂和车身分厂等。为提高生产效率，这些专业化分厂常采用专用机床设备、专用工艺设备，并按工艺规程顺序组织生产。

汽车生产企业采用的生产类型与产品的特征及年产量之间的关系，见表1-1；企业的生产设备或工作场地担负的工序数目和生产节拍与生产类型的关系，见表1-2。

表1-1　生产类型与产品特征及产量之间的关系　　　　单位：辆/年

生产类型		汽车种类 小轿车及1.5t以下轻型载货汽车	载货汽车	
			2~6t	8~15t
单件生产		10以下	10以下	10以下
成批生产	小批	2000以下	1000以下	500以下
	中批	2000~10000	1000~10000	500~5000
	大批	10000~50000	10000~30000	5000~10000
大量生产		50000以上	30000以上	10000以上

表1-2　生产类型与工序数目和生产节拍的关系

生产类型	确定方法 设备或工作场地担负的工序数目	生产节拍/(min·件$^{-1}$)
大量生产	1~2	5以下
大批生产	2~10	5~15
中批生产	10~20	15~60
小批生产	20~40	60以上

三、不同生产类型的工艺特征

生产类型的不同,生产组织、管理,生产车间的布置,毛坯的制作,设备、工装夹具、加工方法的选择,以及对工人技术等级等方面的要求均不同。制定工艺规程时,必须考虑与生产类型相适应,这样才能取得最大的经济效益。不同的汽车生产类型的工艺特征,见表1-3。

表1-3 不同汽车生产类型的工艺特征

特征	项目	单件、小批生产	成批生产	大批、大量生产
产品特征	产量	小	较大	多、大
	产品品种	多	较多	少或单一产品
	生产重复性	经常变化,基本不重复	周期性变换、重复生产	基本固定不变、重复生产
	零件互换性	没有互换性,经常采用试切和修配或调整法装配	大部分有互换性,同时采用调整或修配法装配	大部分有互换性,某些精度高的配对件采用选择法装配
	毛坯制造及加工余量	铸件用木模手工制造,锻件用自由锻,毛坯精度低,加工余量大	部分铸件用金属模,部分铸件用模锻,毛坯精度一般,加工余量较小	金属模机器造型,锻件采用模锻及其他高生产率毛坯制造法,毛坯精度高,加工余量小
工艺装备特征	机床设备	通用机床、数控机床、加工中心	数控机床、加工中心、柔性制造单元,部分也采用通用机床、专用机床	流水生产线、自动化生产线、柔性制造生产线或数控机床
	夹具	采用通用夹具,有条件时采用组合夹具	广泛采用专用夹具	采用高生产率专用夹具
	刀具和量具	采用标准刀具和通用刀具	采用标准刀具、量具,部分采用专用刀具及量具	基本采用专用刀具、专用量具
工艺特征	加工方法	试切法、划线找正加工法	调整法为主,偶尔也采用试切法	调整法自动加工
	工艺规程	工艺文件简单	工艺规程较详细,对一些主要或关键零件有非常详细的工艺规程	有详细的工艺规程
技术经济性比较	设备投资	小	较多	多
	生产效率	低	较高	高
	生产成本	高	较低	低
	对工人技术要求	全面	较全面	专门、专一

【本章小结】

　　本章简要地介绍了汽车生产过程和工艺过程的基本概念，阐述了工序划分的基本原则和方法，分析了各种生产类型的工艺特征。

【复习思考题】

　　1. 什么是汽车的生产过程，它有何特点？
　　2. 什么是汽车的工艺过程，工序包括哪些工艺内容？
　　3. 什么是生产纲领，生产类型有哪几种，各有何工艺特征？

第二章 毛坯制造工艺

【学习目标与要求】
- 了解铸造、锻造、粉末冶金、塑料成形等毛坯制造过程的工艺原理和工艺方法
- 重点掌握汽车零件毛坯选择的原则和方法

汽车零件的毛坯可用铸造、锻造、粉末冶金、塑料成形等方法获得。冲压件、焊接件亦可作为零件毛坯。本章介绍铸造、锻造、粉末冶金、塑料成形等工艺方法。

第一节 铸 造

铸造是指将液态金属浇注到与零件的形状、尺寸相适应的铸型空腔中，待其冷却凝固，以获得零件的毛坯或零件的成形方法。铸造生产出的产品，称为铸件。这种方法能够制成形状复杂，特别是具有复杂内腔的毛坯，而且铸件的大小几乎不受限制，质量可从几克到几百吨。铸造常用的原料来源广泛，价格低廉，所以铸件的成本也较低。因此，各种类型的汽车零件中铸件所占的比重很大。

铸造工艺方法很多，主要有砂型铸造、金属型铸造、压力铸造以及熔模铸造等，其中以砂型铸造和压力铸造的应用最为广泛。

一、砂型铸造

(一) 砂型铸造的工艺概况

砂型铸造是指用型砂紧实成形的铸造方法。砂型铸造的主要工序内容包括制造模样和芯盒、制备型砂和芯砂、造型、砂型及型芯烘干、合型、熔化金属、浇注、落砂、清理和检验等。图 2-1 所示为带法兰轴套的砂型铸造过程示意图。

铸型（砂型）的结构如图 2-2 所示，它主要由上砂型、下砂型、浇注系统、型腔、型芯、出气孔等组成。金属液从浇注系统注入，流进型腔，待其凝固冷却后，从砂型中取出铸件，除去表面粘砂和浇冒口，经检验合格，就得到所需的铸件。

1. 型砂和芯砂

型砂和芯砂的性能对铸件成形质量有很大影响，如铸件上的砂眼、气孔、裂纹等缺陷，往往是由于型砂或芯砂的性能不良所引起的。型砂和芯砂应具有足够的强度，良好的透气性、耐火性和退让性。型砂和芯砂主要由砂和粘结剂组成。

(1) 砂的主要成分是硅石（石英 SiO_2），并含有少量杂质。高质量的铸造用砂要求硅石含量高，杂质少，砂粒均匀且呈圆形。

(2) 常用的粘结剂有普通粘土和膨润土两种。膨润土比普通粘土具有较强的粘结力。为了使普通粘土和膨润土发挥粘结作用，需加入适量的水。对性能要求较高的芯砂，可采用特殊粘结剂，如桐油、亚麻仁油、水玻璃或树脂等。

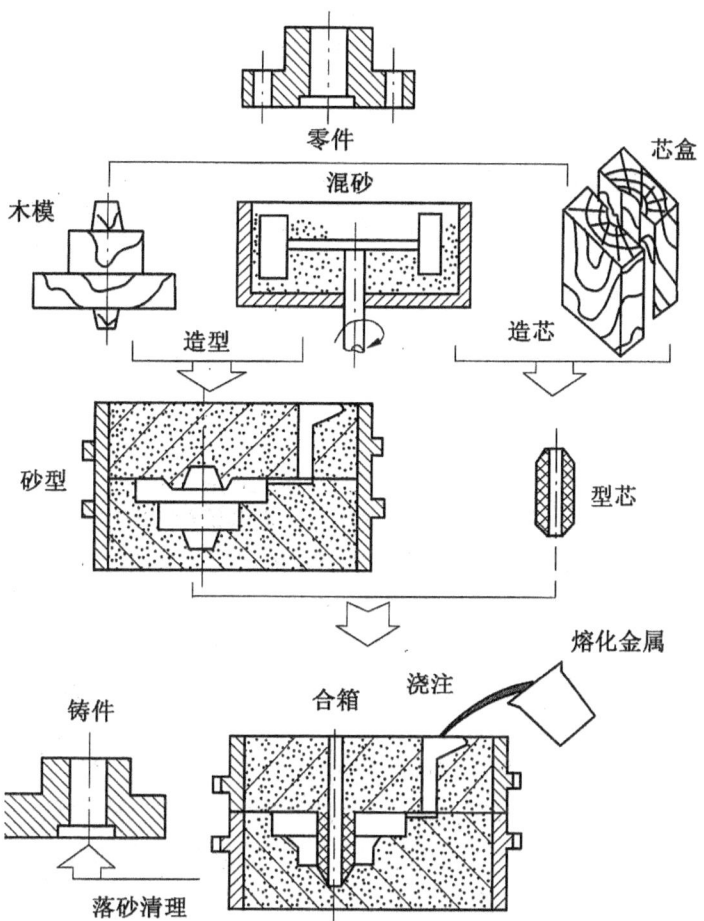

图 2-1 砂型铸造过程示意图

(3) 在型砂和芯砂中,有时还加入一些附加物,如在型砂中加入少量煤粉,能防止粘砂缺陷,使铸件表面光洁;在型砂和芯砂中加入木屑,可提高其退让性。

2. 模样和芯盒

模样和芯盒是造型和制芯的模子。模样主要用以形成铸件外部形状;芯盒用来制造型芯,以形成铸件的内部形状。在单件小批生产中,广泛用木材来制造模样和芯盒;在大批、大量生产中,常用铸造铝合金、塑料等来制造模样和芯盒。

3. 造型

造型是砂型铸造的基本工序,

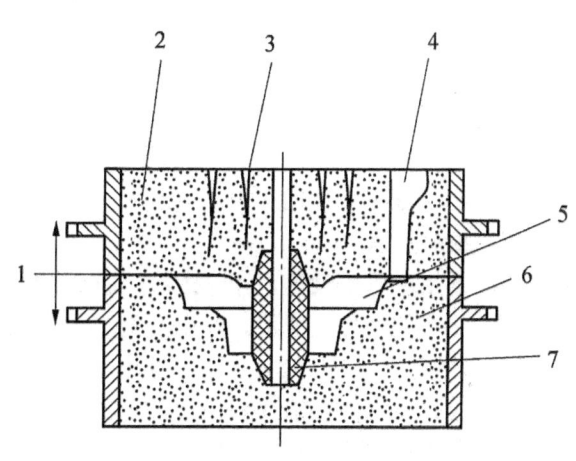

图 2-2 铸型的结构
1—分型面;2—上砂型;3—出气孔;
4—浇注系统;5—型腔;6—下砂型;7—型芯

分为手工造型和机器造型两种。在单件、小批生产中，常采用手工造型；在大批、大量生产中，则采用机器造型。

4. 浇注系统

液体金属流入铸型型腔的通道，称为浇注系统。它通常由浇口杯、直浇道、横浇道和内浇道等组成，如图2-3所示。

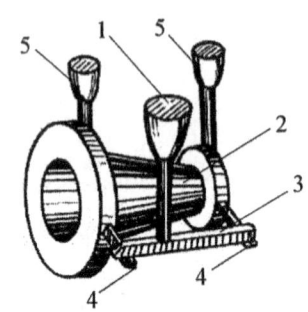

图2-3 浇注系统
1—浇口杯；2—直浇道；3—横浇道；
4—内浇道；5—出气冒口

5. 合金的铸造性能

合金的铸造性能是合金在铸造生产过程中所表现出来的工艺性能，它对铸造质量有极大的影响。合金的铸造性能主要有流动性、充型能力、收缩等。

(1) 流动性是熔融金属的流动能力，它是金属固有的性质。一般情况下，流动性好的金属液，充填铸型的能力强，易于获得形状完整、轮廓清晰的铸件。根据合金的流动性试验测定，灰铸铁的流动性最好，锡青铜次之，铸钢最差。

(2) 充型能力是考虑铸型及工艺因素影响的熔融金属流动性。它不仅取决于金属液体本身的流动性，还与铸型及工艺因素的影响有关。合金的流动性愈好，其充型能力愈强；铸型热导率过大、型腔粗糙等均会降低合金的充型能力；浇注条件也影响充型能力，浇注温度提高，则充型能力增加。

(3) 铸件在凝固和冷却过程中，其体积和尺寸减小的现象，称为收缩。液态合金从浇注温度冷却到室温的收缩过程，可分为三个阶段：液态收缩、凝固收缩和固态收缩。合金的液态收缩和凝固收缩，是铸件产生缩孔、缩松（分散而细小的缩孔）缺陷的基本原因。一般来说，合金的凝固温度范围窄，容易产生缩孔；合金的凝固范围宽，容易产生缩松。合金的固态收缩会引起铸件尺寸的缩小，它是铸件产生应力、裂纹和变形等缺陷的主要原因。影响收缩的因素很多，主要有合金的化学成分和浇注温度等。在灰铸铁中，碳和硅的含量较多，则收缩较小；合金的浇注温度增高，则收缩增加。

6. 浇注、落砂和清理

(1) 将液体金属浇入铸型的操作，称为浇注。金属液应在一定的温度范围内按规定的速度注入铸型。浇注温度过高，金属液吸气多、收缩大，对型砂的热作用也强烈，容易产生气孔、缩孔、粘砂等缺陷；浇注温度过低，会产生浇不足、冷隔等缺陷。在浇注过程中，不允许断流注入。

(2) 用手工或机械使铸件和型砂、砂箱分开的操作，称为落砂。浇注后，过早的开型，会使铸件产生应力、变形，甚至开裂，铸铁件还会形成白口而使切削加工困难。一般10kg左右的铸件，需冷却1~2h才能开型；铸件越大，冷却时间越长。

(3) 落砂后从铸件上清除表面粘砂、型砂、多余金属（包括浇冒口、飞翅和氧化皮）等的过程称为清理。灰铸铁件的浇冒口可用铁锤打掉，铸钢件的浇冒口可用气割除去，有色金属铸件的浇冒口可用锯削割除。粘砂用清理滚筒、喷砂器、抛丸等设备进行清理。

7. 检验

铸件清理后，应进行质量的检验。检验铸件成形质量最常用的方法是宏观法，可通过肉眼观察（或借助尖嘴锤）找出铸件的表面缺陷，如气孔、砂眼、粘砂、缩孔、浇不到、冷隔等。对于铸件的内部缺陷则要通过一定的仪器才能发现，如进行耐压试验、磁粉探伤、超声波探伤等。若有必要，还可对铸件（或试样）进行解剖检验、力学性能检验、金相检验和化学成分分析等。

表2-1列出了常见的铸件缺陷及产生的主要原因。

表2-1 常见的铸件缺陷及产生的主要原因

缺陷名称	特征	产生的主要原因
气孔	在铸件内部或表面有大小不等的光滑孔洞	型砂含水过多，透气性差，起模和修型时刷水过多；型芯烘干不良或型芯通气孔堵塞，浇注温度过低或浇注速度太快等
缩孔	缩孔多分布在铸件厚断面处，形状不规则，孔内粗糙	铸件结构不合理，如壁厚相差过大，造成局部金属集聚；浇注系统和冒口的位置不当，或冒口过小；浇注温度太高，或金属化学成分不合格，收缩过大
砂眼	铸件内部或表面带有砂料的孔洞	型砂和芯砂的强度不够；砂型和型芯的紧实度不够；合型时砂型局部损坏；浇注系统不合理，冲坏了砂型
粘砂	铸件表面粗糙，粘有砂粒	型砂和芯砂的耐火性不够；浇注温度太高；未刷涂料或涂料太薄
错型	铸件沿分型面有相对位置错移	模样的上半模和下半模未对好；合型时，上下砂型未对准
冷隔	铸件上有未完全融合的缝隙或洼坑，其交接处是圆滑的	浇注温度太低；浇注速度太慢或浇注曾有中断；浇注系统位置开设不当或内浇道横截面积太小
浇不到	铸件不完整	浇注时金属量不够；浇注时液体金属从分型面流出；铸件太薄；浇注温度太低；浇注速度太慢
裂缝	铸件开裂，开裂处金属表面氧化	铸件结构不合理，壁厚相差太大；砂型和型芯的退让性差；落砂过早

（二）铸造工艺参数的选择

铸造工艺参数选择是否合理，直接影响铸件的质量、生产率和经济性。铸造工艺参数的选择主要考虑铸件的浇注位置、分型面、浇冒口系统、型芯结构及其工艺数据等。

1. 浇注位置

浇注位置是指浇注时铸件在铸型中所处的位置。其选择原则可归纳为"三下一上"：

(1) 铸件的重要加工面或主要工作面应朝下。这是因为气体、熔渣、砂粒等易上浮，使铸件上部质量较差。如图2-4所示，将零件上复杂的重要加工表面朝下。

(2) 铸件的大平面应朝下。这是为了防止大平面上产生气孔、夹砂等缺陷，如图2-5所示。

(3) 具有大面积的薄壁铸件，应将薄壁部分放在铸型下部。这是为了防止薄壁部分产生浇不到、冷隔等缺陷，如图2-6所示。

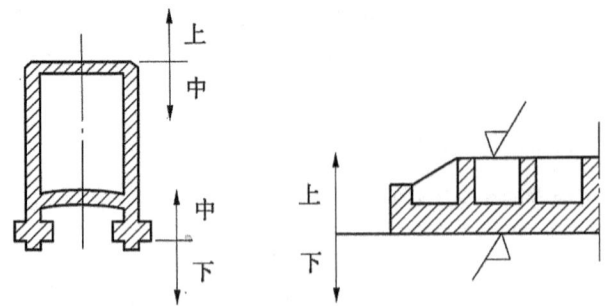
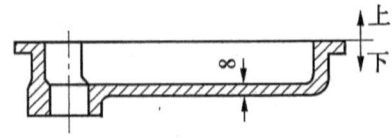

图 2-4　重要的加工表面朝下　　图 2-5　大平面朝下　　　　图 2-6　大面积薄壁居下

（4）易形成缩孔的铸件，应将厚的部分放在上部。这是因为在铸件厚处可直接安置冒口，以利于补缩。

2. 分型面

分型面是指上、下型之间所对应的铸件的表面。其选择原则如下：

（1）应使铸型有最简单和最少的分型面，并尽可能使铸件位于下型，这是为了简化造型操作，便于装配铸型和提高铸件的精度。图 2-7 为绳轮铸件，采用型芯后，使三箱造型变成两箱造型，减少了一个分型面。

（2）采用平直面为分型面，少用曲折面作为分型面。这是为了简化制模和造型工艺，降低铸件成本和提高铸件精度。图 2-8 为起重臂铸件，图中所示的分型面为平面，它可采用分模造型。如选用俯视图所示的弯曲分型面，则造型复杂。

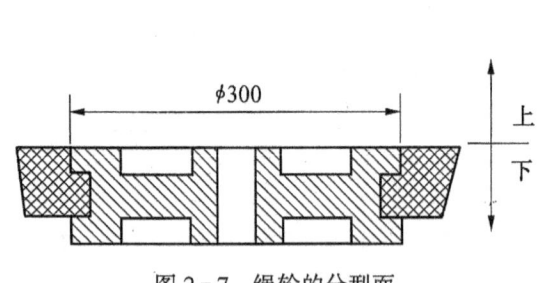
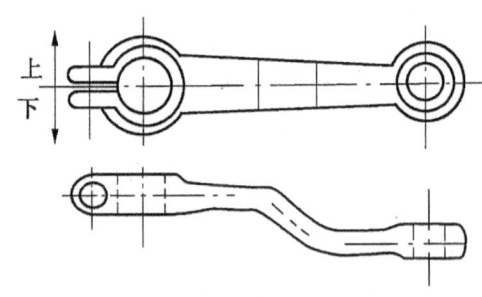

图 2-7　绳轮的分型面　　　　　　　图 2-8　起重臂的分型面

（3）尽量使铸件的主要加工面和加工基准面位于一个砂箱内。图 2-9 为螺纹塞头铸件的分型面选择实例。在机械加工螺纹部分时，是以四方头作为基准的，为了防止铸型错型而造成废品，采用图 2-9b 所示的分型面是正确的。

（4）分型面一般取在铸件的最大截面处。为了起模方便，应充分利用上下箱高度，不要使模样在一箱内过高。如图 2-10 所示铸件的分型面取在 A 面比 B 面好。

上述的几项原则，对于具体铸件来讲，往往彼此矛盾，难以全面符合，因此在确定浇注位置和分型面时，常常先确定浇注位置，分型面应尽量与浇注位置相适应。这样既能保证质量，又能避免合型后翻转铸型。但对一些质量要求不高的铸件（如支架类铸件等），浇注位置选择则处于次要地位，应尽量选择使工艺简化的分型面。

3. 工艺参数

绘制铸造工艺图应考虑的主要工艺参数是加工余量、起模斜度、铸造圆角、收缩率和芯头等。

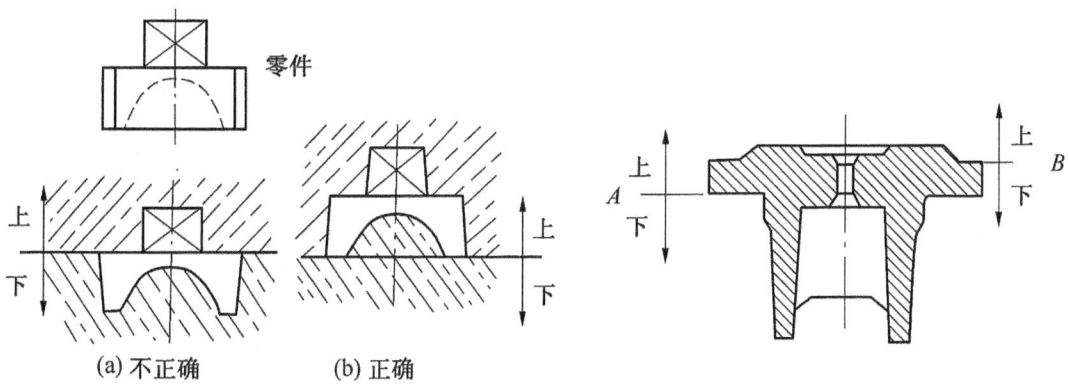

图 2-9 螺纹塞头的分型面　　　　图 2-10 减少模样在一个砂箱内的高度

(1) 加工余量。铸件的加工余量是指在切削加工时从铸件上切去的金属层厚度。因此，制造模样和芯盒时，应在铸件需要加工的表面上留出加工余量。一般小型铸件的加工余量为 2.5～6 mm。在单件、小批生产时，铸件上小于 $\phi 30$ mm 的孔通常不铸出，而在切削加工时直接钻出。

(2) 起模斜度。为使模样容易从砂型中取出或型芯自芯盒中脱出，平行于起模方向在模样或芯盒壁上所增加的斜度，称为起模斜度，木模的起模斜度通常是 1°～3°。

(3) 铸造圆角。在设计铸件和制造模样时，相交壁的交角要做成圆弧过渡，称为铸造圆角。其目的是为了防止铸件交角处产生缩孔及由于应力集中而引起裂纹并形成粘砂等缺陷。铸造圆角半径一般为 3～10 mm。

(4) 收缩率。铸件在冷却时要产生收缩。因此，模样的外尺寸应比铸件大，其数值取决于铸件线收缩率。例如：铸铁件线收缩率为 1%，铸钢件线收缩率为 2%，有色金属件线收缩率为 1.5%。

(三) 铸件结构工艺性

结构工艺性是指产品结构在满足使用要求的前提下，能否用生产率高、劳动量小、材料消耗省和成本低的方法制造出来。凡符合以上要求的铸件结构，均被认为是具有良好工艺性的产品结构。

在设计铸造零件结构时，必须从产品的批量、生产条件、铸造方法等实际情况出发，考虑到铸造工艺过程的特点，力求简化铸造工艺的各个环节，同时又要注意合金的铸造性能，防止铸件缺陷的产生，以保证铸件质量。

1. 铸造工艺对铸件结构的要求

(1) 铸件外形应力求简单。在铸件结构上，应尽量避免采用曲面和内凹形状，否则会增加制模和造型的难度。图 2-11a 所示的托架，因为 A 和 B 两个面为曲面，所以模样和型芯制造都较麻烦，改为图 2-11b 所示结构 (A、B 两个面为平面)，则模样和芯盒的制造便简化了。

(2) 铸件应具有最少的分型面，并尽量使分型面呈平面。图 2-12 为减少铸件分型面数量的示例。

(3) 铸件应有结构斜度。铸件上垂直于分型面的不加工表面 (尤其是大件)，为起模方便，应具有结构斜度，如图 2-13 所示。

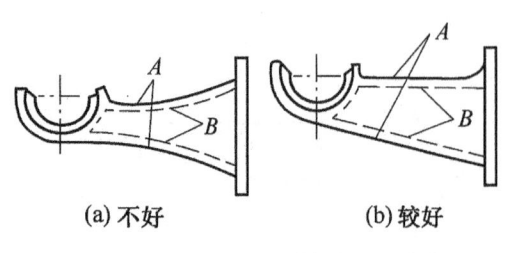

图 2-11 简化托架外形的设计

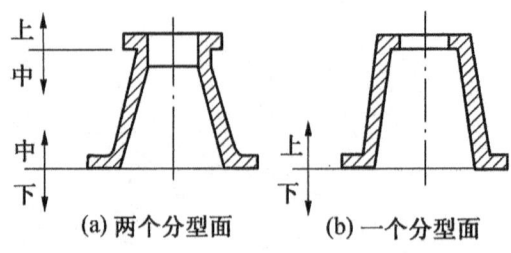

图 2-12 减少分型面的数量

(4) 铸件应尽可能不使用活块。图 2-14a 所示凸台，通常需采用活块；而图 2-14b 将凸台加长，这样可不用活块，使起模方便，简化了造型工艺。

(5) 铸件应尽量不用或少用型芯。图 2-15 为支座的两种设计方案，图 2-15a 采用方形空心截面，而图 2-15b 改变为"工"字形截面，这样可省掉型芯，简化了造型工艺。

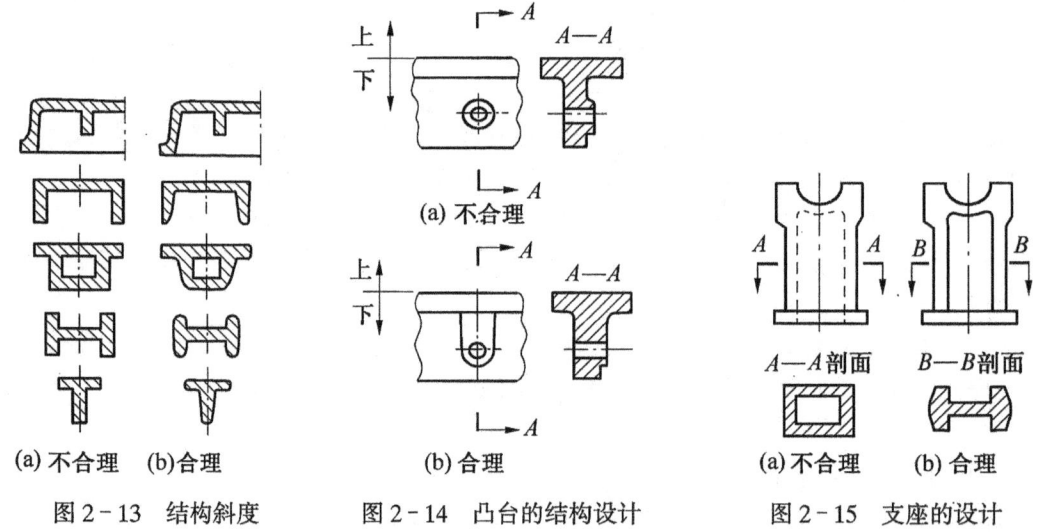

图 2-13 结构斜度　　图 2-14 凸台的结构设计　　图 2-15 支座的设计

2. 合金铸造性能对铸件结构的要求

(1) 铸件应有合理的壁厚。为保证液态金属能充满铸型，铸件壁厚不能小于允许的最小壁厚。铸件的最小壁厚取决于合金的种类、铸件的形状和大小及铸造方法等因素，具体数值可参考表 2-2。

表 2-2 在一般砂型铸造条件下铸件的最小壁厚　　单位：mm

铸件尺寸	允许的最小壁厚						
	铸钢	灰铸铁	球墨铸铁	可锻铸铁	铝合金	镁合金	铜合金
<200×200	6~8	5~6	6	4~5	3	—	3~5
200×200~500×500	10~12	6~10	12	5~8	4	3	6~8
>500×500	18~25	15~20	—	—	5~7	—	—

注：①结构复杂的铸件及灰铸铁牌号高时，选取偏大值；
②如有特殊需要，在改善铸造条件下，灰铸铁最小壁厚可≤3 mm；可锻铸铁最小壁厚可<3 mm。

(2) 铸件壁厚应均匀。铸件壁厚若相差过大，在厚壁处常因补缩困难而产生缩孔或缩松，或因冷却速度不同而产生内应力，致使铸件变形甚至开裂，如图 2-16a 所示。图 2-16b 所示的铸件结构，其壁厚均匀，不易产生上述缺陷。

(3) 铸件壁与壁的连接。

①铸件的垂直壁连接处应有结构圆角。当铸件两壁以直角相交时，由于两壁的散热方向垂直，导致交角处可能产生两个不同结晶方向晶粒的交界面，使该处力学性能降低。此外，直角处易形成金属积聚和产生应力集中现象。因此，为防止转角处发生开裂或形成缩孔和缩松，必须采用圆角结构（图 2-17）。

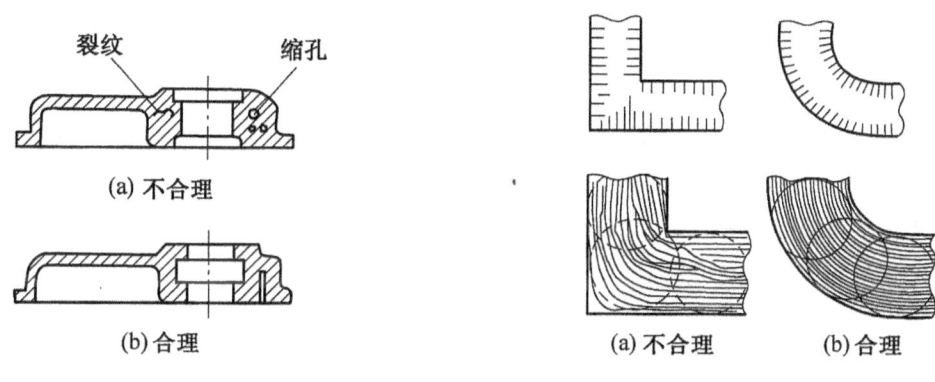

图 2-16　铸件壁厚的设计示例　　　图 2-17　铸件的转角结构

②铸件上的肋或壁的连接应避免交叉和锐角。为了减小金属积聚，避免铸件产生缩孔、缩松等缺陷，铸件上的肋或壁之间的连接应避免交叉，可采用图 2-18a 所示的结构。铸件上还应避免锐角连接，如两壁间需呈小于 90°的夹角时，则应采用图 2-18b、c 所示的接头。

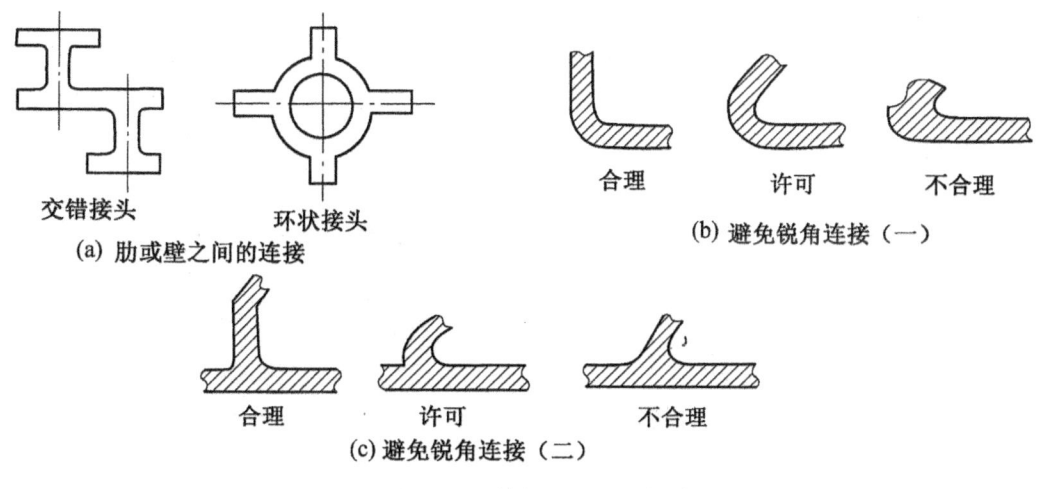

图 2-18　铸件的接头结构

③铸件厚壁与薄壁间的连接要逐步过渡。铸件壁厚不可能完全均匀时，为了减少应力集中，防止产生裂纹，应使铸件不同壁厚的各个部分逐步过渡，避免壁厚突变，如图 2-19 所示。

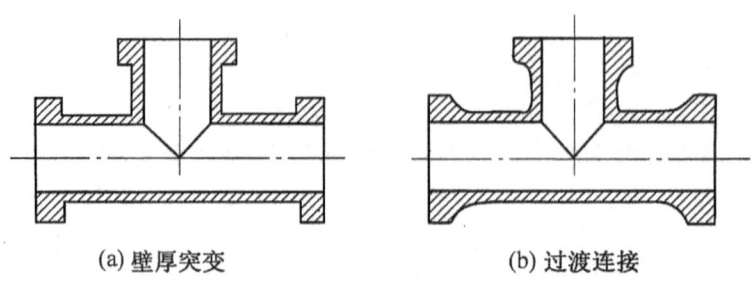

(a) 壁厚突变　　　　　　(b) 过渡连接

图 2-19　不等壁厚的连接

(4) 应避免铸件收缩时受阻。当铸件收缩受到阻碍时，在铸件内部便产生应力。当应力超过铸件的抗拉强度时，就会在铸件内产生裂纹。因此，设计铸件应尽量使其能自由收缩。图 2-20 为轮辐的设计，图 2-20a 所示的轮辐为偶数、直线形，对于收缩大的合金，往往由于内应力大，可能使轮辐产生裂纹，改为图 2-20b 所示的弯曲轮辐时，可借轮辐的微量变形自行减小应力。

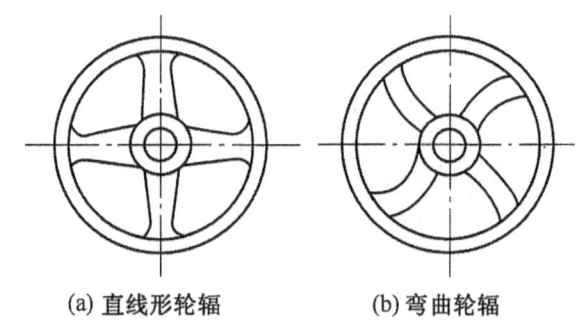

(a) 直线形轮辐　　　　(b) 弯曲轮辐

图 2-20　轮辐的设计

(5) 应尽量避免铸件有过大的水平面。铸件的大水平面，容易产生浇不到等缺陷，同时，平面型腔的上表面由于

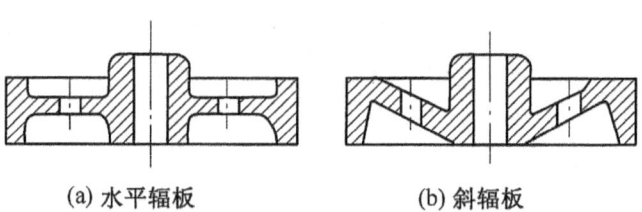

(a) 水平辐板　　　　　　(b) 斜辐板

图 2-21　防止大水平面的设计

受液态金属长时间的烘烤，易产生夹砂。此外，大水平面也不利于气体和非金属夹杂物的排除。图 2-21 为一轮形件，图 2-21b 所示的斜辐板比图 2-21a 所示的水平辐板有利于防止上述缺陷的产生。

二、金属型铸造

将熔融金属浇注入用金属（铸铁或钢）制成的铸型中，待其冷却后获得铸件的方法，称为金属型铸造。

图 2-22 所示为铝活塞的金属型铸造示意图。该金属型由两个半型 1 和 2 组成，采用垂直分型。内腔有可拆式金属芯 3 和 4。径向圆孔由两根圆柱金属芯棒 5 形成。浇注后冷却到一定温度时，先分别抽出金属芯 3 和 4，然后从水平方向抽出两侧的芯棒 5，最后分开金属型 1 和 2，即可取出铸件 6。

为防止金属液因冷却过快而产生铸造缺陷,浇注前应将金属型预热到适当的温度(浇注有色金属件时,应将金属型预热到 150~250 ℃,浇注铸铁时应预热到 300~350 ℃)。由于金属型无退让性,为避免铸件收缩受阻,应在铸件未完全冷却之前(有色金属件 470~500 ℃,铸铁件 850~950 ℃)开型取出铸件,否则会因铸件的收缩受阻而使铸件产生裂缝或卡在金属型中难以取出。每次浇注前应在型腔表面刷涂一层涂料,以减少液态金属对型腔表面的浸蚀,提高铸件表面质量和便于铸件脱型。为便于排气,应在金属型分型面上加工出深 0.2~0.5 mm 的三角形通气槽。

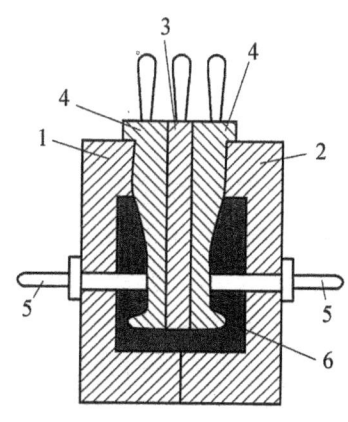

图 2-22 铝活塞的金属型铸造示意图
1,2—金属型;3,4—可拆式金属芯;
5—圆柱金属芯棒;6—铝活塞铸件

金属型可以重复浇注数千次至上万次,生产率较高,铸件尺寸准确,精度比砂型铸件高,铸件晶粒细而且力学性能好。金属型铸造目前主要用于结构较简单的铝合金、铜合金以及铸铁等铸件的批量生产。

三、熔模铸造

熔模铸造是指用易熔材料如蜡料制成模样,在模样上包覆若干层耐火材料,制成型壳,模样熔化流出后经高温焙烧即可浇注的铸造方法。现以汽车变速器中的拨叉铸件为例,说明熔模铸造的工艺过程(图 2-23)。

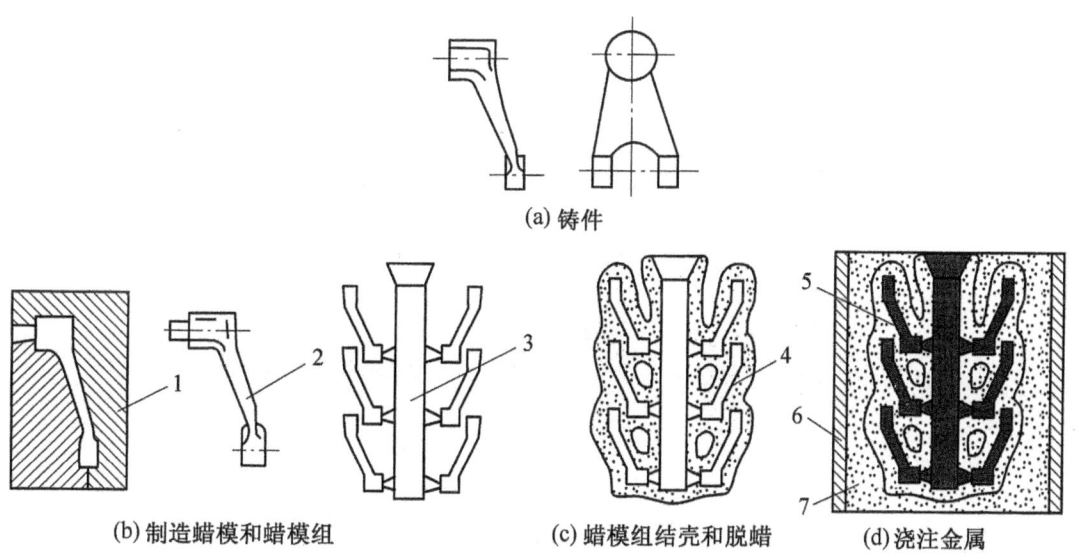

图 2-23 熔模铸造工艺过程
1—压型;2—蜡模;3—浇注系统;4—蜡模结壳;5—浇入的金属;6—铁箱;7—干砂

1. 制造蜡模和蜡模组（图2-23b）

先把熔化成糊状的蜡质材料（常用质量分数各为50%的石蜡和硬脂酸制成）压入压型内，待冷却凝固后取出，就得到了蜡模，再把许多蜡模粘合在蜡质的浇注系统上，成为蜡模组。

2. 蜡膜组结壳和脱蜡（图2-23c）

结壳涂料是由硅石粉和水玻璃组成的糊状混合物。先将蜡膜组表面浸挂涂料，再在上面撒一层硅砂，然后放到氯化铵溶液中进行硬化。这样重复3～5次，就能在蜡模表面结成5～10 mm厚的硬壳。接着将它放入85℃左右的热水中，使蜡熔化并流出，形成铸型型腔。为了提高铸型强度及排除残蜡和水分，最后还需将其放在850～950℃的炉内焙烧。

3. 浇注金属（图2-23d）

为了防止浇注金属时铸型产生变形或破裂，通常把铸型放在铁箱中，周围填入干砂，然后进行浇注。

熔模铸造生产的铸件尺寸精度可达IT11～IT14，表面粗糙度R_a值为12.5～1.6 μm，一般可以不经切削加工。熔模铸造适用于浇注以铸钢为主的各种金属，成批生产形状复杂的小型零件，如汽轮机叶片、刀具等，用于浇注难以压力加工或难以切削加工的金属，更能显示出它的优越性。目前它已广泛用于航空、汽车、电器、仪器及刃具等制造部门。

四、压力铸造

压力铸造在汽车制造中是一种很受欢迎、非常经济的加工方法。压力铸造时，熔融金属在压力下被压进金属型腔，在型腔中压力保持一较短时间，随后金属凝固，然后打开压铸型，把铸件以及与之相连的直浇道、横浇道和内浇道一起用顶杆推出，压铸型再关闭，又开始同样的循环。其原理如图2-24所示。

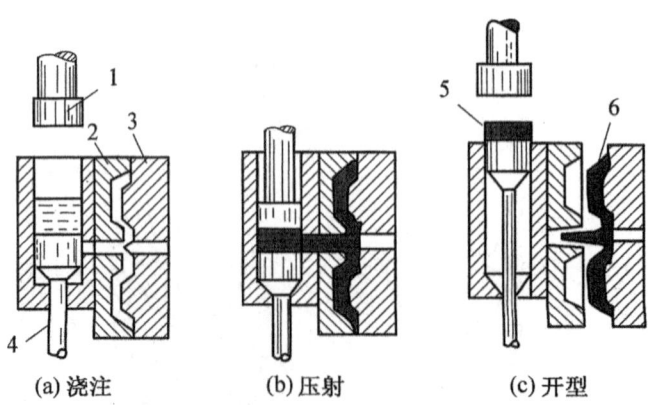

图2-24 压力铸造原理图

1—压铸活塞；2，3—压型；4—下活塞；5—余料；6—铸件

压力铸造分为高压铸造、中压铸造、低压铸造等多种方法。

(一) 高压铸造

高压铸造是对熔融金属注入型腔后的金属型或金属液面施以较高的压力，如在半熔化状态时施加几百个大气压的压力。加压后金属组织致密、强度提高。对金属型加压的方法亦称液态模锻，常用于制造铝制带轮等零件，但不宜制作小而薄或多型芯的复杂铸件。其工艺过程如图 2-25 所示。

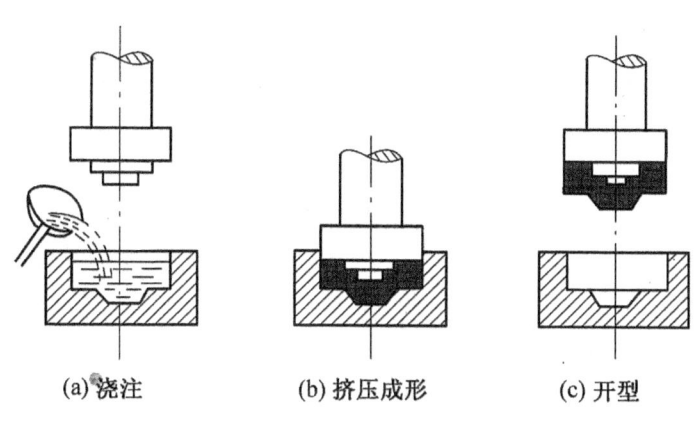

(a) 浇注　　　(b) 挤压成形　　　(c) 开型

图 2-25　高压铸造

(二) 中压铸造

通常把中压铸造称为压力铸造，下述压力铸造即为中压铸造。中压铸造就是指将熔融金属加压注入金属制的压铸型中，并在压力下凝固的铸造方法。为了注入金属液，应在压铸型上加工出浇道，将压铸型装在压铸机上，用压入装置将金属液注入。

压铸型是非常重要的压铸工艺装备，一般由两部分组成，分别称为静型和动型，如图 2-26 所示。卧式压铸机的静型和动型用垂直分型面相接，以便于打开，取出铸件。

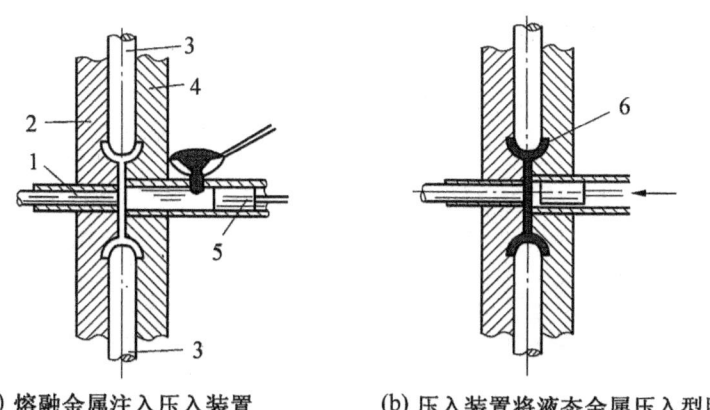

(a) 熔融金属注入压入装置　　　(b) 压入装置将液态金属压入型腔

图 2-26　压铸型结构

1—顶杆；2—动型；3—型芯；4—静型；5—冲头；6—压铸件

将压铸型装到压铸机上，并用结实的夹紧机构或曲肘联动装置把它牢固地锁紧。

压铸工艺的关键是压铸型的材料。因为液态金属是在一定的压力下进入型腔的，故压铸型必须能经受高温液态金属的反复作用。因此，压铸型通常用耐热铬钢或钨钢（如 $3Cr_2W_8V$）来制造，并需经严格的热处理。为了制造出高质量的压铸件，压铸型型腔的精度和表面质量必须很高。为了加速冷却，以及防止在铸件中形成气孔，常常将压铸型精心地做成水冷或气冷式，以改善其散热条件，延长压铸型的使用寿命。一套设计优良的压铸型，成本有时高达数万元，但它能生产出 50 多万个铸件。由于金属压铸型过冷的影响，压铸件外部表面的硬度比内心部分往往更高一些。

现代压铸技术能使一些后续工序在一次铸造循环中全部完成。如铣、钻、攻螺纹、扩孔、锪孔，以及一些镶嵌工序等，在铸件从压铸型中推出之前，可直接在铸件上完成。

1. 压力铸造的优点

（1）铸件的精度及表面质量较其他铸造方法均高，一般精度可达 IT11～IT13，表面粗糙值 R_a 可达 1.6～6.3 μm。因此，压铸件不经机械加工或仅个别表面进行少量加工即可使用。

（2）可压铸出形状复杂的薄壁件或镶嵌件。如可铸出极薄件，或直接铸出小孔、螺纹等，见表 2-3。这是由于压铸型精密，在压力下浇注，极大地提高了合金的充型能力。

（3）压铸件的强度和硬度都较高，如抗拉强度比砂型铸件提高 25%～30%。因其冷却速度快，又是在压力下结晶，所以其表层结晶细密。

（4）压力铸造的生产率比其他铸造方法都高，如我国生产的压铸机，生产能力为 50～150 次/h，最高可达 500 次/h。压力铸造是在压铸机上进行的，较易实现生产过程的自动化。

压力铸造不仅生产率高、经济性好，压铸件表面粗糙度值小、强度大、质量高，而且便于大量生产，因此在汽车制造中得到了广泛的应用。

表 2-3 压铸件的一般规范

合金种类	适宜壁厚/mm	最小孔径/mm	孔的极限尺寸/mm				螺纹极限尺寸/mm			铸齿的最小模数/mm
			最大孔深				最小螺距	最小螺纹直径		
			盲孔		通孔			外螺纹	内螺纹	
			≤φ5	>φ5	≤φ5	>φ5				
锌合金	1～4	1	4d	4d	8d	8d	10	0.3		
铝合金	1.5～5	2.5	3d	4d	5d	7d	1.0	10	20	0.5
镁合金	1～4	2.0	3d	4d	6d	8d	1.0	6	15	0.5

注：d 为孔径。

2. 压力铸造的缺点

压力铸造虽然是实现少切屑、无切屑加工非常有效的途径，但也存在许多不足。主要缺点是：

（1）压铸设备投资大，制造压铸型费用高、周期长，只有在大量生产条件下，经济上才合算。

(2) 压铸合金的种类受限制,压铸高熔点合金,如钢、铸铁等铸件时,压铸型寿命很短,难以适应。

(3) 由于压力铸造的速度极高,型腔内气体很难排出,厚壁处收缩也很难补缩,致使铸件内部常有气孔和缩松,因此,压铸件不宜进行较大余量的切削加工,以防孔洞外露。

(4) 由于上述气孔是在压力下形成的,在热处理加热时,孔内气体膨胀将导致铸件表面起泡,所以压铸件不能用热处理来提高性能。但随着加氧压力铸造、真空压力铸造和黑色金属压力铸造等工艺的出现,使压力铸造的某些缺点有了克服的可能性。例如,加氧压力铸造是先用氧气来充填压室和型腔而将空气排除,压力铸造时,氧与铝形成分散在铸件内的 Al_2O_3 微粒,这不仅可以避免气孔,还使铸件有了进行热处理的可能。

3. 压力铸造的特点

(1) 锌、铝、镁、铜和锡等合金都是压铸件的良好材料,其中锌压铸件比其他合金更易压铸成形。

(2) 压力铸造的工艺范围很宽,例如压铸的手表零件很小,25 万件的质量只有 0.5 kg,而一个汽车仪表板的质量则约为 15 kg,长约 500 mm、宽约 300 mm、高约 300 mm。铝压铸件的质量一般不超过 45 kg。

(3) 压铸镶嵌法可制造出通常难以制造的复杂件。如图 2-27a 所示的深腔件,若采用一次成形法,因内腔过深,抽芯困难;图 2-27b 则为用压铸镶嵌法制成的整个零件。镶嵌法还可采用其他金属或非金属制成镶嵌件,以改善铸件某些部位的性能,如强度、耐磨性、绝缘性、导电性等,并使装配工作大为简化。

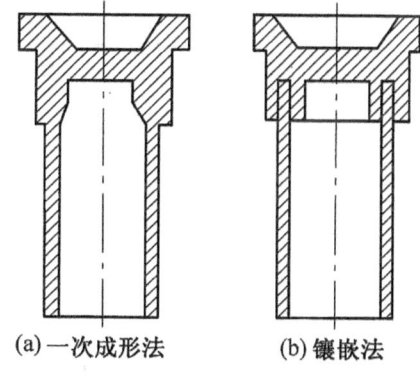

图 2-27 深腔件的改进

(4) 压力铸造只有很少的材料耗损,剩余的接缝和直浇道、横浇道、内浇道都可除去后重熔或重新使用。

(5) 压铸件尺寸较精确,大多数零件铸后可直接使用,不必进行机械加工。

(6) 由于压力铸造中采用压力充型,所以压力铸造工艺可以生产出形状复杂的零件。

(7) 压铸件的表面有时可称为"特光洁铸造表面",并可获得各种有趣的装饰图案,以装饰零件表面。

4. 压力铸造的局限性

(1) 这种方法不适宜于小批生产的零件,因为其模具和装备的成本较高。

(2) 压铸件在分型面上有毛刺或飞边,故应安排去毛刺或整修工序。

(3) 在一般情况下,除了抛光工序外,压铸件可以铸态使用,过多的切削加工可能会去掉致密的表面而露出潜在的气孔。

5. 压铸件的结构工艺性要求

压铸件的结构工艺性是指铸件进行压力铸造的可能性，即是否能在正常条件下生产出合格的压铸件。因此，压铸件的结构设计应充分考虑压力铸造的工艺要求：

(1) 压铸件的结构应便于去除内表面上的飞边并使接缝简单化，如图 2-28a 所示。

(2) 为了防止镶嵌件的螺纹形成飞边，镶嵌部位应留空位，如图 2-28b 所示。

(3) 应尽可能把倾斜的凸台设计成能使压铸型直着分型，避免过分复杂的压铸型结构，如图 2-28c 所示。

(4) 应避免大的压铸平面。图 2-28d 所示结构既可消除大的平面，又可改善铸件外观。

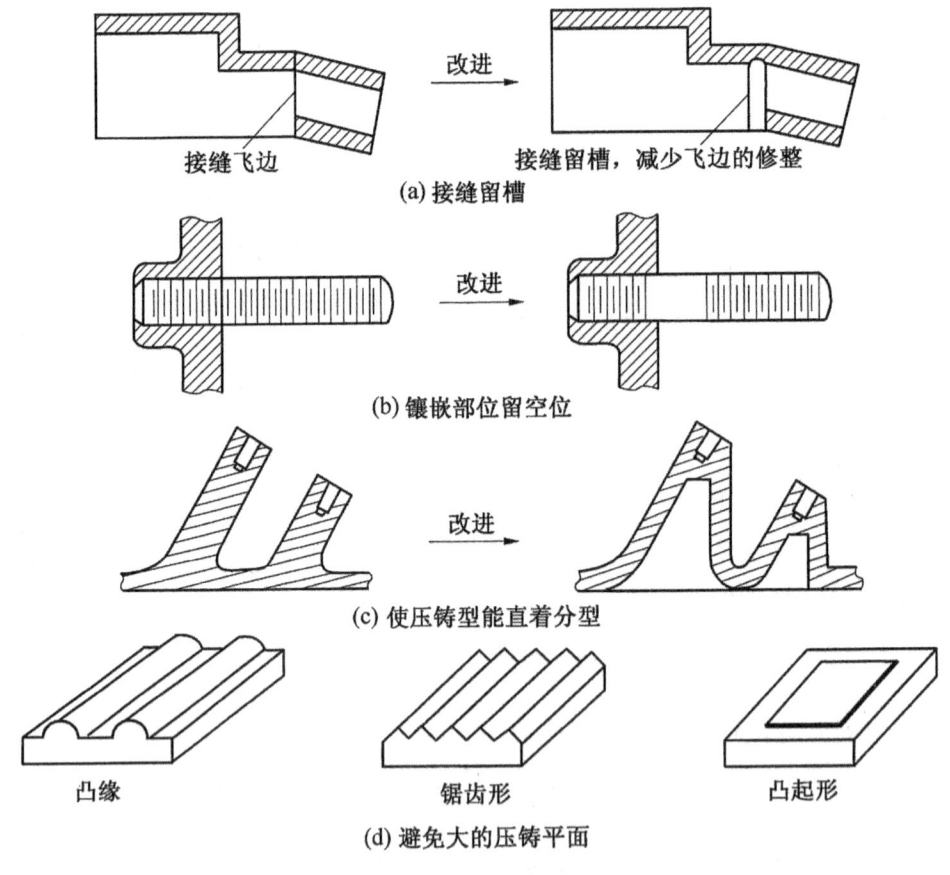

图 2-28 压铸件结构的工艺

(5) 下芯的孔必须有斜度。当需要直孔时，可进行铰孔，如图 2-29 所示。推荐的锥度为 15/50，型芯的最小锥度为 1/200。当盲孔深达到 5×直径、通孔深达到 8×直径时，孔的最小直径可小至 $\phi 0.89$ mm；当盲孔深达到 2×直径、通孔深达到 4×直径时，孔的最小直径可小至 $\phi 0.64$ mm。

(6) 压铸件壁厚应尽可能均匀。在厚截面处增设加强肋，以形成壁厚均匀的芯孔。图 2-30a 不合理，而图 2-30b 合理。

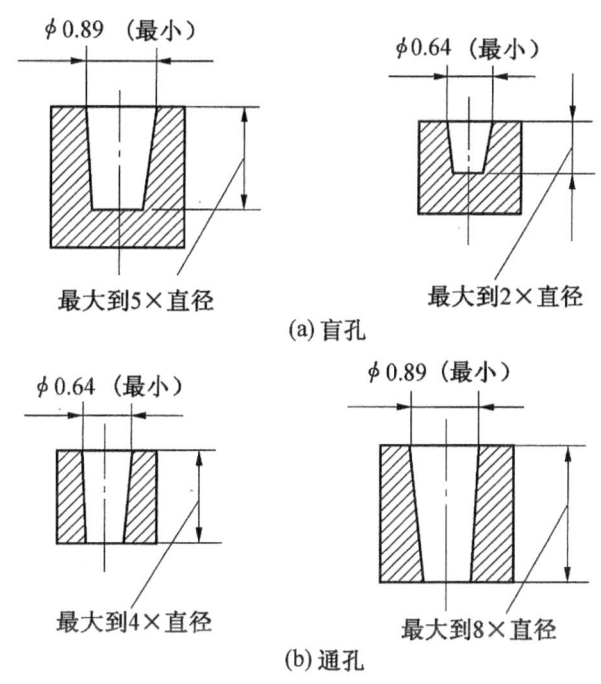

图 2-29 下型芯孔的拔模斜度

(7) 应避免使用横向型芯。图 2-31 所做的改进避免了横向型芯。

(8) 在凸缘之间应有凹槽，避免在压铸型上形成尖口。所有拐角处都应以圆弧过渡，避免锐利的尖角，如图 2-32 所示。

(9) 分型面应选择平面，避免不规则的分型面，如图 2-33a 所示；当分型面通过直径方向时，允许在直径附近保留一小

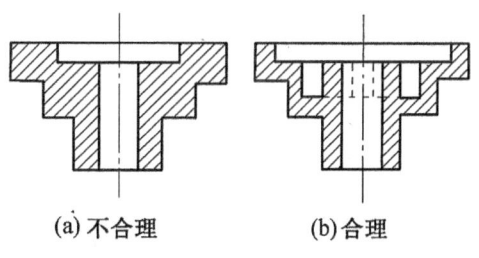

图 2-30 压铸件应壁厚均匀

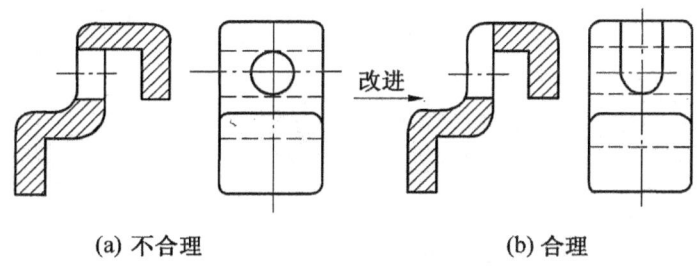

图 2-31 应避免使用横向型芯

平面，如图 2-33b 所示；当铸造圆形钮、齿轮或锯齿面时，应加一凸缘以简化修整工序，如图 2-33c 所示。

(10) 压铸件的最小壁厚与铸造合金有关，推荐最小壁厚如下：锌合金为 0.38 mm；铝、锡、铅合金为 0.76 mm；镁合金、黄铜、青铜及其他铜合金为 1.27 mm。推荐最大壁

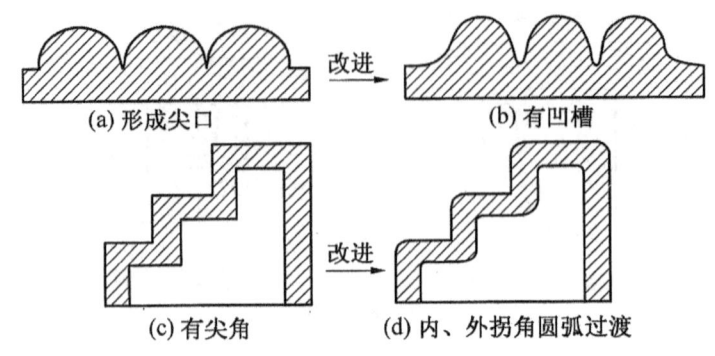

图 2-32 压铸件的内凹槽、圆角

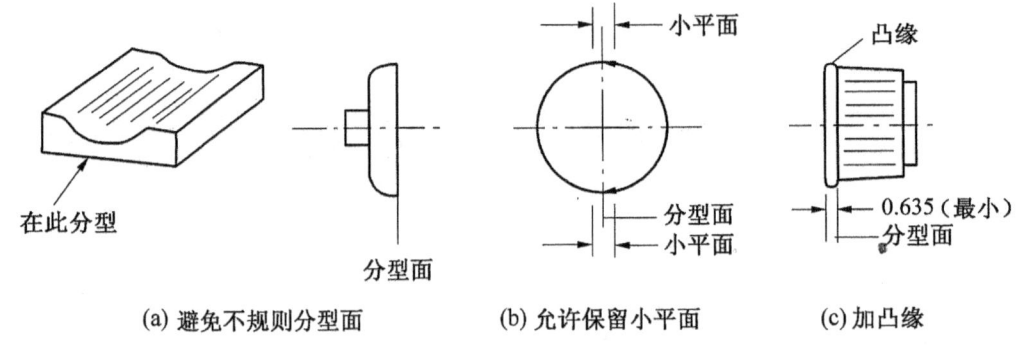

图 2-33 分型面的选择

厚为 12.7 mm。与推荐的最大或最小壁厚不相符时，就会造成零件的废品率增加。

(三) 低压铸造

低压铸造是介于重力铸造（如砂型、金属型铸造）和压力铸造之间的一种方法。它是使液态合金在压力下，自下而上地充填型腔，并在压力下结晶，以形成铸件的工艺过程。由于所用的压力较低（2～7 MPa），所以常称为低压铸造。

(1) 低压铸造的基本原理。低压铸造的原理如图 2-34 所示。将熔化的金属液注入密封的电阻坩埚内保温。铸型（一般为金属型）放置在密封盖上，垂直的升液管使金属液与朝下的浇注系统相通，铸型为水平分型。金属型在浇注前必须预热，并喷刷涂料。

压铸时，先锁紧上半型，向坩埚室缓慢地通入压缩空气，于是金属液经升液管压入

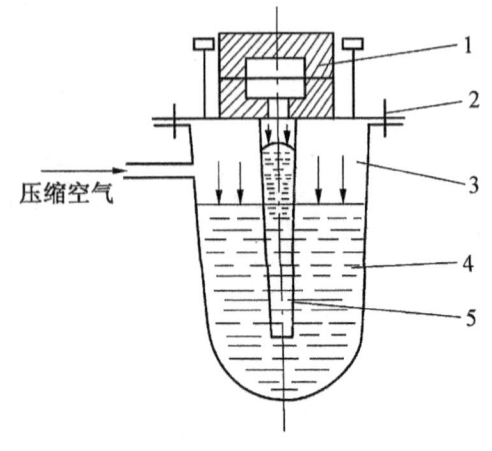

图 2-34 低压铸造
1—铸型；2—密封盖；3—坩埚；
4—金属液；5—升液管

铸型，待铸型被填满才使气压上升到规定的工作压力，并保持适当的时间，使金属在压力下结晶。然后，撤除液面上的压力，使升液管和浇注系统中尚未凝固的金属液在重力下流回坩埚。最后，开启铸型，取出铸件。

低压铸造不需另设冒口，而由浇注系统兼起补缩作用。为使铸件实现自下而上的顺序凝固，浇注系统应开在铸件厚壁处，而且浇注系统的截面积必须足够大。

(2) 低压铸造的特点和适用范围：

① 充型压力和速度便于控制，故可适应各种铸型，如金属型、砂型、熔模型、树脂壳型等。由于充型平稳，冲刷力小，且液流和气流的方向一致，故气孔、夹渣等缺陷较少。

② 铸件的组织致密，力学性能较高，对于防止铝合金针孔缺陷和提高铸件的气密性效果尤为显著。

③ 由于省去了补缩冒口，金属的利用率大为提高。

④ 由于提高了充型能力，有利于形成轮廓清晰、表面光洁的铸件，这对于大型薄壁件的铸造非常有利。

⑤ 设备较压力铸造简易，便于实现机械化和自动化生产。

低压铸造历史不长，但因其具有上述特点，已深受国内外的重视，目前主要用来生产质量要求高的铝、镁合金铸件，如汽缸体、缸盖、曲轴箱、活塞等零件，并已成功地用它制造出了其他材料的零件，如球墨铸铁曲轴等。

(四) 压铸镶嵌工艺

压铸镶嵌工艺是将熔融金属注入压铸型中的嵌件周围，以连接两个或两个以上零件的一种方法。这种方法可用来压铸各种各样的零件，例如把衬套压铸到电动机的转子、轴和风扇叶片中，还可以采用其他金属或非金属嵌件，如图2-35所示，以改善压铸件某些部位的性能，简化装配工作。

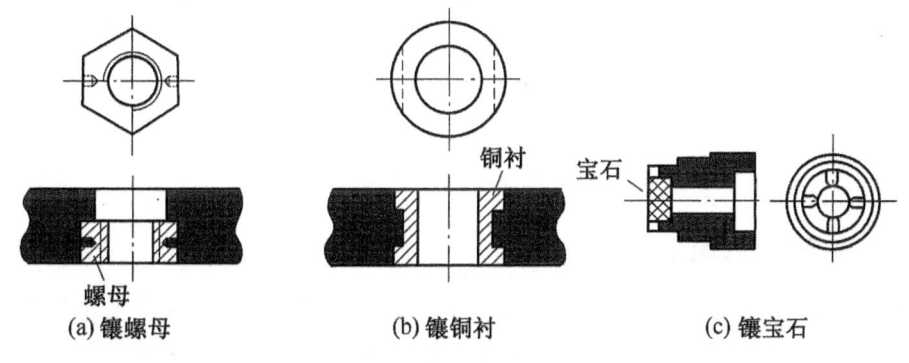

(a) 镶螺母　　　(b) 镶铜衬　　　(c) 镶宝石

图2-35　镶嵌件的应用

用这种方法装配零件时，连接部位应采用销孔、燕尾、沟槽、滚花等形状，以增加其连接强度。

五、离心铸造

离心铸造是将液态金属浇入高速旋转着的铸型中,使金属在离心力的作用下填充铸型并凝固成形的铸造方法。

离心铸造的铸型可以是金属型,也可以是砂型。铸型在离心铸造机上可以绕垂直轴旋转或者绕水平轴旋转,如图 2-36 所示。

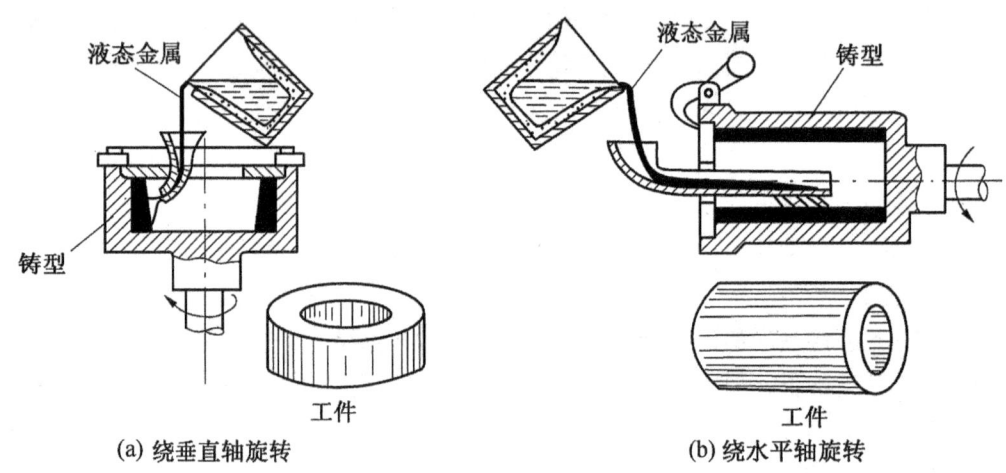

(a) 绕垂直轴旋转　　　　　　　(b) 绕水平轴旋转

图 2-36　离心铸造

铸型绕垂直轴旋转时,铸件内表面呈抛物面,因而铸造中空铸件时,其高度不能太高,否则铸件壁厚相差较大。铸型绕水平轴旋转时制得的中空铸件壁厚均匀,所以其应用较广。

由于离心力的作用,混入液态金属中的气体、熔渣等容易集中在铸件的内表面,并使金属呈定向性结晶,因而铸件组织致密,力学性能较好。但内表面质量较差,故此处加工余量应放大些。当铸造具有圆形内腔的铸件时,可以省去型芯。此外,铸件上不带浇注系统,减少了金属的消耗量。离心铸造生产的铸件尺寸精度可达 IT12～IT14,表面粗糙度 R_a 值为 12.5～6.3 μm。

离心铸造主要用于生产空心旋转体的铸件,如各种管子、缸套、轴套、圆环等。

六、各种铸造方法的比较

各种铸造方法均有其优缺点,必须结合生产具体情况,如铸件的大小和形状、合金种类、生产批量、精度和表面质量要求,以及车间设备条件和铸件成本等,进行全面分析比较,才能正确地选择铸造方法。

砂型铸造尽管有一些缺点,但其适应性最强,且设备比较简单,因此,它仍然是当前生产中最基本的铸造方法。特种铸造仅在一定条件下才能显示优越性。

表 2-4 为几种铸造方法特点的比较,表 2-5 为几种铸造方法经济性的比较。

表 2-4 几种铸造方法特点的比较

铸造方法 比较项目	砂型铸造	熔模铸造	金属型铸造	压力铸造	离心铸造
适用金属的范围	任意	不限制，但以铸钢为主	不限制，但以有色合金为主	铝、锌等低熔点合金	以铸铁、铜合金为主
适用铸件的大小及质量	任意	一般小于25 kg	以中、小铸件为主，也可用于数吨大件	一般为10 kg以下小铸件，也可用于中等铸件	不限制
生产批量	不限制	成批、大量，也可单件生产	大批、大量	大批、大量	成批、大量
铸件尺寸精度	IT14~IT15	IT11~IT14	IT12~IT14	IT11~IT13	IT12~IT14
铸件表面粗糙度 $R_a/\mu m$	粗糙	12.5~1.6	12.5~6.3	3.2~0.8	内孔粗糙
铸件内部质量	结晶粗	结晶粗	结晶细	结晶细	缺陷很少
铸件加工余量	大	小或不加工	小	不加工或精加工	内孔加工量大
生产率(一般机械化程度)	低、中	低、中	中、高	最高	中、高
设备费用	中、低	中	中	高	中
应用举例	各种铸件	刀具、叶片、自行车零件、机床零件、刀杆、风动工具等	铝活塞、水暖器材、水轮机叶片、一般有色合金铸件等	汽车化油器、喇叭、电器、仪表、照相机零件等	各种铁管、套筒、环、辊、叶轮、滑动轴承等

表 2-5 几种铸造方法经济性的比较

铸造方法 比较项目	砂型铸造	金属型铸造	压力铸造	熔模铸造	离心铸造
小批生产时的适应性	最好	良好	不好	良好	不好
大量生产时的适应性	良好	良好	最好	良好	良好
模样或铸型制造成本	最低	中等	最高	较高	中等
铸件的机械加工余量	最大	较大	最小	较小	内孔大
金属利用率 $\left(\dfrac{铸件净质量}{铸件净质量+浇冒口}\right)$	较差	较好	较差	较差	较好
切削加工费用	中等	较小	最小	较小	中等
设备费用	较高	较低	较高	较高	中等

第二节 锻　　造

一、概述

锻造是对金属坯料进行加压使之变形以形成所需形状的加工方法。锻造可分为将金属加热到赤热状态加工的热锻、在常温下加工的冷锻以及加热到某一温度的温热锻造等。

热锻使坯料粗大的组织细化，可使力学性能提高，广泛用于制造对强度和韧性要求高的零件。冷锻是在坯料不加热的情况下进行加工，使坯料变形需要施加大的压力，故只用于易于变形的坯料。温热锻造介于热锻和冷锻之间，进行温热锻造应注意控制温度，至今应用尚不广泛。

锻造又可分为自由锻造和模型锻造。自由锻造不使用锻模，采用具有平面或曲面形状的工具使坯料成形。用人力锻打只能得到小的变形，利用锤的冲击力或压力机的静压力可得到大的变形，故在机械制造中常采用锻锤和压力机进行锻造。

模型锻造时采用锻模对坯料进行锻造。在锻模上已加工有与锻件形状相同的型腔，将坯料置于模上，对坯料加压便得到所需形状的锻件。用锻锤进行锻造时，打击次数随锻件形状和大小而异，从几次到十几次。

与压力机锻造相比，锻锤锻造是用冲击力使坯料产生变形，噪声大，产生的振动要传递给地面。与之相反，压力机锻造无冲击、无噪声。此外，因前者是瞬时受力，施加的压力往往不能达到坯料内部；后者是静压力，所加压力可传递到坯料内部，因而可以得到尺寸精度高的锻件。与压力机锻造相比，锻锤的质量较小，所需动力亦较小，故一般锻件用锻锤锻造。

二、坯料的加热

1. 加热炉

坯料可采用反射炉、煤气炉、重油炉、电炉等进行加热。反射炉主要用于对小件的加热，用焦炭做燃料，用离心式鼓风机鼓风，使焦炭燃烧加热坯料。煤气炉是使几个喷嘴中喷出的煤气燃烧，炉内加热均匀，易于进行温度调节。重油炉是将重油喷出成雾状与空气混合燃烧，由于空气混合量的不同，炉内的气体介质也不同，因此需要使炉内保持中性或还原性气氛，此外炉内还应具有一个大气压以上的压力，使外部气体不能进入。电炉有电阻加热炉和感应加热炉，加热炉的形式有箱式炉与连续炉，连续炉用于大量生产。

2. 加热温度

坯料的加热温度过高，将使坯料表面熔化，加热温度应比坯料金属的熔化温度低100℃以上；加热温度过低，坯料在压力加工时变形困难，需要大的作用力，有时坯料还会产生裂纹，故应控制适当的加热温度。加热的最高温度：碳素钢为1550℃左右；青铜为600～850℃；硬铝为550℃左右。终锻温度：碳素钢为800～850℃；青铜为400～700℃；硬铝为400℃左右。

三、自由锻造

自由锻造是指金属坯料在上、下砧铁之间，受冲击力或静压力而产生塑性变形的加工方法。自由锻造可对坯料进行拔长、镦粗、冲孔、弯曲、切割作业。用碳素钢棒料锻造出扳手的过程如图2-37所示。

（1）将毛坯加热到1100℃左右，用锻锤将圆钢棒锻成长方形的棒。

（2）将工具放在扳手坯料头部与柄部的分界处，用锻锤锤击工具，将坯料分段，称为压肩。

（3）将柄部拔长。

（4）将头部摔圆并进行错移。

（5）在头部用冲头冲孔。

（6）用錾子切去缺口部分并成形。

（7）对锻件进行整形。

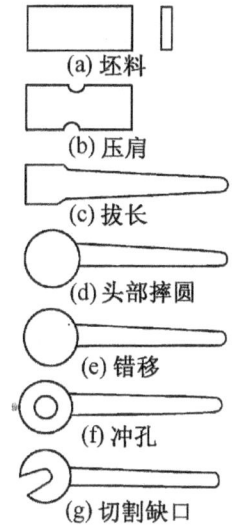

图2-37 扳手的自由锻造过程

四、模锻

模锻是利用模具使毛坯变形而获得锻件的锻造方法。

模锻与自由锻相比具有锻件尺寸较精确、加工余量小、可获得形状较复杂锻件、生产率高等优点，适用于批量生产。

模锻分为胎模锻和固定模锻两类。

1．胎模锻

胎模锻是在自由锻设备上使用不与上、下砧相连接的可移动模具（胎模）生产模锻件的一种锻造方法。胎模不固定在锤头和砧座上，只是在使用时才放上去。

胎模锻与自由锻相比，锻件尺寸精度较高、表面粗糙度值较小、余量和余块少、节省金属材料、生产率较高等。另外，胎模制造简单、使用方便、成本较低，但胎模锻件尺寸精度不如固定模锻件高、工人劳动强度大、胎模寿命短。胎模锻适用于中小批量锻件的生产，在缺少固定模锻设备的中小型工厂广泛使用。

（1）胎模种类：胎模按其结构大致可分为摔子、扣模、套筒模、合模四种类型。其结构如图2-38所示。

（2）胎模锻造工艺举例：双联齿轮毛坯胎模锻造工艺过程如图2-39所示。

2．固定模锻

固定模锻是在专门的锻造设备上用锻模模膛生产锻件的一种加工方法。上、下锻模分别固定在锤头和砧座上。

固定模锻和胎模锻相比，锻件尺寸精确、加工余量小、切削加工省时、生产效率高，可以锻出形状复杂的锻件，如图2-40所示。

固定模锻要求使用吨位大而精密的设备，锻模是用贵重的模具钢经复杂加工制成的，成本很高，因此只适用于大批量锻件的生产，锻件质量小于150 kg。

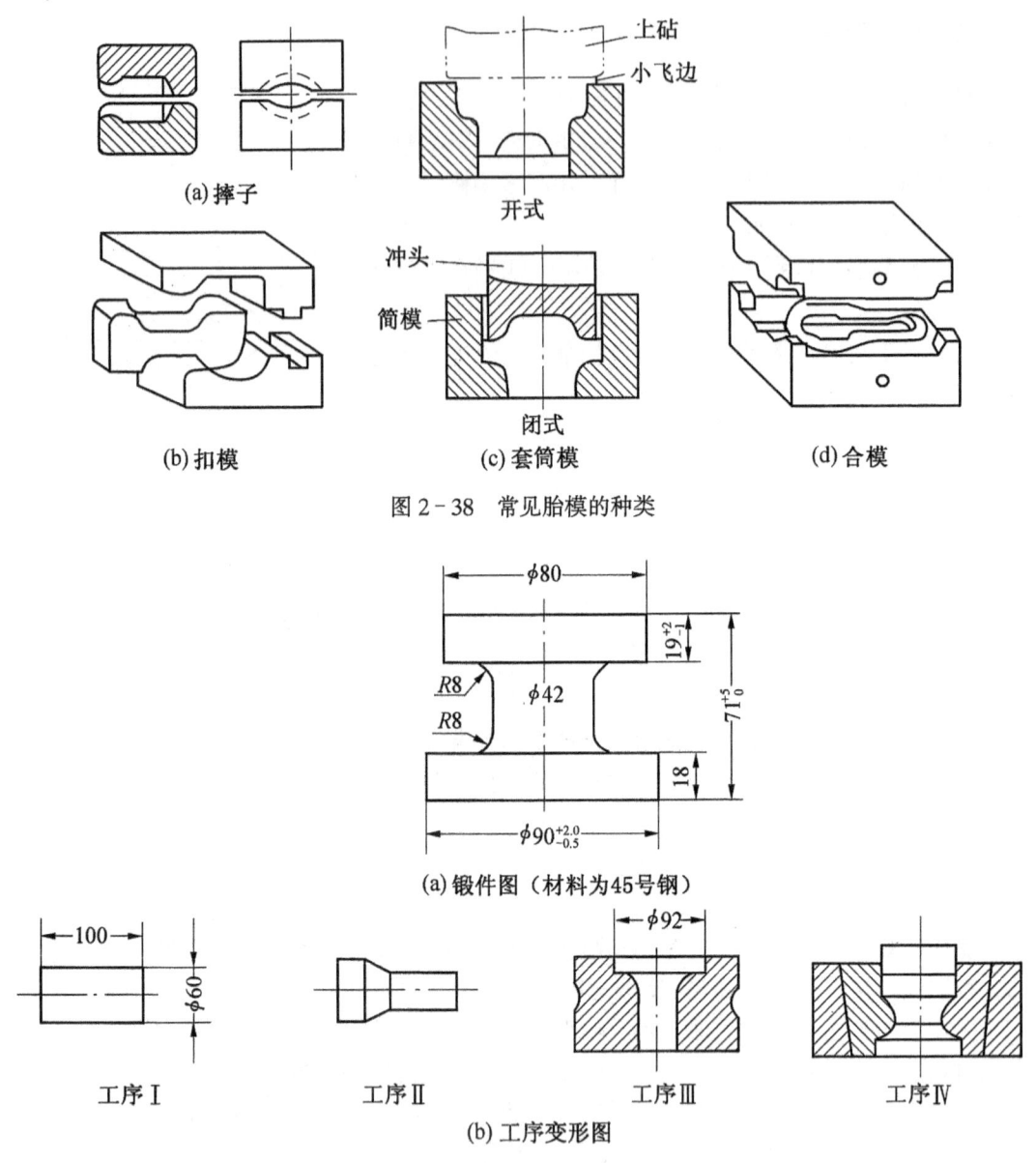

图 2-38 常见胎模的种类

(a) 锻件图（材料为45号钢）

(b) 工序变形图

图 2-39 双联齿轮毛坯胎模锻造工艺过程（设备为 250 kg 空气锤）
工序Ⅰ—下料加热；工序Ⅱ—摔长尾部（φ21 mm）；工序Ⅲ—在开式套模中镦粗大端凸缘；
工序Ⅳ—在带拼分模的闭式套模中镦粗小端凸缘

根据所用的设备不同，可将固定模锻分为：锤上模锻、曲柄压力机上模锻、平锻机上模锻、摩擦压力机上模锻等。

固定模锻的锻模结构如图 2-41 所示。它由上、下锻模组成，分别用紧固楔铁固定在锤头和砧座上。

形状复杂的锻件，靠一个模膛难以成形，往往需要经过多个模膛逐渐变形，才能获得锻件的最终形状。模膛根据其用途不同，可分为制坯模膛和模锻模膛。制坯模膛有拔长模膛、滚压模膛、弯曲模膛等。模锻模膛有预锻模膛和终锻模膛。实际生产中常在一副锻模

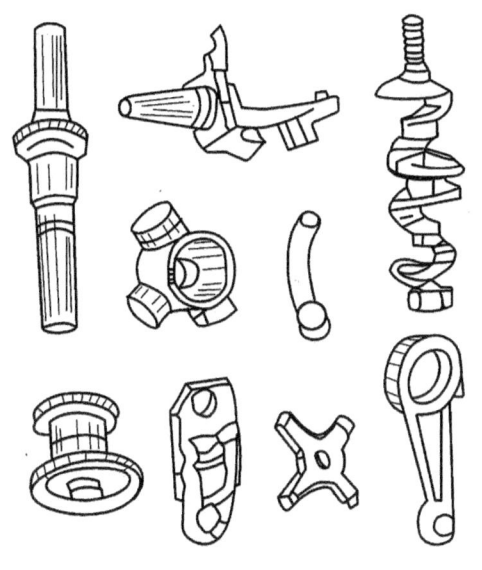

图 2-40 典型模锻件

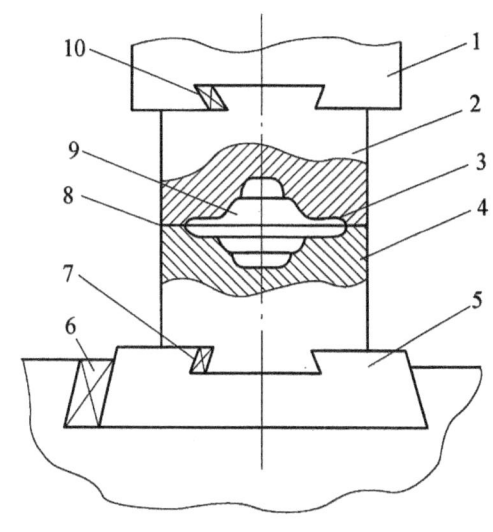

图 2-41 锻模结构
1—锤头；2—上模；3—飞边槽；4—下模；5—模垫；
6，7，10—紧固楔铁；8—分模面；9—模膛

上开设几个模膛，坯料在几个模膛内依次变形，最后在终锻模膛中得到锻件的形状与尺寸。图 2-42a 是弯曲连杆多模膛结构示意图。原始坯料经拔长、滚压、弯曲三个制坯模膛的变形后，已初步接近锻件的形状，然后再经过预锻和终锻模膛，制成带有飞边的锻件，如图 2-42b 所示。最后在压力机上用切边模切除飞边，从而获得弯曲连杆的锻件。

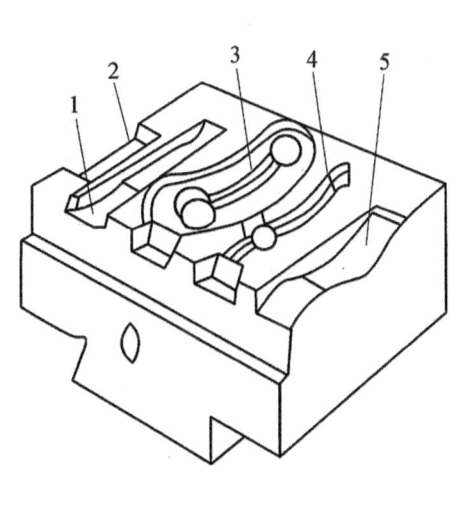

(a) 锻模

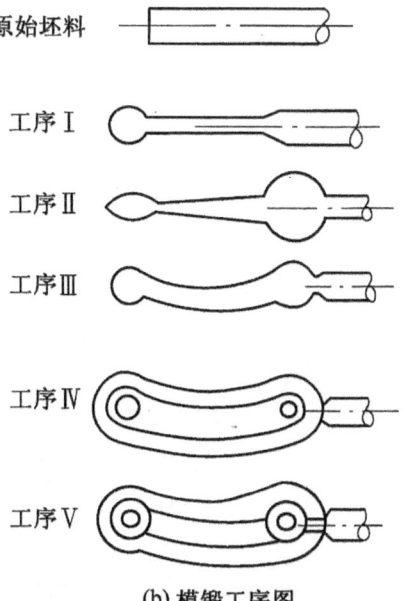

(b) 模锻工序图

图 2-42 弯曲连杆锻模（下模）结构及模锻工序图
1—滚压模膛；2—拔长模膛；3—终锻模膛；4—预锻模膛；5—弯曲模膛
工序Ⅰ—拔长；工序Ⅱ—滚压；工序Ⅲ—弯曲；工序Ⅳ—预锻；工序Ⅴ—终锻

在固定模锻的基础上发展起来的精密模锻是提高锻件精度和减小表面粗糙度值的一种先进工艺，它能够锻造一些形状复杂、尺寸精度要求高或不需切削加工而直接使用的零件，如锥齿轮、叶片、电器零件等。

五、锻造设备简介

（一）空气锤

空气锤、蒸汽-空气锤及水压机等，常用于自由锻造，其中空气锤的应用最为广泛，其外形和工作原理如图2-43所示。

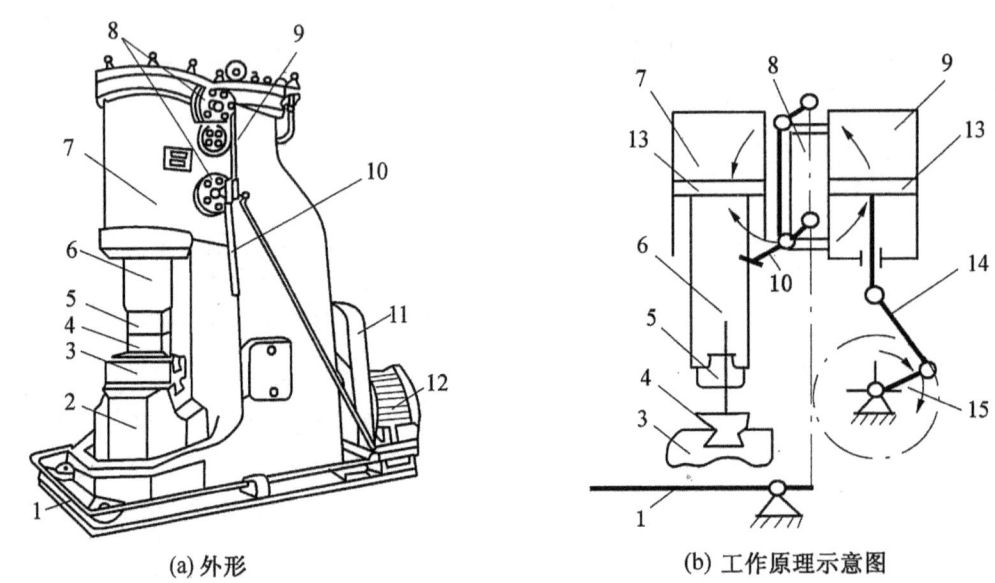

(a) 外形　　　　　　　　(b) 工作原理示意图

图 2-43　空气锤

1—踏板；2—砧座；3—砧垫；4—下砧铁；5—上砧铁；6—锤头；7—工作汽缸；8—控制阀；
9—压缩汽缸；10—手柄；11—减速机构；12—电动机；13—活塞；14—连杆；15—曲柄

空气锤的动力源是电动机，它通过减速机构和曲柄连杆机构，推动压缩汽缸内的活塞上下运动，压缩汽缸里的空气。压缩汽缸和工作汽缸之间有上下通道，分别设有阀门来控制压缩空气的流动方向。

为适应锻造的需要，通过操纵机构，转动阀门的位置，可使工作汽缸里的活塞和锤杆实现下列动作：

(1) 悬锤：这时上通道与大气相通，压缩空气只能单向从下通道进入工作汽缸，推动活塞和锤杆上升，并停留在工作汽缸的上部。

(2) 压实：与悬锤相反，下通道与大气相通，压缩空气只能单向从上通道进入工作汽缸，推动活塞和锤杆向下，使上下砧铁相互压紧。

(3) 锤击：上下通道把压缩汽缸和工作汽缸都接通，于是压缩空气交替从下通道和上通道进入工作汽缸，推动活塞和锤杆上下运动，进行连续锤击。通过阀门，控制上下通道的大小，还能达到重击和轻击的要求。

(4) 空转：上下通道都与大气相通，压缩汽缸内的活塞虽仍在上下运动，但没有压缩空气进入工作汽缸。于是活塞和锤杆就依靠自身重力下落,停留在下砧铁上。此时电动机处在空转状态。

空气锤的主要规格是以落下部分(包括活塞、锤杆和上砧铁)的质量来表示的。落下部分的质量愈大,锻造能力就愈强。国产空气锤的规格为 65~1000 kg,可以锻造锻件的质量范围为 2.5~84 kg。

(二) 摩擦压力机

摩擦压力机的工作原理如图 2-44 所示,主要用于模锻。锻模分别安装在滑块 7 和机座 10 上。滑块与螺杆 1 相连,沿导轨 9 只能上下滑动,螺杆穿过固定在机架上的螺母 2,上端装有飞轮 3。两个摩擦轮 4 同装在一根轴上,由电动机 5 经过传动带 6 使摩擦轮轴在机架上的轴承中旋转。改变操纵杆位置可使摩擦轮轴沿轴向移动,这样就会把某一个摩擦轮靠紧飞轮边缘,借摩擦力带动飞轮转动。飞轮分别与两个摩擦轮接触就可获得不同方向的旋转,螺杆也就随飞轮做不同方向的转动。在螺母的约束下,螺杆的转动变为滑块的上下滑动,实现模锻生产。

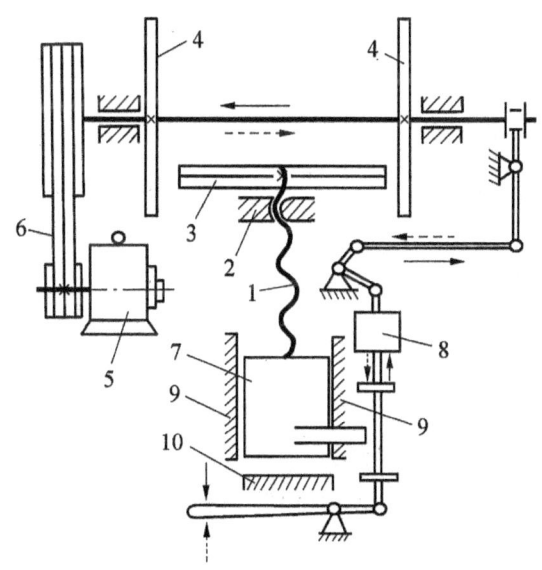

图 2-44 摩擦压力机传动简图

1—螺杆;2—螺母;3—飞轮;4—摩擦轮;5—电动机;
6—传动带;7—滑块;8—操纵机构;9—导轨;10—机座

在摩擦压力机上进行模锻主要是靠飞轮、螺杆及滑块向下运动时所积蓄的能量来实现。压力为 3500 kN 的摩擦压力机使用较多,摩擦压力机的最大压力可达 10000 kN。

摩擦压力机在工作过程中滑块速度为 0.5~1.0 m/s,使坯料变形具有一定的冲击作用,且滑块行程可控,这与锻锤相似;坯料变形中的抗力由机架承受,形成封闭力系,这又是压力机的特点,所以摩擦压力机具有锻锤和压力机的双重工作特性。另外,摩擦压力机带有预料装置,使取件容易,但摩擦压力机滑块打击速度不高,每分钟行程次数少,传动效率低(仅为 10%~15%),能力有限,故多用于锻造中小型锻件。

(三) 曲柄压力机

1. 曲柄压力机的工作原理

曲柄压力机的传动系统如图2-45所示。用V带2将电动机1的运动传到飞轮3上，通过传动轴4及传动齿轮5及大齿轮6带动曲柄连杆机构的曲柄8、连杆9和滑块10。曲柄连杆机构的运动是靠气动多片式摩擦离合器7与飞轮3结合实现的，制动器15可使其运动停止。锻模的上模固定在滑块上，而下模则固定在下部的楔形工作台11上。下顶料由凸轮16、拉杆14和顶杆12来实现。

曲柄压力机的压力一般为2 000～12 000 kN。

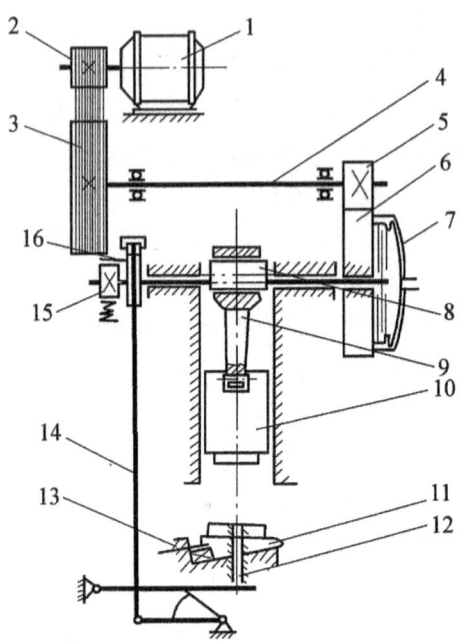

图2-45 曲柄压力机传动简图
1—电动机；2—V带；3—飞轮；4—传动轴；
5—传动齿轮；6—大齿轮；7—摩擦离合器；
8—曲柄；9—连杆；10—滑块；11—楔形工作台；
12—顶杆；13—工作台调整装置；14—拉杆；
15—制动器；16—凸轮

2. 曲柄压力机的特点

(1) 曲柄压力机作用于坯料上的变形力是静压力，且变形抗力由机架承受，不传给地基，因此曲柄压力机工作时无振动、噪声小。

(2) 曲柄压力机的传动是机械传动，工作时滑块行程不变。行程大小取决于曲柄的尺寸。

(3) 曲柄压力机机身的刚度大，导轨与滑块间的间隙小，装配精度高。因此，能保证上下模膛准确对合在一起，不产生错移。

(4) 曲柄压力机在工作台及滑块中均有顶杆装置，锻造结束时，自动把锻件从模膛中顶出。

3. 曲柄压力机的工艺特点

(1) 由于滑块行程一定，并且有良好的导向装置和顶件机构，因此锻件的公差、余量和模锻斜度都比模锻锤的小。

(2) 曲柄压力机作用力的性质是静压力，因此锻模的主要模膛可以设计成镶块式结构，如图2-46所示。

(3) 由于热锻时有顶杆装置，所以能够对棒料进行局部镦粗，如图2-47a所示的气门，是在6300 kN曲柄压力机上加热锻造成的，其锻坯 (图2-47b，c) 可由平锻机或电热镦机制造。

(4) 因为滑块行程一定，不论在什么模膛中都是一次成形，所以坯料表面上的氧化皮不易被清除掉，只能在加热时解决，影响锻件质量。同时曲柄压力机上也不宜进行拔长和滚压工步。因此，对于横截面变化较大的长轴类锻件，需采用周期性轧制坯料或用辊锻机制坯来代替这两个工步。

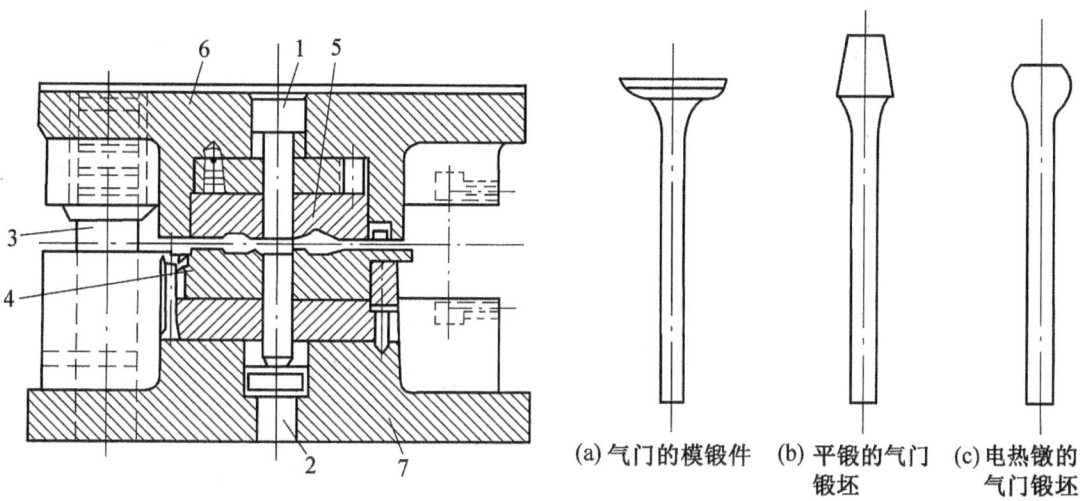

图 2-46 曲柄压力机用的锻模
1—上顶杆；2—下顶杆；3—导柱；4—下模膛；
5—上模膛；6—上模板；7—下模板

图 2-47 气门锻坯
(a) 气门的模锻件　(b) 平锻的气门锻坯　(c) 电热镦的气门锻坯

(5) 由于是一次成形，金属变形量过大，不易使金属填满终锻模膛。因此，变形时应该逐渐进行，终锻前常采用预成形及预锻工步。图 2-48 即为经预成形、预锻和最后终锻的齿轮模锻工步。

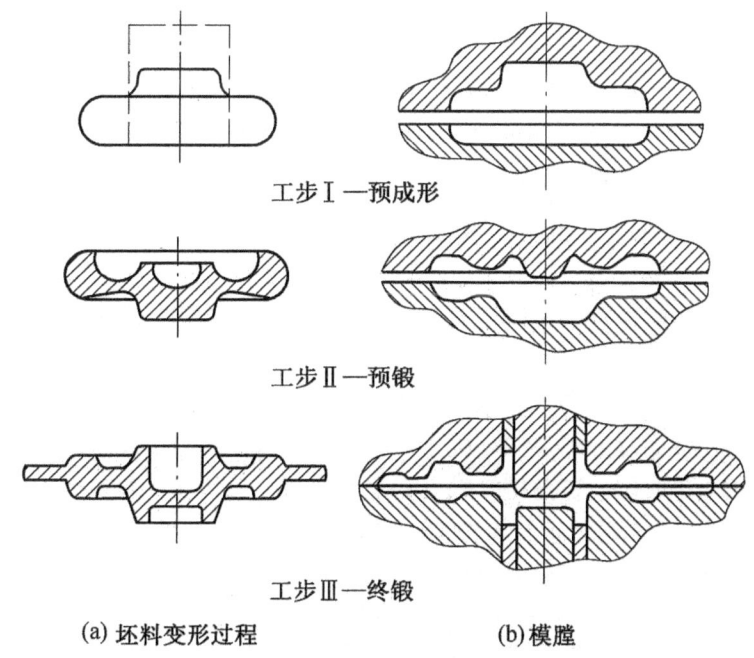

工步Ⅰ—预成形

工步Ⅱ—预锻

工步Ⅲ—终锻

(a) 坯料变形过程　(b) 模膛

图 2-48 曲柄压力机上模锻齿轮工步

由于曲柄压力机具有锻件精度高、生产率高、劳动条件好和节省金属等优点，所以非常适合大批量生产。但是由于其设备复杂、造价高，目前我国仅在一些大厂采用。

（四）平锻机

平锻机的主要结构与曲柄压力机相同，只是因为滑块是做水平运动，故称为平锻机，如图2-49所示。电动机1通过传动带2将运动传给带轮3，带轮及其离合器一同装在传动轴5上，传动轴的另一端装有齿轮6、7，可将运动传至曲轴8。曲轴通过连杆9与主滑块15相连。凸轮11装在曲轴上，与导轮10、12接触。副滑块13固定着导轮，并通过连杆系18、19、20与凹模的活动模17相连。

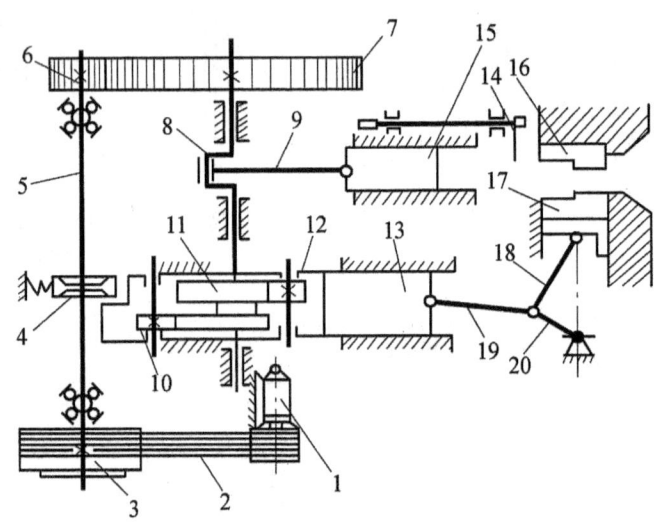

图2-49 平锻机传动简图
1—电动机；2—传动带；3—带轮；4—制动器；5—传动轴；6—小齿轮；7—大齿轮；8、20—曲轴；
9—连杆；10、12—导轮；11—凸轮；13—副滑块；14—挡料板；15—主滑块；
16—固定模；17—活动模；18—推杆；19—副连杆

运动传至曲轴后，随着曲柄的转动，一方面推动主滑块15带动凸模做往复运动，同时曲轴又驱使凸轮11旋转。凸轮的旋转通过导轮使副滑块移动，并驱使凹模的活动模运动，实现锻模的闭合或开启。挡料板14通过辊子与主滑块的轨道接触。当主滑块向右运动执行工作行程时，轨道斜面迫使辊子上升，带动挡料板绕其轴线转动，挡料板末端便移至一边，给凸模让出路来。

平锻机的压力一般是500～3150 kN，可加工25～230 mm的棒料。

平锻机上的模锻过程如图2-50所示。一端已加热的棒料放在固定模1内，棒料左端的位置由挡料板4来决定。在凸模接触杆料之前，活动模已将棒料夹紧，而挡料板4自动退出（图2-50b）。凸模继续运行将棒料一端镦粗，使金属充满模膛（图2-50c）。然后，主滑块反方向运动，凸模从凹模中退出。活动模松开，挡料板又恢复到原来位置上，即可取出锻件（图2-50d）。上述过程是在曲轴旋转一周的时间内完成的。

最适合在平锻机上模锻的锻件是具有头部的杆类和有孔（通孔或不通孔）的锻件；亦可锻造出曲柄压力机上不能模锻的一些锻件，如半轴、齿轮轴等。平锻机的特点如下：

(1) 扩大了模锻适用范围，可以锻出锤锻和曲柄压力机上无法锻出的锻件，还可以进行切飞边、切断、弯曲和热精压等工步。

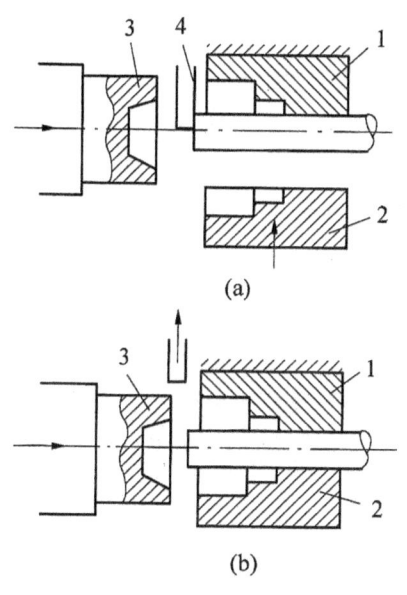
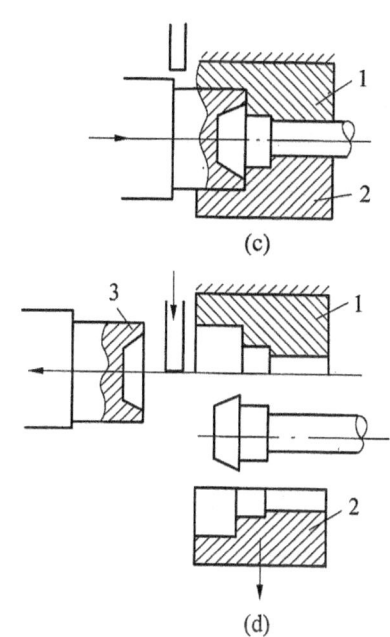

图 2-50 平锻机上的模锻过程
1—固定模；2—活动模；3—凸模；4—挡料板

（2）生产率高，每小时可生产 400~900 件。
（3）锻件尺寸精确，表面粗糙度值小。
（4）节省金属，材料利用率可达 85%~95%。
（5）对非回转体及中心不对称的锻件较难锻造，且造价较高。

第三节　粉末冶金

一、概述

粉末冶金是以金属或非金属粉末颗粒做原料，通过固结使其成为具有一定形状的制品的工艺方法。该制品统称为粉末冶金零件或烧结零件。粉末冶金零件是机械制造工业中的一大类通用性基础零件，包括一些结构零件、减摩零件和摩擦零件。

汽车工业中使用的各类粉末冶金零件，已占粉末冶金总产量的 70%~80%。由于零部件的高度强化、高精度化以及低成本化，使粉末冶金零件在汽车上的使用量越来越多，如汽车发动机的气门座、链轮、带轮等。

粉末冶金工艺包括粉末的制取、零件成形、烧结以及后续处理等工序，其工艺流程如图 2-51 所示。

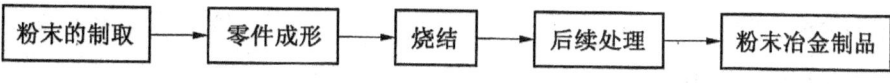

图 2-51　粉末冶金工艺流程

二、粉末的制取

粉末制取方法大体上可归纳为机械法和物理化学法两大类。机械法是将原材料机械地粉碎，而化学成分基本上不发生变化的工艺过程；物理化学法是借助化学的或物理的作用，改变原材料的化学成分或聚集状态而获得粉末的工艺过程。工业上，应用最广泛的粉末制取方法有雾化法、还原法和机械法。

1．雾化法

图 2-52 所示为雾化制粉方法的示意图。依靠自重从漏包中流出的金属液流被从喷嘴喷射出的高压气体或水冲击，雾化成粉。喷射流的主要作用是：把熔融金属液流击碎成细小的液滴，通过急冷使细小的液滴凝固。

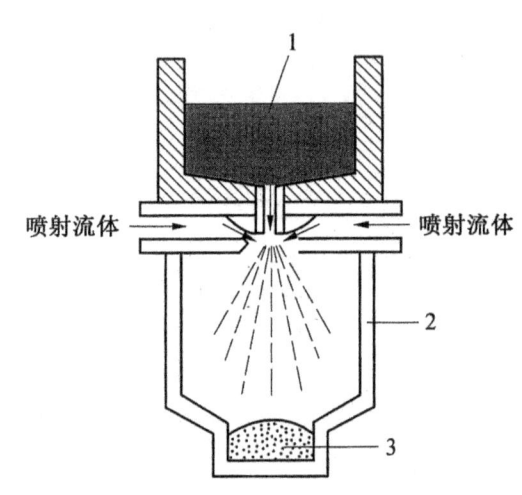

图 2-52 雾化制粉
1—熔融金属；2—集气室；3—金属粉末

2．还原法

使氧化物和盐类发生还原反应制取粉末，称为还原法。在工业上，还原法被广泛地用来制取铁、铜、镍、钴、钨、钼等金属粉末，这是由于还原法制取的粉末不仅经济，而且制粉过程比较简单，在生产时容易控制粉末的颗粒大小和形状。还原法制得的粉末还具有很好的压制性和烧结性。

3．机械法

机械法是指利用破碎机、锤击机或球磨机粉碎材料，生产细小颗粒粉末。最常见的球磨机是利用回转筒内不断抛落的钢球破碎金属。

其他生产粉末的方法，如电解法、化学沉积法和高速冲击法等，一般应用较少。

三、零件的成形

粉末制取后，零件成形的工艺过程包括三个步骤：①粉末混合；②粉末紧固，即将金属粉末制成具有一定形状、尺寸、孔隙度以及强度的预制件；③粉末烧结，即将粉末压坯在低于熔点的适当温度中加热，颗粒之间发生粘结，烧结体的强度增加，而且多数情况下密度也提高，如果烧结条件控制得当，烧结体的密度和其他物理、力学性能可以接近或达到相同成分的金属致密材料。

1．钢模压制

粉末压坯时，需要较高的压力使粉末成为所需形状。常用的工艺方法称为钢模压制。压制时，两个施力冲头挤压位于模腔中的粉末，如图 2-53 所示。压制后的工件称为预制件。预制件一般具有足够的强度，搬运时不会破裂，但远低于烧结后的工件强度。

常用的钢模压制的压力设备有机械式、水压式或者二者的结合。根据工件的复杂程度，钢模压制的基本方式有三种，即单向压制、双向压制以及浮动阴模压制。

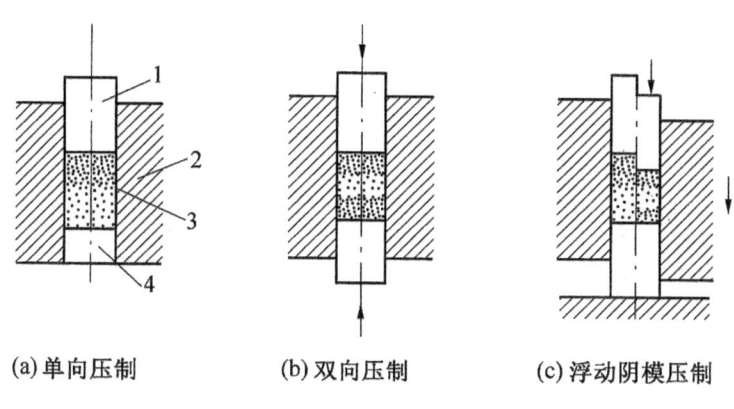

(a) 单向压制　　　　(b) 双向压制　　　　(c) 浮动阴模压制

图 2-53　钢模压制

1—上模冲头；2—阴模；3—粉末；4—下模冲头

在单向压制时（如图 2-53a），阴模和下模冲头不动，由上模冲头单向加压，压力施加在粉末坯料的上顶部，由于粉末坯料与阴模之间的摩擦，使得预制件的底部和顶部的密度不均匀。使用润滑剂，可以减小粉末坯料与模壁之间的摩擦力，从而使高度方向的密度不均匀程度降低。

采用双向压制法（如图 2-53b）可以减小预成形中密度分布的不均匀性。在双向压制时，压力是同时从上、下两个方向施加在粉末坯料上的。对于采用双向压制所得到的预制件来说，与冲头接触的两端密度较高，而中间部分的密度较低。与单向压制相比，沿高度方向密度的不均匀性得到改善，适于压制较长的制品。

浮动阴模压制（如图 2-53c）是在双向压制的基础上发展起来的粉末压制方法。在浮动阴模压制时，下模冲头固定不动，阴模安放在弹簧（也可以安装在液压缸）上，使之可以浮动。当上模冲头进入模腔压制粉末时，粉末与阴模内表面之间的摩擦力使阴模克服弹簧的阻力向下运动，阴模的运动会产生与下冲头运动相同的效果。阴模的运动方向与粉末沿高度上的位移方向是一致的，从而使得粉末预制件密度沿高度方向分布均匀。

2. 烧结

烧结是将粉末预制件在适当的温度和气氛条件下加热的过程，即把粉末预制件加热到低于其基本成分熔点的温度下保温，然后以各种方式和速度冷却到室温。在此过程中，发生一系列物理和化学的变化，粉末颗粒的聚集体变成为晶粒的聚集体，从而获得具有所需物理、力学性能的制品或材料。由于粉末冶金生产属于大批量生产，所以大多烧结炉设计成自动进料方式，一般包括三个步骤：预热、烧结和冷却。

近些年来粉末冶金技术不断发展，新材料、新工艺、新技术不断涌现，并迅速获得工业应用。这些先进工艺，如热压成形、粉末挤压、粉末锻造、粉末轧制、等静压成形、喷射成形等，其特点是：具有更高的生产率；采用加热压实以减小成形压力，提高压实密度以增加制件强度；提高制件表面质量；扩大应用范围等。

第四节 塑料成形工艺

一、概述

1. 塑料组分

塑料的主要成分是合成树脂。合成树脂是由相对分子质量小的物质经聚合反应而制得的相对分子质量大的高分子聚合物,有聚氯乙烯、聚乙烯、聚丙烯、聚苯乙烯、聚酰胺、聚碳酸酯、酚醛树脂、聚氨酯、环氧树脂等。简单组分的塑料基本上以树脂为主要成分,不加或加入少量助剂;多组分的塑料除树脂外还需加入其他一些助剂,如增塑剂、稳定剂、润滑剂、填充剂、阻燃剂、发泡剂、着色剂等,用以改善塑料的加工性能和使用性能。

2. 塑料分类

塑料的种类很多,按其使用特性可分为通用塑料、工程塑料、功能塑料和交联高聚物塑料。

(1) 通用塑料:一般只能作为非结构材料使用,产量大,用途广,价格低。主要有聚乙烯、聚丙烯、聚氯乙烯、酚醛塑料和氨基塑料等。

(2) 工程塑料:作为工程结构材料使用,力学性能优良,能在较宽温度范围内承受机械应力和在较为苛刻的化学、物理环境中使用。主要有聚酰胺、聚碳酸酯、聚甲醛、ABS(丙烯腈-丁二烯-苯乙烯共聚物)、聚苯醚、聚砜、聚酯及各种增强塑料等。

(3) 功能塑料:用于特种环境中,具有某种特殊性能的塑料。主要有医用塑料、光敏塑料、导磁塑料、高温耐热塑料、高频绝缘性塑料等。

(4) 交联高聚物塑料:高聚物在成形过程中,大分子链结构由线型或支链型形成网状或立体结构的反应称为交联反应,通过交联反应制得的高聚物称为交联高聚物或体型高聚物,其强度、耐热性、化学稳定性和尺寸稳定性均有很大提高,因此交联高聚物塑料在生产、生活中用途广泛。

二、注射成形原理和工艺过程

注射成形又称注塑成形,是热塑性塑料制件的一种主要成形方法,某些热固性塑料也可采用注射方法成形。注射成形所用的设备是注射机,图2-54所示为螺杆式注射机结构示意图。将颗粒状或粉状塑料从注射机料斗送入高温的料筒;塑料受到料筒加热和螺杆的剪切摩擦热作用而逐渐熔融塑化,并不断被螺杆压实后被推向料筒右端,同时产生一定压力,使螺杆在转动的同时缓慢地向左移动,当螺杆退到预定位置触及限位开关时,螺杆即停止转动;然后注射或带动螺杆按一定的压力和速度将积存于料筒端部的塑料粘流态熔体经喷嘴注入模具型腔;充满模腔的熔体经一定时间的保压冷却成形后,开模分型,脱模取出塑件,获得具有一定形状和尺寸的塑料制件;塑料制件经注射成形后,应除去浇口凝料、余料和飞边毛刺,有些制件还需要进行消除应力或稳定性能的后处理。

注射成形的塑料制品在汽车生产中所占的比例很大,如保险杠、通风格栅、仪表板、

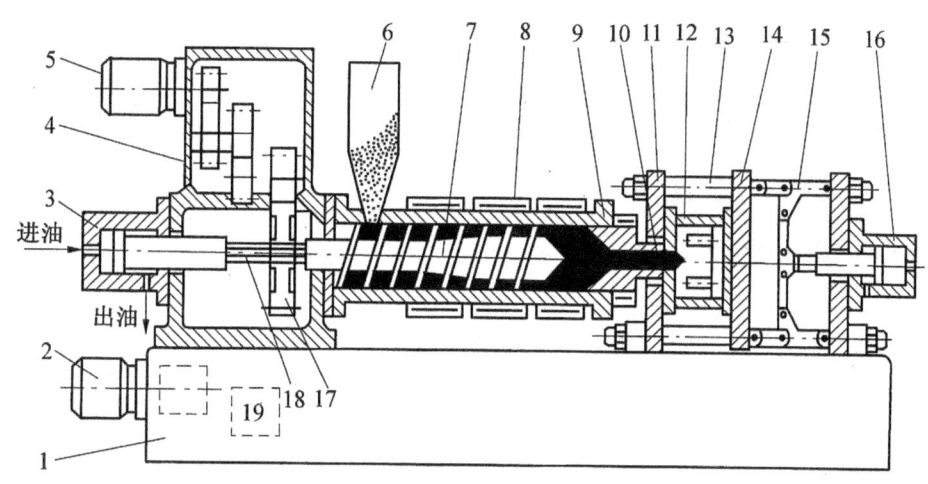

图 2-54 螺杆式注射机结构示意图

1—机身；2—电动机及液压泵；3—注射液压缸；4—齿轮箱；5—齿轮传动电动机；6—料斗；7—螺杆；
8—加热器；9—料筒；10—喷嘴；11—定模固定板；12—模具；13—拉杆；14—动模固定板；
15—合模机构；16—合模液压缸；17—螺杆传动齿轮；18—螺杆花键；19—油箱

坐椅靠背、护风圈、空调机壳等大型零件及各种开关、把手、结构件、装饰件、减摩耐磨件、轮罩以及护条等小型零件。

三、压缩和压注成形工艺

1. 压缩成形工艺原理

压缩成形时将粉状、粒状或纤维状的热固性塑料放入模具加料腔内（图 2-55a），然后合模加热使其熔融，并在压力作用下使塑料流动而充满模腔（图 2-55b），同时塑料分子发生交联固化而定形，最后脱模，即得到所需制品（图 2-55c）。

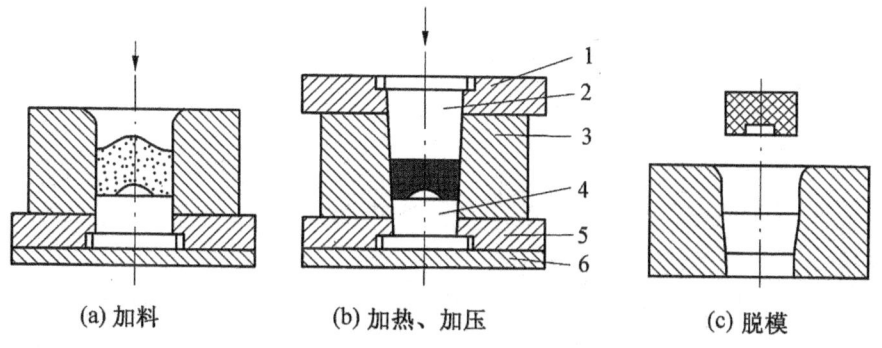

(a) 加料 (b) 加热、加压 (c) 脱模

图 2-55 压缩成形工作原理示意图

1—凸模；2—上凸模；3—凹模；4—下凸模；5—凸模固定板；6—下模座

压缩成形主要用于热固性塑料零件的生产。热塑性塑料也可采用压缩成形，在成形前一阶段与热固性塑料相同，但由于没有交联反应，所以必须冷却固化才能脱模，因此需要模具交替加热与冷却，生产周期长，只在模压具有较大平面的热塑性塑料零件时才采用压缩成形。压缩成形适合于生产汽车大型零件，如导流板、车门、门梁柱、顶盖等。

2. 压注成形工艺原理

压注成形是在改进压缩成形的基础上发展起来的一种热固性塑料的成形方法，其成形原理如图2-56所示。模具闭合后，将塑料（预压锭）加入已加热到一定温度的模具加料室中使其受热熔融，如图2-56a所示。在柱塞压力作用下，塑料熔体经过模具浇注系统注入并填满闭合的型腔，如图2-56b所示。塑料在型腔内继续受热压而固化成形，最后打开模具取出塑件，如图2-56c所示。

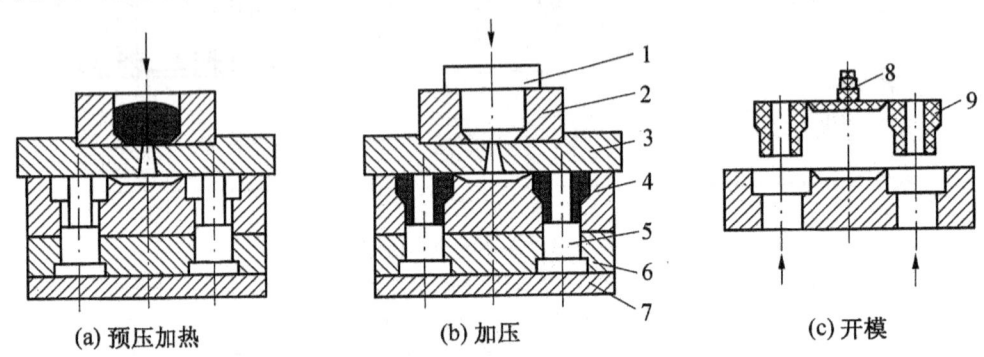

图2-56 压注成形工作原理示意图

1—柱塞；2—加料腔；3—上模板；4—凹模；5—型芯；6—型芯固定板；7—下模板；8—浇注系统；9—塑件

压注成形中，塑料在型腔内预先受热熔融，在压力作用下注入型腔，因此能制作成形状带有深孔或形状复杂的塑料零件，也可制作成带有精细嵌件的塑料零件，塑料零件的密度和强度也较高。由于塑料成形前模具已经完全闭合，因而塑料精度易保证，表面粗糙度值也较小，塑料零件上只有少许模具分型面造成的很薄的塑料飞边。

第五节 毛坯的选择

毛坯选择是零件设计中的重要一环。合理选择毛坯的类型，可使零件制造工艺简便、生产率高、质量稳定、成本降低。为能合理选用毛坯，需要清楚地了解各类毛坯的特点、适用范围及选用原则等。

一、各种毛坯的特点

常用的汽车零件的毛坯有铸件、锻压件、焊接件以及粉末冶金件等，现简述如下。

1. 铸件

铸造是最常用的毛坯生产方法，能生产出形状复杂的各类汽车用铸件，因此，一些要求耐磨、减振、承压或价廉的零件（如活塞环、活塞、汽缸套、汽缸体等），以及一些形状复杂、用其他方法难以成形的零件（如汽缸盖、变速箱壳体，以及进、排气支管等），只能通过铸造生产毛坯。随着铸造技术的不断发展，铸件的应用范围继续扩大，过去普遍采用锻件的曲轴、连杆、齿轮等零件，也开始被铸件逐渐取代。

为弥补砂型铸件的不足，汽车零件也常采用特种铸造方法来生产铸造毛坯，以提高生产率，改善劳动条件，获得尺寸精确、机械强度好的铸件。

2. 锻压件

锻压件是汽车零件制造业中的另一种常用毛坯。锻压成形是材料塑性变形的结果，因此锻压件晶粒较细，没有铸件的粗大组织和内部缺陷，其力学性能较好，所以一些要求强度高、耐冲击、抗疲劳的重要零件大多采用锻压毛坯。但因它是在固态下塑性成形，难于获得复杂的形状，特别是一些内腔复杂的零件。锻压件广泛应用于汽车发动机、变速器、转向器、行走部分总成的零件上。常用的有自由锻件、模锻件等。

3. 焊接件

焊接件的特点是可以以小拼大，气密性好，生产周期短，不需要重型设备，可以生产有较好强度和刚度，而且质量轻、材料利用率高的毛坯；其缺点是抗震性差，易变形。因此，选用焊接件为毛坯，对一些性能要求高的汽车重要零件在机械加工前应采用退火处理，以消除应力、防止变形。

4. 粉末冶金件

粉末冶金件是一种少、无切削工艺，可获得表面光洁、尺寸精确的零件。粉末成分可任意调整，制成任意成分的金属和合金构件以及耐高温、承受高速的构件。但粉末冶金所用的粉料生产成本高，模具费用大，对结构复杂、薄壁、锐角零件成形困难；受工艺限制，零件不能太大，适合于大批量生产。

二、毛坯选择原则

汽车毛坯材料的选择首先必须遵循一般的工程材料选择原则。由于材料的种类繁多，性能、作用和应用场合也各不相同，因此，毛坯的选择一般应考虑以下原则。

1. 使用性原则

毛坯的使用要求是指将毛坯最终制成满足使用要求的产品，而零件的使用要求具体体现在零件的形状、尺寸、精度及工作条件、受力情况等。只有满足使用要求的毛坯，才有实际使用价值。因此，保证使用要求是选择毛坯的首要原则。

例如，各类机械中最常用的齿轮，虽然其结构特点与功能相同，但由于工作条件、使用要求不同，其毛坯的类别、材料和制造方法也不一样。机床中的齿轮，工作时要求传动平稳，振动小，受力稳定，在静态下变换转速，且有良好的润滑条件，工作环境较好，故常选用中碳钢或低合金钢经锻造和机械加工后，根据需要进行不同热处理后使用。汽车齿轮线速度较高，在动态下进行变速，常因特殊工况，如路面不平、超载等，要承受较大冲击，要求齿轮具有较高的耐磨性、疲劳强度、心部强度和耐冲击性，故汽车齿轮常选用合金渗碳钢或低碳合金结构钢（如 20CrMnTi）等材料；需经锻造、正火、机械加工、渗碳、淬火及低温回火、喷丸、磨削加工等工艺过程才能达到使用要求。

由上述可知，在确定毛坯类别时，应首先考虑零件的工作环境，根据使用时的性能及技术要求，选用合适的材料和工艺方法。

2. 经济性原则

所谓经济性，即指毛坯的成本。选择毛坯的原则是，在保证使用要求的前提下，尽量减少消耗，降低毛坯制造成本。主要途径如下：

（1）选择合适的毛坯生产工艺：应根据零件的生产批量及使用要求，选择合适的毛坯制造工艺，以降低废品率，提高生产率，节约工时与材料；尽量采用先进工艺，以提高质量和生产率，降低成本。

（2）选择合适的材料：毛坯材料是零件成本的组成部分。此外，由于材料的改变而使毛坯生产工艺改变，也会间接影响零件成本。在满足使用要求的前提下，尽量选用成本低的材料，并把必须使用的贵重金属材料减少到最低限度。许多高分子材料在一些场合可以替代金属材料，既降低成本，又减轻了质量。比如采用聚甲醛替代轴承钢制造轻型载货汽车用底盘衬套轴承，可行驶 10 000 km 以上不用加油保养。

（3）批量和生产周期：为适应市场需求，选择毛坯时，生产批量和生产周期对选定毛坯的种类有很大影响。一般单件、小批量生产，而且生产周期短时，应选用常用材料、通用设备和工具、低精度和低生产率的毛坯生产方法。这样，毛坯生产周期短，成本低。在大批量生产条件下，应选用专用设备和工具及高生产率的毛坯生产方法。

3. 实际生产条件

根据使用要求和经济性所确定的毛坯生产方案是否能实现，还必须考虑企业的实际生产条件。只有实际生产条件能够实现毛坯的生产方案，才是切实可行的。

所谓实际生产条件，主要是指本企业的设备条件、技术水平、厂房情况及原材料供应情况等。如这些条件不能满足生产要求，就应考虑选用其他的零件毛坯生产制造方法。

综上所述，所谓毛坯的选择，主要是指在选择毛坯种类、毛坯材料以及毛坯生产制造工艺等时，需综合考虑的一些原则，如使用要求、经济性和实际生产条件等，这些因素是相互联系又相互制约的。因此，在确定毛坯选择方案时，应在保证零件使用要求的前提下，从本企业实际出发，力求做到高效、优质、低成本。

【本章小结】

本章介绍了铸造、锻造、粉末冶金、塑料成形等毛坯制造过程的工艺原理和工艺方法，分析了它们的工艺特点，阐明了汽车零件毛坯的选择原则和方法。

【复习思考题】

1. 什么是铸造？铸造工艺方法有哪些？
2. 试述砂型铸造的主要工序内容。
3. 常见的铸造缺陷有哪些？产生的原因是什么？
4. 铸件的铸造工艺参数有哪些？
5. 金属型铸造、熔模铸造、压力铸造、离心铸造各有何特点？
6. 什么是锻造？锻造方法有哪几种，其工艺过程有何区别？
7. 简述常见铸造设备的结构原理。
8. 什么是粉末冶金？试述其工艺流程。
9. 根据使用特性，塑料可分为哪几大类？各有何特点？
10. 试述注射成形的原理及其工艺过程。
11. 试述压缩成形和压注成形的工艺原理，举例说明它们用于生产哪些零件。
12. 铸件、锻件、粉末冶金件各有何特点？适用于哪些零件的毛坯？
13. 毛坯的选择应遵循哪些原则？

第三章　冲压工艺

【学习目标与要求】
- 了解冲压工序的种类及其特点
- 了解冲裁工序的工艺特点、工艺方法与工艺参数，以及冲裁模具结构的特点
- 掌握弯曲工序的工艺特点及提高弯曲件精度的工艺措施
- 重点掌握拉延工序的工艺过程及其工艺参数的确定
- 掌握局部成形工序的工艺特点及其应用范围

第一节　概　述

一、冲压加工的特点

冲压加工是机械加工的基本方法之一，它主要用于加工薄板零件，所以常称为板料冲压。汽车零件的冲压主要是指金属板料在常温下的冲压，即通过安装在压力机上的模具，对板料施加外力，使之产生塑性变形或分离，从而获得一定尺寸、一定形状和一定性能的汽车零件的加工方法。其优点有：

（1）生产率高，而且操作简便，易实现机械化与自动化。

（2）冲压零件的尺寸精度是由模具保证的，所以质量稳定，一般不需再进行切削加工便可以使用。

（3）利用模具加工，可以获得其他加工方法所不能或难以得到的复杂零件。

（4）冲压加工一般不需要加热毛坯，也不像切削加工那样大量切除金属，所以它不但节能，而且节约材料。

（5）冲压所用的原材料是轧制板料或带料，在冲压过程中材料表面一般不受破坏，故冲压零件的表面质量较好。

由于冲压加工的质量较好，成本较低，同时冲压件还具有质量轻、刚性好的优点，所以冲压加工已成为汽车工业广泛采用的工艺方法之一。

二、冲压工序的种类

冲压工序可分为分离和成形两大类工序。在冲压过程中，使冲压件与板料沿一定的轮廓线分离的工序，称为分离工序，如冲孔、落料、剪切、切口、切边、剖切等。使冲压毛坯在不破坏的情况下发生塑性变形，并转化成所要求的成品的工序称为成形工序，如弯曲、卷曲、扭曲、拉延、翻边、缩口、扩口、局部成形等。

常用的各种冲压工序见表 3-1。

表 3-1 冲压的基本工序

类别	工序	图例	工序特点
分离	冲裁 落料		用模具沿封闭线冲切板料，冲下的部分为工件，其余部分为废料
	冲裁 冲孔		用模具沿封闭线冲切板材，冲下的部分是废料
	剪切		用模具切断板材，切断线不封闭
	切口		在坯料上将板材部分切开，切口部分发生弯曲或分离
	切边		将拉延或成形后的半成品边缘部分的多余材料切掉
	剖切		将半成品切开成两个或几个工件
成形	弯曲		用模具使材料弯曲成一定形状
	卷圆		将板料端部卷圆
	扭曲		将平板坯料的一部分相对于另一部分扭转一个角度

续表 3-1

类别	工 序	图 例	工序特点
成形	拉延	拉延后 拉延前	将板料压制成空心零件，壁厚基本不变
	翻边 孔的翻边	翻边后 翻边前	将板料或工件上有孔的边缘翻成竖立边缘
	翻边 外缘翻边		将工件的外缘翻起成圆弧曲线状的竖立边缘
	缩口		将空心件的口部缩小
	扩口		将空心件的口部扩大，常用于筒形零件
	局部成形		在板料或工件上压出筋条、花纹或文字，在起伏处的整个厚度上都会变薄
	卷边		将空心件的边缘卷成一定的形状
	胀形		使空心件（或管料）的一部分沿径向扩张，呈凸肚形

续表 3-1

类别	工序	图例	工序特点
成形	整形	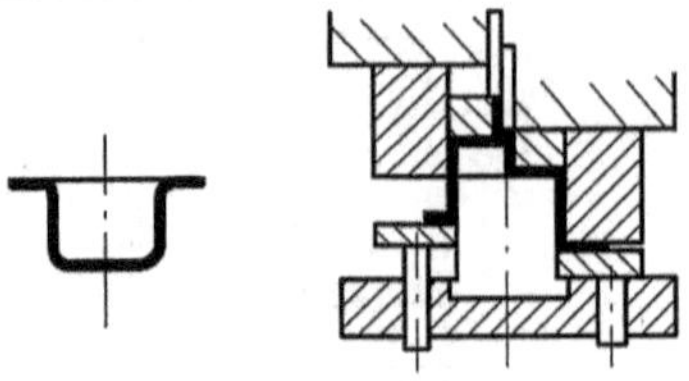	把形状不太准确的工件校正成形
成形	校平	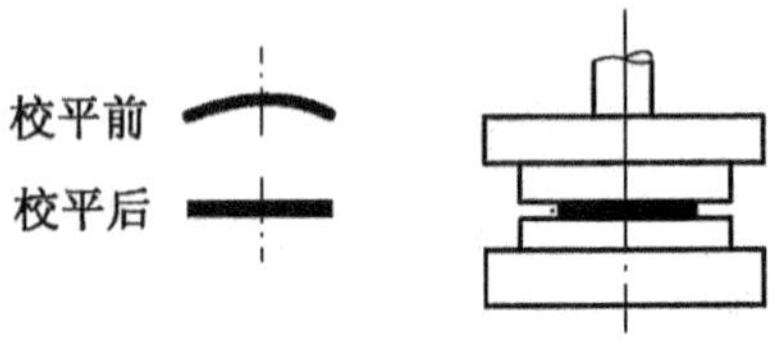	将毛坯或工件不平的面或弯曲予以压平
成形	压印	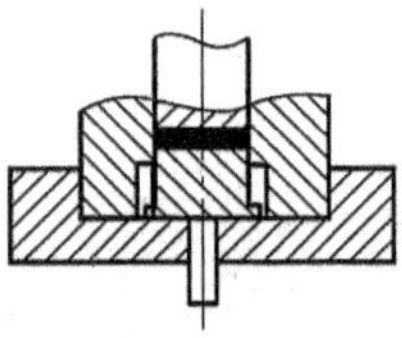	改变工件厚度，在表面上压出文字或花纹

第二节 冲 裁

冲裁是指利用冲模将板料以封闭的轮廓与坯料分离的冲压工序。它包括：落料、冲孔、切口、切边、剖切、整修、精密冲裁等。冲裁通常指落料和冲孔。

冲裁以后板料分成两个部分，即落料部分和带孔部分。若冲裁的目的是为了制取一定外形的冲落部分，则这种冲裁工序称为落料；若是为了制取内孔，则称为冲孔，见表 3-1。由于变形的机理不同，冲裁有普通冲裁和精密冲裁之别，汽车零件的冲裁，多属于普通冲裁。

一、影响冲裁质量的因素

冲裁件质量的内容包括：冲裁的断面状况、尺寸精度及形状精度。冲裁件的断面应平直、光洁、尺寸误差不应超出规定，外形应满足图样要求，表面应尽可能平坦。提高冲裁件精度和断面质量的主要措施有：凸、凹模刃口锋利，间隙合理或采用反压力等。

1．冲裁件断面质量及其影响因素

冲裁件正常的断面状况如图 3-1 所示。它由圆角、光亮剪切面、粗糙断裂面、毛刺等四部分组成，其中光亮剪切面质量最佳。这些部分在整个断面上所占的比例，随材料的性能、厚度、模具间隙、刃口状态和摩擦条件等的不同而不同。

（1）材料性能对断面质量的影响：塑性好的材料，冲裁时裂纹出现得比较迟，因而材料被剪切的深度较大，所得断面光亮面所占的比例大、圆角大、穹弯大，断裂面较窄；而塑性差的材料，剪切开始不久，便使材料拉裂，光亮面所占的比例小、圆角小、穹弯小，断面大部分是粗糙断裂面。

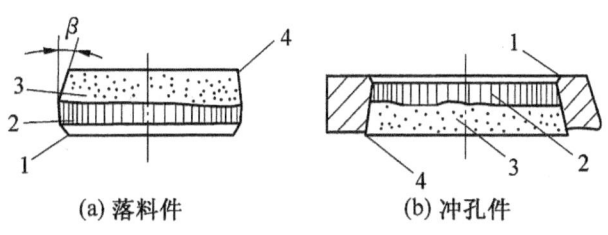

图 3-1 冲裁件正常的断面状况
1—圆角；2—光亮剪切面；3—断裂面；4—毛刺

(2) 模具间隙大小对断面质量的影响：当模具间隙增大时，材料中的拉应力将增大，使拉伸断裂发生得早，因而断裂面变宽，光亮面就变窄；且弯曲应力也增大，因而圆角和穹弯均大。反之，间隙减小时，材料中的拉应力减小，裂纹产生较迟，所以断裂面窄，光亮面宽，且圆角和穹弯小。

冲裁时，断裂面上下裂纹是否重合与凸凹模的间隙大小有关。当凸凹模间隙合适时，由凸凹模刃口附近沿最大切应力方向产生的裂纹将相互重合，此时冲出的零件断面虽然有一定的斜度，但比较平直、光洁，如图 3-1 所示。这样的冲裁断面质量是好的。

当间隙过小时，材料在凸凹模刃口附近产生的裂纹不重合。当凹模刃口附近产生的裂纹进入凸模下面的压应力区而停止发展，此时在两条裂纹相距最近的地方发生第二次拉裂。上裂纹表面压入凹模时，受到凹模壁的挤压，产生第二光亮面，还有部分材料被挤出材料表面形成毛刺。因此，间隙过小时，虽然断面上的圆角较小，穹弯变形小，但是断面的质量是不理想的。断面中部出现夹层，两头呈光亮面，在端面有挤长的毛刺，或者没有形成第二光亮面，却在断面上有断续的小光亮块，如图 3-2a 所示。

当间隙过大时，材料在凸凹模刃口处产生的裂纹也不重合。第二次拉裂产生的裂层斜度增大，冲裁断面出现两个斜度角 α_1 及 α_2，断面质量也不理想，而且由于圆角大、穹弯大、光亮面小、毛刺大，而使冲裁件质量下降，如图 3-2b 所示。

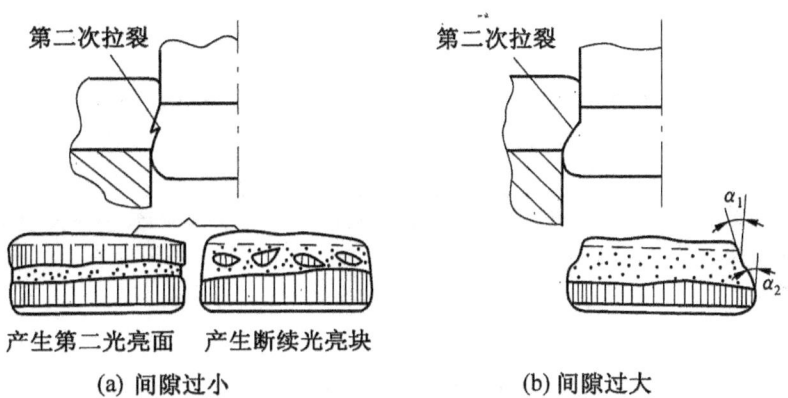

图 3-2 间隙不合适时的断面状况

当模具间隙不均匀时，冲裁会出现部分间隙过小和部分间隙过大的情况。因此，模具设计制造及安装时，必须保持间隙合理且均匀。

（3）模具刃口状态对断面质量的影响：模具刃口状态对冲裁过程中的应力状态与冲裁件断面有较大的影响。当模具刃口磨损成圆角时，挤压作用增大，所以冲裁件圆角和光亮面增大。当凸凹模刃口磨钝以后，即使间隙合理，也将在冲裁件上产生毛刺。

除此以外，断面质量还与摩擦、冲压方式（如搭边值的大小，是否采用压料、顶件装置等）、冲裁件轮廓形状及尺寸等有关。

2. 冲裁件的公差等级

冲裁件公差等级与模具结构形式及其制造公差等级等因素有关。模具的制造公差等级与冲裁件公差等级的关系、冲裁件的角度偏差及断面的近似粗糙度值分别见表3-2、表3-3、表3-4。

表3-2 模具与冲裁件公差等级关系

模具公差等级 \ 材料厚度/mm 工件公差等级	0.5	0.8	1.0	1.5	2	3	4	5	6	8	10	12
IT6~IT7	IT8	IT8	IT9	IT10	IT10	—	—	—	—	—	—	—
IT7~IT8	—	IT9	IT10	IT10	IT12	IT12	IT12	—	—	—	—	—
IT9	—	—	IT12	IT12	IT12	IT12	IT13	IT14	IT14	IT14	IT14	IT14

表3-3 冲裁件角度偏差值

公差等级 \ 短边长度/mm 角度偏差值	1~3	3~6	6~10	10~18	18~30	30~50	50~80	80~120	120~180	180~260	260~360	360~500	>500
较高公差等级	±2°30′	±2°	±1°30′	±1°15′	±1°	±50′	±40′	±30′	±25′	±20′	±15′	±12′	±10′
一般公差等级	±4°	±3°	±2°30′	±2°	±1°30′	±1°15′	±1°	±50′	±40′	±30′	±25′	±20′	±15′

表3-4 一般冲裁件剪断面粗糙度

材料厚度/mm	≤1	1~2	2~3	3~4	4~5
表面粗糙度 R_a/μm	3.2	6.3	12.5	25	50

注：如果冲裁件断面粗糙度要求低于本表所列，则需要另加整修工序，各种材料通过整修后的粗糙度值 R_a（μm）为：黄铜0.4；软钢0.8~0.4；硬钢1.6~0.8。

二、合理间隙的确定

凸、凹模之间的间隙，对冲裁件质量、冲裁力大小和模具的使用寿命均有很大影响，是冲裁工艺与模具设计中的一个极其重要的工艺参数。

合理的间隙值是根据冲裁时获得光洁的制件断面并略带斜度的条件来确定的，其值与材料的厚度和性质有关。由于对冲裁件断面质量和尺寸精度的要求不同，冲裁间隙的选取标准也不一样，汽车冲裁件凸模与凹模之间的间隙一般取值见表3-5。

表 3-5 冲模间隙　　　　　　　　单位：mm

材料厚度 /mm	08, 10, 35, 09Mn, Q235A, Q235B		16Mn		40, 50Mn		65Mn	
	Z_{min}	Z_{max}	Z_{min}	Z_{max}	Z_{min}	Z_{max}	Z_{min}	Z_{max}
小于0.5	无 间 隙							
0.5	0.04	0.06	0.04	0.06	0.04	0.06	0.04	0.06
0.6	0.048	0.072	0.048	0.072	0.048	0.072	0.048	0.072
0.7	0.064	0.092	0.064	0.092	0.064	0.092	0.064	0.092
0.8	0.072	0.104	0.072	0.104	0.072	0.104	0.072	0.104
0.9	0.090	0.126	0.090	0.126	0.090	0.126	0.090	0.126
1.0	0.100	0.140	0.100	0.140	0.100	0.140	0.100	0.140
1.2	0.120	0.180	0.130	0.180	0.130	0.180		
1.5	0.170	0.230	0.170	0.230	0.170	0.230		
1.75	0.220	0.320	0.220	0.320	0.220	0.320		
2.0	0.240	0.360	0.260	0.380	0.260	0.380		
2.1	0.260	0.380	0.280	0.400	0.280	0.400		
2.5	0.340	0.500	0.360	0.530	0.360	0.530		
2.75	0.400	0.560	0.420	0.600	0.420	0.600		
3.0	0.460	0.640	0.480	0.660	0.480	0.660		
3.5	0.540	0.700	0.580	0.780	0.580	0.780		
4.0	0.640	0.880	0.680	0.920	0.680	0.920		
4.5	0.720	1.00	0.680	0.960	0.780	1.040		
5.0	0.850	1.150	0.750	1.050	0.980	1.200		
5.5	0.940	1.280	0.780	1.100	0.980	1.320		
6.0	1.080	1.440	0.840	1.200	1.140	1.500		
6.5			0.94	1.300				
8.0			1.200	1.680				
12			1.320	1.800				

注：冲裁胶带、石棉和纸板时，冲模间隙值取冲裁08钢板（带）间隙值的25%。

三、冲裁力的计算及减小冲裁力的方法

1. 冲裁力的计算

计算冲裁力的目的是为了选用合适的压力机，设计模具和检验模具强度。压力机的压力必须大于所计算的冲裁力。

一般用平刃口模具冲裁时，冲裁力可按下式计算：

$$F = KA\tau = Kl\delta\tau$$

式中，F 为冲裁力，N；A 为冲切断面面积，mm²；l 为冲裁周边长度，mm；δ 为材料厚度，mm；τ 为材料抗剪强度，MPa；K 为材料厚度及偏差等因素的安全系数，它考虑到模具刃口的磨损、凸凹模间隙的波动、材料力学性能的变化，一般取 $K=1.3$。

冲裁力也可按下式估算：

$$F = l\delta\sigma_b$$

式中，σ_b 为材料的抗拉强度，MPa，即取 $\tau = 0.8\sigma_b$。

2. 减小冲裁力的方法

在冲裁高强度材料或厚料和大尺寸工件时，所需的冲裁力较大。若要用压力较小的压力机冲裁，必须采取措施以减小冲裁力，其方法有以下几种：

(1) 斜刃模具冲裁。在用平刃口模具冲裁时，整个刃口平面都同时切入材料，切断沿工件周边同时发生，所需冲裁力大；若采用斜刃模具冲裁，整个刃口平面不是全部同时切入，而是逐步地将材料切断，这就等于减少了同时切断的面积，因而降低了冲裁力，并能减少冲击、振动和噪声。这种冲裁常用于大型厚板工件的冲裁。

落料时，为了得到平整的工件，凹模做成斜刃，如图 3-3a 所示；冲孔时则相反，凸模做成斜刃，如图 3-3b 所示。斜刃角 ϕ 与斜刃高度 H 可参考以下数值选取。

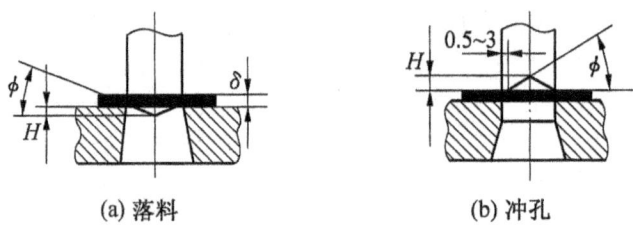

(a) 落料　　　　　(b) 冲孔

图 3-3　斜刃模具冲裁

板厚 $\delta < 3$ mm；$H = 2\delta$；$\phi \leqslant 5°$；
板厚 $\delta = 3 \sim 10$ mm；$H = \delta$；$\phi < 8°$。

斜刃冲裁力 F_x 可按下式计算：

$$F_x = K_x F$$

式中，F 为用单刃冲模冲裁时所需的冲裁力；K_x 为斜刃冲模的减力系数，其值为：当 $H = \delta$ 时，$K_x = 0.4 \sim 0.6$；当 $H = 2\delta$ 时，$K_x = 0.2 \sim 0.4$。

斜刃冲裁厚板时，应验算冲裁功。其计算公式如下：

$$W = F_x \delta / 1000$$

式中，W 为冲裁功，J；F_x 为斜刃冲裁力，N；δ 为板厚，mm。

采用斜刃冲裁的主要缺点是：刃口制造与修磨比较复杂，刃口极易磨损，工件不够平整。因此，一般情况下尽量不用，只用于大型工件和厚料的冲裁。

(2) 阶梯凸模冲裁。在多凸模的模具中，可根据凸模尺寸的大小做成不同的高度，使其呈阶梯形布置，如图 3-4 所示。

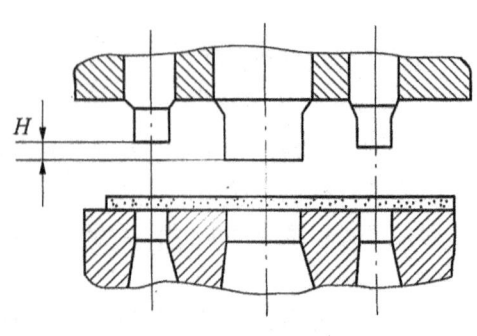

图 3-4　阶梯凸模

(3) 加热冲裁。材料在加热状态下，抗剪强度明显下降，这种冲裁方法的缺点是材料加热后产生氧化皮，且因加热使劳动条件变差，故这种冲裁方法只适用于厚板或工件表面质量及尺寸精度要求不高的工件。

3. 卸料力、推件力及顶件力的计算

当冲裁工作完成后，从板料上冲裁下来的工件或废料由于径向发生弹性变形而扩张，会卡在凹模洞口间；同时，在板料上冲裁出的孔则沿着径向发生弹性收缩，会紧箍在凸模上。为了将紧箍在凸模上的工件或废料卸下来所需要的力，称为卸料力，用 $F_{卸}$ 表示；将卡在凹模中的料推出或顶出所需要的力分别称为推件力与顶件力，以 $F_{推}$ 和 $F_{顶}$ 表示，单位均为 N，如图 3-5 所示。

卸料力、推件力与顶件力是由压力机和模具的卸料、顶件装置得到的。在选择压力机压力和设计模具时，要根据模具结构来考虑其大

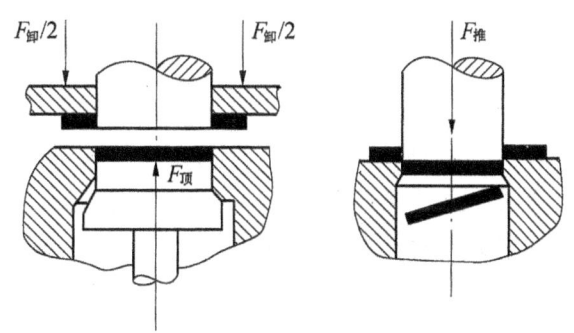

图 3-5 卸料力、推件力和顶件力

小，并作必要的计算。影响这些力的因素较多，主要有：材料的力学性能和厚度，工件形状和尺寸大小，凸、凹模之间的间隙，搭边的多少及润滑情况等。生产中，常用下列经验公式计算：

$$F_{卸} = K_{卸} F$$
$$F_{推} = K_{推} n F$$
$$F_{顶} = K_{顶} F$$

式中，$K_{卸}$、$K_{推}$、$K_{顶}$ 分别为卸料系数、推件系数和顶件系数，其值见表 3-6；F 为冲裁力，N；n 为卡在凹模孔间的工件数，$n = h/\delta$（h 为凹模刃孔的直壁高度，δ 为工件厚度）。

表 3-6 卸料力、推件力及顶件力的系数

冲裁材料		$K_{卸}$	$K_{推}$	$K_{顶}$
紫铜、黄铜		0.02~0.06	0.03~0.09	
铝、铝合金		0.025~0.08	0.03~0.07	
钢板厚度 /mm	<0.1	0.06~0.075	0.1	0.14
	0.1~0.5	0.045~0.055	0.065	0.08
	0.5~2.5	0.04~0.05	0.050	0.06
	2.5~6.5	0.03~0.04	0.040	0.05
	>6.5	0.02~0.03	0.025	0.03

四、材料的经济利用

1. 排样

冲裁件在材料上的布置方法称为排样。排样的合理与否影响到材料的经济利用,还会影响到模具结构与寿命、生产率、工件精度、生产操作的方便与安全等。因此,排样是冲裁工艺与模具设计中的一项重要工作。

采用材料利用率 K_c 作为判断排样是否经济合理的参数,K_c 可用下式计算:

$$K_c = \frac{m_{成}}{m_{定}} \times 100\%$$

式中,$m_{成}$ 为零件的质量,kg;$m_{定}$ 为零件材料的消耗定额,kg;$m_{定} = m_{总}/n$($m_{总}$ 为所用材料的质量,kg;n 为该材料上排样所得到的零件数量)。

如果以板料和条料为原材料,则以板料和条料的质量为 $m_{总}$;如果以卷料为原材料,自动冲压时,可以取卷料或假定某个长度作为一个单位的卷料部分质量为 $m_{总}$。

条料冲裁时,所产生的废料分为下列两种情况(图3-6):

(1)工艺废料:工件之间和工件与条料边缘之间存在的搭边,定位需要切去的料边与定位孔,不可避免的料头和料尾等废料均称为工艺废料。

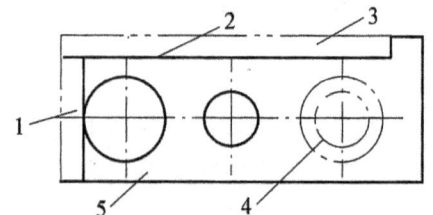

图3-6 废料的种类
1—料头(搭头);2—侧距边;3—定距刀废料;
4—结构废料;5—搭边

(2)结构废料:由于工件结构形状的需要而产生的废料称为结构废料,如工件内孔的材料。

同一个工件,可有几种不同的排样方法。最佳的排样方法应使工艺废料最少,能冲出的工件数量最多,即 $m_{定}$ 小,则材料的利用率高。排样方法按有无废料可分为以下三种:

(1)有废料排样:沿工件的全部外形冲裁,工件与工件之间、工件与条料侧边之间都存在搭边废料。

(2)少废料排样:沿工件的部分外形切断或冲裁,而废料只有冲裁刃之间的搭边或侧搭边废料。

(3)无废料排样:工件与工件之间、工件与条料侧边之间均无搭边废料。条料以直线或曲线切断而得到工件。

有废料排样和少、无废料排样的形式,按工件的外形特征又可以分为直排、斜排、对排、混合排、多侧及侧搭边等。

2. 搭边

排样时,工件与工件之间以及工件与条料侧边之间留下的余料称为搭边。搭边的作用是使工件沿整个周边封闭,冲裁时补偿送料的误差,并将其在模具上定位,以保证冲裁出完整的工件。搭边还可以保持条料有一定的刚度和强度,以便于送进模具内。

搭边值要合理,过大,材料利用率低;过小,在冲裁时会拉断,造成送料困难,且使工件产生毛刺,有时还会被拉入凸模和凹模之间,损坏模具刃口,降低模具寿命。搭边值一般由经验确定。

五、冲裁的工艺设计

冲裁的工艺设计包括冲裁件的工艺分析和工艺方案的确定两方面内容。良好的工艺性和合理的工艺方案，可以使用最少的材料、最少的工序数量和工时，并使模具结构简单，且模具使用寿命长，能稳定地获得合格的工件，因而可以减少劳动量和冲裁件的成本。劳动量和工艺成本是衡量冲裁工艺设计的主要指标。

1. 冲裁件的工艺分析

冲裁件的工艺性是指冲裁件对冲裁工艺的适应性，即冲裁件的形状结构、尺寸大小及偏差等是否符合冲裁加工的工艺要求。冲裁件的工艺性是否合理，对冲裁件的质量、模具寿命和生产率有很大影响。

前面已经讲过冲裁所能达到的尺寸公差等级和断面质量，除此之外，还应满足如下要求：

（1）冲裁件的形状。冲裁件的形状应尽可能简单、对称，排样废料少。在许可的情况下，把冲裁件设计成少、无废料排样的形状。如图 3-7a 所示的冲裁件，若设计成图 3-7b 所示形状，便可采用无废料排样，使材料利用率提高，从而降低了工件成本。因此，改进后的冲裁件的工艺性比原工件的工艺性好。

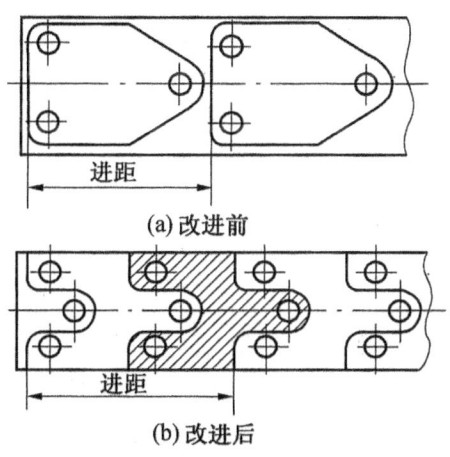

图 3-7 冲裁件形状对工艺性的影响

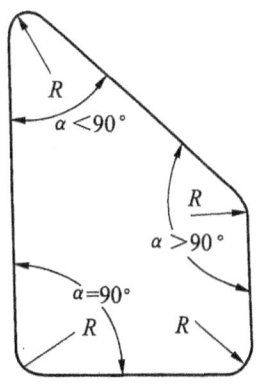

图 3-8 冲裁件的交角与圆角

（2）冲裁件的圆角。除在少、无废料排样或采用镶拼模结构时允许工件有尖锐的倾角外，冲裁件的外形或内孔的交角处，应避免尖锐的清角，其交角处应有适当的圆角，见图 3-8，其落料和冲孔的圆角半径取值见表 3-7。

表 3-7 冲裁件最小圆角半径 R

零 件 种 类			黄铜、铝	合金钢	软钢	备注
落料	交角	≥90°	0.18δ	0.35δ	0.25δ	不小于 0.25 mm
		<90°	0.35δ	0.70δ	0.5δ	不小于 0.5 mm
冲孔	交角	≥90°	0.2δ	0.45δ	0.3δ	不小于 0.3 mm
		<90°	0.4δ	0.9δ	0.6δ	不小于 0.6 mm

注：δ 为板厚，单位为 mm。

(3) 冲裁件切口或切槽的宽度和深度。宽度不能太小，应避免有过窄的切槽，如图3-9所示，否则会降低模具寿命和工件质量。

一般情况下，B 应大于 1.5δ。当工件材料为黄铜、铝、软钢时，$B \geqslant 1.5\delta$；当工件材料为高碳钢时，$B \geqslant 1.9\delta$。当材料厚度 $\delta < 1$ mm 时，按 $\delta = 1$ mm 计算，切口宽与切槽长的关系为 $L \leqslant 5B$。

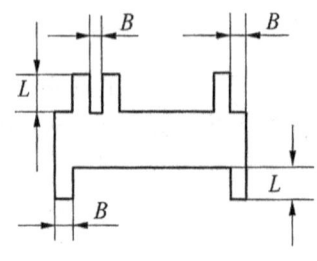

图3-9 冲裁件的切口和切槽

(4) 冲裁件的孔径。冲裁件的孔径太小时，凸模易折断或压弯。冲孔的最小尺寸取决于材料的力学性能以及凸模强度和模具结构。各种形状孔的最小尺寸可参考表3-8。

冲小孔的凸模，如果采用保护套，则凸模不易损坏，且稳定性提高，最小冲孔尺寸可以减小，参考表3-9。

表3-8 用无保护套凸模冲孔的最小尺寸

材料	圆孔	方孔	长方孔	长圆孔
钢 $\tau > 685$ MPa	$d \geqslant 1.5\delta$	$b \geqslant 1.35\delta$	$b \geqslant 1.2\delta$	$b \geqslant 1.1\delta$
钢 $\tau = 390 \sim 685$ MPa	$d \geqslant 1.3\delta$	$b \geqslant 2.2\delta$	$b \geqslant 1.0\delta$	$b \geqslant 0.9\delta$
铜 $\tau \approx 390$ MPa	$d \geqslant 1.0\delta$	$b \geqslant 0.9\delta$	$b \geqslant 0.8\delta$	$b \geqslant 0.7\delta$
黄铜、铜	$d \geqslant 0.9\delta$	$b \geqslant 0.8\delta$	$b \geqslant 0.7\delta$	$b \geqslant 0.6\delta$
铝、锌	$d \geqslant 0.8\delta$	$b \geqslant 0.7\delta$	$b \geqslant 0.6\delta$	$b \geqslant 0.5\delta$

注：δ 为板厚，单位为 mm。

表3-9 带保护套凸模冲孔的最小尺寸

材料	圆孔 d	长方孔宽 b
硬钢	0.5δ	0.4δ
软钢及黄铜	0.35δ	0.3δ
铝、锌	0.3δ	0.28δ

注：δ 为板厚，单位为 mm。

(5) 冲裁件孔与边之间的距离。冲裁件上孔与孔、孔与边缘之间的距离不应过小，否则会产生孔与孔之间材料的扭曲，或使边缘材料变形，如图3-10所示。复合冲裁时，因模壁过薄而容易破损；分别冲裁时，也会因材料易被拉入凹模而影响模具寿命。特别是冲裁小孔距的小孔时，经常会发生凸模弯曲变形而卡住模具。

(6) 冲裁件的尺寸标注。冲裁件尺寸的基准应尽可能与制造及制模时的定位基准重合，并选择在冲裁过程中不产生变形的面或线上。图3-11a所示尺寸的标注不合理，因为模具磨损，要求尺寸 B 和 C 都必须有较宽的公差，并造成孔心距不稳定，改用图3-11b的标注方法就比较合理，这样孔心距不受模具磨损的影响。

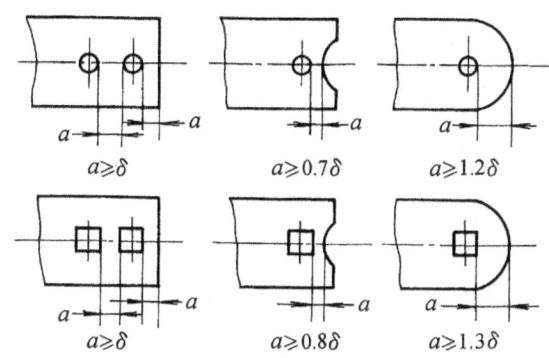

图 3-10 冲裁件的孔边距

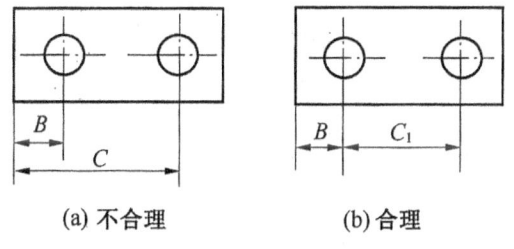

(a) 不合理　　　(b) 合理

图 3-11 冲裁件尺寸的标注

(7) 冲裁件孔中心与边缘距离的尺寸公差及两孔中心距公差见表 3-10 和表 3-11。

表 3-10　孔中心与边缘距离尺寸公差　　　　　　　　　　单位：mm

材料厚度 δ	孔中心与边缘距离的尺寸			
	≤50	50～120	120～220	220～360
≤2	±0.5	±0.6	±0.7	±0.8
2～4	±0.6	±0.7	±0.8	±1.0
>4	±0.7	±0.8	±1.0	±1.2

注：本表适用于先落料再进行冲孔的情况。

表 3-11　冲裁件孔中心距公差　　　　　　　　　　　　　单位：mm

材料厚度 δ	普通冲孔公差			高级冲孔公差		
	孔距公称尺寸					
	≤50	50～150	150～300	≤50	50～150	150～300
≤1	±0.1	±0.15	±0.2	±0.03	±0.05	±0.08
1～2	±0.12	±0.2	±0.3	±0.04	±0.06	±0.1
2～4	±0.15	±0.25	±0.35	±0.06	±0.08	±0.12
4～6	±0.2	±0.3	±0.40	±0.08	±0.10	±0.15

注：①表中所列孔距公差，适用于两孔同时冲出的情况。
　　②普通冲孔公差指模具工作部分达 IT7～IT8 公差等级，凹模后角为 15′～30′的情况。高级冲孔公差指模具工作部分达 IT7 公差等级以上，凹模后角不超过 15′。

2. 冲裁工艺方案的确定

(1) 冲裁工序的组合：冲裁可分为单工序冲裁、复合冲裁和连续冲裁。组合的冲裁工序比单工序冲裁生产效率高，加工精度高。组合冲裁方式由下列因素确定：

①生产批量。一般来说，小批量生产与试制采用单工序冲裁；中批量和大量生产采用复合冲裁或连续冲裁。

②工件位置精度。复合冲裁所得到的工件位置精度较高，因为它避免了多次冲压的定位误差，并且在冲裁过程中可以进行压料，所以工件比较平整，连续冲裁所得到的工件位置精度较复合冲裁低。

③对工件尺寸及形状的适应性。工件的尺寸较小，考虑到单工序上料不方便和生产率低，常用复合冲裁或连续冲裁。对于尺寸中等的工件，由于制造多副单工序模的费用比复合模昂贵，所以只宜用复合模冲裁。连续冲裁可以加工形状复杂、宽度很小的异形工件（如图 3-12 所示），且可冲裁的材料厚度比复合冲裁时要大。但连续冲裁受压力机工作台面尺寸与工序数的限制，冲裁工件尺寸不宜过大。

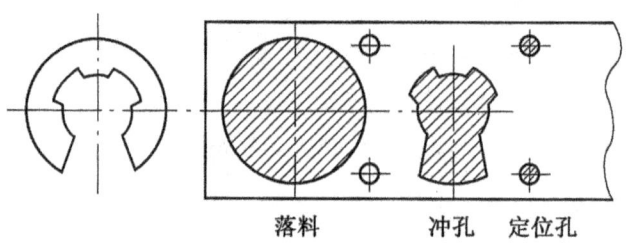

图 3-12 连续冲裁

④模具制造、安装调整和成本。复杂形状的工件，采用复合冲裁比采用连续冲裁为佳。因为复合冲裁的模具制造、安装和调整较容易，成本较低。

⑤操作方便性及安全方面。复合冲裁的出件和清除废料较困难，工件安全性较差，连续冲裁较安全。

对于一个工件，可以得出多种工艺方案，但必须对这些方案进行比较。在满足工件质量与生产率要求的前提下，选取模具制造成本低、寿命长、操作方便及安全的工艺方案。

(2) 冲裁顺序的安排。连续冲裁的顺序安排如下：

①先冲孔或切口，最后落料或切断，将工件与条料分离。这样首先冲出的孔可作为后续工序定位用的工艺孔。

②采用定距侧刃时，定距侧刃切边工序应与首次冲孔同时进行，以便控制送料进距。采用两个定距侧刃时，可以安排成一前一后。

③多工序工件用单工序冲裁时的顺序安排，应先落料使毛坯与条料分离，再冲孔或冲缺口；后续各冲裁工序的定位基准要一致，以免定位误差和尺寸链换算。冲大小不同、相距较近的孔时，为了减小孔的变形，应先冲大孔，后冲小孔。

六、冲裁模的典型结构

冲裁模根据工序性质可分为冲孔模、切边模、切断模、剖切模、落料模、切口模、整修模、精冲模等；根据工序的组合可分为单工序模（又称简单模）、连续模（亦称级进模或跳步模）、复合模；根据上下模间的导向方式可分为无导向的开式模和有导向的导板模、导柱模、导筒模；根据卸料装置可分为带固定卸料板和弹压卸料板的冲模；根据挡料或定料的形式可分为固定挡料销、活动挡料销、导正销和侧刃的冲模；根据凸、凹模材料的不同，又可分为硬质合金冲模、钢结硬质合金冲模、钢皮冲模、橡皮冲模、聚氨酯冲模。

图 3-13 为同时冲孔、落料的复合模。复合模的结构特点是具有一个既是落料凸模又是冲孔凹模的所谓凸凹模的零件。利用复合模能够在同一部位上同时完成制件的落料和冲孔工序，从而保证冲裁件内孔与外缘的相对位置精度和平整性，生产效率高，而且条料的定位精度要求也比连续模低，模具轮廓尺寸也比连续模小。但是，模具结构复杂，不易制造，成本高，只适合于大批量生产。

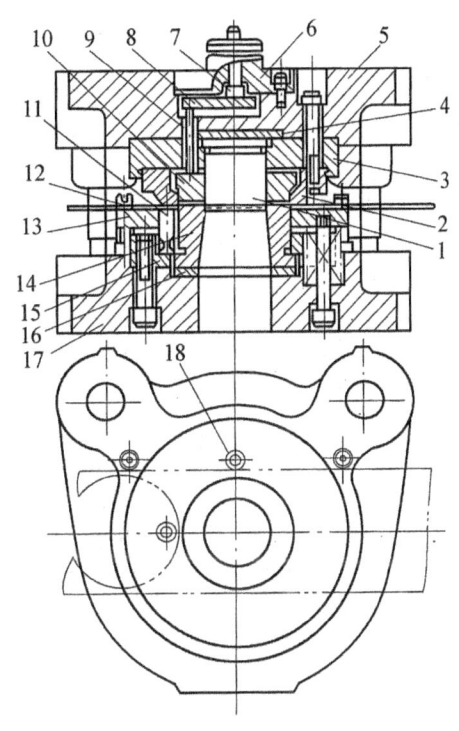

图 3-13 复合模
1—凸模；2—凹模；3—上模固定板；4—垫板；
5—上模板；6—模柄；7—推杆；8—推块；9—推销；
10—顶件块；11—活动挡料销；12—固定定料销；
13—卸料板；14—凸凹模；15—下模固定板；
16—垫板；17—下模板；18—活动倒料销

第三节 弯 曲

把平板毛坯、型材或管材等弯成一定的曲率、一定的角度，形成一定形状零件的冲压工序称为弯曲。由于弯曲成形所用的工具及设备不同，可形成各种不同的弯曲方法，如在普通压床上使用弯曲模的压弯、在折弯机上的折弯、在滚弯机上的滚弯，以及在拉弯设备上的拉弯等。

一、弯曲件的工艺性

具有良好工艺性的弯曲件，不仅能简化弯曲工艺过程和模具设计，而且能提高弯曲件的精度和节省原材料。

1. 最小弯曲半径

弯曲的圆角半径不宜过大或过小，过大时因受到弹复的影响，弯曲件的精度不易保证；过小时，弯曲件容易产生裂纹，因此弯曲件的最小弯曲半径应不小于表 3-12 中的数值。

表 3-12 弯曲件的最小弯曲半径

材　料	退火状态		冷作硬化状态	
	弯曲线的位置			
	垂直纤维	平行纤维	垂直纤维	平行纤维
铝	0.1δ	0.35δ	0.5δ	1.0δ
紫铜	0.1δ	0.35δ	1.0δ	2.0δ
软黄铜	0.1δ	0.35δ	0.35δ	0.8δ
半硬黄铜	0.1δ	0.35δ	0.5δ	1.2δ
磷铜	—	—	1.0δ	3.0δ
08，10，Q195A，Q215A	0.1δ	0.4δ	0.4δ	0.8δ
15，20，Q235A	0.1δ	0.5δ	0.5δ	1.0δ
25，30，Q255A	0.2δ	0.6δ	0.6δ	1.2δ
35，40，Q275A	0.3δ	0.8δ	0.8δ	1.5δ
45，50	0.5δ	1.0δ	1.0δ	1.7δ
55，60	0.7δ	1.3δ	1.3δ	2.0δ

注：①当弯曲线与纤维方向成一定角度时，可采用垂直和平行纤维方向二者的中间值。
②在弯曲冲裁或剪切后没有退火的毛坯，应作为硬化的金属选用。
③弯曲时应使有毛刺的一边处于弯角的内侧。
④表中 δ 为板料厚度，单位为 mm。

2. 弯曲件直边高度

为了保证工件的弯曲质量，弯曲件的直边高度必须满足：$H>2\delta$（图 3-14）。若 $H<2\delta$，则需预先压槽再弯曲，或加高直边，弯曲后再切去多余部分。

当弯曲侧边带有斜角的弯曲件时（图 3-15），该侧边的最小高度 $H=(2\sim4)\delta>3\,\mathrm{mm}$。

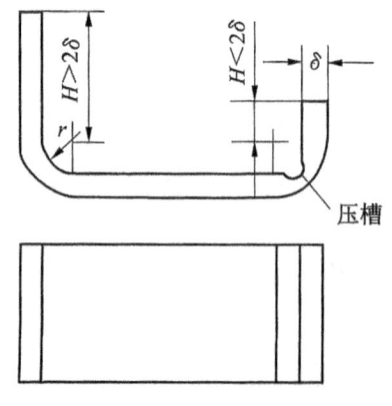

图 3-14 弯曲件直边的高度

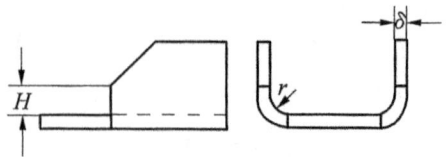

图 3-15 弯曲件侧边的高度

3. 弯曲件孔边距离

当弯曲有孔的毛坯时，如果孔位于弯曲区附近，则弯曲时会发生变形。为了避免这种缺陷的出现，必须使孔处在变形区之外（图 3-16a），从孔边到弯曲半径 r 中心的距离取为：当 $\delta<2\,\mathrm{mm}$ 时，$L\geqslant\delta$；当 $\delta\geqslant2\,\mathrm{mm}$ 时，$L\geqslant2\delta$。

如果孔边至弯曲半径 r 中心的距离过小而不能满足上述条件时，可在弯曲线上冲工艺孔（图3-16b），以防止孔在弯曲时变形。

4. 工艺孔和工艺槽

如图3-17a和图3-17b所示的弯曲件，在弯曲变形时容易把材料撕裂，为了防止这种情况的发生，应在毛坯上预先冲出工艺槽或工艺孔，如图3-17所示。工艺槽深尺寸为：

$$L = r + \delta + B/2$$

工艺孔直径为：

$$d \geq \delta$$

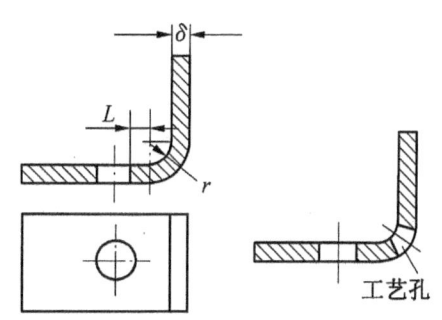

(a) 使孔在变形区外　(b) 弯曲线上冲工艺孔

图3-16 弯曲件孔边距离

式中，B为槽宽，mm；r为弯曲圆角半径，mm；δ为板料厚度，mm。

5. 连接带和定位工艺孔

在弯曲区附近有缺口的弯曲件，若在毛坯上将缺口冲出，弯曲时会出现叉口现象，不能保证工件的质量要求。因此，缺口处应留有连接带，待弯曲后，再将缺口处多余的部分切除（图3-18a）。

对于弯曲形状较复杂或需要多次弯曲的工件，为了使毛坯在模具内准确定位，防止弯曲时毛坯偏移而产生废品，应预先添加定位工艺孔，如图3-18b所示。

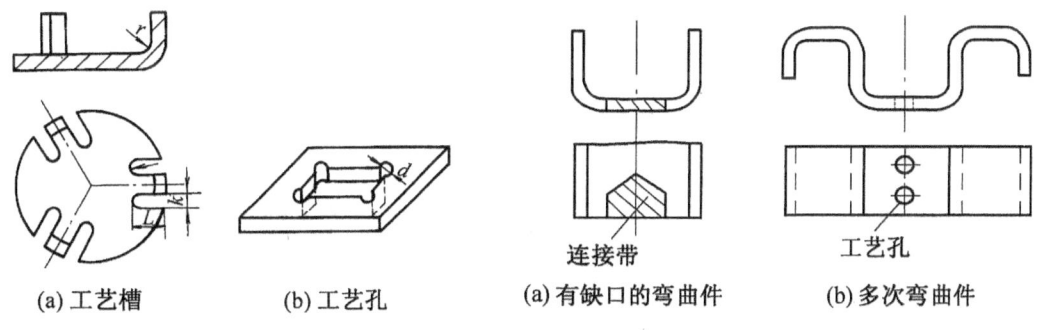

(a) 工艺槽　　　(b) 工艺孔　　　(a) 有缺口的弯曲件　(b) 多次弯曲件

图3-17 应冲出工艺槽或工艺孔的弯曲件　　图3-18 连接带与定位工艺孔

6. 弯曲件的精度

弯曲件的精度与材料厚度误差有密切关系，精度要求较高的弯曲件，必须减小材料厚度误差。

二、弯曲件的回弹

弯曲件的回弹也称弹复。金属材料在塑性弯曲以后还会产生回弹，回弹直接影响弯曲件的质量。为了消除回弹对工件精度的影响，应当确定回弹值。如图3-19所示，回弹值以回弹角$\Delta\alpha$表示：

$$\Delta\alpha = \alpha_0 - \alpha$$

式中，α为模具角度，(°)；α_0为弯曲后工

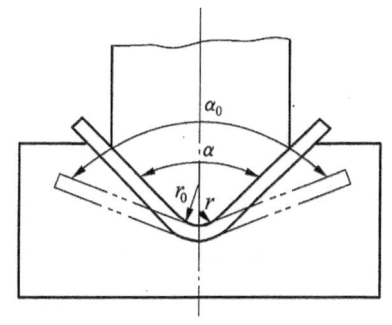

图3-19 弯曲时的弹复

件的实际角度,(°)。

由于影响回弹角的因素很多,如材料的力学性能、材料的厚度、弯曲半径的大小以及弯曲时校正力的大小等。因此,要在理论上计算回弹值是困难的,通常是在设计模具时按试验总结的数据(图表或表格)来选用,经试冲后再对模具的工作部分加以修正。

三、弯曲件毛坯尺寸的计算

如图3-20所示,弯曲件毛坯尺寸的计算步骤如下:

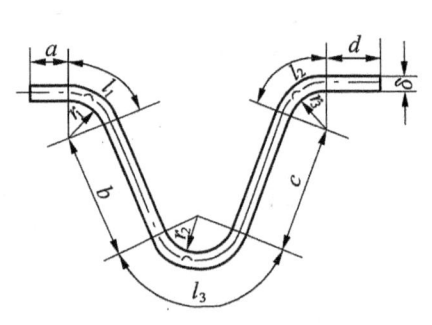

图 3-20 毛坯长度　　　　图 3-21 中性层弯曲半径

(1) 算出直线段 a,b,c,…的长度;
(2) 根据 r/δ,由表3-13查出中性层位移系数 χ;
(3) 计算中性层弯曲半径(图3-21):

$$\rho = r + \chi\delta$$

(4) 根据 ρ_1,ρ_2,…与 α_1,α_2,…,计算 l_1,l_2,…弧的展开长度

$$l = \frac{\pi\rho\alpha}{180°} = \frac{\pi\alpha}{180°}(r + \chi\delta)$$

(5) 计算毛坯总长:$L = a + b + c + \cdots + l_1 + l_2 + l_3 + \cdots + l_n$。

表 3-13 中性层位移系数 χ 值

r/δ	0.1	0.2	0.3	0.4	0.5	0.6	0.7	0.8	1	1.2
χ	0.21	0.22	0.23	0.24	0.25	0.26	0.28	0.30	0.32	0.33
r/δ	1.3	1.5	2	2.5	3	4	5	6	7	≥8
χ	0.34	0.36	0.38	0.39	0.40	0.42	0.44	0.46	0.48	0.50

四、弯曲力的计算

为了选择压力机和设计模具,必须计算弯曲力。弯曲力的大小不仅与毛坯尺寸、材料力学性能、凹模支点间的距离、弯曲半径以及模具间隙等因素有关,而且还与弯曲方式有很大关系。因此,要从理论上计算弯曲力是很复杂的,计算的精度也不高,通常在生产中采用经验公式或经过简化的理论公式进行计算。

1. 自由弯曲的弯曲力

对于 V 形件（图 3-22a）：

$$F_{自} = \frac{0.6KB\delta^2\sigma_b}{r+\delta}$$

对于 U 形件（图 3-22b）：

$$F_{自} = \frac{0.7KB\delta^2\sigma_b}{r+\delta}$$

式中，$F_{自}$ 为材料在冲压行程结束时的自由弯曲力，N；B 为弯曲件的宽度，mm；δ 为弯曲件的厚度，mm；r 为弯曲件的内弯曲半径，mm；σ_b 为弯曲件材料的抗拉强度，MPa；K 为安全系数，一般取 $K=1.3$。

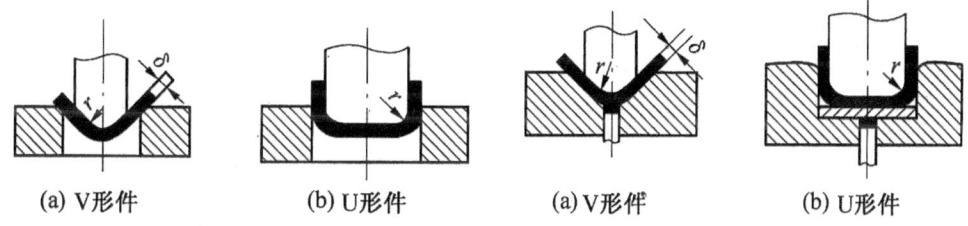

(a) V 形件　　　(b) U 形件　　　(a) V 形件　　　(b) U 形件

图 3-22　自由弯曲示意图　　　　图 3-23　校正弯曲示意图

2. 校正弯曲的弯曲力

如果弯曲件在冲压行程结束时受到模具校正力，如图 3-23 所示，则校正力按下式近似计算：

$$F_{校} = Ap_{校}$$

式中，$F_{校}$ 为校正弯曲力，N；A 为校正部分投影面积，mm²；$p_{校}$ 为单位面积的校正力，MPa，其值见表 3-14。

表 3-14　单位面积的校正力 $p_{校}$　　　　单位：MPa

材料	材料厚度/mm			
	<1	1～3	3～6	6～10
铝	15～20	20～30	30～40	40～50
黄铜	20～30	30～40	40～60	60～80
10～20 钢	30～40	40～60	60～80	80～100
25～30 钢	40～50	50～70	70～100	100～120

3. 顶件力或压料力

对于设有顶件装置的弯曲模，其顶件力或压料力 F_Q（单位为 N）值可近似取自由弯曲力的 30%～80%，即

$$F_Q = (0.3\sim0.8)F_{自}$$

4．弯曲时压力机压力的确定

对于有压料的自由弯曲：

$$F_{压机} \geqslant F_{自} + F_Q$$

对于校正弯曲，由于校正力是发生在接近于下止点位置，校正力与自由弯曲力并非重叠关系，而且校正力的数值比压料力大得多，F_Q 值可以忽略不计，因此只按校正力选择设备就可以了，即

$$F_{压机} \geqslant F_{校}$$

五、弯曲凸、凹模之间的间隙

弯曲 U 形件时，如图 3-24 所示，其凸、凹模之间间隙 z 的大小，对弯曲件质量有直接影响，过大的间隙将引起回弹角的增加；过小的间隙会引起工件材料厚度变小，降低了模具的使用寿命。因此，必须确定出合理的间隙值，凸、凹模间合理的间隙值可按下式计算：

$$z = \delta + \Delta + c\delta$$

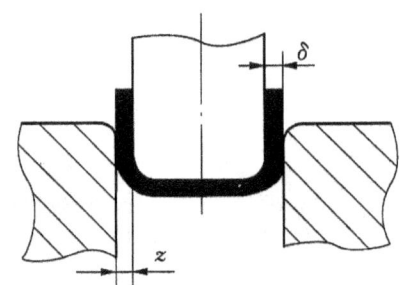

图 3-24 弯曲模间隙

式中，z 为凸、凹模间单边间隙，mm；δ 为材料厚度，mm；Δ 为材料厚度正偏差，mm；c 为根据弯曲件高度 H 和弯曲线长度 B（料宽）决定的系数，见表 3-15。

表 3-15 系数 c 的数值

弯曲件高度 H /mm	材料厚度 δ/mm								
	<0.5	0.6~2	2.1~4	4.1~5	<0.5	0.6~2	2.1~4	4.1~7.5	7.6~12
	$B \leqslant 2H$				$B > 2H$				
10	0.05	0.05	0.04	—	0.10	0.10	0.08	—	—
20				0.03				0.06	0.06
35	0.07				0.15				
50	0.10	0.07	0.05	0.04	0.20	0.15	0.10	0.10	0.08
75									
100	—			0.05	—				
150	—	0.10	0.07		—	0.20	0.15	0.15	0.10
200	—			0.07	—				

当工件的精度要求较高时，凸、凹模间的间隙值应适当减小，可以取 $z = \delta$。

当弯曲 V 形件时，凸、凹模间的间隙值是靠调整压床的闭合高度来控制的，不需要在设计和制造模具时确定间隙。

六、弯曲模的结构

图 3-25 所示为一块板料经过多次弯曲后，制成具有圆截面的筒状零件的弯曲过程及其模具结构。

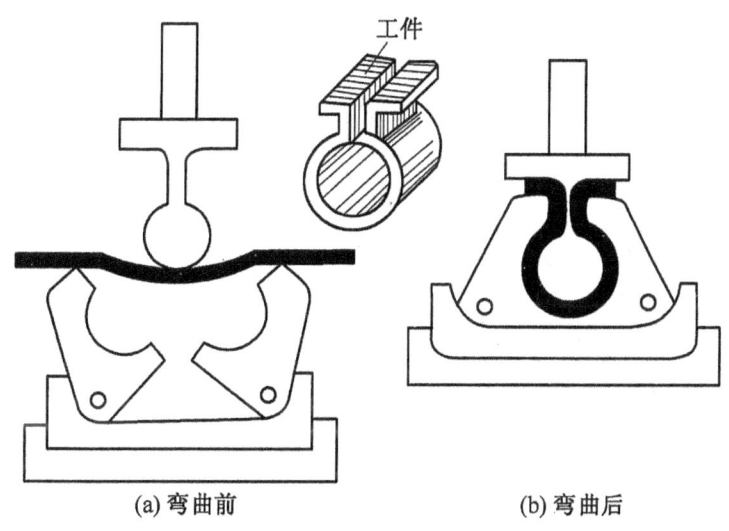

图 3-25 弯曲实例

七、提高弯曲件精度的工艺措施

在实际生产中，弯曲件出现的质量问题有回弹、弯裂和偏移等。为了提高弯曲件的精度，应采取以下具体措施。

1. 减少回弹的主要措施

（1）改进弯曲件结构。在设计时，改进弯曲件的具体结构，可以促进回弹减少。例如在弯曲区压制加强筋，如图 3-26 所示。这不仅可以提高工件的刚度，也有利于抑制工件的回弹。

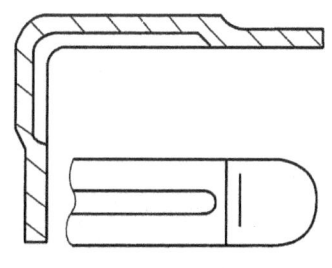

图 3-26 弯曲区的加强肋

此外，在满足使用要求的条件下，可以选用弹性模量大、屈服强度小、力学性能稳定的材料，以减少弯曲时产生的回弹。

（2）从模具结构上考虑减少回弹。对于一般材料，可在凸模和凹模上做出等于回弹角的斜度，使工件回弹后恰好等于所要求的角度，如图 3-27a、c、e 所示。

对于厚度在 0.8 mm 以上的塑性材料，可在凸模上做出"突起"部分，压弯时"突起"部分对工件圆角处进行校正，以此来克服回弹（图 3-27d、f）。

对于回弹较大的材料，可将凸模和顶板做成圆弧曲面，当压弯的工件从模具中取出后，曲面部分伸直，补偿了回弹（图 3-27b）。

（3）采用拉弯工艺。对于弯曲半径很大、回弹不易消除的弯曲件，采用拉弯工艺能使毛坯从内表面到外表面都处于拉应力的作用下，卸料时它们回弹变形的方向一致，因此可

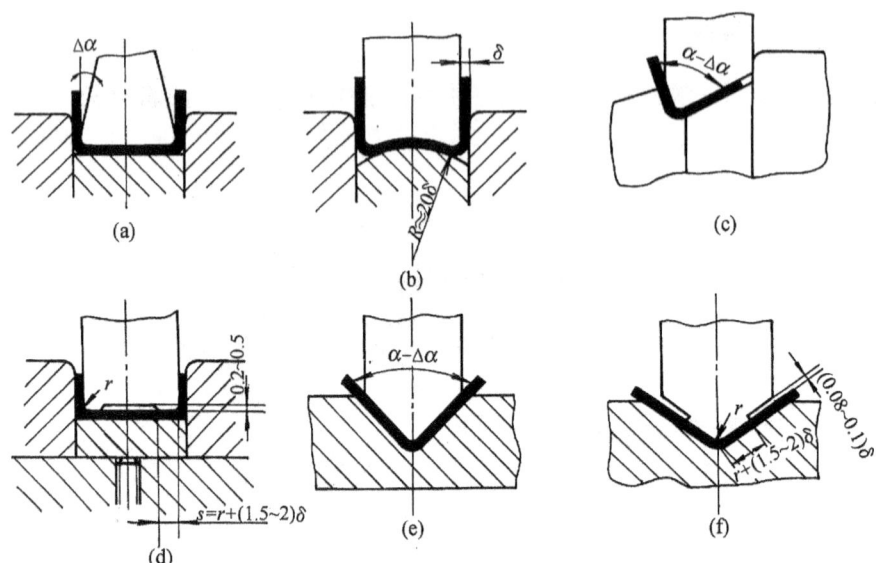

图 3-27 克服回弹的措施

大大减少工件的弹复,如图 3-28 所示。

(4) 采用其他方面的工艺:

① 在允许的情况下,采用加热弯曲。

② 对 U 形弯曲件,可采用较小的间隙,甚至负间隙（$z<\delta$）的弯曲。

③ 用校正弯曲代替自由弯曲,在操作时进行多次镦压。

2. 防止弯裂的措施

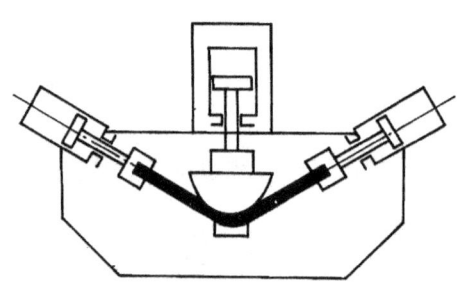

图 3-28 拉弯工艺

(1) 要选用表面质量好,无缺陷的材料做弯曲件的毛坯。如果毛坯有缺陷,应在弯曲前清除掉,否则弯曲时会在缺陷处开裂。

(2) 在设计弯曲件时,应使工件的弯曲半径大于其最小弯曲半径（$r_{件}>r_{min}$）,以防弯曲时由于变形程度大而产生裂纹。若需要 $r_{件}<r_{min}$ 时,应两次弯曲,最后一次以校正工序达到工件圆角半径的要求。

(3) 弯曲时,应尽可能使弯曲线与材料的纤维方向垂直（图 3-29a）。对于需要双向弯曲的工件,应尽可能使弯曲线与材料纤维方向成 45°角（图 3-29b）。

(4) 弯曲时毛刺会引起应力集中而使工件开裂（图 3-30）,应把有毛刺的一边放在弯曲内侧。

3. 克服偏移的措施

(1) 在模具结构上采用压料装置,使毛坯在压紧的状态下逐渐弯曲成形,这样不仅能防止毛坯的滑动,而且能够得到底部较平的工件,如图 3-31 所示。

(2) 采用定位板或定位销,以保证毛坯在模具中定位可靠。

(3) 将不对称的弯曲件组合成对称的形状,弯曲后再切开,如图 3-32 所示。这样,坯料在压弯时受力均匀,有利于防止产生偏移。

第三章 冲压工艺 67

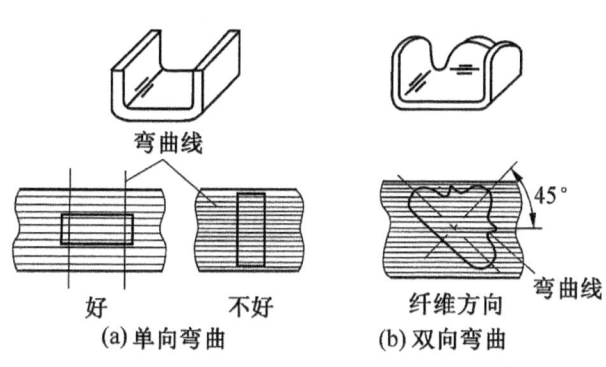

图 3-29 弯曲线与材料纤维方向的关系

图 3-30 毛刺对弯曲质量的影响

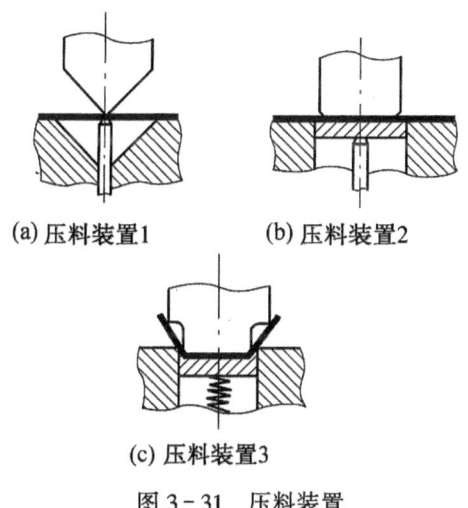

图 3-31 压料装置

图 3-32 弯曲件组合成对称形状

第四节 拉 延

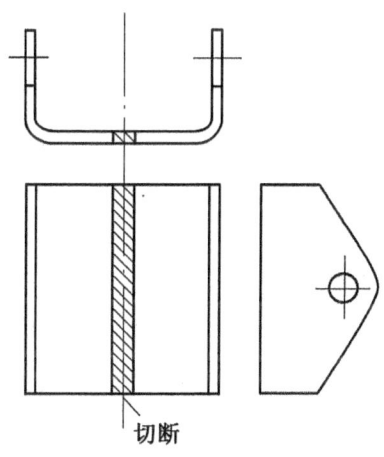

拉延也称拉深,是利用模具使冲裁后得到的平面毛坯成为开口空心零件的冲压工艺方法。

由拉延工艺可以制成筒形、锥形、球形、方盒形和其他不规则的薄壁零件。它还可以与其他成形工序配合,制成形状相当复杂的零件。在汽车制造,特别是车身制造中,拉延工艺占有重要的地位。

一、拉延过程

图 3-33 所示的拉延过程,其凸模与凹模的工作部分均有较大的圆角;凸模与凹模之间的间隙一般大于板料厚度 δ,在凸模的作用下,原直

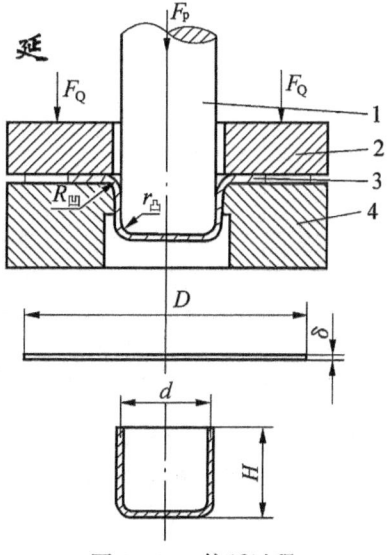

图 3-33 拉延过程
1—凸模;2—压边圈;3—毛坯;4—凹模

径为 D 的毛坯，在凹模端面和压边圈之间的缝隙中变形，并被拉入凹模孔内，形成直径为 d 的筒形工件。

二、拉延工艺参数的确定

（一）修边余量

在拉延过程中，常受材料力学性能的方向性、模具间隙不均、板厚变化、摩擦阻力不等及定位不准等因素的影响，而使拉延件口部或凸缘周边不齐，必须进行修边，故在计算毛坯尺寸时应按加上修边余量后的零件尺寸进行展开计算。

修边余量的数值可查表 3-16 和表 3-17。

表 3-16　无凸缘圆筒形拉延件的修边余量 Δ　　　单位：mm

工件高度 h	工件的相对高度 h/d				附　图
	≤0.8	0.8~1.6	1.6~2.5	>2.5	
≤10	1.0	1.2	1.5	2	
10~20	1.2	1.6	2	2.5	
20~50	2	2.5	3.3	4	
50~100	3	3.8	5	6	
100~150	4	5	6.5	8	
150~200	5	6.3	8	10	
200~250	6	7.5	9	11	
>250	7	8.5	10	12	

表 3-17　有凸缘圆筒形拉延件的修边余量 Δ　　　单位：mm

凸缘直径 $d_凸$	凸缘的相对直径 $d_凸/d$				附　图
	<1.5	1.5~2	2~2.5	>2.5	
≤25	1.8	1.6	1.4	1.2	
25~50	2.5	2.0	1.8	1.6	
50~100	3.5	3.0	2.5	2.2	
100~150	4.3	3.6	3.0	2.5	
150~200	5.0	4.2	3.5	2.7	
200~250	5.5	4.6	3.8	2.8	
>250	6	5	4	3	

（二）毛坯尺寸的计算

在拉延过程中，材料厚度虽有变化，但其平均值与毛坯原厚度十分接近，因此毛坯的展开尺寸可根据毛坯面积与拉延件面积（包括修边余量）相等的原则求出。旋转体拉延件的毛坯直径 D（mm）可按下式确定：

$$D = \sqrt{\frac{4}{\pi}A} = \sqrt{\frac{4}{\pi}\sum a_i}$$

式中，A 为拉延件的表面积，mm^2；a_i（$i=1, 2, \cdots$）为拉延件分解成简单几何形状的各个表面积，mm^2。

图 3-34 所示为带凸缘的圆筒形拉延件，计算毛坯直径时，可先将该零件分解成五个简单的几何形状，求得 a_1、a_2、a_3、a_4、a_5，然后再按上述公式求出 D。

（三）拉延系数和拉延次数

在制订拉延件的工艺路线和设计拉延模具时，必须预先确定该零件是否可以一次拉成，或是需要几次才能拉成。正确地解决这个问题，直接关系到制造成本和成品的质量。

在决定拉延工序的拉延次数时，必须做到使毛坯内部的应力既不超过强度极限，又能充分地利用材料的塑性。这就是说，每次拉延，应在毛坯侧壁强度允许的条件下，采用尽可能大的变形强度。

1. 圆筒形拉延件的拉延系数和拉延次数

每次拉延后，圆筒形件直径与拉延前毛坯（或半成品）直径的比值（图 3-35）称为拉延系数，以 m 表示。它是衡量拉延变形程度的指标，m 为小于 1 的常数。

第一次拉延系数为 $m_1 = d_1/D$；第二次拉延系数为 $m_2 = d_2/d_1$；$\cdots$；第 n 次拉延系数为 $m_n = d_n/d_{n-1}$。

拉延系数越小，每次拉延毛坯的变形程度就越大，所需要拉的次数也就越少。拉延系数是拉延工艺计算中主要的工艺参数之一，通常用它来决定拉延的次数和顺序。

采用压边圈拉延时的拉延系数见表 3-18，不用压边圈的拉延系数见表 3-19。

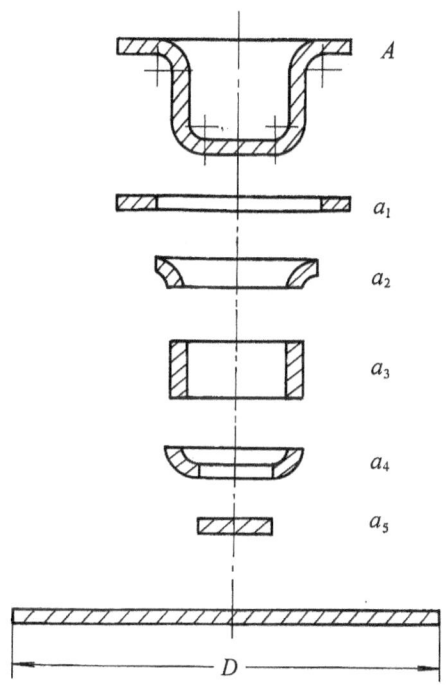

图 3-34 筒形件毛坯尺寸的确定

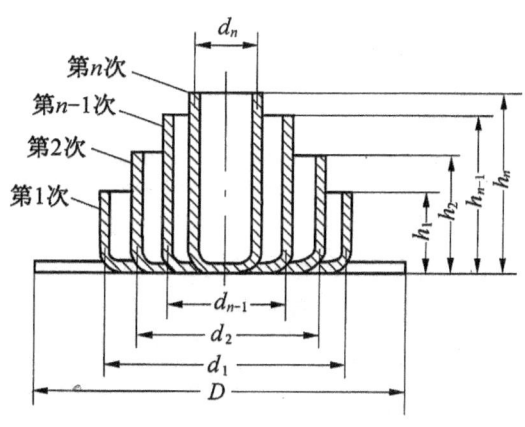

图 3-35 多次拉延时圆筒直径的变化

表 3-18　无凸缘筒形件采用压边圈拉延时的拉延系数

拉延系数	毛坯相对厚度 $\frac{\delta}{D}\times100$					
	2~1.5	1.5~1	1~0.6	0.6~0.3	0.3~0.15	<0.15
m_1	0.48~0.50	0.50~0.53	0.53~0.55	0.55~0.58	0.58~0.60	0.60~0.63
m_2	0.73~0.75	0.75~0.76	0.76~0.78	0.78~0.79	0.79~0.80	0.80~0.82
m_3	0.76~0.78	0.78~0.79	0.79~0.80	0.80~0.81	0.81~0.82	0.82~0.84
m_4	0.78~0.80	0.80~0.81	0.81~0.82	0.82~0.83	0.83~0.85	0.85~0.86
m_5	0.80~0.82	0.82~0.84	0.84~0.85	0.85~0.86	0.86~0.87	0.87~0.88

注：①凹模圆角半径 $R_{凹}=(8\sim15)\delta$ 时，拉延系数取小值；凹模圆角半径 $R_{凹}=(4\sim8)\delta$ 时，拉延系数取大值。
②表中拉延系数适用于 08、10S、15S 钢与软黄铜 H62、H68。当拉延塑性更大的金属时（如 05 钢、08Z 及 10Z 铝、铝等），应比表中数值减小 1.5%~2%，而当拉延塑性较小的金属时（如 20 钢、25 钢、Q215A、Q235A、酸洗钢、硬铝、硬黄铜等），应比表中数值增大 1.5%~2%（符号 S 为深拉延钢；Z 为最深拉延钢）。

表 3-19　无凸缘筒形件不用压边圈拉延时的拉延系数

材料相对厚度 $\frac{\delta}{D}\times100$	各次拉延系数					
	m_1	m_2	m_3	m_4	m_5	m_6
0.4	0.90	0.92	—	—	—	—
0.6	0.85	0.90	—	—	—	—
0.8	0.80	0.88	—	—	—	—
1.0	0.75	0.85	0.90	—	—	—
1.5	0.65	0.80	0.84	0.87	0.90	—
2.0	0.60	0.75	0.80	0.84	0.87	0.90
2.5	0.55	0.75	0.80	0.84	0.87	0.90
3.0	0.53	0.75	0.80	0.84	0.87	0.90
>3.0	0.50	0.70	0.75	0.78	0.82	0.85

注：此表适用于 08 钢、10 钢及 15Mn 钢等材料。

拉延次数通常只能概略地进行估计，最后需要通过工艺计算来确定。初步确定无凸缘圆筒形拉延件拉延次数的方法有以下几种：

（1）计算法。拉延次数由所采用的拉延系数按下式计算：

$$n = 1 + \frac{\lg d_n - \lg(m_1 D)}{\lg m_n}$$

式中，n 为拉延次数；d_n 为工件直径，mm；D 为毛坯直径，mm；m_1 为第一次拉延系数；m_n 为第二次后各次的平均拉延系数。

由上式计算所得的拉延次数 n，通常不会是整数，此时必须注意不得按照四舍五入法，而应取较大的整数值。采用较大整数值的结果，使实际选用的各次拉延系数 m_1，m_2，m_3，…，m_n 比初步估计的数值略大些，这样符合安全而不破裂的要求。在校正拉延系数时，应遵照以下原则：变形程度应逐渐减小，亦即后续拉延系数应逐渐取大些。

（2）查表法。根据拉延件的相对高度和毛坯的相对厚度$100\delta/D$，直接由表3-20快速查出拉延次数。

表3-20 无凸缘圆筒形拉延件的最大相对高度h/d

拉延次数 n	毛坯相对厚度 $\frac{\delta}{D}\times 100$					
	2~1.5	1.5~1	1~0.6	0.6~0.3	0.3~0.15	<0.15
1	0.94~0.77	0.84~0.65	0.70~0.57	0.62~0.5	0.52~0.45	0.46~0.38
2	1.88~1.54	1.60~1.32	1.36~1.1	1.13~0.94	0.96~0.83	0.9~0.7
3	3.5~2.7	2.8~2.2	2.3~1.8	1.9~1.5	1.6~1.3	1.3~1.1
4	5.6~4.3	4.33~3.5	3.6~2.9	2.9~2.4	2.4~2.0	2.0~1.5
5	8.9~6.6	6.6~5.1	5.2~4.1	4.1~3.3	3.3~2.7	2.7~2.0

注：① 大的h/d值适用于在第一道工序内大的凸模圆角半径（由$\frac{\delta}{D}\times 100$在2~1.5时的$r_{凹}=8\delta$到$\frac{\delta}{D}\times 100$在小于0.15时的$r_{凹}=15\delta$）；小的比值适用于小的凹模圆角半径（$r_{凹}=4\sim 8\delta$）。
② 表中拉延次数适用于08钢及10钢的拉延件。

（3）推算法。筒形件的拉延次数，也可根据δ/D值查出m_1，m_2，m_3，…，m_n，然后从第一道工序开始依次求半成品的直径，即$d_1=m_1D$，$d_2=m_2d_1$，…，$d_n=m_nd_{n-1}$，一直计算到得出的直径不大于工件要求的直径为止。这样不仅可以求出拉延次数，还可以知道中间工序的尺寸。

（4）查图法。确定拉延次数及各次半成品尺寸也可由查图法求得，如图3-36所示，其查法如下：

先在图3-36中横坐标上找到相当于毛坯直径D的点，从此点做一垂线；再从纵坐标上找到相当于工件直径d的点，并由此点做出水平线，与垂线相交；根据交点，便可决定拉延的次数。如果交点位于两斜线之间，应取较大的次数。此图适用于酸洗软钢板的筒形拉延件，图3-36中的下斜线用于材料厚度为0.5~2.0mm的钢板，上条斜线用于材料厚度为2~3mm的钢板。

工序次数和各道工序半成品直径确定后，应确定底部圆角半径，即拉延凸模的圆角半径。最后可根据筒形件不同的底部形状，按表3-21所列公式计算出各次拉延高度。

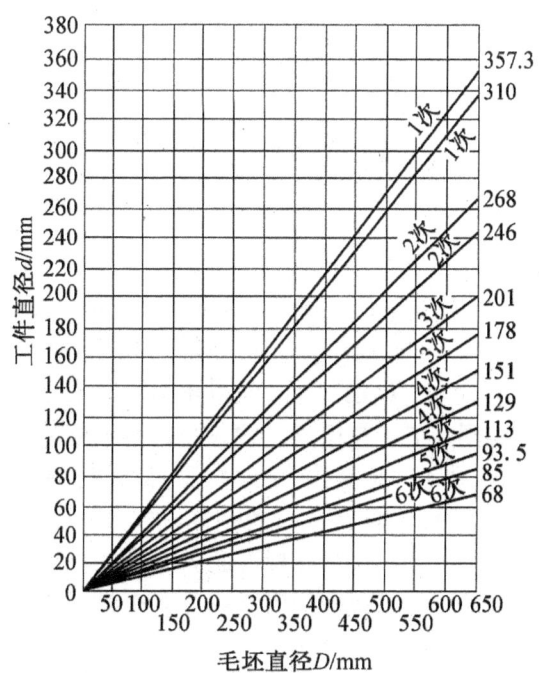

图3-36 确定拉延次数及半成品尺寸的曲线图

表 3-21　圆筒形拉延件的拉延高度计算公式

工作形状	拉延工序	计算公式
平底筒形件	1	$h_1 = 0.25(Dk_1 - d_1)$
	2	$h_2 = h_1 k_2 + 0.25(d_1 k_2 - d_2)$
圆角底筒件	1	$h_1 = 0.25(Dk_1 - d_1) + 0.43 \dfrac{r_1}{d_1}(d_1 + 0.32 r_1)$
	2	$h_2 = 0.25(Dk_1 k_2 - d_2) + 0.43 \dfrac{r_2}{d_2}(d_2 + 0.32 r_2)$ $r_1 = r_2 = r$ 时，$h_2 = h_1 k_2 + 0.25(d_1 - d_2) - 0.43 \dfrac{r}{d_2}(d_1 - d_2)$
圆锥底筒形件	1	$h_1 = 0.25(Dk_1 - d_1) + 0.57 \dfrac{a_1}{d_1}(d_1 + 0.86 a_1)$
	2	$h_2 = 0.25(Dk_1 k_2 - d_2) + 0.57 \dfrac{a_2}{d_2}(d_2 + 0.86 a_2)$ $a_1 = a_2 = a$ 时，$h_2 = h_1 k_2 + 0.25(d_1 k_2 - d_2) - 0.57 \dfrac{a}{d_2}(d_1 - d_2)$
球面底筒形件	1	$h_1 = 0.25 D k_1$
	2	$h_2 = 0.25 D k_1 k_2 = h_1 k_2$

注：D—毛坯直径，mm；d_1，d_2—第一、二道工序拉延的工件直径，mm；k_1，k_2—第一、二道工序拉延的拉延比 $\left(k_1 = \dfrac{1}{m_1},\ k_2 = \dfrac{1}{m_2}\right)$；$r_1$，$r_2$—第一、二道工序拉延件底圆角半径，mm；$h_1$，$h_2$—第一、二道工序拉延高度，mm。

2. 带凸缘筒形件的拉延系数

带凸缘筒形件拉延时，不能应用无凸缘筒形件第一次拉延的拉延系数 m_1，因为此系数只能由当全部凸缘都转变为工件的侧表面时才能适用。而在对带凸缘筒形件拉延时，可在同样的 $m_1 = d_1/D$ 情况下，即采用相同的毛坯直径 D 和相同的工件直径 d_1，拉延出各种不同的凸缘直径 $d_凸$ 和不同高度 H 的工件。显然凸缘直径和工件高度不同，其实际变形也不同。凸缘直径愈小，工件高度愈大，其变形程度愈大。这些不同情况是无凸缘拉延过程的中间阶段，而不是其拉延过程的终结。因此，用 $m_1 = d_1/D$ 不能表达各种不同情况（不同 $d_凸$ 和 H）下工件实际的变形程度。

根据变形前后毛坯与工件面积相等的原则，图 3-37 所示拉延件的毛坯直径 D 应为：

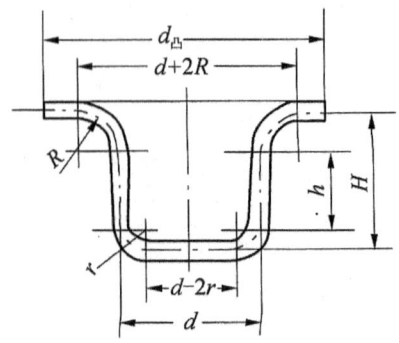

图 3-37　带凸缘的筒形件

$$D = \sqrt{d_{凸}^2 + 4dH - 3.44rd} \quad (当 r = R 时)$$

或 $D = \sqrt{(d-2r)^2 + 6.28r(d-2r) + 8r^2 + 4dh + 6.28Rd + 4.56R^2 + d_{凸}^2 - (d+2R)^2}$

(当 $r \neq R$ 时)

故当 $r = R$ 时带凸缘筒形件第一次拉延的拉延系数（图 3 - 37）为：

$$m_1 = \frac{d_1}{D} = \frac{1}{\sqrt{\left(\frac{d_{凸}}{d_1}\right)^2 + 4\frac{H}{d_1} - 3.44\frac{r}{d_1}}}$$

式中，$d_{凸}/d_1$ 为凸缘的相对直径（$d_{凸}$ 包括修边余量）；H/d_1 为相对拉延高度；r/d_1 为底部及凸缘部分相对圆角半径。

此外，m_1 还应考虑毛坯相对厚度 δ/D 的影响。因此，带凸缘筒形件第一次拉延的许可变形程度可用相应于 $d_{凸}/d_1$ 不同比值的最大相对拉延高度 H/d_1 来表示，见表 3 - 22。

表 3 - 22　带凸缘筒形件第一次拉延的最大相对高度 H/d_1

凸缘相对直径 $\frac{d_{凸}}{d_1}$	毛　坯　相　对　厚　度 $\frac{\delta}{D} \times 100$				
	≤0.2	0.2~0.5	0.5~1	1~1.5	>1.5
≤1.1	0.45~0.52	0.50~0.62	0.57~0.70	0.60~0.80	0.75~0.90
1.1~1.3	0.40~0.47	0.45~0.53	0.50~0.60	0.56~0.72	0.65~0.80
1.3~1.5	0.35~0.42	0.40~0.48	0.45~0.53	0.50~0.63	0.58~0.70
1.5~1.8	0.29~0.35	0.34~0.39	0.37~0.44	0.42~0.53	0.48~0.58
1.8~2.0	0.25~0.30	0.29~0.34	0.32~0.38	0.36~0.46	0.42~0.51
2.0~2.2	0.22~0.26	0.25~0.29	0.27~0.33	0.31~0.40	0.35~0.45
2.2~2.5	0.17~0.21	0.20~0.23	0.22~0.27	0.25~0.32	0.28~0.35
2.5~2.8	0.13~0.16	0.15~0.18	0.17~0.21	0.19~0.24	0.22~0.27
>2.8	0.10~0.13	0.12~0.15	0.14~0.17	0.16~0.20	0.18~0.22

注：① 适用于 08 钢、10 钢。
　　② 较大值相应于零件圆角半径较大的情况，即 $R_{凹}$、$r_{凸}$ 为 $(10~20)\delta$；较小值相应于零件圆角半径较小的情况，即 $R_{凹}$、$r_{凸}$ 为 $(4~8)\delta$。

对于相对拉延高度 $\frac{H}{d_1} > \frac{h}{d_1}$ 时，就不能一次而需两次或多次才能拉成。

带凸缘筒形件多次拉延时，第一次拉延的最小拉延系数列于表 3 - 23，以后各次拉延时的拉延系数可相应地选择表 3 - 18 中的 m_2，m_3，…，m_n 值。在采用中间退火的情况下，可以将以后各次的拉延系数减小 5%~8%。

表 3-23　带凸缘筒形件第一次拉延时的拉延系数 m_1

凸缘相对直径 $\dfrac{d_凸}{d_1}$	毛坯相对厚度 $\dfrac{\delta}{D}\times 100$				
	≤0.2	0.2~0.5	0.5~1.0	1.0~1.5	>1.5
≤1.1	0.59	0.57	0.55	0.53	0.50
1.1~1.3	0.55	0.54	0.53	0.51	0.49
1.3~1.5	0.52	0.51	0.50	0.49	0.47
1.51~1.8	0.48	0.48	0.47	0.46	0.45
1.8~2.0	0.45	0.45	0.44	0.43	0.42
2.0~2.2	0.42	0.42	0.42	0.41	0.40
2.2~2.5	0.38	0.38	0.38	0.38	0.37
2.5~2.8	0.35	0.35	0.34	0.34	0.33
>2.8	0.33	0.33	0.32	0.32	0.31

注：适用于 08 钢、10 钢。

3. 带凸缘筒形件的工艺计算

带凸缘筒形件一般可分为两种类型：第一种：窄凸缘 $d_凸/d=1.1\sim 1.4$；第二种：宽凸缘 $d_凸/d>1.4$。

计算带凸缘筒形件拉延工序的尺寸有下述原则：对于窄凸缘筒形拉延件，可在前几次拉延中不留凸缘，先拉成圆筒形件，而在以后的拉延中形成锥形凸缘（这是由于在锥形压力圈下拉延的结果），最后将其校正成平面（图 3-38a）；或在缩小直径的过程中留下连接凸缘的圆角部分，在整形的前一工序先把凸缘压成圆锥形，在整形工序时，再压成平整的凸缘（图 3-38b）。

对于宽凸缘拉延件，则应在第一次拉延时就应拉成零件所要求的凸缘直径，而在以后各种拉延中，凸缘直径保持不变，其方法如下：

（1）圆角半径基本不变或逐次减小，同时缩小筒形直径以增加高度（图 3-39a）。它适用于材料较薄，拉延深度比直径大的中、小型零件。

（2）高度基本不变，而仅减小圆角半径，以逐渐减小直径（图 3-39b）。它适用于材料较厚，直径和深度相近的大、中型零件。

（3）凸缘过大而圆角半径过小的情况。首先以适当的圆角半径成形，然后按图面尺寸整形（图 3-39c）。

（4）凸缘过大时，利用材料胀形成形的方法拉延（图 3-39d）。

为了保证以后拉延时凸缘不参加变形，宽凸缘拉延件首次拉入凹模的材料应比零件最后拉延部分实际所需的材料多 3%~10%（按面积计算，拉延次数多时取上限值，拉延次数少时取下限值），在以后各次拉延中逐次将 1.5%~3% 的材料挤回到凸缘部分，使凸缘增厚，从而避免拉裂，这对料厚小于 0.5 mm 的拉延件效果更为显著。这一原则实际上是通过正确计算各次拉延高度和严格控制凸模的深度来实现的。

带凸缘筒形件拉延工序的计算步骤为：

（1）查表 3-17，选定修边余量 Δ。

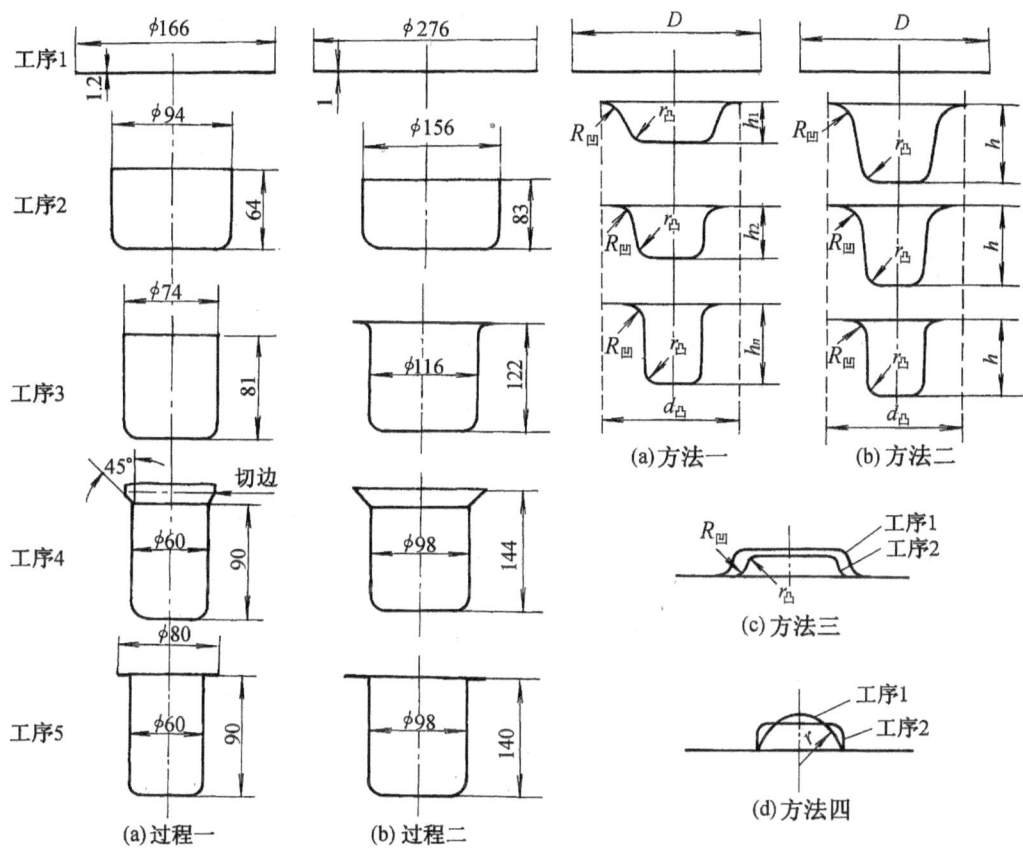

图 3-38 窄凸缘筒形件的拉延过程　　　图 3-39 宽凸缘筒形件的拉延方法

(2) 预算毛坯直径 D。

(3) 算出毛坯相对厚度 $\dfrac{\delta}{D} \times 100$ 和凸缘相对直径 $\dfrac{d_凸}{d_1}$，从表 3-22 查出第一次拉延允许的最大相对高度 H/d_1 之值，然后与零件的相对高度 h/d_1 相比，看能否一次拉成。方法是：若 $\dfrac{H}{d_1} > \dfrac{h}{d_1}$ 时，则一次拉不出来，需多次拉延，这时应计算工序间的各尺寸。

(4) 从表 3-23 查出第一次拉延系数 m_1，从表 3-18 查出以后各工序的拉延系数 m_2，m_3，m_4，…，并预算各工序的拉延直径：$d_1 = m_1 D$，$d_2 = m_2 d_1$，$d_3 = m_3 d_2$，…。通过计算，即可知道所需要的拉延次数。

(5) 确定拉延次数以后，调整各工序的拉延系数，使各工序变形程度的分配合理些。

(6) 根据调整后各工序的拉延系数，再计算各工序的拉延直径。

(7) 选定各工序的圆角半径。

(8) 为了避免拉裂，增加拉入凹模的材料，重新计算毛坯直径。

(9) 计算第一次拉延高度，并校核第一次拉延的相对高度，检查是否安全。

(10) 计算以后各次的拉延高度。带凸缘拉延件的拉延高度可按下式计算：

$$h_1 = \dfrac{0.25}{d_1}(D^2 - d_凸^2) + 0.43(r_1 + R_1) + \dfrac{0.14}{d_1}(r_1^2 - R_1^2)$$

$$h_2 = \frac{0.25}{d_2}(D^2 - d_凸^2) + 0.43(r_2 + R_2) + \frac{0.14}{d_2}(r_2^2 - R_2^2)$$

$$\vdots$$

$$h_n = \frac{0.25}{d_n}(D^2 - d_凸^2) + 0.43(r_n + R_n) + \frac{0.14}{d_n}(r_n^2 - R_n^2)$$

式中，h_i（$i=1, 2, \cdots, n$）为各次拉延的工件高度，mm，见图3-39a；D 为毛坯直径，mm；$d_凸$ 为凸缘部分外径，mm；r_i（$i=1, 2, \cdots, n$）为各次拉延的工件上凸模的圆角半径，mm；R_i（$i=1, 2, \cdots, n$）为各次拉延的工件上凹模的圆角半径，mm；d_i（$i=1, 2, \cdots, n$）为各次拉延的筒形部分直径，mm。

(11) 画出工序图。

【例3-1】计算图3-40所示拉延件，材料为08钢，材料厚 $\delta=2$ mm，试确定其各工序尺寸。

当材料厚度等于或大于1 mm时，工件各部分尺寸应按料厚中心计算，其计算步骤如下：

1) 选取修边余量 Δ。查表3-17，当 $\frac{d_凸}{d}=\frac{76}{28}=2.7$ 时，取修边余量为2.2 mm，故实际凸缘直径为 $d_凸=$（76+2×2.2）≈ 80（mm）。

2) 初算毛坯直径。简易计算时，可用以下公式计算：

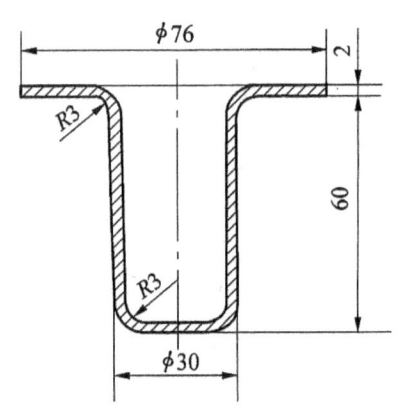

图3-40　宽凸缘筒形件

$$D = \sqrt{(d-2r)^2 + 6.28r(d-2r) + 8r^2 + 4dh + 6.28Rd + 4.56R^2 + d_凸^2 - (d+2R)^2}$$

$$= \sqrt{(28-2\times4)^2 + 6.28\times4\times(28-2\times4) + 8\times4^2 + 4\times28\times52 + 6.28\times4\times28 + 4.56\times4^2 + 80^2 - (28+2\times4)^2}$$

$$\approx 113(\text{mm})$$

可计得该零件除去凸缘部分的表面积，即零件最后拉延部分实际所需材料约为6 000 mm²。

3) 确定一次能否拉出：

$$\frac{H}{d} = \frac{60}{28} = 2.14$$

$$\frac{d_凸}{d} = \frac{80}{28} = 2.86$$

$$\frac{\delta}{D} \times 100 = \frac{2}{113} \times 100 = 1.77$$

查表3-22，得 $\frac{H}{d_1}=0.22$，远小于零件的 $\frac{H}{d}=2.14$，故一次拉不出来。

4) 计算拉延次数及各次拉延直径。由于已知数据都超出了表3-23的范围，故用逼近法确定第一次拉延直径，表3-24列出了有关数据，以便于比较。

表 3-24 第一次拉延直径的确定

相对凸缘直径假定值 $N=\dfrac{d_凸}{d_1}$	毛坯相对厚度 $\dfrac{\delta}{D}\times 100$	第一次拉延直径 $d_1=\dfrac{d_凸}{N}$	第一次拉延系数 $m_1=\dfrac{d_1}{D}$	第一次拉延的极限拉延系数 $[m_1]$（由表3-23查得）	拉延系数相差值 $\Delta m=m_1-[m_1]$
1.2	1.77	67	0.59	0.49	+0.10
1.3	1.77	62	0.55	0.49	+0.06
1.4	1.77	57	0.50	0.47	+0.03
1.5	1.77	53	0.47	0.47	0
1.6	1.77	50	0.44	0.45	-0.01

第一次拉延应选取实际拉延系数稍大于极限拉延系数者，即取 $\Delta m=+0.03$，故暂定第一次拉延直径 $d_1=57$ mm，再确定以后各次拉延的直径。

由表 3-18 查得 $m_2=0.74$，$m_3=0.77$，$m_4=0.79$，故其拉延直径分别为：

$$d_2=d_1 m_2=57\times 0.74=42(\text{mm})$$

$$d_3=d_2 m_3=42\times 0.77=32(\text{mm})$$

$$d_4=d_3 m_4=32\times 0.79=25(\text{mm})$$

因为第四次拉延直径小于工件直径，可调整拉延系数。拉延系数增大后更有利于拉延。调整后的拉延系数分别为 $m_1=0.495$，$m_2=0.77$，$m_3=0.79$，$m_4=0.82$，则

$$d_1=Dm_1=113\times 0.495=56(\text{mm})$$

$$d_2=d_1 m_2=56\times 0.77=43(\text{mm})$$

$$d_3=d_2 m_3=43\times 0.79=34(\text{mm})$$

$$d_4=d_3 m_4=34\times 0.82=28(\text{mm})$$

5）拉延凹模的圆角半径可按经验公式 $r_凹=0.8\sqrt{(D-d)\delta}$ 确定，故各工序的圆角半径为 $R_1=9$ mm，$R_2=6.5$ mm，$R_3=4$ mm，$R_4=3$ mm（工件圆角半径）；$r_1=7$ mm，$r_2=6$ mm，$r_3=4$ mm，$r_4=3$ mm。

6）重新计算毛坯直径。为了保证第一次拉延时已经形成的凸缘外径在以后的拉延工序中不再收缩，将第一次拉入凹模的毛坯面积加大 5%，第二、三道工序分别增大 3% 和 1.5%（为了简化计算，这里用工件总面积代替工件拉入凹模部分面积，这样计算引起的误差并不大），则：

$$D_1=\sqrt{1.05}D=\sqrt{1.05}\times 113=115.8(\text{mm})$$

$$D_2=\sqrt{1.03}D=\sqrt{1.03}\times 113=114.7(\text{mm})$$

$$D_3=\sqrt{1.015}D=\sqrt{1.015}\times 113=113.8(\text{mm})$$

7）核算第一次拉延高度。

$$h_1=\frac{0.25}{d_1}(D_1^2-d_凸^2)+0.43(r_1+R_1)+\frac{0.14}{d_1}(r_1^2-R_1^2)$$

$$=\frac{0.25}{56}(115.8^2-80^2)+0.43(8+10)+\frac{0.14}{56}(8^2-10^2)$$

$$=38.9(\text{mm})$$

查表 3-22，当 $\frac{d_凸}{d_1} = \frac{80}{56} = 1.43$，$\frac{\delta}{D} \times 100 = 1.73$ 时，最大许可相对高度为：$\left[\frac{H}{d_1}\right] =$ $0.70 > \frac{38.9}{56} = 0.69$，故安全。

8) 计算以后各次的拉延高度。

$$h_2 = \frac{0.25}{d_2}(D_2^2 - d_凸^2) + 0.43(r_2 + R_2) + \frac{0.14}{d_2}(r_2^2 - R_2^2)$$

$$= \frac{0.25}{43}(114.7^2 - 80^2) + 0.43(7 + 7.5) + \frac{0.14}{43}(7^2 - 7.5^2) = 45.5(\text{mm})$$

$$h_3 = \frac{0.25}{d_3}(D_3^2 - d_凸^2) + 0.43(r_3 + R_3) + \frac{0.14}{d_3}(r_3^2 - R_3^2)$$

$$= \frac{0.25}{34}(113.8^2 - 80^2) + 0.43(5 + 5) + \frac{0.14}{43}(5^2 - 5^2) = 52.5(\text{mm})$$

$$h_4 = 60(\text{mm})$$

9) 工序图如图 3-41 所示。

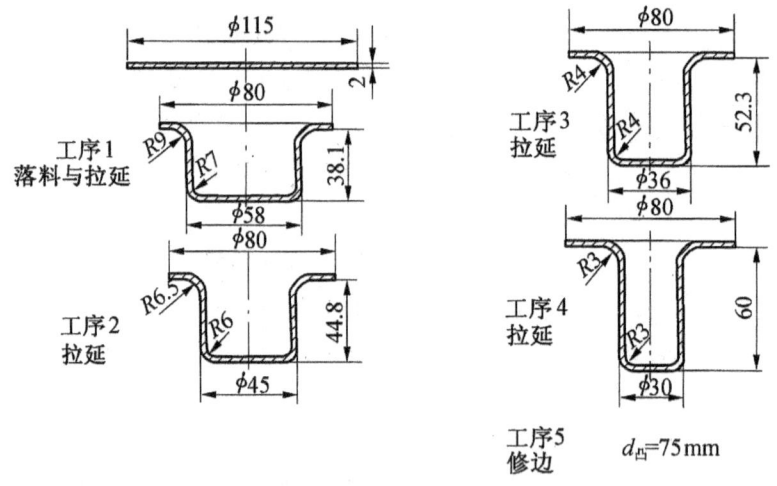

图 3-41 拉延工序图

4. 阶梯形拉延件的拉延系数和拉延次数

壁部为阶梯形的拉延件，其变形特点与圆筒形件的拉延基本相同。但由于这类零件的多样性及复杂性，不能用统一的方法来确定工序数和工艺程序，下面是几种典型的情况。

(1) 对于大、小直径差值小，高度又不大，阶梯只有 2~3 个的阶梯拉延件，一般可以一次拉成，若是高度较大，阶梯较多的拉延件，如图 3-42 所示，能否一次拉成，可用下列经验公式来校验：

$$n_y = \frac{\dfrac{h_1 d_1}{h_2 D} + \dfrac{h_2 d_2}{h_3 D} + \cdots + \dfrac{h_{n-1} d_{n-1}}{h_n D} + \dfrac{d_n}{D}}{\dfrac{h_1}{h_2} + \dfrac{h_2}{h_3} + \cdots + \dfrac{h_{n-1}}{h_n} + 1}$$

式中，D 为毛坯直径；m_y 为阶梯形工件的假想拉延系数，m_y 与圆筒形件的第一次拉延系数极限值比较（见表 3-18），如果 $m_y > m_1$，可以一次拉出；否则，要采用两次或

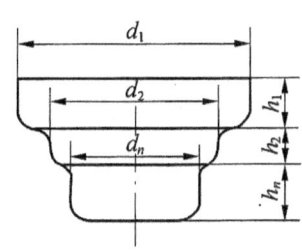

图 3-42 阶梯形拉延件

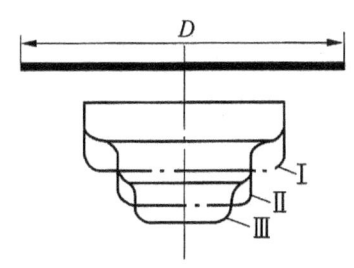

图 3-43 由大阶梯到小阶梯的拉延程序

多次拉延。

(2) 当每相邻阶梯的直径比 d_2/d_1, d_3/d_2, $\cdots$, d_n/d_{n-1} 均不大于相应圆筒形件的极限拉延系数时，可以在每次拉延工序中形成一个阶梯，由大阶梯到小阶梯依次拉出，如图 3-43 所示，这时拉延次数等于零件的阶梯数目（不包括最大阶梯直径形成所需的工序）。

(3) 当某相邻的两阶梯直径比值小于相应圆筒形件的极限拉延系数时，在这个阶梯成形时，应按有凸缘零件的拉延办法，其拉延顺序是由小阶梯到大阶梯依次拉延。如图 3-44 的零件，因 d_2/d_1 小于相应的圆筒形件的极限拉延系数，故在 d_2 先拉出以后，再用工序Ⅴ拉出 d_1。

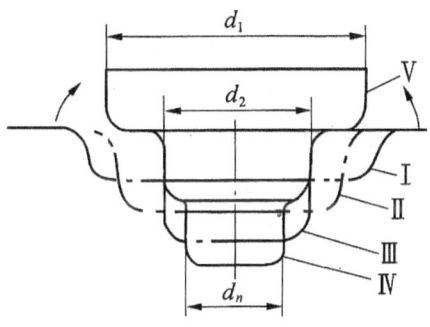

图 3-44 由小阶梯到大阶梯的拉延程序

当最小的阶梯直径 d_n 过小，也就是 d_n/d_{n-1} 过小，但其阶梯高度 h_n 不大时，最小阶梯可以用胀形法得到。

(4) 对于浅阶梯零件，若阶梯直径差别大而不能一次拉出，应先拉成球面形状（图 3-45a）或大圆角的圆筒件（图 3-45b），然后用校形工序得到零件的形状和尺寸。

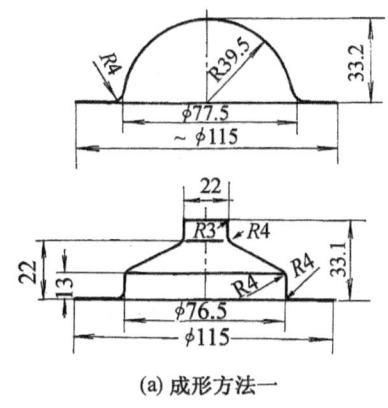

(a) 成形方法一

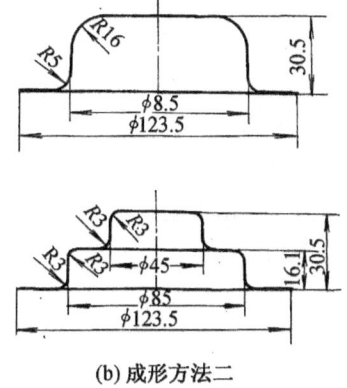

(b) 成形方法二

图 3-45 浅阶梯形拉延件的成形方法

(5) 当拉延大小直径差值大、阶梯部分带锥形的零件时，先拉延出大直径 $\phi72$，再在拉延小直径 $\phi36.4$ 的过程中拉出侧壁锥形，如图 3-46 所示。

(四) 拉延间隙

(1) 拉延模凸凹模之间的单边间隙为：$z=(d_{凹}-d_{凸})/2$。

(2) 间隙值应合理地选取，因为 z 过小会增加摩擦力，使拉延件容易破裂，且易擦伤工件表面和降低模具寿命；z 过大，又易使拉延件起皱，且影响工件精度。

(3) 在确定间隙时，必须考虑到毛坯在拉延中外缘的变厚现象、材料厚度偏差及拉延件的精度要求。

(4) 不用压边圈拉延时：$z=(1\sim1.1)\delta_{max}$，末次拉延用小值，中间拉延用大值。

(5) 用压边圈拉延时：$z=\delta_{max}+c\delta$

以上两式中，δ_{max} 为板料厚度的最大极限尺寸，mm；δ 为板料厚度的基本尺寸，mm；c 为间隙系数，见表 3-25。

材料厚度公差小或工件精度要求较高时，应取较小的间隙，可按表 3-26 选取。

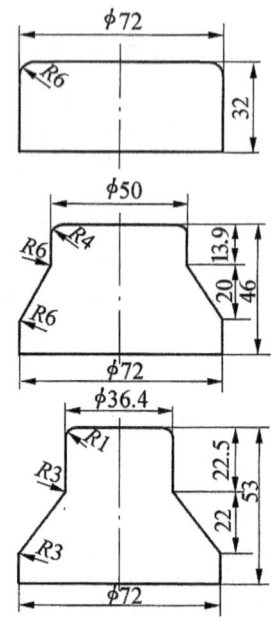

图 3-46 带锥形阶梯零件的拉延

表 3-25 间隙系数 c

拉延工序数		材料厚度 /mm		
		0.5~2	2~4	4~6
1	第一次	0.2 (0)	0.1 (0)	0.1 (0)
2	第一次	0.3	0.25	0.2
	第二次	0.1 (0)	0.1 (0)	0.1 (0)
3	第一次	0.5	0.4	0.35
	第二次	0.3	0.25	0.2
	第三次	0.1 (0)	0.1 (0)	0.1 (0)
4	第一、二次	0.5	0.4	0.35
	第三次	0.3	0.25	0.2
	第四次	0.1 (0)	0.1 (0)	0.1 (0)
5	第一、二、三次	0.5	0.4	0.35
	第四次	0.3	0.25	0.2
	第五次	0.1 (0)	0.1 (0)	0.1 (0)

注：①表中数值适用于一般精度（未标注公差尺寸的极限偏差）工件的拉延。
②末道工序括弧内的数字，适用于较精密拉延件（IT11~IT13）。

表3-26 有压边圈拉延时的单边间隙值

总拉延次数	拉延工序	单边间隙 z
1	第一次拉延	$(1\sim1.1)\delta$
2	第一次拉延	1.1δ
	第二次拉延	$(1\sim1.05)\delta$
3	第一次拉延	1.2δ
	第二次拉延	1.1δ
	第三次拉延	$(1\sim1.05)\delta$
4	第一、二次拉延	1.2δ
	第三次拉延	1.1δ
	第四次拉延	$(1\sim1.05)\delta$
5	第一、二、三次拉延	1.2δ
	第四次拉延	1.1δ
	第五次拉延	$(1\sim1.05)\delta$

注：①表中 δ 为材料厚度，取材料厚度的中值。
②当拉延精密工件时，最末一次拉延间隙取 $z=\delta$。

(6) 对于拉延件精度要求达到IT11～IT13者，其最后一次拉延工序的间隙为：
$$z = (1 \sim 0.95)\delta$$

黑色金属取1，有色金属取0.95，δ 为板料厚度的基本尺寸，单位为mm。

(7) 拉延盒形件时，凸模与凹模之间的间隙，在直边部分可参考U形工件压弯模的间隙来确定；在圆角部分由于材料变厚，故其间隙应比直边部分间隙大 0.1δ。

(8) 在多次拉延工序中，除最后一次的拉延外，间隙的取向是没有规定的。对最后一次拉延，尺寸标注在外径的拉延件，应以凹模为基准，间隙取在凸模上，即减小凸模尺寸得到的间隙；尺寸标注在内径的拉延件，应以凸模为基准，间隙取在凹模上，即通过增加凹模尺寸得到间隙。

(五) 拉延凸模及凹模的圆角半径

(1) 拉延凹模的圆角半径按经验公式确定：
$$R_{凹} = 0.8\sqrt{(D-d)\delta}$$

式中，$R_{凹}$ 为凹模圆角半径，mm；D 为毛坯直径，mm；d 为凹模内径，mm；δ 为材料厚度，mm。

当工件直径 $d>200$ mm 时，拉延凹模圆角半径应按下式确定：
$$R_{凹min} = (0.039d + 2)\text{mm}$$

(2) 拉延凹模圆角半径也可以根据工件材料的种类与厚度来确定。一般对于钢板拉延件 $R_{凹}=10\delta$。

(3) 以后各次拉延时，$R_{凹}$ 值应逐渐减小，其关系为 $R_{凹n}=(0.6\sim0.9)R_{凹(n-1)}$。

(4) 拉延凸模的圆角半径根据下述规定来选取：除最后一次拉延工序外，其他所有各次拉延，凸模圆角半径 $r_{凸}$ 可取与凹模圆角半径相等或略小的数值：$r_{凸}=(0.6\sim1)R_{凹}$；

在最后一次拉延中，凸模圆角半径应与工件的圆角半径相等，但对于厚度小于 6 mm 的材料，其数值不得小于 $(2\sim3)\delta$，对于厚度大于 6 mm 的材料，其值不得小于 $(1.5\sim2)\delta$；如果工件要求的圆角半径很小，则在最后一次的拉延以后，需进行整形。

(5) 有压边圈的拉延模，相邻两次拉延工序的凸模和凹模圆角半径关系如图 3-47 所示。

有斜角的凸模及凹模如图 3-47a 所示，一般用于拉延中型及大型尺寸的筒形件。对于非圆形工件，$(n-1)$ 次底部做成斜角，将有利于成形。对于有斜角的凸模，其圆角半径应增大到 $r_{凸}=(1.5\sim2)R_{凹}$。

有圆角半径的凸模和凹模如图 3-47b 所示，一般用于拉延 $d\leqslant 100$ mm 零件及带宽凸缘与形状复杂的零件。

(六) 压边力

1. 采用压边圈的条件

为了防止拉延过程中工件的边壁或凸缘起皱，应使毛坯（或半成品）在被拉入凹模圆角以前

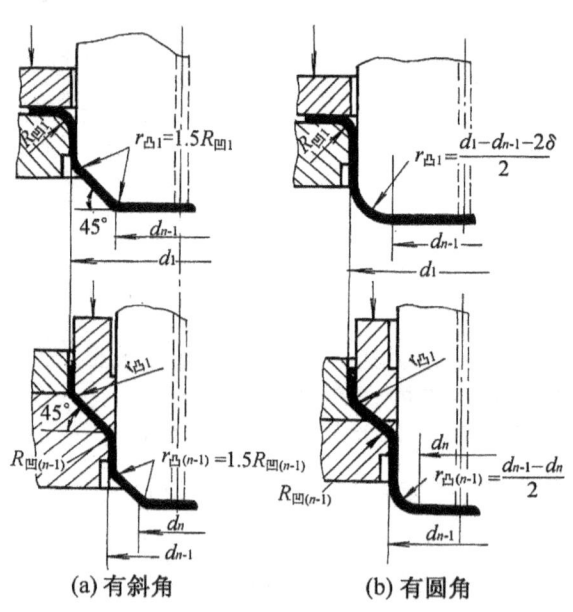

图 3-47 凸模与凹模圆角圈半径的相互关系

保持稳定状态，其稳定程度主要取决于毛坯的相对厚度 $100\delta/D$，或以后各次拉延半成品的相对厚度 $100\delta/d_{n-1}$。拉延时采用压边圈的条件见表 3-27。

表 3-27 采用或不采用压边圈的条件

拉延方法	第一次拉延		以后各次拉延	
	$(\delta/D)\times 100$	m_1	$(\delta/d_{n-1})\times 100$	m_n
用压边圈	<1.5	<0.6	>1	<0.8
可用可不用	1.5~2.0	0.6	1~1.5	0.8
不用压边圈	>2.0	>1.5	>1.5	>0.8

为了做出更准确的估计，还应考虑拉延系数的影响，因此根据图 3-48 确定是否采用压边圈更符合实际情况。在区域Ⅰ内采用压边圈，在区域Ⅱ内可不采用压边圈。

2. 压边力的计算

压边圈的压边力必须适当，如果过大，会使拉延力增加，而工件被拉裂；过小，会使工件的边壁或凸缘起皱，而起不到压边的作用。

压边力可用如下公式进行计算：

$$F_{边} = A p_{边}$$

式中，$F_{边}$ 为压边力，N；A 为压边圈的面积，mm^2；$p_{边}$ 为单位压边力，MPa。$p_{边}$ 的经验公式为：

$$p_{边} = 4g(z - 1.1)\frac{D}{\delta}\sigma_b \times 10^{-6}$$

式中，z 为拉延比，即各工序拉延系数的倒数；σ_b 为毛坯材料的抗拉强度，MPa；δ 为材料厚度，mm；D 为毛坯直径，mm。

单位压边力 $p_{边}$ 值亦可直接由表3-28或表3-29中查得。

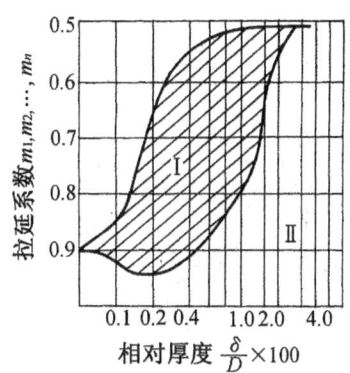

图3-48 根据毛坯相对厚度和拉延系数确定是否采用压边圈

表3-28 在单动压床上拉延时单位压边力的数值

材　　料	单位压边力 $p_{边}$/MPa
L铝	0.8~1.2
纯铜、杜拉铝（退火的或刚淬好火的）、黄铜	1.2~1.8
压轧青铜	1.5~2
20钢、08钢、镀锡钢板	2~3
软化状态的耐热钢	2.8~3.5
高合金钢、高锰钢、不锈钢	3~4.5

表3-29 在双动压床上拉延时的单边压力的数值

工件复杂程度	单位压边力 $p_{边}$/MPa
难加工件	3.7
普通加工件	3
易加工件	2.5

3．压边装置的类型

压边装置分为下述两种：

(1) 刚性压边装置。这种装置在双动压力机上利用外滑块压边。这种压力的特点是压边力不随压力机行程变化而变化，拉延效果好，且模具结构简单。

(2) 弹性压边装置。弹性压边装置用于一般的单动压床，特点是压边力随压力机的行程变化而变化。弹性压边有气垫、弹簧垫、橡皮垫三种方式，如图3-49所示。

气垫在压力机工作台下；弹簧垫和橡皮垫一般装在冲模上，有时作为通用缓冲器也可装在压床工作台下。这三种压边装置所产生的压边力和行程的关系，如图3-50所示。图3-50中曲线表示，气垫的压力随行程变化很小，可以认为是不变的。因此，压力效果较好；弹簧垫和橡皮垫的压边力随行程的增大而增大，故对拉延不利。但气垫结构较复杂，不易制造，并需使用压缩空气，不具备这些条件时，则采用弹簧垫、橡皮垫较方便。

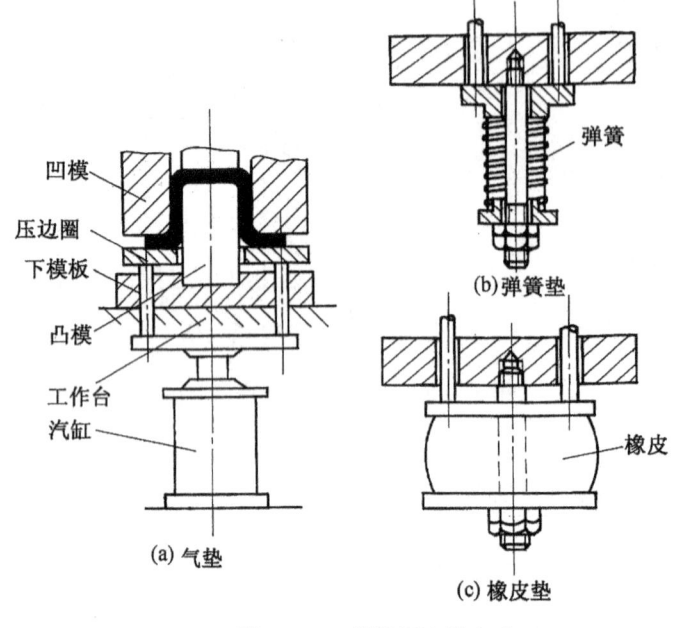

图 3-49 弹性压边的方式　　图 3-50 压边力和行程的关系

（七）拉延力及拉延功

1. 拉延力的计算

在确定拉延件所需的压力机压力时，必须先求得拉延力。如果给定了毛坯的材质、板料厚度 δ、毛坯尺寸及凹模的圆角半径 $R_{凹}$ 等，则拉延件的拉延力可用下述实用公式计算：

$$F_{拉} = L\delta\sigma_b k$$

式中，$F_{拉}$ 为拉延力，N；L 为凸模周边长度，mm；δ 为材料厚度，mm；σ_b 为材料抗拉强度，MPa；k 为比例系数，难加工件为 0.9，普通加工件为 0.8，易加工件为 0.7。

2. 压力机压力的选择

对于单动压力机：

$$F_{机} > F_{拉} + F_{边}$$

对于双动压力机：

$$F_{机1} > F_{拉}, \quad F_{机2} > F_{边}$$

式中，$F_{机}$ 为压力机的公称压力；$F_{机1}$ 为内滑块的公称压力；$F_{机2}$ 为外滑块的公称压力；$F_{拉}$ 为拉延力；$F_{边}$ 为压边力。

3. 拉延功

拉延功并不是常数，而是随凸模的工作行程而改变的，如图 3-51 所示。为了计算实际的拉延功，即曲线下的面积，不能用最大拉延力 $F_{拉max}$，而应该用其平均值 $F_{拉平均}$ 计算。

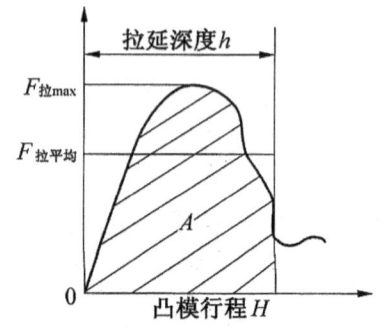

图 3-51 拉延力-行程图

对于汽车拉延件的拉延，其拉延功为：

$$W = F_{拉平均} h \times 10^{-3} = c F_{拉max} h \times 10^{-3}$$

式中，W 为拉延功，J；$F_{拉max}$ 为最大拉延力，N；h 为拉延深度，mm；c 为系数，与拉延系数的关系见表 3-30。

表 3-30 系数 c 与拉延系数的关系

拉延系数 m	0.55	0.60	0.65	0.70	0.75	0.80
系数 c	0.8	0.77	0.74	0.70	0.67	0.64

压力机的电动机功率按下式计算：

$$P = \frac{KWn}{60 \times 1000 \eta_1 \eta_2}$$

式中，P 为电动机功率，kW；K 为不平衡系数，$K=1.2\sim1.4$；W 为拉延功，J；η_1 为压力机效率，$\eta_1=0.6\sim0.8$；η_2 为电动机效率，$\eta_2=0.9\sim0.95$；n 为压力机每分钟的行程次数。

三、矩形件的拉延

（一）拉延的特点

矩形盒零件可以看成是由圆角部分和直边部分组成的，其拉延变形可以近似地认为是：圆角部分相当于圆筒形件的拉延，其直边部分相当于简单的弯曲，但是，由于直边部分和圆角部分并不是截然分开的，而是连接在一起的整体，因而相互受到牵制，故直边部分不是单纯的弯曲，特别是靠近圆角的部分更是如此。原因是圆角部分变形时，材料必然要向直边部分流动，使直边部分材料受到压挤，这种压挤作用离圆角愈远愈弱。

圆角部分应力和变形特点与圆筒形件的拉延是相似的，但由于直边部分的存在，圆角部分材料可以向直边部分流动，这就减轻了圆角部分材料的变形程度。因此，矩形件的拉延系数可以取得比相同直径的圆筒形件小些。

（二）矩形毛坯直径的计算

在实际生产中，通常采用一些建立在实践经验基础上的简单作图法计算，以确定一个供试验用的毛坯尺寸和形状，然后在试生产中修正。

由于矩形件拉延的变形比较复杂，一般不可能直接拉出口部平齐的零件，因此需要最后进行切边。

1. 低矩形毛坯件尺寸的计算及其极限变形程度

所谓低矩形件是指可以一次拉延完成，或虽然两次拉延，但第二道工序仅用来整形以减小壁部圆角及底部圆角。其毛坯尺寸用以下方法求得，如图 3-52 所示。

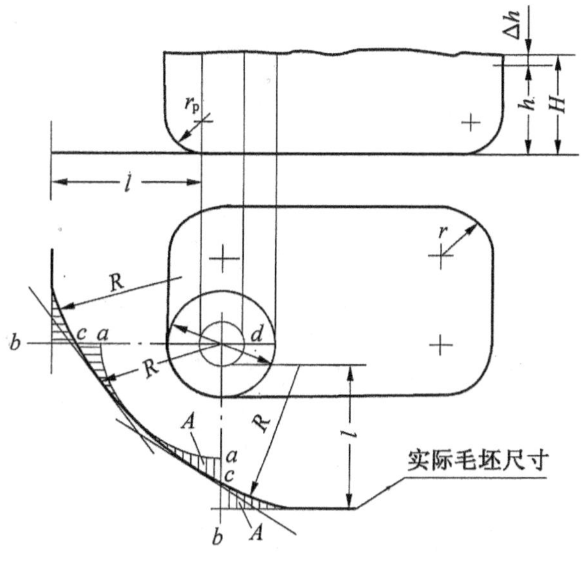

假设四角部分为圆筒形件的拉延变形，在分别展开后再将四角以平滑曲线连接起来，即得到

图 3-52 低矩形件毛坯直径的计算

毛坯的形状及尺寸。具体计算如下：

(1) 直边部分展开长度为

$$l = H + 0.57r_p$$
$$H = h + \Delta h$$

式中，h 为零件高度；r_p 为底部圆角半径；Δh 为矩形件的修边余量，见表 3-31。

表 3-31　矩形件的修边余量

拉延次数	1	2	3	4
修边余量 Δh	$(0.03\sim 0.05)h$	$(0.04\sim 0.06)h$	$(0.05\sim 0.08)h$	$(0.08\sim 0.1)h$

(2) 将圆角部分当作直径为 d、高度为 H 的筒形件展开，则

$$R = \sqrt{r^2 + 2rH - 0.86r_p(r + 0.16r_p)}$$

式中，r 为壁部圆角半径；当 $r = r_p$ 时，

$$R = \sqrt{2rH}$$

(3) 连接成光滑外形。从 ab 线段中点 c 向圆弧 R 作切线，再以 R 为半径作圆弧与直边及切线相切，使面积 $+A = -A$。

假如方形件的高度 h 和壁部圆角半径 r 都比较大，则可以采用圆形毛坯，如图 3-53 所示，其直径可按下式计算：

$$D = 1.13\sqrt{B^2 + 4B(H - 0.43r_p) - 1.72r(H + 0.5r) - 4r_p(0.11r_p - 0.18r)}$$

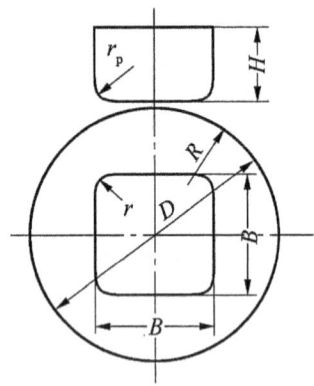

图 3-53　方形件毛坯尺寸与形状

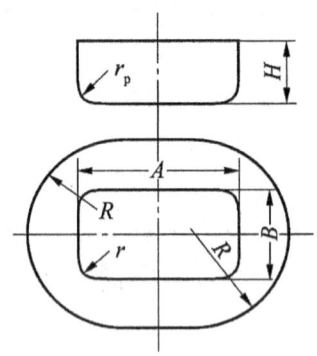

图 3-54　高度圆角半径较大矩形件的毛坯尺寸与形状

对于高度和壁部圆角半径比较大的矩形件，可采用图 3-54 所示的长圆形毛坯或椭圆形毛坯。毛坯窄边的曲率半径按半个方形件计算，即 $R = D/2$。

矩形件第一次拉延的极限变形程度可以用矩形的相对高度 H/r 来表示。由平板毛坯一次拉延可能拉成的矩形件，其最大相对高度取决于矩形件的尺寸 r/B、δ/B 和板料的性能，其值见表 3-32。当矩形件的相对厚度较小，$\delta/B < 0.01$，而且 $A/B \approx 1$ 时，取表 3-32 中的较小值；当矩形件的相对厚度较大，$\delta/B > 0.015$，而且 $A/B \geqslant 2$ 时，取表 3-32 中较大值。

表 3-32 矩形件第一次拉延的最大相对高度

相对圆角半径 r/B	0.4	0.3	0.2	0.1	0.05
相对高度 H/r	2~3	2.8~4	4~6	8~12	10~15

假如矩形件的相对高度 H/r 超过表 3-32 中所列的极限值,则矩形可以一次拉延成形,否则必须采用多道工序拉延。

2. 高矩形件的毛坯计算与拉延方法

高矩形件是指必须采用多工序才能成形的矩形件。图 3-55 所示为方形件多工序拉延时,各中间工序的毛坯过渡形状和尺寸的确定方法。由于是方形件,其毛坯可采用直径为 D 的圆形毛坯,中间各工序均可按圆筒形件进行拉延,只在最后一道工序拉延成零件所要的形状和尺寸,因此,关键是最后一道工序之前,即 $n-1$ 道工序的计算,$n-1$ 道工序后应得到的毛坯过渡直径按下式计算:

$$d_{n-1} = 1.41B - 0.82r + 2s$$

式中,d_{n-1} 为 $n-1$ 次拉延后应得到的圆筒形毛坯的内径,mm;B 为方形件宽度(按内表面计算),mm;r 为方形件壁部的内圆角半径,mm;s 为角部的壁间距离,mm,是由 $n-1$ 道工序拉延后应得到的圆筒形过渡毛坯内表面到方形件内表面间的距离。

角部的壁间距离 s 直接影响毛坯变形区的拉延变形情况和均匀程度。其值可按下式确定:

$$s = (0.2 \sim 0.25)r$$

其他各道工序的计算可以参照圆筒形件的拉延,即相当于将平板毛坯 D 拉至直径为 d_{n-1}、高为 H_{n-1} 的圆筒形件。

对于如图 3-56 所示的长方形多工序矩形拉延件,其中间工序毛坯过渡形状与尺寸的

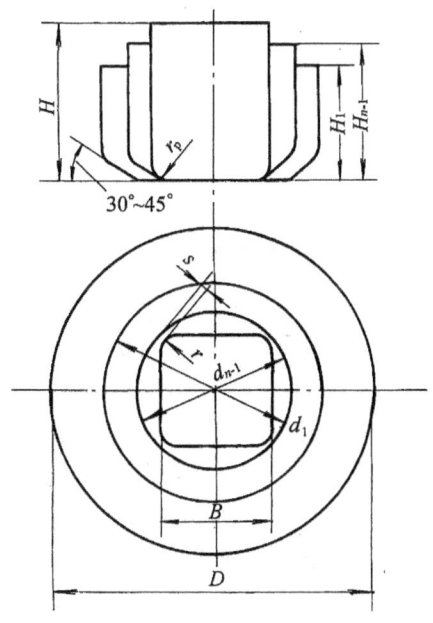

图 3-55 方形件多次拉延时毛坯的过渡形状和尺寸

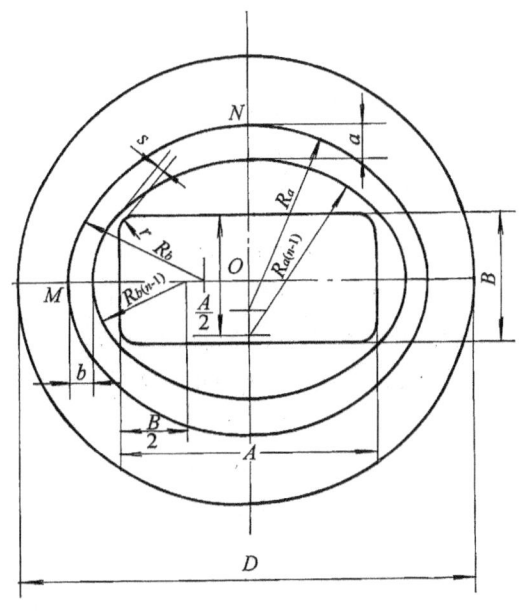

图 3-56 长方形多次拉延时毛坯的形状和尺寸

确定与方形件的多次拉延中毛坯过渡与尺寸的确定基本相似。计算同样由 $n-1$ 道工序开始。由 $n-1$ 道拉延工序得到的椭圆形半成品，其半径按下式计算：

$$R_{a(n-1)} = 0.705A - 0.41r + s$$

$$R_{b(n-1)} = 0.705B - 0.41r + s$$

式中，$R_{a(n-1)}$ 和 $R_{b(n-1)}$ 分别指的是 $n-1$ 道拉延工序得到的椭圆形过渡毛坯在长轴和短轴方向上的曲率半径；A 和 B 分别是矩形件的长度和宽度；s 为角部壁间距离，其值可取：$s = (0.2 \sim 0.25)r$；r 为矩形件壁部圆角半径。

圆弧 $R_{a(n-1)}$ 和 $R_{b(n-1)}$ 的圆心可按图 3-56 的关系确定，得出 $n-1$ 道工序后的毛坯过渡形状和尺寸后，应该用矩形件第一次拉延的计算方法，检查是否可能由平板一次拉成 $n-1$ 道工序的过渡形状和尺寸。如果不可能，便进行 $n-2$ 道工序的计算，$n-2$ 道工序把椭圆形毛坯拉成椭圆形半成品，这时应保证：

$$\frac{R_{a(n-1)}}{R_{a(n-1)} + a} = \frac{R_{b(n-1)}}{R_{b(n-1)} + b} = 0.75 \sim 0.85$$

式中，a 和 b 分别为椭圆形过渡毛坯之间在长轴和短轴上的壁间距离，见图 3-56。

利用上式计算得到椭圆形半成品之间的壁间距离 a 和 b 之后，可以在对称轴线上找到 M 和 N 两点，然后选定半径 R_a 和 R_b，使其圆弧通过 M 与 N 两点，并且又能圆滑连接。R_a 和 R_b 的圆心都比 $R_{a(n-1)}$ 和 $R_{b(n-1)}$ 的圆心更靠近矩形件的中心点 O。得出 $n-2$ 道拉延工序的半成品形状和尺寸后，应重新检查是否可能由平板毛坯直接拉延成形。如果还不能，则应继续前一道工序的计算，其方法与前述相同。

由于矩形件拉延时沿毛坯周边的变形十分复杂，目前还不可能用数学方法进行精确计算，以上所述的各中间拉延工序半成品的形状和尺寸确定方法还是相当近似的。假若在试模调整时发现圆角部分出现材料堆集，则应适当减小圆角部分的壁间距离 s。

（三）矩形件拉延模工作部分的形状和尺寸的确定

拉延凹模圆角半径按下式确定：

$$R_{凹} = (4 \sim 10)\delta$$

一般在设计时取较小的值；在试调整时，根据实际情况适当修磨加大。

间隙 z 可根据零件的尺寸精度等级要求选取：

当精度要求高时，$z = (0.9 \sim 1.05)\delta$；

当精度要求不高时，$z = (1.1 \sim 1.3)\delta$。

最后一次拉延间隙很重要，这时，间隙大小沿周边是不均匀的，直边部分可取小些，圆角部分要大些。这是因为角部金属的变形量最大，因此，在按上述公式决定最后一道拉延工序的间隙后，应将角部间隙比直边间隙增大 0.1δ。如果工件要求保证内径尺寸，则此增大值由修正凹模得到；如果工件要求保证外径尺寸，则由修正凸模得到。

为了使矩形件直壁挺拔美观，常常在最后一道工序采用等于板厚 δ 的间隙。倒数第二次拉延出的半成品形状对最后一次的影响很大，因此倒数第二次的凸模形状十分重要。根据实践经验，$n-1$ 次拉延凸模形状应是：底部具有与拉延成品相似的矩形，然后用 45°

斜角向壁部过渡，这样，便于最后一次拉延时金属的流动，其尺寸关系如图 3-57 所示。图 3-57 中斜度开始的尺寸为：

$$y = B - 1.1 r_凸$$

式中，B 为矩形件的长或宽。

此外，由于矩形件拉延时角部变形量较大，为便于金属流动，角部的凹模圆角要比直边部分大一些。为了保证质量，往往最后需加一次整形工序。

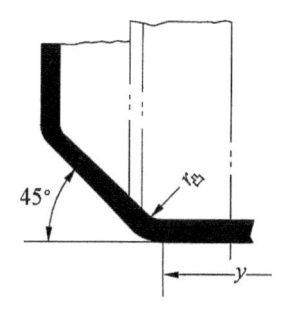

图 3-57 倒数第二次拉延的凸模形状

四、形状不规则零件的拉延

形状不规则的零件，如车身零件，具有表面质量要求高（光滑、美观）、轮廓尺寸大、形状复杂等特点。一般制造过程要经过落料（或剪切）、拉延、修边、冲孔、翻边等多道工序才能完成。在多数情况下，拉延工序是制造这类零件的关键，它直接影响产品质量、材料利用率、生产效率和制造成本。

（一）拉延的特点及其类型

形状不规则的零件多为复杂的空间曲面零件，其拉延特点如下：

（1）毛坯在模具中的变形十分复杂，各处应力很不均匀，因此不能用拉延系数来判断和计算它的拉延次数和拉延的可能性，目前还只能用类比法在生产中调整确定，而且这类零件不希望经过多次拉延，一般是一次拉延成形。

（2）这类零件形状复杂，深度不匀，往往也不对称，压边面积所占比例小，因此，需要采用拉延筋来加大进料阻力，或是利用拉延筋的合理布置以改善毛坯在压边圈下的流动条件，使各区段金属流动趋于均匀，以防止起皱。

（3）有些零件，由于拉延深度浅，拉延时材料得不到充分的拉延变形，回弹大，易起皱，且刚性不好。这就需要采用拉延槛来加大压边圈下材料的牵引力，以加大其塑性变形程度，保证零件在修边后弹性畸变小、刚性好，以消除鼓膜状的缺陷。

（4）为了保证这类零件在拉延时能经受最大限度的塑性变形而不致产生破裂，其原料的力学性能、金相组织、化学成分、表面粗糙度及厚度公差都有很严格的要求。

（5）不规则零件拉延需要的变形力和压边力都较大。因此，在大量生产中，其拉延可采用双动压力机进行，因为双动压力机具有拉延内滑块与压边外滑块两个滑块，压边力可达拉延力的 60% 以上，而且有些外滑块可进行压边力的局部调节，以满足不规则零件拉延的一些特殊要求。

（二）不规则零件的拉延工艺要素

1. 拉延方向

选定拉延方向，就是确定工件在模具中的位置，合理的拉延方向应符合下列原则：

（1）应能保证将工件需拉延的部位在一次拉延中完成，不应有凸模接触不到的死角或死区。图 3-58 所示零件，是

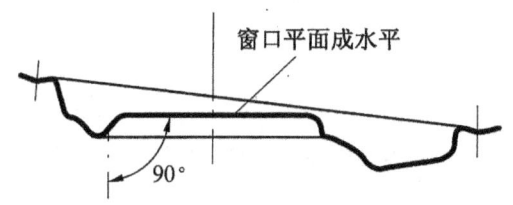

图 3-58 不规则零件的拉延方向

按其底部鼓包最有利于拉延的位置来确定拉延方向的。

(2) 拉延方向应保证凸模两侧的包容角尽可能保持一致，即 $\alpha \approx \beta$，这样，在拉延过程中，材料能均匀地由两侧流入凹模，见图 3-59a；凸模表面同时接触毛坯的点要多而分散，并尽可能分布均匀，以防止毛坯窜动，见图 3-59b；当凸模与毛坯为点接触时，应适当增大接触面积，见图 3-59c，以防止材料应力集中，造成局部破裂。但是，也要避免凸模表面与毛坯以大平面接触的状态，否则，由于平面上的拉应力过小，材料得不到充分的塑性变形，从而影响工件的刚度，并容易起皱。

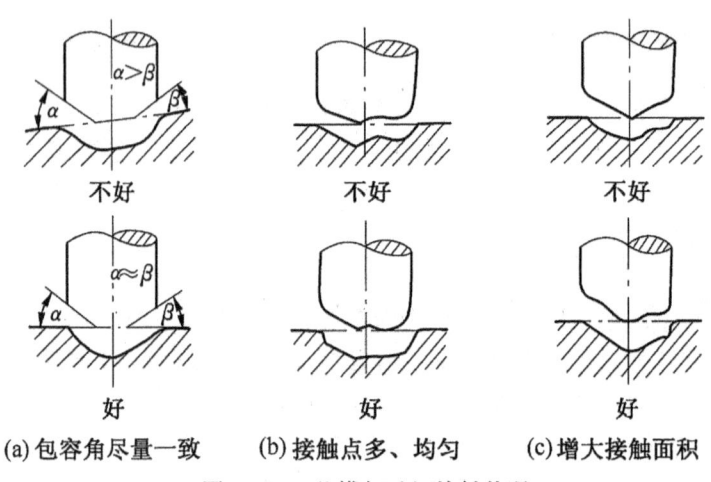

图 3-59　凸模与毛坯接触状况

(3) 应尽可能减小拉延深度，而且使深度均匀。

2. 压料面

压料面有两种情况：一种是由工件本体部分组成；另一种是由工艺补充部分组成。这两种压料面的区别在于前者作为工件本体部分保留下来，后者在以后的修边工序中将被切除。

3. 确定压料面的基本原则

(1) 压料面应为平面、单曲面或曲率很小的双曲面（图 3-60）；不允许有局部的起伏或折棱。当毛坯被压紧时，不产生折皱现象，而且要求塑流阻力小，向凹模内流动顺利。

图 3-60　合理的压料面形状

(2) 压料面与拉延凸模的形状应保持一定的几何关系，保证在拉延过程中毛坯处于张紧状态，并能平稳地、渐次地紧贴（包拢）凸模，以防止产生皱纹。为此必须满足如下关系（图 3-61）：

$$L > L_1, \quad \alpha < \beta$$

式中，L 为凸模展开长度；L_1 为压料面展开长度；α 为凸模仰角；β 为压料面仰角。

当 $L<L_1$，$\alpha>\beta$ 时，压料面下会产生多余的材料，这部分多余材料拉入凹模腔内后，由于延展不开而形成皱纹。

(3) 为了在拉延时毛坯压边可靠，必须合理地选择压料面与拉延方向的相对位置。最有利的压料面位置是水平位

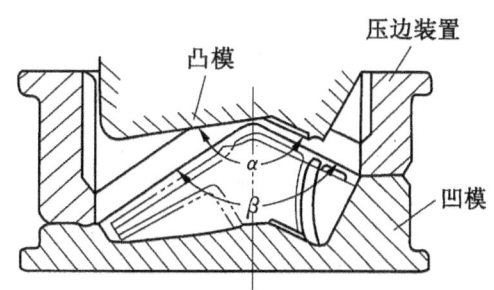

图 3-61 压料面与拉延凸模的几何关系

置，如图 3-62a 所示。相对于水平面由上向下倾斜的压料面，只要倾角 α 不太大，亦是允许的，如图 3-62b 所示。压料面相对于水平面由下向上倾斜时，倾角 φ 必须采用非常小的角度，图 3-62c 所示的倾角是不恰当的，因为在拉延的过程中金属流动条件太差。

当采用 3-62b 时所示的倾斜压料面时，为保证压边圈足够的强度，必须控制压料面的倾角 $\alpha \leqslant 40°$，否则在压边圈工作时会产生很大的侧向分力和弯矩，极易使压边圈角部损坏。另外，随着压边圈倾角的增大，凹模边缘至拉延筋中心线的距离 l 亦需相应增加，见表 3-33。

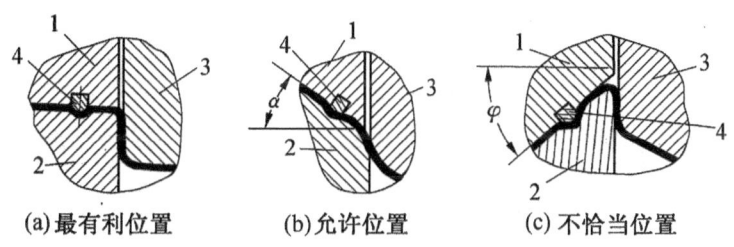

(a) 最有利位置　　(b) 允许位置　　(c) 不恰当位置

图 3-62 压料面与拉延方向的关系
1—压边装置；2—凹模；3—凸模；4—拉延筋

表 3-33 凹模边缘至拉延筋中心线的距离

	压边圈倾角 $\alpha/(°)$	<20	20~25	25~30	30~35	35~40
	凸模边缘到拉延筋中心的距离 l/mm	30	35	30	35	50

(4) 毛坯定位的稳定、可靠和送料取件的方便。

(5) 在压料面合理的基础上，应尽量减小工艺补充面，以降低材料消耗。

4．工艺补充面

为了弥补工件在拉延过程中的缺陷，在工件本体部分以外，另外增加的材料称为工艺补充面。工艺补充面应考虑三方面的要求：①拉延时的进料条件；②压料面的形状和位置；③修边工序的工艺要求。

工艺补充面的组成如图 3-63 所示。图中各部分的作用和尺寸如下：

A——底面，从工件的修边线到凸模的圆角部分。其作用在于：①调整时，不至于因 $r_凸$ 修磨变大而影响工件尺寸；②保证修边刃口的强度要求；③满足定位的结构要求。当采用拉延槛定位时，其尺寸为 $A \geqslant 8$ mm；当采用侧壁定位时，其尺寸为 $A \geqslant 5$ mm。

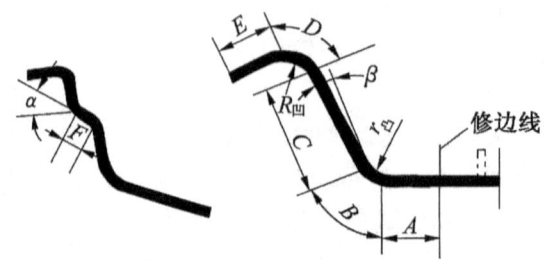

图 3-63　工艺补充部分的结构示意图

B——凸模圆角面：它是凸模圆角 $r_凸$ 处的弧面。其作用在于降低变形阻力。一般拉延件：$r_凸 = (4 \sim 8)\delta$。复杂拉延件：$r_凸 \geqslant 10\delta$。

C——侧壁面：从凸模圆角到凹模圆角之间的部分，它使拉延件沿凹模周边形成一定的深度。其作用如下：①使工件表面有足够的拉应力，保证毛坯全部延展，减小皱纹的形成；②调节深度，配置较理想的压料面；③满足定位和取件要求；④满足修边刃口的强度要求。其位置尺寸为 $C = 10 \sim 20$ mm，$\beta = 6° \sim 10°$。

D——凹模圆角面：它也是拉延材料的流动面。$R_凹$ 的大小直接影响毛坯流动的变形阻力。$R_凹$ 愈大，则阻力愈小，容易拉延，$R_凹$ 小则反之。一般 $R_凹 = (4 \sim 10)\delta$，料厚或深度大时，取大值，允许在调整中变化。

E——凸缘面：又称为压料面。它的作用是：①控制拉延时进料阻力的大小；②布置拉延筋（槛）和定位。其尺寸为 $E = 40 \sim 50$ mm。

F——棱台面：它使水平修边改为垂直修边，从而简化冲模结构。其尺寸为 $F = 3 \sim 5$ mm，$\alpha \leqslant 40°$。

5. 拉延筋（槛）的作用

(1) 增加进料阻力，使拉延件表面承受足够的拉应力，提高拉延件的刚度和减少由于回弹而产生的凹面、扭曲、松弛和波纹等缺陷。

(2) 调节材料的流动情况，使拉延过程中各部分的流动阻力均匀，或使材料流入模腔的量适合工件各处的需要，防止"多则皱、少则裂"的现象。

(3) 扩大压边力的调节范围。在双动压力机上，调节外滑块四个角的高低，只能粗略地调节压边力，并不能完全控制各处的进料量符合工件变形的需要，采用拉延筋可以扩大压边力的调节范围。同时拉延筋增加了上、下压料面之间的间隙，使其磨损减少，使用寿命提高。

(4) 可纠正材料不平整的缺陷，并可消除产生滑滞的可能性。因为当材料在通过拉延筋产生起伏变形后再向凹模流入的过程，相当于辊压校平作用。

拉延筋的表面呈半圆弧形状，一般装在压边圈上，在凹模压料面上常开出相应的槽。由于拉延筋比拉延槛在使用的数量上、形式上都灵活，故应用比较广泛。但其流动阻力不如拉延槛大。拉延筋的结构如图 3-64 所示。其尺寸参数见表 3-34。

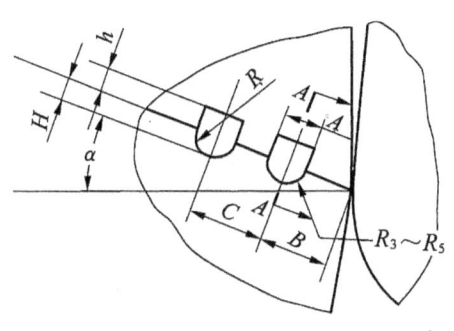 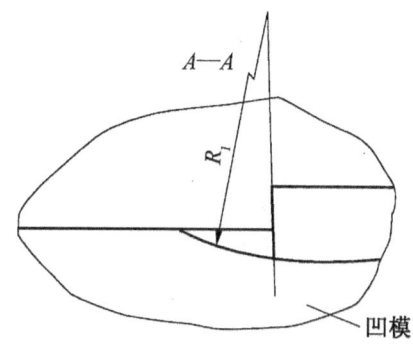

图 3-64　拉延筋的结构形式

表 3-34　拉延筋的结构尺寸　　　　　　　　　　　　单位：mm

序号	应用范围	A	H	B	C	h	R	R_1
1	中小型拉延件	14	6	25~32	25~30	5	7	125
2	大中型拉延件	16	7	28~35	28~32	6	8	150
3	大型拉延件	20	8	32~38	32~38	7	10	150

拉延槛的剖面呈梯形，类似门槛，安装于凹模的洞口。它的流动阻力比拉延筋大，主要用于拉延深度浅而外表平滑的零件，它可以减少压边圈下的凸缘宽度及毛坯尺寸，其结构及尺寸如图 3-65 所示。图 3-65a 用于拉延深度小于 25mm 的拉延件；图 3-65b 用于拉延深度大于 25mm 的拉延件；图 3-65c 则用于整体凹模、生产批量小的场合。

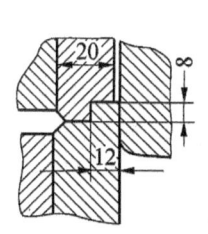 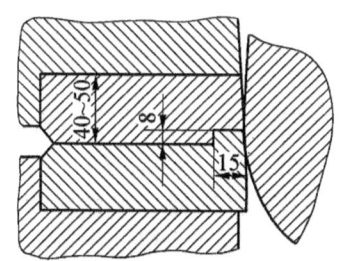 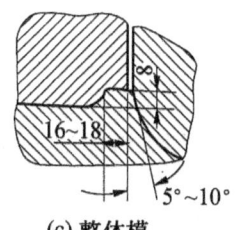

(a) 拉延深度小于25mm　　(b) 拉延深度大于25mm　　(c) 整体模

图 3-65　拉延槛的结构形式

拉延筋的数目及位置视零件外形、起伏特点及拉延深度等而定。

根据拉延筋的作用，其布置原则是：①为了增加进料阻力，提高材料的变形程度，应整圈或间断地布置 1~3 条拉延筋。②为了增加径向拉力，降低切向压应力，防止毛坯起皱，应在容易起皱的部位设置局部的短筋。③为了调整进料阻力和进料量，应在拉延深度大的直边部位设置 1~3 条拉延筋；拉延深度大的圆弧部位，不设拉延筋；拉延深度相差较大时，在深的部位不设拉延筋，浅的部位设拉延筋。

根据凹模口几何形状的不同，拉延筋的布置方法如图 3-66 所示。筋条位置一定要保证与毛坯流动方向垂直。其布置方法说明如下：

图 3-66 中直线段"1"属于弯曲变形，其变形阻力小，仅限于摩擦力，材料最容易流入凹模；大内凹（相对于工件）圆弧"2"属拉延变形，其塑流阻力随着曲率半径的减

小而增大；大外凸圆弧"3"属于内孔翻边性质，其塑流阻力也随曲率半径的减小而增大；在各个不同变形区段相交部位，变形受邻近区段的作用影响。外凸圆弧有向邻近部位扩散多余材料的趋势，造成其两侧的塑流阻力增加；内凹圆弧有使邻近部位受拉并向其本身集中材料的趋势，也能引起两侧塑流阻力的变化。为了使零件的各部分达到尽可能均匀的塑性变形，拉延筋的设置如图3-66所示：凹模刃口为直线的地方，可在其端面根据直线长短设置1~3条筋，并呈塔形分布；凹模刃口为小内凹或小外凸圆弧的地方可不设筋；凹模刃

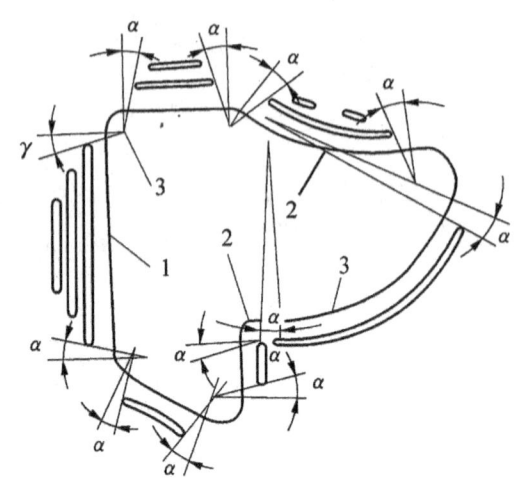

图3-66 凹模口的形状和拉延筋的布置

口为大外凸圆弧的地方，设1条长筋；凹模刃口为大内凹圆弧的地方，设置1条长筋和在两侧加2条短筋。图3-66中 $\alpha = 8° \sim 12°$。

五、拉延中的辅助工序

拉延中的辅助工序很多，大致可分为：拉延前的辅助工序，如材料的软化热处理、清洗、润滑等；拉延工序间的辅助工序，如软化热处理、涂漆、润滑等；拉延后的辅助工序，如消除应力的退火、清洗、去毛刺、表面处理、检验等。下面主要就润滑、热处理和酸洗工序予以简要介绍。

1. 润滑

拉延过程中凡是与毛坯接触的模具表面均有摩擦存在。有害的摩擦不仅降低了拉延变形程度，而且会导致零件表面的严重擦伤，降低模具的寿命。采用润滑剂的目的在于：①减少模具和拉延件之间的有害摩擦，提高拉延变形程度和减少拉延次数；②提高凸、凹模的寿命；③减少拉延件危险断面处的变薄；④提高拉延件的表面质量。

润滑剂的选用原则如下：

(1) 当拉延应力接近材料的强度极限时，必须采用含有大量粉状填料（如白垩、石墨、滑石等，且质量分数不小于20%）的润滑剂。

(2) 当拉延材料中的应力不大时，允许采用不带填料的油剂润滑剂。

(3) 当拉延圆锥形类零件时，为了有意增加摩擦抗力以减少毛坯起皱，同时又要求不断通入润滑液进行冷却时，一般采用乳化液。

(4) 在变薄拉延时，润滑剂不仅是为了减少摩擦，同时又起冷却模具的作用。因此，往往在钢制毛坯表面进行镀铜或磷化处理，使毛坯表面形成一层与模具的隔离层，它能储存流体润滑剂和在拉延过程中具有"自润"性能。

(5) 拉延不锈钢、高温合金等粘模严重、强化剧烈的材料时，一般也需要对毛坯表面进行"隔离层"处理，目前常用的方法是在金属表面喷氯化乙烯漆（G01-4），而在拉延时再另涂机油。

常用润滑剂见表3-35和表3-36。

表 3-35 拉延低碳钢用润滑剂

简称号	润滑剂成分	质量分数 w/%	附 注	简称号	润滑剂成分	质量分数 w/%	附 注
5号	锭子油 鱼肝油 石墨 油酸 硫黄 钾肥皂 水	43 8 15 8 5 6 15	用这种润滑剂可收到最好的效果。硫黄应以粉末状加入	10号	锭子油 硫化蓖麻油 鱼肝油 白垩粉 油酸 苛性钠 水	33 1.6 1.2 45 5.5 0.1 13	润滑剂很容易去掉。用于单位压力大的拉延
6号	锭子油 黄油 滑石粉 硫黄 酒精	40 40 11 8 1	硫黄应以粉末状加入	2号	锭子油 黄油 鱼肝油 白垩粉 油酸 水	12 25 12 20.5 55 25	这种润滑剂比以上几种略差
9号	锭子油 黄油 石墨 硫黄 酒精 水	20 40 20 7 1 12	将硫黄溶于温度约160℃的锭子油内。其特点是保存时间太久会分层	8号	钾肥皂水	20 80	将肥皂溶在温度为60~70℃的水里,用于球形及抛物线形工件的拉延
					乳化液 白垩粉 焙烧苏打 水	37 45 1.3 16.7	可溶解的润滑剂。加3%的硫化蓖麻油后,可改善其效用

表 3-36 拉延有色金属、不锈钢及高温合金时用的润滑剂

金 属 材 料	润 滑 方 式
硬铝	植物油乳化液
黄铜、纯铜、青铜	植物(豆)油、工业凡士林
镍及其合金	菜油或肥皂与油的乳化液(将油与浓肥皂液混合)
铁素体型不锈钢与奥氏体型不锈钢及高温合金	用氯化乙烯漆(G01-4)喷涂板料表面,拉延时再另涂机油

2. 热处理

在拉延过程中,除了铅和锡之外,所有金属都将产生冷作硬化,使金属变形抗力和强度增加,而塑性降低。

对于普通硬化的金属,若工艺过程制订得正确,模具设计合理,一般不需要进行中间退火;而对于高度硬化的金属,一般在一两次拉延工序之后即需进行中间热处理。各种材料不需要进行中间热处理而能完成的拉延次数见表 3-37。

表 3-37　各种材料不需要热处理能连续拉延的次数

材　　料	次　数
08钢、10钢、15钢	3～4
铝	4～5
黄铜 H62、H68	2～4
不锈钢及高温合金	1～2
镁合金	1
钛合金①	1①

① 有些钛合金不需要热处理能拉延的次数大于1。

中间热处理工序主要有下述两种：

（1）低温退火。这种热处理方式主要用于消除硬化和恢复塑性，是一种常用的方法。各种材料低温退火的规范见表 3-38。

表 3-38　不同材料的低温（再结晶）退火温度

材　　料	加热温度/℃	附　　注
08钢、10钢、15钢、20钢	600～650	空气中冷却
工业纯铜 T1、T2	400～450	空气中冷却
黄铜 H62、H68	500～540	空气中冷却
工业纯铝、铜合金、防锈铝 LF2 和 LF21	220～250	保温 40～50 min
镁合金 MB1、MB8	260～350	保温 60 min
工业纯钛	650～700	空气中冷却
钛合金 TA5	550～600	空气中冷却

（2）高温退火。对于某些材料或零件，倘若低温退火的结果还不够满意，可以采用高温退火。高温退火时，可能得到晶粒粗大的组织，影响零件的力学性能，但软化效果较好。各种材料高温退火的规范见表 3-39。

表 3-39　不同材料的高温退火规范

材　　料	加热温度/℃	保温时间/min	冷　　却
08钢、10钢、15钢	700～800	20～40	空气中冷却
Q195A、Q215A	900～920	20～40	空气中冷却
20钢、25钢、30钢、Q235A、Q255A	700～720	60	在炉内冷却
25CrMnSiA、30CrMnSiA	650～700	12～18	空气中冷却
1Cr18Ni9Ti	1050～1100	5～15	空冷或水冷
Cr20Ni8Ti（GH30）	1020～1050	10～15	空气中冷却
加工纯铜 T1、T2	600～650	30	空气中冷却
黄铜 H62、H68	650～700	15～30	空气中冷却
镍	750～850	20	空气中冷却
工业纯铝、防锈铝 LF21 和 LF2	300～350	30	250℃以后冷却
硬铝 LY12	350～400	30	250℃以后冷却

3．酸洗

退火后的工件表面有氧化皮，在继续加工时这种氧化皮会增加对模具的磨损，一般应加以酸洗。各种材料酸洗溶液的成分见表3-40。

酸洗后需要进行仔细的表面洗涤，以便将残留在工件表面上的酸液洗掉。其办法是：先在流动的冷水中清洗，然后在加温至60~80℃的弱碱液中中和，最后用热水洗涤。

表3-40 不同材料的酸洗溶液成分

工件材料	化学成分	分量	说明
低碳钢	硫酸或盐酸 水	15%~20%（质量分数） 其余	
高碳钢	硫酸 水	15%~20%（质量分数） 其余	预浸
高碳钢	苛性钠或苛性钾	50~100 g/L	最后酸洗
不锈钢	硝酸 盐酸 硫化胶 水	10%（质量分数） 1%~2%（质量分数） 0.1%（质量分数） 其余	得到光亮的表面
铜及其合金	硝酸 盐酸 炭黑	200份（质量） 1~2份（质量） 1~2份（质量）	预浸
铜及其合金	硝酸 硫酸 盐酸	75份（质量） 100份（质量） 1份（质量）	光亮酸洗
铝及锌	苛性钠或苛性钾 食盐 盐酸	100~200 g/L 13 g/L 50~100 g/L	闪光酸洗

如果采用光亮退火，即在有中性或还原介质的电炉内退火，就不会产生氧化皮，也就不需要进行酸洗。

退火、酸洗会延长生产周期和增加生产成本，产生环境污染，应尽可能加以避免。若能通过增加拉延次数的办法以减少退火工序时，一般宁可增加拉延次数。

第五节　其他成形工艺

在冲压生产中，除了冲裁、弯曲和拉延以外，还有其他一些加工方法，如局部成形、翻边、胀形、缩口、校平等，这些方法统称为成形。

一、局部成形

如图3-67所示，当拉延带凸缘的圆筒形件时，如果增大凸缘直径$d_凸$，而不改变圆筒部分直径d，则凸缘部分的变形阻力将增加，凸缘材料流入凹模内参与变形将更困难。

当 $d_凸/d$ 达到某一定值后,使得凸缘材料基本上不能流入圆筒部分。这时圆筒部分的成形只能在凸模的作用下,靠局部材料两向受拉而变薄成形。这种成形方法称为局部成形。

比值 $d_凸/d$ 的大小是区分局部成形和凸缘拉延的重要指标,一般把 $d_凸/d=3$ 作为大体的区分界限。当 $d_凸/d>3$ 时,大致属于局部成形;当 $d_凸/d<3$ 时,则大致属于拉延变形。这不可能是严格的区分,因期间有过渡性质的变形。

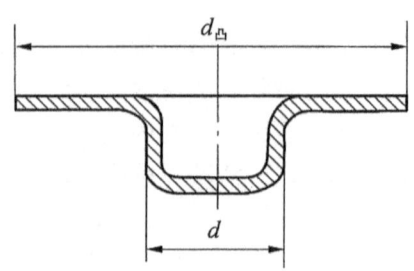

图 3-67 带凸缘的圆筒形件

局部成形可以压出各种形状,如压筋、压包、压字、压花、压凸台等,既可以增加工件的刚度,也可以起装饰作用,因而在生产中应用很广泛。

局部成形时,变形区材料受双向拉伸作用,其极限变形程度可以概略地根据变形材料的伸长率加以检验,即

$$\delta_极 = \frac{L_1 - L_0}{L_0} \times 100\% = (0.70 \sim 0.75)\delta$$

式中,$\delta_极$ 为局部成形时的极限变形程度,%;δ 为毛坯材料允许的单向拉延时的伸长率,%;L_0,L_1 分别为变形前、后工件的长度,mm。

由于局部成形变形不均,故在式中系数取 0.70~0.75,其大小视局部成形的形状而定,球形取大值,梯形取小值。

如果计算结果符合上述条件,则可以一次完成成形,如果不符合上述条件,则先制成半球形过渡形状,然后再压出工件所需要的形状,如图 3-68 所示。

表 3-41 列出了局部成形的两种凸台尺寸及其间距与工件边缘之间的距离

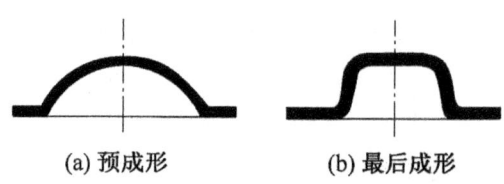

(a) 预成形　　(b) 最后成形

图 3-68 两道工序完成的凸台

取值,可供参考。对于局部成形与边框的距离,如果小于 3δ 时,由于在变形过程中边缘材料要往内收缩,成形后需要增加切边工序,因此应预留切边余料。

表 3-41 局部成形的凸台尺寸及其间距和边距

图 例		R	h	D 或 B	r	$\alpha(°)$
球形		$(3\sim4)\delta$	$(2\sim3)\delta$	$(7\sim10)\delta$	$(1\sim2)\delta$	—
梯形		—	$(1.5\sim2)\delta$	$\geq 3h$	$(0.5\sim1.5)\delta$	$15\sim30$

续表 3-41

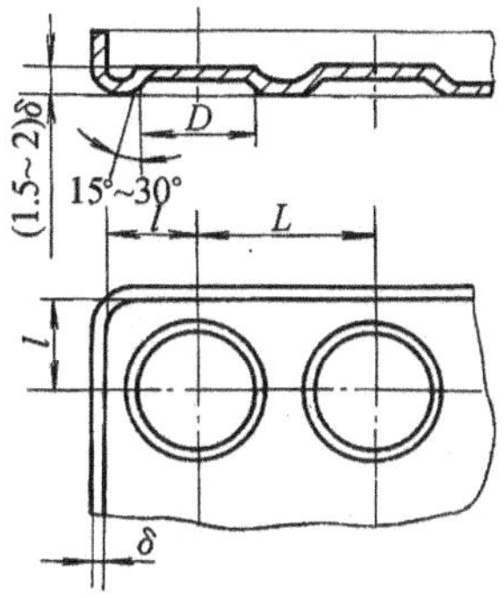

图　例	D/mm	L/mm	l/mm
	6.5	10	6
	8.5	13	7.5
	10.5	15	9
	13	18	11
	15	22	13
	18	26	16
	24	34	20
	31	44	26
	36	51	30
	43	60	35
	48	68	40
	55	78	45

局部成形所需压力的确定，通常以实验数据为基础。用刚性模具压制加强筋时，可用下式计算其近似压力（N）：

$$F_{压} = K_y l \delta \sigma_b$$

式中，K_y 为系数，一般取 $K_y = 0.7 \sim 1.0$，视筋的宽度和深度而定，窄而深时用大值，宽而浅时用小值；l 为加强筋周长，mm；δ 为材料厚度，mm；σ_b 为材料的抗拉强度，MPa。

对于 $\delta < 1.5$ mm、面积 $A < 2000$ mm² 的小零件，用刚性模具成形兼校正时，其压力可用以下经验公式计算：

$$F_{压} = KA\delta^2$$

式中，K 为系数，对于钢 $K = 300 \sim 400$，对于铜 $K = 200 \sim 250$；A 为局部成形面积，mm²；δ 为材料厚度，mm。

二、翻边

翻边分两种基本形式，即孔的翻边和外缘翻边。它们在变形性质、应力状态及在生产上的应用都有所不同。

孔的翻边是在预先制好孔的毛坯上（有时也可不预制孔）依靠材料的拉延，沿一定的曲线翻成竖立凸缘的冲压方法。外缘翻边是沿毛坯的曲边，借材料的拉伸或压缩，形成高度不大的竖边。

（一）孔的翻边

1. 圆孔的翻边

（1）圆孔翻边件的结构要求如图 3-69 所示。圆孔翻边时对圆角半径 r（单位为 mm）

的要求是:
$$r \geqslant 1.5\delta + 1$$

一般当 $\delta < 2$ mm 时,取 $r = (4 \sim 5)\delta$;当 $\delta > 2$ mm 时,取 $r = (2 \sim 3)\delta$。

如果工件要求的圆角半径小于以上数值,应增加整形工序。

翻边预制孔的表面粗糙度直接影响工件质量和极限变形程度,孔边的毛刺易导致翻口的破裂。翻边时竖边口部变薄严重,其近似厚度按以下公式计算:

$$\delta_1 = \delta \sqrt{d/D_0}$$

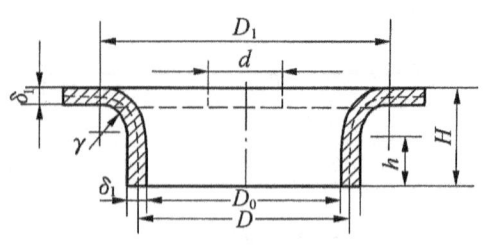

图 3-69 平板的圆孔翻边
D_1—变形区毛坯直径; d—预制孔直径; D—翻边直径;
D_0—翻边后直径; δ—材料厚度; δ_1—翻边口部厚度;
r—竖边与凸缘平面的圆角半径; H—翻边高度;
h—直边高度

(2) 毛坯计算。平板毛坯圆孔翻边时的几何尺寸(图 3-69)由毛坯与工件体积相等的关系决定。一般翻边高度 H 在零件图上已知,在这种情况下,待翻边的孔径可以用简单弯曲的近似方法计算。

预制孔直径:
$$d = D - 2(H - 0.43r - 0.72\delta)$$

翻边高度:
$$H = \frac{D - d}{2} + 0.43r + 0.72\delta$$

当竖边高度较高,一次不能翻出时,如果是单个工件的小孔翻边,应采用壁部变薄的翻边。

对于大孔的翻边或在带料上连续拉延时翻边,则用拉延、冲底孔再翻边的办法,如图 3-70 所示。

预先拉延的翻边,其尺寸 h 与 d 按下式计算:

$$h = \frac{D - d}{2} + 0.57r$$

$$d = D + 1.14r - 2h$$

(3) 翻边系数。在圆孔的翻边中,变形程度取决于毛坯预制孔直径与翻边直径之比,即翻边系数 K_f (图 3-70):

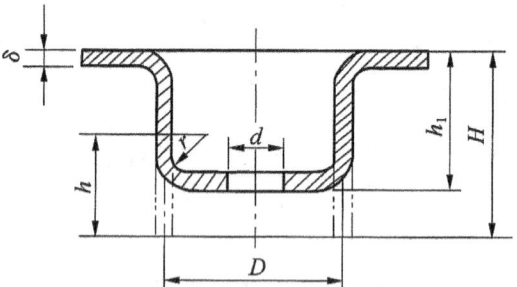

图 3-70 拉延件底部冲孔翻边

$$K_f = d/D$$

系数 K_f 的近似值可以用伸长率 A 或断面收缩率 ψ 计算:

$$A = \frac{\pi D - \pi d}{\pi d} = \frac{1 - K_f}{K_f}$$

得
$$K_f = \frac{1}{1 + A} = 1 - \psi$$

实验证明,许可的极限翻边系数与预制孔的加工性质和状态(钻孔或冲孔、有无毛刺)、毛坯的相对厚度($\frac{\delta}{D} \times 100$)、材料的种类及性能、凸模工作部分的形状等因素有关系。材料的极限翻边系数见表 3-42 和表 3-43。

表 3-42 低碳钢板的极限翻边系数 K_f

翻边凸模形状	孔的加工方法	毛坯相对厚度 $\frac{\delta}{D} \times 100$									
		100	50	35	20	15	10	8	6.5	5	3	1
球形凸模	钻后去毛刺	0.70	0.60	0.52	0.45	0.40	0.36	0.33	0.31	0.30	0.25	0.20
	冲孔模冲孔	0.75	0.65	0.57	0.52	0.48	0.45	0.44	0.43	0.42	0.42	—
圆柱形凸模	钻后去毛刺	0.80	0.70	0.60	0.50	0.45	0.42	0.40	0.37	0.35	0.30	0.25
	冲孔模冲孔	0.85	0.76	0.65	0.60	0.55	0.52	0.50	0.50	0.48	0.47	—

注：δ 为材料厚度。

表 3-43 其他一些材料的翻边系数

退火材料	翻边系数	
	K_f	$K_{f\min}$
镀锌薄钢板	0.70	0.65
黄铜 H62：$\delta = 0.5 \sim 6$ mm	0.68	0.62
铝：$\delta = 0.5 \sim 5$ mm	0.70	0.64
硬铝	0.89	0.80

在竖边上允许有不大的裂纹时，可用 $K_{f\min}$ 翻边，预冲孔有毛刺的一侧应向上。

（4）翻边力的计算。用圆柱形凸模进行翻边时，翻边力（单位为 N）用以下近似公式计算：

$$F_{翻} = 1.1\pi\delta\sigma_s(D - d)$$

式中，σ_s 为材料的屈服点，MPa；D 为翻边直径（按中径计），mm；δ 为毛坯厚度，mm。

无预制孔的翻边力比有预制孔的大 1.33~1.75 倍，凸模形状和凸凹模间隙对翻边力有很大影响，如果用球形凸模或锥形凸模翻边时，所需要的力略小于用上式计算的数值。

（5）翻边凸模与凹模之间的间隙。一般圆孔翻边凸、凹模之间的间隙（单边）z 可控制在 $(0.75 \sim 0.85)\delta$（δ 为毛坯厚度），使直壁稍微变薄，以保证竖边成为直壁。当间隙增加至 $z = (4 \sim 5)\delta$ 时，翻边力可降低 30%~35%，这种翻边的特点是圆角半径大，竖边高度小。翻边的目的是为了减小工件质量，增加结构的刚度，常用于大、中型孔和窗口的翻边。

小的圆角半径和高的竖边的翻边，仅仅应用在螺纹底孔或与轴配合的小孔翻边，此时单边间隙 $z = 0.65\delta$。

（6）翻边凸模的形式。图 3-71 为几种常见的圆孔翻边凸模形状及主要尺寸。若翻边模采用压边圈，则不需用台肩。

2. 非圆形孔的翻边

在很多结构中，会遇到各种带有竖边的非圆形孔及开口。这些开口多半是竖边高度不

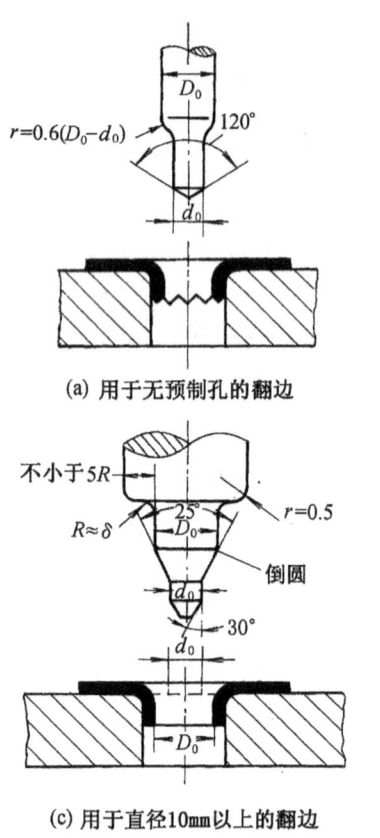
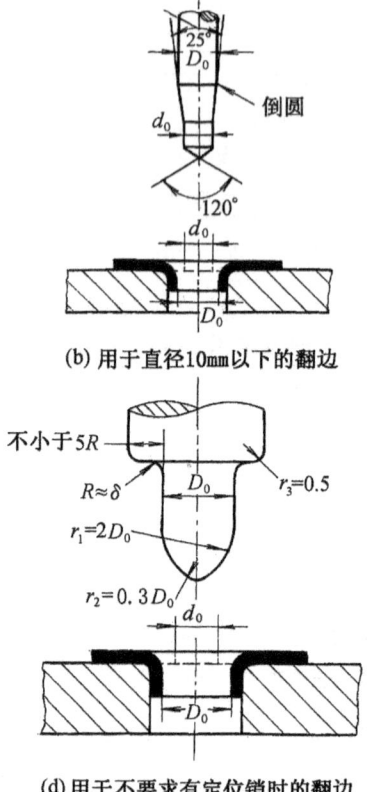

图 3-71 几种常用的翻边凸模

大,一般为 $(4\sim6)\delta$,同时对其精度也没有很高的要求。其翻边预制孔的形状和尺寸,可根据开口的形状分段考虑。如图 3-72 所示零件的翻边,可分为 8 个区段,其中 2,4,6,7,8 可视为圆孔的翻边,1,5 可看作简单的弯曲,而内凸圆弧 3 可视为与拉延变形情况相同。因此,翻边的前预制孔的形状和尺寸应分别按圆孔的翻边、弯曲和拉延计算;转角处的翻边使竖边高度略有减低,为了消除误差,转角翻边的宽度应比直边部分增大 5%~10%。由计算得出的孔的形状应加以适当的修正,以使各段连接处有相当平滑的过渡。

非圆孔翻边时,要对最小圆角部分进行允许变形程度的核算,由于相邻部分的减载作用,其极限变形系数比相应的圆孔

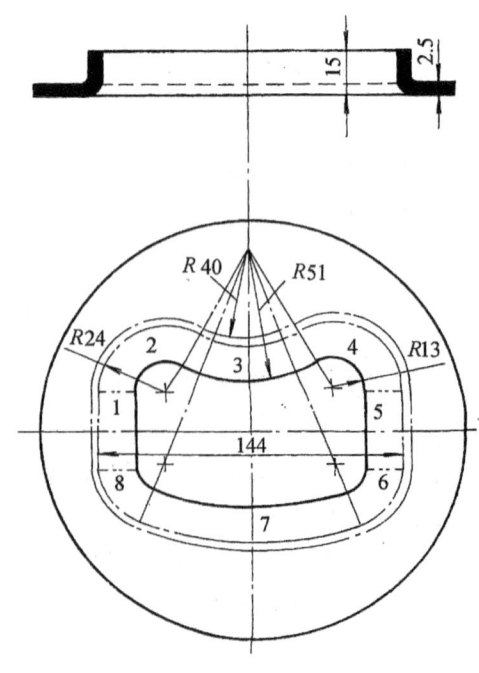

图 3-72 非圆孔的翻边

翻边要小些。一般取 $K' = (0.85 \sim 0.9)K$。

图 3-73 为用拉延的矩形孔翻边的方法生产零件的例子。

第 I 道工序为空心矩形件的拉延，第 II 道工序为切工艺孔，第 III 道工序为拉延外缘轮廓和内轮廓的翻边。

切工艺孔或卸载工艺切口常用于复杂形状的拉延，它们能显著地减小外凸缘的流动和利用毛坯底部材料的变形。

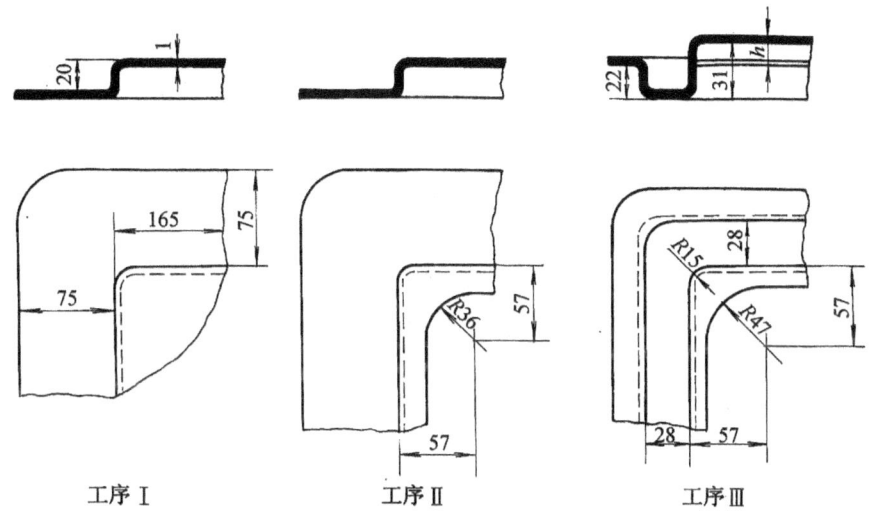

图 3-73 用三道工序进行矩形孔的翻边

（二）外缘翻边

外缘翻边分为外凸翻边和内凹翻边两种，外缘外凸翻边也叫压缩类翻边，其变形性质和应力状态类似于不用压力圈的浅拉延；外缘内凹翻边也叫伸长类翻边，它与孔的翻边相似，如图 3-74 所示。

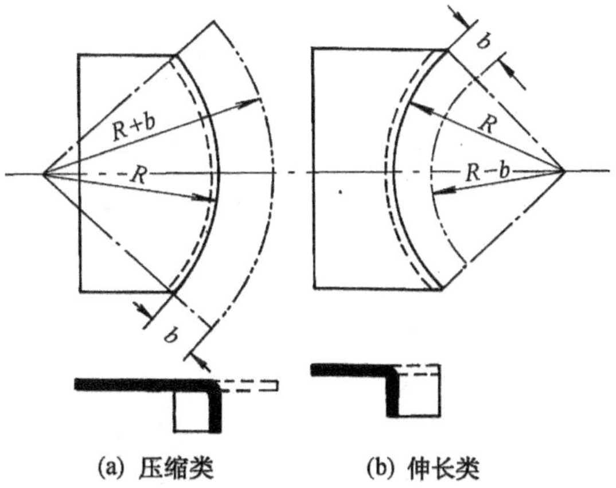

压缩翻边，在翻边的凸缘内产生压应力，易起皱；伸长类翻边，在凸缘内产生拉应力，易破裂。其应变分布及大小主要取决于工件的形状。变形程度 E 可用下式表示：

(a) 压缩类　　(b) 伸长类

图 3-74 外缘翻边

压缩类：$E_{\text{压}} = \dfrac{b}{R+b} \times 100\%$

伸长类：$E_{\text{伸}} = \dfrac{b}{R-b} \times 100\%$

各种材料在外缘翻边时的允许变形程度 E 见表 3-44。

当把不封闭的外缘翻边作为带有压边的单边弯曲时，翻边力 $F_{\text{翻}}$（单位为 N）可以按以下公式计算：

$$F_{翻} = l\delta\sigma_b K + F_{边} \approx 1.25 l\delta\sigma_b K$$

式中，l 为弯曲线长度，mm；δ 为材料厚度，mm；σ_b 为抗拉强度，MPa；$F_{边}$ 为压边力，为 $(0.25\sim0.3)F_{翻}$；K 为系数，为 $0.2\sim0.3$。

表 3-44 外缘翻边时材料的允许变形程度

金属和合金的名称		伸长类变形程度 $E_{伸}$/%		压缩类变形程度 $E_{压}$/%	
		橡皮成形	模具成形	橡皮成形	模具成形
铝合金	L4M	25	30	6	40
	L4Y1	5	8	3	12
	LF21M	23	30	6	40
	LF21Y1	5	8	3	12
	LF2M	20	25	6	35
	LF2Y1	5	8	3	12
	LY12M	14	20	6	30
	LY12Y	6	8	0.5	9
	LY11M	14	20	4	30
	LY11Y	5	6	0	0
黄铜	H62 软	30	40	8	45
	H62 半硬	10	14	4	16
	H68 软	35	45	8	55
	H68 半硬	10	14	4	16
钢	10	—	38	—	10
	20	—	22	—	10
	1Cr18Ni9 软	—	15	—	10
	1Cr18Ni9 硬	—	40	—	10
	2Cr18Ni9	—	40	—	10

外缘翻边可用橡皮模成形，也可在收缩机或模具上成形。用橡皮模成形对翻边没有压紧，故不产生拉延作用，而是使边缘产生有皱纹的弯曲，需要用手工修整去掉皱纹。

图 3-75 所示为在橡皮模内的各种翻边方法，图 3-76 所示为用模具同时进行内、外缘翻边。为获得精确的零件，在制作翻边模时，还应考虑零件的弹复。

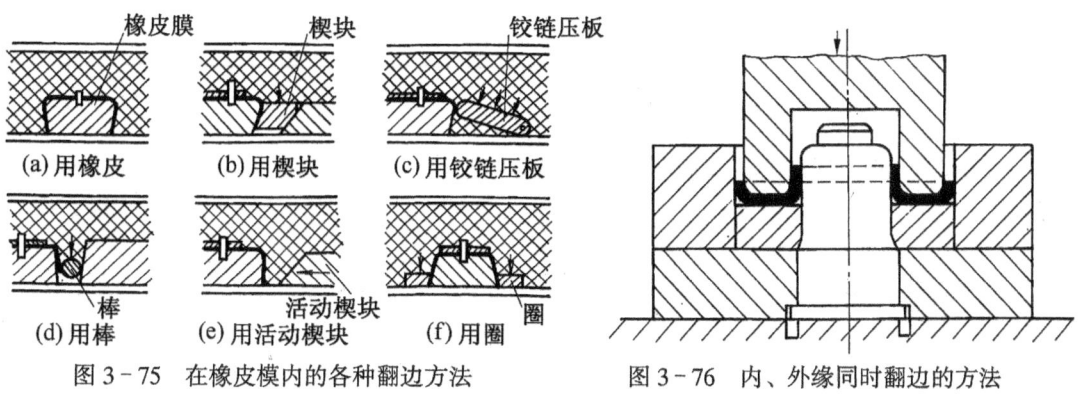

图 3-75 在橡皮模内的各种翻边方法

图 3-76 内、外缘同时翻边的方法

三、胀形

1. 胀形的形式

胀形是依靠材料的拉伸,将直径小的空心零件或管状毛坯,在半径方向上向外扩张成所需形状的方法,所以也称为扩径。

胀形一般用可分式凹模。其常用凸模形式有:液体凸模(图3-77);橡皮或聚氨酯凸模(图3-78);分块式凸模(图3-79)。

用液体作为凸模的胀形方法有的是直接倒入毛坯内,此种操作不方便,且生产率低;有的是用装在凸模上的充满液体的橡皮囊。

由于聚氨酯橡胶优良的物理力学性能,用它作为工作介质的胀形,得到了愈来愈广泛的应用。

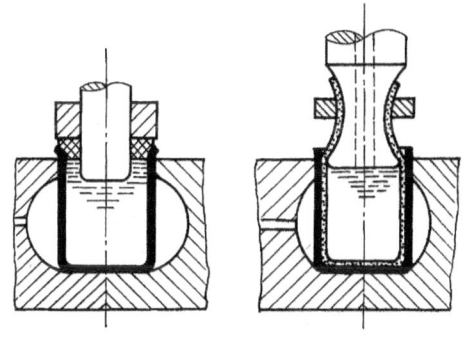

(a) 用倾注液体的方法　　(b) 用充液橡皮囊

图 3-77 用液体作为凸模的胀形模

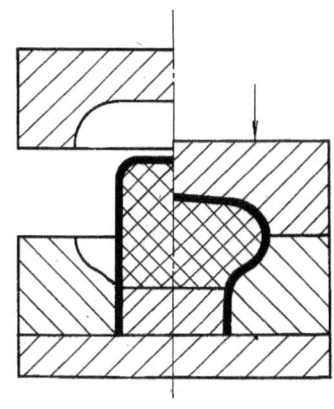

图 3-78 用橡皮凸模的胀形模

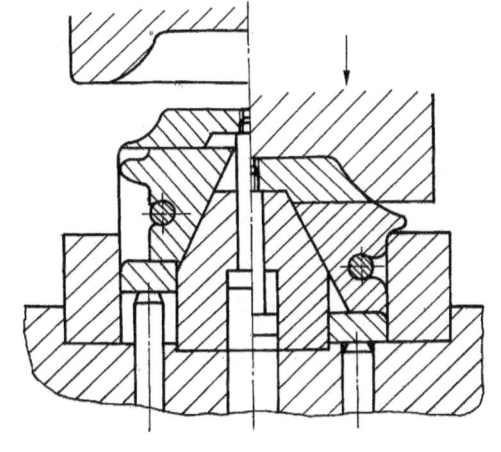

图 3-79 用分块式凸模的胀形模

2. 胀形变形程度的计算

作为胀形的毛坯,一般已经经过几次拉延工序,金属已有冷作硬化的现象,故在胀形前应退火；毛坯上的擦伤、划痕、皱纹等缺陷也会导致毛坯的胀裂。胀形时的变形程度可用胀形系数来表示：

$$K_{胀} = d_{max}/d$$

式中，d_{max} 为胀形后的最大直径，mm；d 为圆筒毛坯的直径，mm。表 3-45 所列为胀形系数的近似数值。

表 3-45 胀形系数的近似数值

材 料	毛坯相对厚度 $\frac{\delta}{D} \times 100$			
	0.45~0.35		0.32~0.28	
	未退火	退火	未退火	退火
10 钢	1.10	1.2	1.05	1.15
铝	1.2	1.25	1.15	1.2

如果在对毛坯径向施加压力的同时，也在轴向加压，胀形的变形程度可以增大；对毛坯进行局部加热（变形区加热）会显著增大可能的变形程度。

3．胀形力

胀形时，其胀形力可按下式计算：

$$F_{胀} = p_{胀} A$$

式中，$p_{胀}$ 为胀形单位压力，MPa；A 为胀形面积，mm²。

胀形单位压力 $p_{胀}$ 可用下式计算：

$$p_{胀} = 1.15 \sigma_z \frac{2\delta}{D}$$

式中，σ_z 为胀形变形区的真实应力，近似估算时取 $\sigma_z \approx \sigma_b$（材料的抗拉强度），MPa；$D$ 为胀形最大直径，mm；δ 为材料原始厚度，mm。

四、缩口

缩口工艺是一种将已拉延好的无凸缘空心件或管状毛坯开口端直径缩小的冲压方法，如图 3-80 所示。缩口前后工件端部直径变化不宜过大，否则端部材料会因压缩变形剧烈而起皱，因此由较大直径缩成很小直径的径口，往往需多次缩口。

1．缩口变形程度的计算

（1）总的缩口系数：

$$K_{缩} = \frac{d_n}{D}$$

式中，d_n 为工件要求缩小的最后直径；D 为空心毛坯的直径。

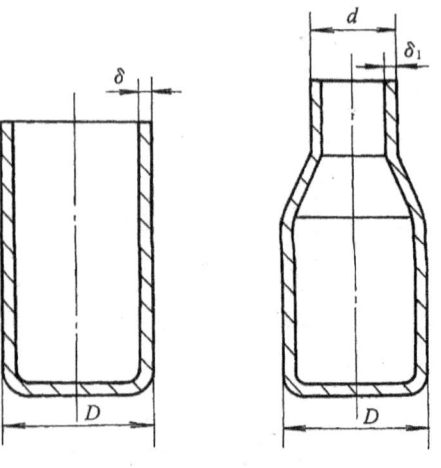

图 3-80 空心件的缩口

(2) 平均缩口系数 K_M：设各次的缩口系数相等，则：

$$K_M = \frac{d_1}{D} = \frac{d_2}{d_1} = \cdots = \frac{d_n}{d_{n-1}}$$

式中，d_1, d_2, $\cdots$, d_n 分别为第 1 次，第 2 次，$\cdots$，第 n 次缩口外径，mm。

(3) 缩口次数：

$$n = \frac{\lg K_{缩}}{\lg K_M}$$

缩口系数与模具的结构形式关系极大，还与材料的厚度和种类有关。材料厚度愈小，缩口系数则愈要相应增大，例如：无心柱式的模具，材料为黄铜板，其厚度在 0.5 mm 以下时，K_M 取 0.85；厚度在 0.5~1.0 mm 时，K_M 取 0.8~0.7；厚度在 0.5 mm 以下软钢的平均缩口系数 K_M 按 0.8 计算。表 3-46 给出了不同材料和不同模具形式的平均缩口系数。

表 3-46 平均缩口系数 K_M

材料名称	模 具 形 式		
	无支承	外部支承	内外支承
软钢	0.70~0.75	0.55~0.60	0.30~0.35
黄铜 H62、H68	0.65~0.70	0.50~0.55	0.27~0.32
铝	0.68~0.72	0.53~0.57	0.27~0.32
硬铝（退火）	0.73~0.80	0.60~0.63	0.35~0.40
硬铝（淬火）	0.75~0.80	0.68~0.72	0.40~0.43

一般第一道工序的缩口系数采用 $K_1 = 0.9 K_M$，以后各次工序 $K_i = (1.05 \sim 1.1) K_M$。

图 3-81a 为外支承结构，图 3-81b 为有内、外支承结构的缩口模示意图。

2. 缩口后材料厚度的变化

缩口时颈口略有增厚，通常不予考虑。精确计算时，颈口厚度按下式计算：

$$\delta_1 = \delta_0 \sqrt{D/d_1} \quad \delta_n = \delta_{n-1} \sqrt{d_{n-1}/d_n}$$

式中，δ_0 为空心毛坯颈口厚度，mm。

缩口时，一般要发生比缩口模实际尺寸大 0.5%~0.8% 的弹复。

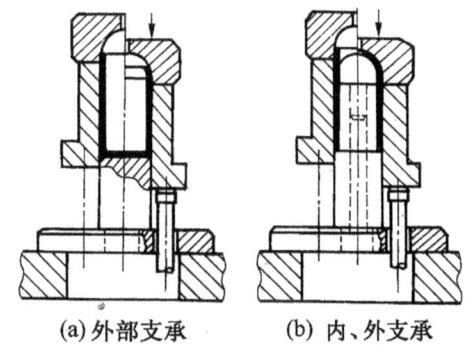

(a) 外部支承　　(b) 内、外支承

图 3-81 有支承的缩口模

五、校形

校形属于修整性的成形工序，它包括两种情况：将毛坯或冲裁件的不平和挠曲压平，称为校平；将弯曲拉延或其他成形工艺得到的工件校整成最终的正确形状，即所谓的整形。

1. 校平

根据板料厚度和工件表面要求的不同，校平可以采用光面模校平和齿形模校平两种方法。

对于材料薄而软，且工件表面不允许有压痕时，一般采用光面模校平。为了使校平不受压力机滑块导向精度的影响，校平模最好采用浮动上模或浮动下模，如图 3-82 所示。光面模校平时，由于材料回弹的影响，对材料强度较高的工件，校平效果较差。

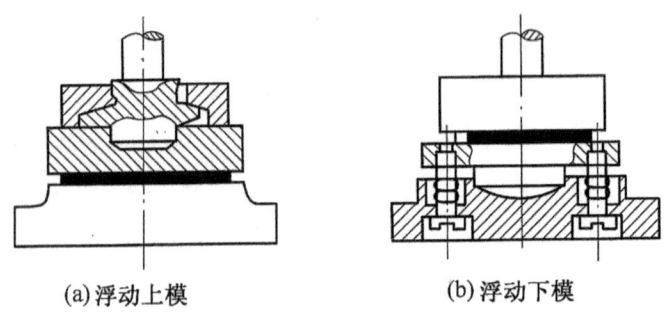

(a) 浮动上模　　　　(b) 浮动下模

图 3-82　光面模校平

对于比较厚的工件，通常采用齿形模校平。齿形有细齿和粗齿两种：细齿模见图 3-83a，齿的高度 $h=(1\sim2)\delta$，两齿之间的距离 $l=(1\sim1.2)\delta$，它适用于表面允许留有齿痕的工件；粗齿模见图 3-83b，齿的高度 $h=\delta$，具有宽度 $b=(0.2\sim0.5)\delta$ 的齿顶，两齿之间的距离 $l=(1\sim1.2)\delta$，它适用于料厚较小的铝、青铜、黄铜等表面不允许有齿痕的工件。无论是细齿模或是粗齿模，上、下齿形均应互相错开。

校平压力 $F_{校}$（单位为 N），由下式计算：

$$F_{校} = A p_x$$

式中，A 为校平投影面面积，mm^2；p_x 为校平单位压力，MPa，一般取 $50\sim200$ MPa。

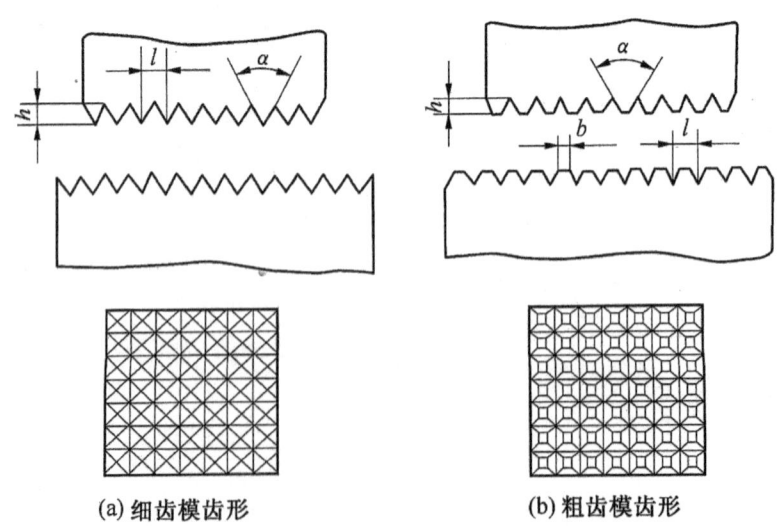

(a) 细齿模齿形　　　　(b) 粗齿模齿形

图 3-83　齿形模齿形

2. 整形

空间形状工件的整形是在弯曲、拉延或其他成形工序之后，这时工件已接近成品零件的形状和尺寸，但圆角半径可能较大，或某些部位尺寸形状精度不够，需要整形使之完全达到图样要求。整形模和先行工序的成形模大体相似，只是模具工作部分的精度和表面粗糙度要求更高，圆角半径和间隙较小。由于工件形状和要求的不同，整形方法也不同。

对于弯曲件的整形，采用如图3-84所示的镦校方法。这种方法使工件在模具内除了在垂直表面受压应力外，同时在长度方向上也受到压应力，形成三向受压的应力状态，使其产生不大的塑性变形，以得到较好的整形效果。

对于直筒形拉延件的整形，通常采用间隙 $z=(0.9 \sim 0.95)\delta$ 的整形模。这种整形也可以与最后一道拉延工序结合在一起进行。

带凸缘的拉延件需整形的部位可能包括凸缘平面、侧壁、底平面和外凸与内凹的圆角半径，其模具如图3-85所示。

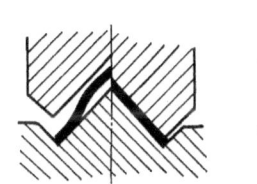
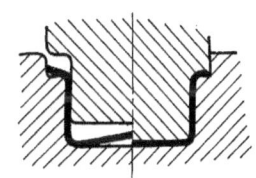
图3-84 弯曲件的整形

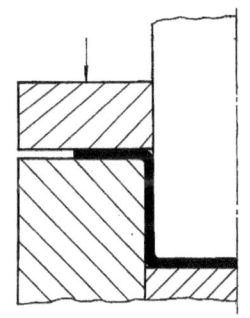
图3-85 拉延件的整形兼角部精压

整形力 $F_{整}$（单位为N）可按下式计算：

$$F_{整} = A p_z$$

式中，A 为整形投影面的面积，mm^2；p_z 为单位面积上的压力，MPa，一般取 150～200MPa。

【本章小结】

本章简要地介绍了冲压过程的工艺特点、工艺方法、工艺参数及其模具的结构形式，阐述了冲裁、拉延等工序工艺参数的确定和冲裁模具的设计方法。

【复习思考题】

1. 什么是冲压？冲压加工有哪些优点？
2. 试述冲压工序有哪些种类，各有何特点？
3. 影响冲裁质量的主要因素有哪些？
4. 如何确定冲裁模、凸凹模之间的间隙？
5. 冲裁力如何计算？减小冲裁力的方法有哪几种？
6. 什么是排样？条料冲裁时产生的废料有哪两种？
7. 排样方法按有无废料可分为哪几种？
8. 除所能达到的尺寸公差等级和断面质量之外，冲裁还应满足哪些要求？
9. 冲裁工序顺序应如何安排？

10. 试述弯曲工艺的工艺特点。
11. 弯曲件毛坯尺寸如何估算？
12. 提高弯曲件精度的工艺措施有哪些？
13. 什么是拉延？拉延主要应用于哪些场合？
14. 什么是拉延系数？筒形件的拉延次数如何确定？
15. 矩形件的拉延有何特点？
16. 形状不规则零件的拉延有何特点？
17. 形状不规则零件的拉延工艺要素如何确定？
18. 拉延中的辅助工序有哪些？
19. 什么是局部成形，它主要应用于哪些场合？
20. 翻边有哪两种基本形式，各有何工艺特点？
21. 胀形、缩口各有何工艺特点？
22. 校平和整形有何区别？

第四章 焊接工艺

【学习目标与要求】
- 了解常用的焊接方法及其工艺特点
- 掌握电阻焊及其应用
- 掌握焊接工艺设计原则和方法
- 了解汽车焊接工艺

第一节 焊接工艺基础

焊接是汽车制造的主要工艺方法之一。它是指通过加热或加压,或两者并用,并且用或不用填充材料,使焊件达到原子结合的一种工艺方法。与螺纹、销钉、铆接等连接方法相比,焊接具有结合强度大、气密性好、生产率高、节省材料等优点。焊接在汽车生产中所占的比重达30%~40%,成为影响、制约产品成本、质量和工厂生产能力的关键因素。在汽车整个结构中,车身、车架、油箱、消声器等薄壁零部件,均为金属焊接结构件。针对不同的产品技术要求和工厂的现行条件,目前已有许多种焊接方法应用在汽车制造上,如点焊、凸焊、缝焊、二氧化碳气体保护焊、熔化极氩弧焊、非熔化极氩弧焊等均被采用。为了提高焊接质量、增大生产能力和改善工人的劳动条件,专用焊接设备及焊接机器人的应用,已成为焊接生产的发展趋势。

焊接方法种类很多,根据工艺特点的不同,焊接大致可分为熔焊、压焊和钎焊三大类。根据热源产生的方式不同,目前在汽车制造中主要采用电弧焊、气焊和电阻焊等方法。它们之间的相同点是:金属零件都是经熔合过程连接的。该过程实质上是局部的小冶金过程。母材沿着共同边界或相邻表面被熔化,熔化的金属在它们之间形成共同的熔池,熔池凝固即实现永久性的连接。

其他焊接方法,如等离子弧焊、电渣焊、激光焊、真空电子束焊、摩擦焊以及钎焊等,尽管它们得到了应用,但并不主要,只用于某些特殊的加工。

一、电弧焊

电弧焊是利用焊接电弧产生的高温作为焊接热源,使被焊金属局部熔化而实现永久性连接的工艺方法。

在具有一定电压的两电极间或电极与工件间的气体介质中,产生的强烈而持久的放电现象称为电弧,此电弧用于焊接即称为焊接电弧。焊接电弧分为阳极区、阴极区和弧柱区三个组成部分,如图4-1所示。电极可以

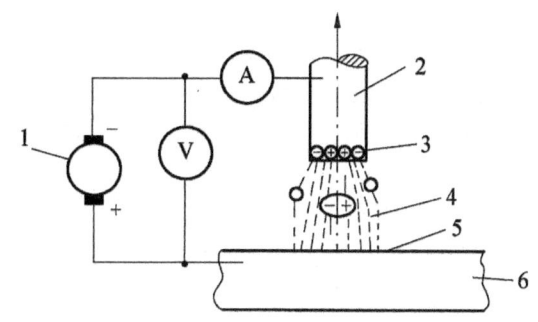

图4-1 焊接电弧
1—电焊机;2—焊条;3—阴极区;
4—弧柱区;5—阳极区;6—焊件

是金属丝、钨丝、碳棒或焊条。电弧放电时，由于电极材料的不同，将产生 600℃ 以上的高温和耀眼的弧光。属于这类焊接方法的有：手工电弧焊、埋弧焊等。

(一) 手工电弧焊

用手工操纵焊条进行焊接的电弧焊方法称为手工电弧焊，简称手弧焊，如图 4-2 所示。手工电弧焊可在室内、室外、高空和各种方位施焊，设备简单，容易维护，焊钳小，使用灵活方便，适于焊接各种碳素钢、低合金钢、不锈钢及耐热钢，也可用于焊接高强度钢、铸钢、铸铁和有色金属。焊接接头强度可与母材相等，是焊接生产中应用最广泛的一种焊接方法。

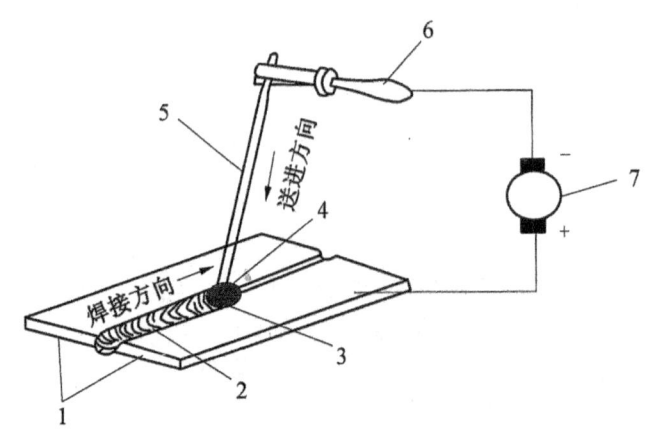

图 4-2 手弧焊示意图
1—焊件；2—焊缝；3—熔池；4—电弧；5—焊条；6—焊钳；7—电焊机

1. 手工电弧焊的焊接过程

手工电弧焊的焊接过程如图 4-3 所示：电弧在焊条与被焊工件之间燃烧，电弧热使焊件和焊条同时熔化成为熔池，焊条金属熔滴借助于重力和电弧气体吹力的作用过渡到熔池中。电弧热还使焊条的药皮熔化或燃烧。药皮熔化后和液体金属起物理化学作用，形成的熔渣不断地从熔池中向上浮起，药皮燃烧产生的大量 CO_2 气体围绕于电弧周围，熔渣和气体可防止空气中氧、氮的侵入，起保护熔化金属的作用。

当电弧向前移动时，焊件和焊条金属不断熔化成新的熔池。原先的熔池不断地冷却凝固，形成连续的焊缝。覆盖在焊缝表面的熔渣也逐渐凝固成为固态渣壳，这层熔渣和渣壳对焊缝成形好坏和减缓焊缝金属的冷却速度有重要的作用。

焊缝质量由很多因素来决定，如焊件母材和焊条的质量、焊前的清理工作、焊接时电弧的长短与稳定情况、焊接工艺参数、焊接操作技术、焊接后冷却速度以及焊后的热处理等。

2. 手工电弧焊的设备及工具

(1) 电焊机。手工电弧焊用电焊机分为交流弧焊机和直流弧焊机两大类。

直流电弧阳极区温度高于阴极区。焊接厚焊件时，为保证焊透，把焊件接焊机正极、焊条接焊机负极（叫做正接法）；焊接薄焊件时，为防止烧穿工件，需把焊件接焊机负极、焊条接焊机正极（叫做反接法）。焊机的正接法和反接法见图 4-4。使用碱性低氢钠型焊条焊接时，为保持电弧稳定，规定应采用直流反接法。采用交流弧焊机焊接时，由于电流

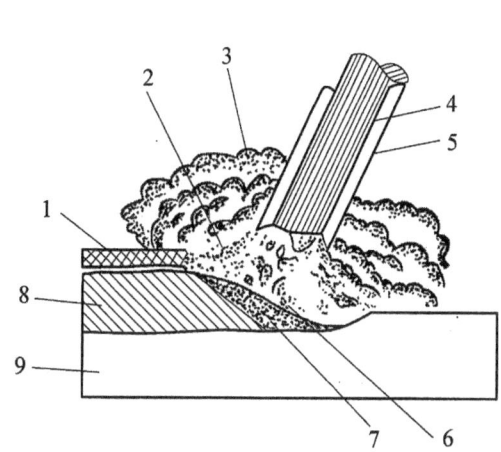 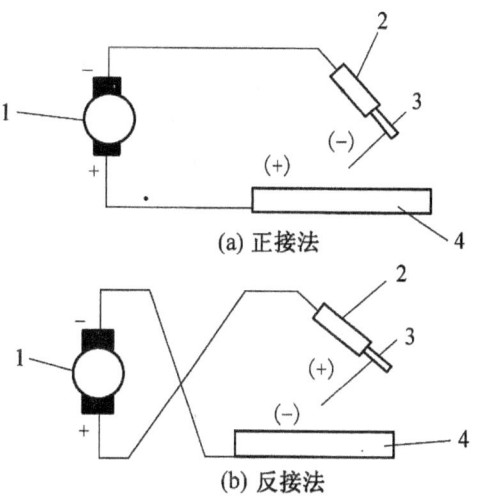

图 4-3 涂料焊条的电弧焊过程
1—固体渣壳；2—液态溶渣；3—气体；4—焊芯；
5—焊条药皮；6—金属溶渣；7—溶池；8—焊缝；9—焊件

图 4-4 直流电焊机的正接与反接
1—直流弧焊机；2—焊钳；3—焊条；4—焊件

的极性是交变的，两极的温度基本相同，故不存在正接和反接的问题。

（2）电弧焊工具。电弧焊工具是焊接时所使用的工具，如焊钳、面罩及其辅助工具，如焊条保温箱（筒）、清渣锤、钢丝刷等。焊钳是用以夹持焊条进行焊接的工具；面罩用来防止弧光及飞溅金属灼烧焊工面部。焊接时必须戴绝缘焊工手套和护脚，以防触电以及飞溅物烧伤身体。敲渣时应戴平光眼镜，以防焊渣飞入眼睛。

3. 焊条

焊条是由焊芯和药皮（涂料）两部分组成的（图 4-5）。焊芯起导电和填充焊缝金属的作用。药皮的主要作用是保证焊接电弧的燃烧稳定，防止空气进入焊接熔池，并使焊缝获得合理的化学成分和力学性能。

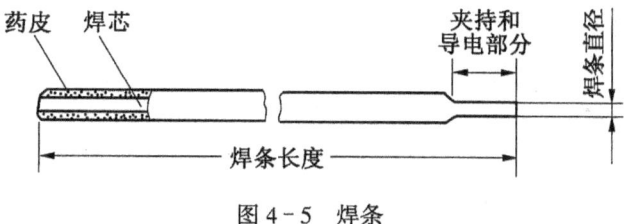

图 4-5 焊条

结构钢焊条的焊芯通常采用的是 H08A。"H"表示焊接专用钢丝；"08"表示碳含量（质量分数）不大于 0.1%；"A"表示高级优质钢，严格限制了硫、磷等杂质的含量（$w(S) \leqslant 0.03\%$，$w(P) \leqslant 0.03\%$）。焊芯直径代表焊条公称直径，常用的焊条直径规格有 2.5 mm、3.2 mm、4.0 mm 等。

焊条药皮的主要原料有矿石、铁合金、有机物及化学组成物等。其作用是稳弧、造气、造渣、保护焊接区、渗入合金元素和脱氧以及脱硫等。按药皮的化学性质不同，焊条分为酸性焊条和碱性焊条两大类，焊接碳素钢和普通低合金结构钢常用的焊条型号是 E4303 和 E5015 两种。

为了便于组织生产和选用焊条，按 GB5117—1985 规定对国产焊条进行分类和编号。常用的 E4303 和 E5015 两种型号所代表的意义如下：

"E"表示电焊条。"43"或"50"表示熔敷金属的抗拉强度的最低保证值为 420 MPa 或 490 MPa。第三位数字"0"或"1"表示焊条适用于空间各种焊接位置（即平、立、仰、横全位置焊接）。最后一位数字表示焊接电流种类和药皮类型，如"3"代表钛钙型药皮，可用交流或直流电焊接；"5"表示低氢钠型药皮，只能用直流电源（反接法）焊接。

4. 焊接接头形式及坡口的加工

焊接接头形式是指对两个构件进行焊接时所采用的连接形式。手工电弧焊常用的焊接接头形式有四种（图 4-6）。

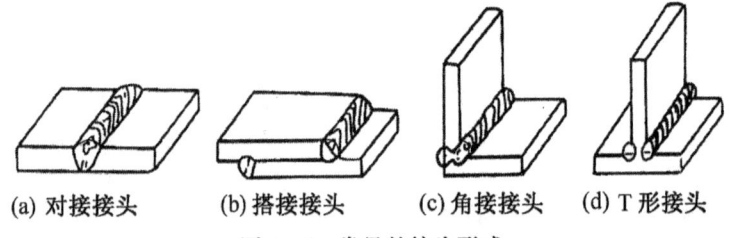

(a) 对接接头　　(b) 搭接接头　　(c) 角接接头　　(d) T形接头

图 4-6　常见的接头形式

为了保证焊缝在焊件上焊透，或者为了调整焊条金属与母材金属在焊缝中的熔合比，根据设计或工艺的需要，在焊件的待焊部位加工的一定形状的沟槽称为坡口（图 4-7）。根据需要，可以把坡口加工成 I，Y，双 Y，V，X，U，双 U，K 形等多种形式。为了防止烧穿引起熔池金属的流失，坡口的根部要保留 2~3 mm 的直边，成为钝边。

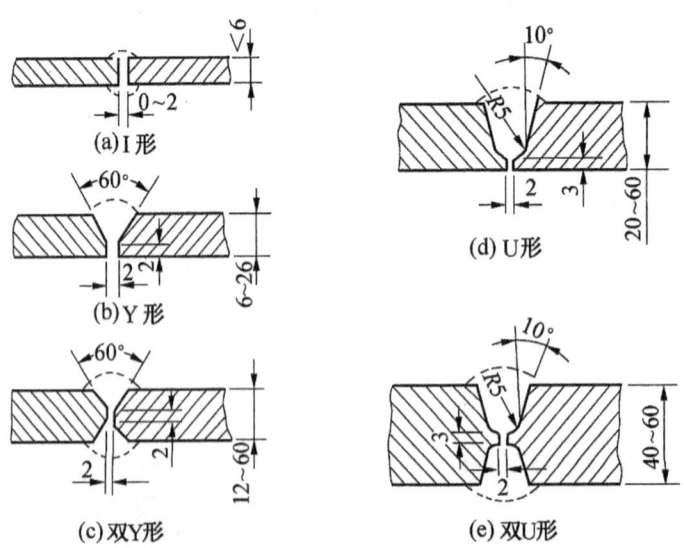

图 4-7　常见的坡口形式

焊接接头处的板厚最好相等。如不同厚度的板对接，超过表 4-1 的规定值，则应在较厚板上加工出单面或双面斜边（图 4-8）。

表4-1　不同厚度金属板对接时允许的厚度差　　　　　　　　　单位：mm

薄板的厚度	2～5	6～8	9～11	≥12
允许的厚度差	1	2	3	4

加工坡口常用的方法有刨削、车削、碳弧气刨和气割等。可按照焊接构件的尺寸、形状和实际加工条件选用。

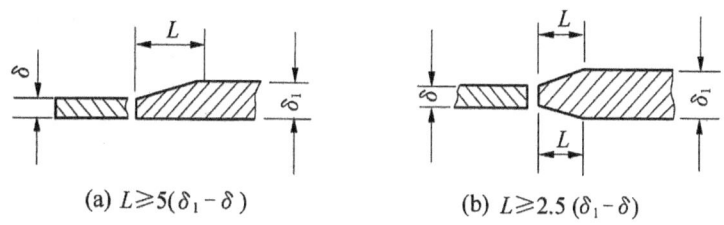

(a) $L \geq 5(\delta_1 - \delta)$　　　　(b) $L \geq 2.5(\delta_1 - \delta)$

图4-8　不等厚度板的连接

5. 焊缝的空间位置

焊缝的空间位置可分为四种形式，如图4-9所示。其中以平焊位置最易操作，也最容易保证焊接质量，这是因为熔化金属不会从熔池中流出，允许用较大直径的焊条和较大的焊接电流，生产率高；而其他空间位置的焊缝都有熔池金属因重力作用向下坠落的趋势，主要靠熔池的表面张力托住液体金属，因此，在非平焊位置只能用小直径焊条、小电流施焊，才能避免熔池金属下坠，从而影响到焊接生产率和焊缝质量的提高。在生产中应尽可能创造条件，使焊缝位于平焊位置施焊。

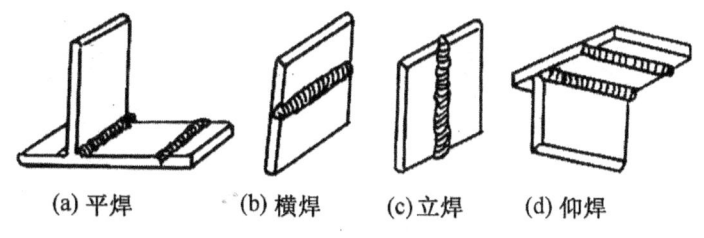

(a) 平焊　　(b) 横焊　　(c) 立焊　　(d) 仰焊

图4-9　焊缝的空间位置

6. 手工电弧焊的焊接工艺参数

手工电弧焊的焊接工艺参数主要有焊条直径、焊接电流和焊接速度等。

焊条直径应根据板厚、接头形式和焊缝位置来确定。不同厚度焊件选用的焊条可参考表4-2。对于厚板，角焊应选用较大直径的焊条，以利于提高生产率；而对于立焊和仰焊，为了控制熔池，防止熔池金属下坠，应选取较小直径的焊条，一般焊条直径应小于4 mm。

表4-2　不同板厚推荐使用的焊条直径　　　　　　　　　　　　单位：mm

板厚	2	3	4～5	6～12	≥13
焊条直径	2	3.2	3.2～4	4～5	4～6

焊接电流主要影响焊条的熔化速度和输入熔池的热量。若焊接电流太大，金属熔化快、熔深大，易产生咬边和烧穿等缺陷；而焊接电流太小，输入热量少，又可能造成未焊透和夹渣，且生产率低。选择焊接电流可参考焊条使用说明书，亦可用经验公式：

$$I = kd$$

式中，I 为焊接电流，A；d 为焊条直径，mm；k 为经验系数，一般为 30～50，如果焊条直径较小，则应选较小的系数。当采用直流电源焊接时，选用的焊接电流应比交流电源小 10%；横焊、立焊和仰焊位置的焊接电流应比平焊位置减小 10%～15%。

焊接速度是指单位时间内完成焊缝的长度。焊接速度太快，焊波高而尖，焊缝熔宽和焊深都减小，甚至可能产生夹渣和未焊透的缺陷；焊接速度太慢，焊缝宽度和堆高增加，焊接生产率低，焊薄板时还易烧穿。因此，应注意控制好熔池宽度，并均匀地向前移动焊条。

（二）埋弧焊

埋弧焊是用颗粒状焊剂代替焊条药皮，用连续自动送进的焊丝代替焊芯，通过焊机自动完成引弧、送丝和运条等焊接操作的焊接方法。

埋弧焊的焊接设备（图 4-10）主要由焊接电源、控制箱、焊丝送进机构、小车行走机构及焊剂输送器等组成。

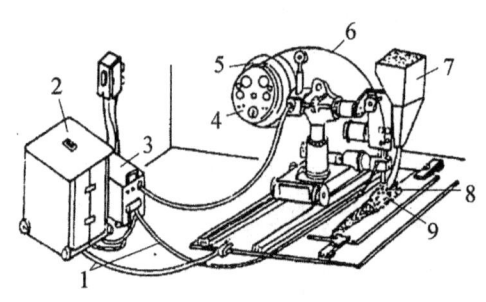
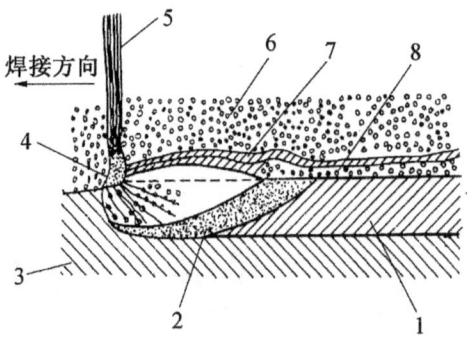

图 4-10 埋弧焊机
1—焊接电缆；2—焊接电源；3—控制箱；4—操纵盘；
5—焊丝盘；6—焊丝；7—焊剂漏斗；8—电弧；9—焊剂

图 4-11 埋弧自动焊原理示意图
1—焊缝；2—金属熔池；3—基本金属；4—电弧；
5—焊丝；6—焊剂；7—熔渣；8—渣壳

埋弧焊的焊接原理示意图如图 4-11 所示。首先引燃电弧，使焊件、焊丝和焊剂熔化，所产生的气体在固体焊剂层下形成一个气泡，电弧在这个气泡内燃烧。由于气泡被具有一定粘度的熔渣弹性膜壳包住，故可隔绝空气，并使焊接弧光不致散射出来。裸焊丝由送丝机构自动送进，并按选定的弧长燃烧。随着焊接小车（或焊件）沿焊接方向的运动，熔池凝固后，就形成了连续的焊缝。

焊丝与焊剂是埋弧焊及电渣焊的焊接材料。焊丝的作用相当于焊条的焊芯；焊剂的作用相当于焊条药皮，在焊接过程中，能隔绝空气，使焊缝金属免受空气侵害，同时对焊缝金属起类似焊条药皮的一系列冶金作用。因此，焊丝和焊剂一起是决定焊缝金属化学成分和性能的主要因素，应合理选用。

埋弧焊焊剂按制造方法可分为熔炼焊剂和陶质焊剂两大类。熔炼焊剂是将原材料配好后在炉中熔炼而成，呈玻璃状，颗粒强度高，化学成分均匀，不吸收水分，适于大量生产。熔炼焊剂按化学成分又可分为高锰、中锰、低锰、无锰几种。陶质焊剂是非熔炼焊剂，是用矿石、铁合金及粘接剂按一定比例配制成颗粒状，经 300～400℃ 干燥固结而成。这类焊剂易于向焊缝金属补充或添加合金元素，但颗粒强度较低，容易吸潮。

常用熔炼焊剂的使用范围及配用焊丝见表 4-3。

表 4-3 国产熔炼焊剂使用范围及配用焊丝

牌号	焊剂类型	配用焊丝	使用范围
HJ 130	无锰高硅低氟	H10Mn2	焊接低碳钢及普通低合金结构钢，如 16Mn 等
HJ 230	低锰高硅低氟	H08MnA, H10Mn2	低碳钢及普通低合金钢
HJ 250	低锰中硅中氟	H08MnMoA, H08Mn2MoA	焊接 15MnV, 14MnMoV, 18MnMoNb 等
HJ 260	低锰高硅中氟	Cr19Ni9	焊接不锈钢
HJ 330	中锰高硅低氟	H08MnA, H08Mn2	焊接重要低碳钢及低合金钢
HJ 350	中锰中硅中氟	H08MnMoA, H08MnSi	焊接含 MnMo、MnSi 的低合金高强度钢
HJ 431	高锰高硅低氟	H08A, H08MnA	焊接低碳钢及普通低合金结构钢

埋弧焊要求更仔细的下料、准备坡口和装配。装配时要用优质焊条定位焊。下料、开坡口和装配如不准确，就会因尺寸变化使焊缝成形不均匀，甚至产生大的缺陷。

焊接前，应将焊缝两侧 50～60 mm 内的一切油垢与铁锈除去，以免产生气孔。

埋弧焊一般都在平焊位置焊接，用于焊接对接和 T 形接头的长的直线焊缝。对接板厚 20 mm 以下的焊件时，可采用单面焊接，如设计要求（如锅炉或容器）也可以双面焊接。焊件厚度超过 20 mm 时，可进行双面焊接，或者开坡口采用单面焊接。由于引弧处和断

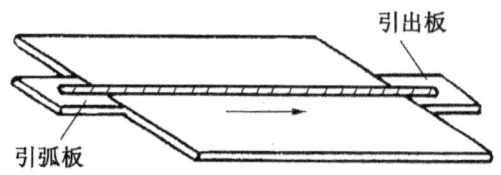

图 4-12 埋弧焊的引弧板与引出板

弧处质量不易保证，焊前可在接缝两端焊上引弧板和引出板（图 4-12），焊后再去掉。为保持焊缝成形和防止烧穿，生产中常采用各种类型的焊剂垫与垫板（图 4-13），或者先用手弧焊打底。

焊接筒体对接环缝时（图 4-14），焊件以选定的焊接速度旋转，焊丝位置不动，为防止熔池中液态金属流失，焊丝位置应以逆时针方向旋转，从而偏离焊件中心线一定距离 a。设计要求双面焊时，应先焊内环缝，清根后再焊外环缝。

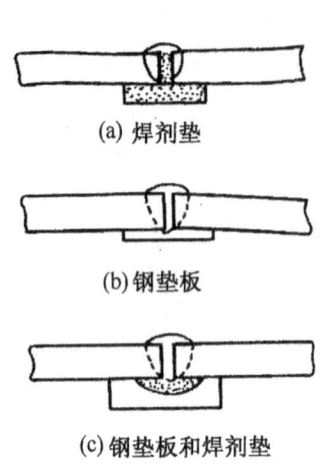

图 4-13 埋弧焊的焊剂垫和钢垫板

(a) 焊剂垫
(b) 钢垫板
(c) 钢垫板和焊剂垫

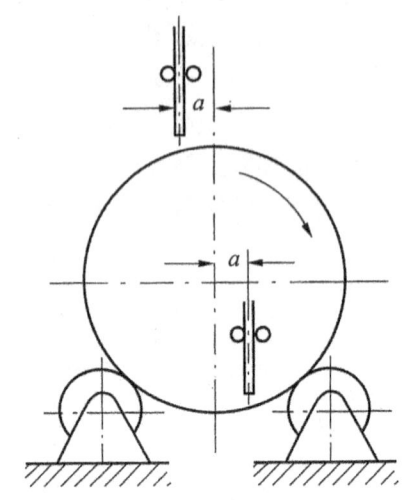

图 4-14 环缝埋弧焊示意图

二、气焊

(一) 氩弧焊

氩弧焊是使用氩气作为保护气体的气体保护焊。氩气是惰性气体，可保护电极和熔化金属不受空气的有害作用（图 4-15）。在高温情况下，氩气不和金属起化学反应，也不熔于金属，因此氩弧焊的焊接质量比较高。

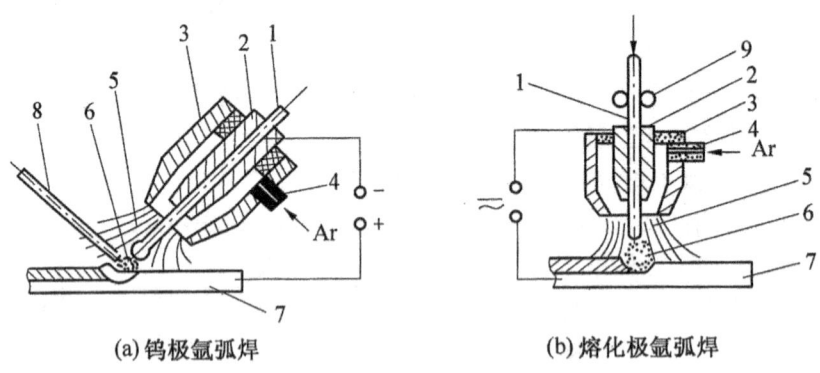

(a) 钨极氩弧焊　　　　　　　(b) 熔化极氩弧焊

图 4-15 氩弧焊示意图

1—焊丝或电极；2—导电嘴；3—喷嘴；4—进气管；5—氩气；
6—电弧；7—焊件；8—填充焊丝；9—送丝辊轮

氩弧焊按所用电极的不同可分为钨极氩弧焊、熔化极氩弧焊和钨极脉冲氩弧焊等。

1. 钨极氩弧焊

钨极氩弧焊以高熔点的铈钨棒作为电极，焊接时，钨极不熔化，只起导电和产生电弧的作用，易于实现机械化。因钨极所能通过的电流有限，所以只适于焊接板厚在 6 mm 以下的焊件。

手工钨极氩弧焊的操作与气焊相似。焊接厚 3 mm 以下的薄件时，常采用卷边（弯边）接头直接熔合。焊接较厚焊件时，需用手工添加填充金属（图 4-15a）。焊接钢材时，多用直流正接法，以减小钨极的烧损。焊接铝镁及其合金时，则希望用直流反接或交流电源，因极间正离子撞击焊件熔池表面，可使氧化膜破碎，有利于焊接熔合和保证质量。

2. 熔化极氩弧焊

熔化极氩弧焊以连续送进的焊丝为电极（图 4-15b），可以用较大的电流焊接厚 25mm 以下的焊件。它可分为自动熔化极氩弧焊与半自动熔化极氩弧焊两种形式，前者与埋弧焊相似，后者送丝与保证弧长是自动的，但由焊工手持焊枪进行操作，因此可以焊接曲折的和狭窄部位的焊缝。

3. 钨极脉冲氩弧焊

焊接时，电流的幅值按一定的频率由高值到低值周期地变换，其电流波形如图 4-16 所示。用脉冲电流焊成的连续焊缝，实质上可以看成是许多单个脉冲所形成的熔池连续重叠搭接而成。高值脉冲电流时形成熔池；低值基本电流时热量少，熔池凝固。

对于钨极脉冲氩弧焊，通过对脉冲波形、脉冲电流、基本电流与两电流的持续时间的调节与控制，可以准

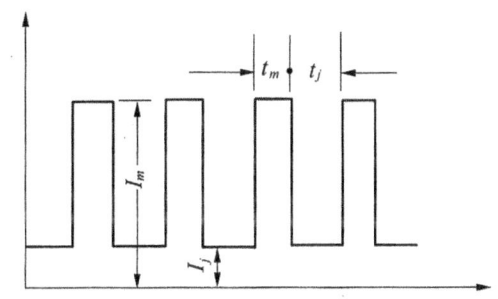

图 4-16 脉冲电流波形示意图
I_m—脉冲电流；I_j—基本电流；t_m—脉冲电流持续时间；
t_j—基本电流持续时间

确改变和控制焊接工艺参数和能量的大小，从而可以控制焊缝的尺寸和焊接质量。

脉冲氩弧焊的特点是：

(1) 焊缝是脉冲式的熔化、凝固，易于控制，可避免薄件烧穿，适于焊接厚 0.1～5mm 的钢材或管材，能实现单面焊双面成形，保证根部焊透。

(2) 熔池脉冲式熔化凝固，易于克服因表面张力小或自身重量影响造成的焊缝偏浆与塌陷等缺陷，适合于各种空间位置焊接，易于实现全位置自动焊。

(3) 容易调节焊接工艺参数、能量和焊缝在高温停留时间，因而适合于淬火钢和高强度钢的焊接，可减少裂纹倾向和焊接变形。

(4) 焊接质量稳定，焊接接头的力学性能比普通氩弧焊高。

焊接用的氩气一般用钢瓶装运，当氩气中含有氧、氮、二氧化碳或水分时，会降低氩气的保护作用并造成夹渣、气孔等缺陷。因此，焊接铝、镁及其合金时，氩气纯度应不小于 99.9%；焊接不锈钢、耐热钢、铜及其合金时，氩气纯度应不小于 99.7%。由于氩气只起保护作用，焊接过程中没有冶金反应，所以氩弧焊焊前必须把焊接接头表面清理干净，否则杂质与氧化物会留在焊缝内，使焊缝质量显著下降。

氩弧焊的特点：

(1) 由于用惰性气体氩气作保护，适于焊接各类合金钢、易氧化的有色金属，以及锆、钽、钼等稀有金属。

(2) 氩弧焊电弧稳定，飞溅小，焊缝致密，表面没有焊渣，焊缝成形美观。

(3) 电弧和熔池区是气体保护，明弧可见，便于操作，容易实现全位置自动焊接。在

工业中已开始应用的焊接机器人,一般都采用氩弧焊或 CO_2 气体保护焊。

(4) 电弧在气流压缩下燃烧,热量集中,熔池较小,焊接速度较快,因此,焊接热影响区较窄,焊件焊后变形小。

氩弧焊与电渣保护的焊接方法比较,虽有以上特点,但氩气价格较高,因此目前主要用于焊接铝、镁、钛及其合金,也用于焊接不锈钢、耐热钢和一部分重要的低合金结构钢。

(二) 二氧化碳 (CO_2) 气体保护焊

二氧化碳气体保护焊(简称 CO_2 焊)是用 CO_2 作为保护气体的电弧焊方法。

CO_2 焊机由直流电源、送丝机构、供气系统、控制系统及自动化焊接机构或半自动焊焊枪组成(图 4-17)。

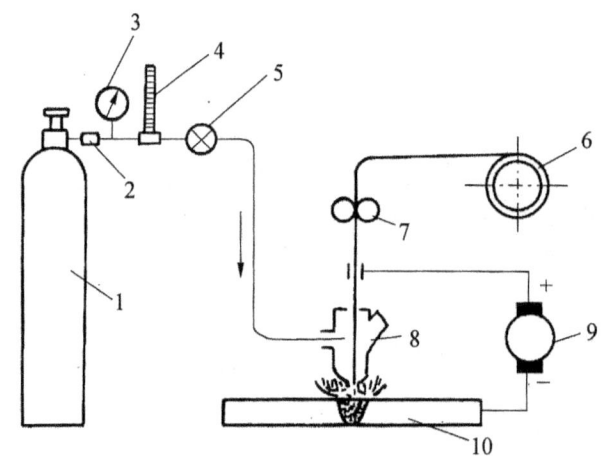

图 4-17　CO_2 气体保护焊示意图

1—CO_2 气瓶;2—干燥瓶;3—减压器;4—流量计;5—阀;6—焊丝;
7—送丝机;8—焊炬;9—电源;10—焊件

焊接时焊丝由软管经导电嘴中心送出;CO_2 气体从喷嘴中以一定压力和流量喷出,排除焊接区的空气,把电弧和熔池包围起来,以防止空气进入。为了防止 CO_2 对金属的氧化,CO_2 焊必须用含强脱氧剂的专用焊丝(如 H08Mn2SiA)对熔池金属进行脱氧。

CO_2 焊的显著特点是:成本低(为手工电弧焊成本的 40% 左右);焊后不需清渣,生产率高;能进行全位置焊接,便于实现自动控制。CO_2 焊主要适用于焊接低碳钢和强度级别不高的低合金钢的中、薄板结构。

CO_2 焊的缺点是 CO_2 的氧化作用使熔滴飞溅较为严重,因此焊缝表面成形不够光滑。另外,焊接烟雾较大,弧光强烈;如果控制或操作不当,容易产生气孔。

三、电阻焊

电阻焊又称压焊或接触焊。焊件组合后,通过电极施加压力,利用电流通过接头的接触面和邻近区域所产生的电阻热加热焊件,使之连接。

电阻焊的种类很多,由于接头形式不同,焊接方法也不一样,搭接接头适于采用点焊、凸焊和缝焊;对接接头仅适于采用电阻对焊和闪光对焊。根据接头形式和工艺方法的不同,电阻焊分类如下:

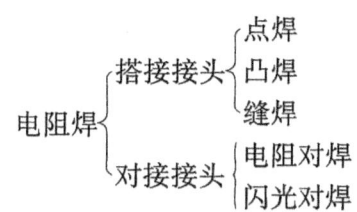

电阻焊具有以下优点：

(1) 冶金过程简单。熔核被塑性环包围，不受外界空气的影响，熔核内不易产生冶金缺陷。

(2) 热影响区小，焊接变形与应力小。焊后一般无需安排校形和热处理工序。

(3) 不需要焊丝、焊条等填充金属；也不需要其他一些辅助材料，所以成本低。

(4) 加热时间短、焊接速度快，因此生产率高。

(5) 操作简单，易于实现机械化、自动化。

(6) 电阻焊时，不放出有害的气体和强光，劳动条件好。

电阻焊有下述缺点：

(1) 焊接设备费用较高，投资较大。

(2) 需要大功率的电网供电，一般电阻焊机功率为几十至几百千伏安。

(3) 电阻焊同气焊、电弧焊相比，设备搬运麻烦，不能灵活机动地工作。

电阻焊时，电流通过焊件发热量的大小可由焦耳-楞次定律确定：

$$Q = I^2 R t$$

式中，Q 为电阻焊时所产生的电阻热，J；I 为焊接电流，A；R 为两电极之间的电阻，Ω；t 为通电时间，s。

不同的焊接方法，电阻也不同。点焊时的电阻是由焊件本身电阻 $R_件$、焊件与焊件之间的接触电阻 $R_触}$，以及电极与焊件之间的接触电阻 $R_极$ 组成的，即 $R = 2R_件 + R_触 + R_极$。

这些导体表面总是凹凸不平的，因而导体之间的接触实际上是一些点接触，放大看如图 4-18 所示。

实验证明，中间有接触面的接触电阻比同样材料和同样大小的整体金属的电阻大得多，这种在导体接触面上特有的电阻叫做接触电阻。

产生接触电阻的原因主要是接触处导电面积缩小，迫使电流线弯曲而且变长；接触面存在着氧化物等脏物，它们的电阻远大于导体的电阻。

接触电阻的大小主要与下列因素有关：

(1) 增大压力 F 时，接触点因受压而变形，使接触面积变大，同时表面氧化膜也局部被破坏，因而接触电阻减小。

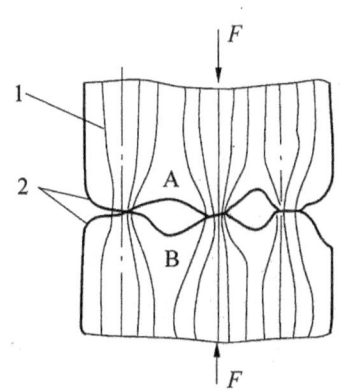

图 4-18 导体间接触情况
1—电流线；2—表面氧化膜

(2) 硬度低、导电性能好的材料，其接触电阻较小，如铝合金的接触电阻小于低碳钢的接触电阻。

(3) 表面状态对接触电阻有很大影响，如低碳钢酸洗后厚度为 3 mm，$F = 2\,000$ kN，

$T=20\ ℃$ 时,其接触电阻 $R_{触}=300\ \mu\Omega$,砂轮打磨后 $R_{触}=160\ \mu\Omega$,清洗完又生锈则 $R_{触}=80\,000\ \mu\Omega$。生产中因焊件表面有锈而不能点焊,其原因就是接触电阻太大。

(4) 温升使金属变软,氧化膜破坏,故接触电阻迅速下降。

在生产中,常常因焊件表面清理不良,接触电阻过大,使焊件过热,甚至烧穿焊件。因此,应特别注意焊件表面的清理工作,以免影响焊接质量。

焊件电阻是焊接加热的主要热源,其大小与焊接长度(或厚度)、截面积(或电极与焊件的接触面)及材料的电阻率有关。假定加热时电流在电极直径 d 所限定的焊件金属柱中通过,则焊件电阻 $R_{件}$(单位 Ω)可按下式计算:

$$R_{件} = \rho_r L / A$$

式中,L 为焊接长度,即厚度,cm;A 为电极与工件的接触面积,cm²;ρ_r 为温度为 20 ℃时,焊件金属电阻率,$\Omega\cdot$cm,见表 4-4。

表 4-4 焊件金属电阻率

材 料 种 类	20 ℃电阻率/ ($\times 10^{-5}\Omega\cdot$cm)	熔点/℃	20 ℃时的热导率/ ($W\cdot m^{-1}\cdot K^{-1}$)
低碳钢 (20)	15.9	1530	0.11
硬铝 LY12 (M)	3.346	638	0.46
黄铜 H96	3.1	1065	0.58
黄铜 H59	7.1	905	0.26
奥氏体不锈钢 (1Cr18NiTi)	70	1440	0.036

这种计算方法没有考虑焊件接触情况,实际 $R_{件}$ 除了与电极直径 d 和焊件厚度 δ 有关外,还与电极压力 F 有关。当 F 增加时,因焊件间接触面积加大,使 $R_{件}$ 减小;电极直径 d 减小,焊件厚度 δ 增加,会使 $R_{件}$ 增大。

电阻焊详细介绍请见本章第二节。

四、其他常用焊接方法

(一) 电渣焊

电渣焊是利用电流通过液态熔渣所产生的电阻热进行焊接的方法。电渣焊一般都是在垂直立焊位置进行焊接,其焊接过程如图 4-19 所示。两个焊件 1 相距 25~35 mm。固态焊剂熔化后形成的渣池 3 具有较大的电阻,当电流通过时产生大量电阻热,使渣池温度保持在 1700~2000 ℃。焊丝 2 和工件 1 被渣池加热熔化而形成金属熔池 4。焊件待焊端面两侧,各装有冷却铜滑块 5,使液态熔渣及金属熔池不会外溢。冷却水从滑块内部通过,迫使熔池冷却并凝固成为焊缝 6。在焊接过程中,焊丝不断地送进并被熔化,熔池及渣池逐渐上升,

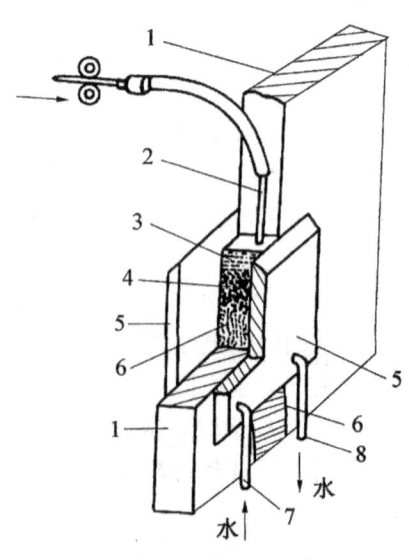

图 4-19 电渣焊示意图
1—焊件;2—焊丝;3—渣池;4—熔池;
5—冷却铜滑块;6—焊缝;7、8—冷却水进出

冷却滑块也同时配合上升，从而使立焊缝由下向上顺次形成。

由于渣池热量多，温度高，与熔渣接触的待焊端面都被熔化一层，而且焊丝在焊接时还可左右缓慢摆动，因此很厚的焊件也可用电渣焊一次焊成。例如单丝不摆动可焊接厚度为 40～60 mm，单丝摆动可焊接厚度为 60～150 mm，三丝摆动可焊接厚度为 450 mm。

电渣焊与其他焊接方法比较有以下特点：

（1）很厚的焊件可一次形成。这样就改变大型产品制造的工艺过程，用铸—焊、锻—焊的复合结构拼小成大，以代替巨大的铸造或锻造结构，可节省大量的金属材料和铸、锻设备投资。

（2）生产率高、成本低。焊接厚度在 40 mm 以上的焊件，即使用埋弧焊，也必须开坡口进行多层焊；电渣焊对任何厚度的焊件都不需要开坡口，只要使焊接端面之间保持 25～35 mm 的间隙就可以一次焊成。因此，生产率高、成本低、消耗的焊接材料较少。

（3）焊缝金属比较纯净。电渣焊的熔池保护严密，而且保持液态时间较长，因此冶金过程进行得比较完善，熔池中的气体与杂质有较充分的时间浮出。由于冷却条件和焊缝金属的结晶方向也有利于排出低熔点杂质，因此焊缝金属比较纯净。

（4）电渣焊是一次焊成的，焊接速度比较慢，因此焊缝区焊后冷却速度较慢，焊接应力较小，适于焊接塑性较差的中碳钢与合金结构钢。但因焊缝区在高温停留时间较长，热影响区比其他焊接方法都宽，晶粒粗大，易产生过热组织，因此一般都要进行焊后热处理，例如正火处理，以改善焊件的性能。

进行电渣焊之前，应很好地清整焊接端面，并将侧面边缘加工到一定光滑程度，以利于冷却滑块贴附和滑行。在焊件的下边应加引入板和引弧板（图 4-20），在焊件上端应加引出板。为了固定两个焊件的相对位置，防止焊接收缩变形，在焊件上常常焊上Π形铁。

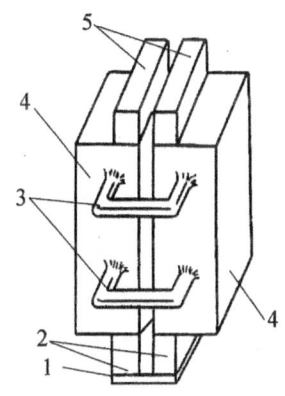

图 4-20 电渣焊工件装配图
1—引弧板；2—引入板；
3—Π形铁；4—焊件；
5—引出板

焊接时，先把颗粒状焊剂放在引弧板与滑块中间达到一定高度，然后使焊机送入焊丝并引燃电弧。电弧将焊剂熔化成熔渣达到一定深度后，电弧被淹没而熄灭，电流通过熔渣即转入电渣焊过程。

焊接接近终了时，应将渣池升到引出板中，当金属熔池高出焊件上边缘一定尺寸后停机，终止焊接。最后将引入板、引出板、Π形铁等切掉。

（二）等离子弧焊

借助水冷喷嘴对电弧的拘束作用，以获得较高能量密度的等离子弧进行焊接的方法称为等离子弧焊。

一般电弧焊所产生的电弧，未受到外界约束，称之为自由电弧，电弧区内的气体尚未完全电离，能量也未高度集中。如果利用一些装置使自由电弧的弧柱受到压缩（称为压缩效应），弧柱中的气体就完全电离，产生温度比自由电弧高得多的等离子电弧。

等离子电弧发生装置如图 4-21 所示。在钨极和焊件之间加一较高电压，经高频振荡使气体电离形成电弧；此电弧在通过具有细孔道的喷嘴时，弧柱被强迫缩小，此作用称为

"机械压缩效应";当通入一定压力和流量的氢气或氮气时,冷气流均匀地包围着电弧,使弧柱外围受到强烈冷却,迫使带电粒子流(离子和电子)往弧柱中心集中,弧柱被进一步压缩,这种压缩作用称为"热压缩效应"。在上述两种效应作用下,弧柱被压缩到很细的范围之内,能量高度集中,弧柱内的气体完全电离为电子和离子,特称之为等离子弧,其温度可达到 16000 K 以上。

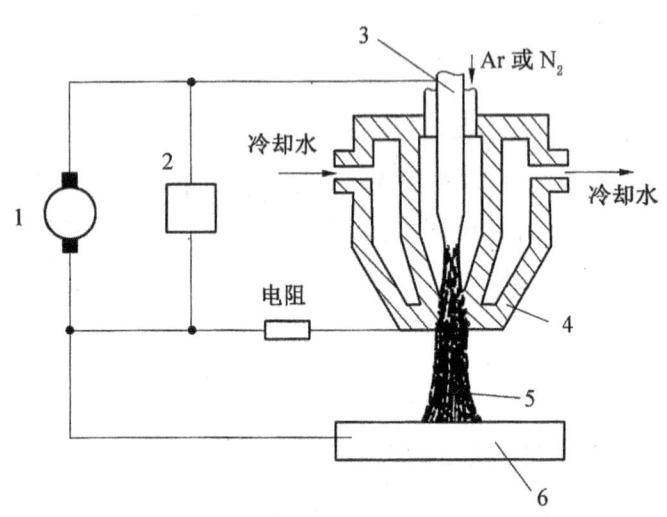

图 4-21 等离子弧发生装置原理图
1—直流电源;2—高频振荡器;3—钨极;4—喷嘴;5—等离子弧;6—焊件

等离子弧用于切割,称之为"等离子弧切割",它不仅比气割提高效率 1~3 倍,还可以切割不锈钢、铝、铜及其合金以及难熔的金属和非金属材料。

等离子弧焊应使用专用的焊接设备与焊枪。焊枪的构造应能保证在等离子弧周围再通以均匀的保护氩气流,以保护熔池和焊缝不受空气的有害作用。所以,等离子弧焊实质上是一种具有压缩效应的钨极气体保护焊。

等离子弧焊可分为微束等离子弧焊和大电流等离子弧焊。

微束等离子弧焊时,电流在 30 A 以下,等离子弧喷射速度和能量密度较小,比较柔和,可用于焊接 0.025~2.5 mm 的箔材及薄板。

当焊件厚度大于 2.5 mm 时,常采用大电流。此时气体流量大,等离子弧挺直度大,温度高,当规范选择合适时,等离子弧能穿透整个焊件,焊后的焊缝宽度和高度均匀一致,双面成形良好,焊缝表面光洁。

等离子弧焊除具有氩弧焊的优点外,还有以下特点:

(1) 等离子弧能量密度大,弧柱温度高,所以 10~20 mm 厚度的钢材开 I 形坡口,能一次焊透,双面成形,焊接速度快,生产率高,应力变形小。

(2) 电流小到 0.1 A 时,电弧仍能稳定燃烧;能保持良好的挺直度和方向性,所以可焊接很薄的箔材。

等离子弧焊在生产中已广泛应用,特别是国防工业及尖端技术所用的铜合金、合金钢,以及钨、钼、钴、钛等金属及其合金的焊接。如钛合金导弹壳体、波纹管及膜盒、微型继电器、电容器的外壳封焊以及飞机上一些薄壁容器等均可用等离子焊。因汽车以黑色金属薄板焊接为主,故在汽车生产中常用的是微束等离子弧焊接。

(三) 真空电子束焊

真空电子束焊是利用加速和聚焦的电子束轰击置于真空中的焊件所产生的热能进行焊接的方法。随着原子能、导弹和宇航技术的发展,大量应用了锆、钛、钽、钼、铌、铂、镍及其合金。这些金属对焊接质量要求很高,用一般的气体保护焊常不能得到满意的结果,直到1956年真空电子束焊研制成功,才顺利地解决了上述稀有和难熔金属的焊接问题。

图4-22为真空电子束焊示意图。

电子枪、焊件及夹具全部装在真空室内。电子枪由加热灯丝、阴极、阳极及聚焦装置等组成。当阴极被灯丝加热到2 600 K时,能发出大量电子。这些电子在阴极与阳极(焊件)间的高电压作用下,经电磁透镜聚焦成电子流束,以极大速度(可达160 000 km/s)射向焊件表面,电子的动能变为热能,能量密度($10^6 \sim 10^8$ W/cm²)均比普通电弧大1 000倍,能使焊件金属迅速熔化甚至汽化。根据焊件的熔化程度适当移动焊件,即能得到要求的焊接接头。

聚焦电磁透镜由单独的直流电源供电,为调节电子束的相对位置,还另设有偏转装置。

真空室一般用低碳钢制造,纵向直径有的已超过10 m,内壁应抛光。真空室有门,可以取放焊件,另装有观察窗,以便观察、控制焊接过程。焊接时,真空室内的真空度一般为$1.33 \times 10^{-2} \sim 1.33 \times 10^{-3}$ Pa。

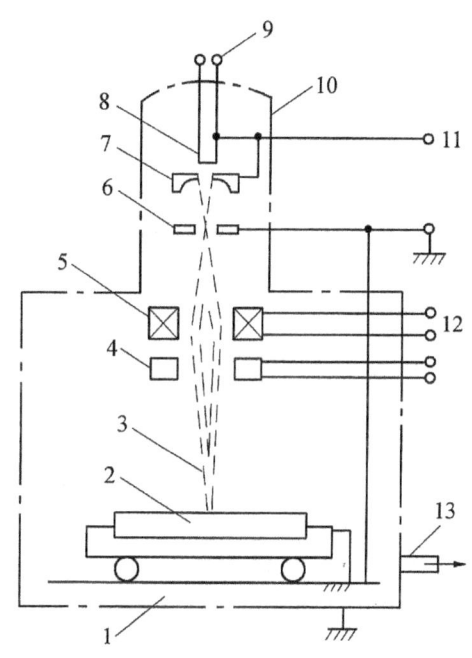

图4-22 真空电子束焊示意图
1—真空室;2—焊件;3—电子束;4—偏转线圈;
5—聚焦透镜;6—阳极;7—阴极;8—灯丝;
9—交流电源;10—电子枪;11—直流高压电源;
12—直流电源;13—排气装置

电子束能量密度可根据焊件厚度调节,能量密度小时,电子束能量集中于焊件表面,焊接过程与一般电弧焊相似。电子束能量密度大时,能使焊件在瞬间内熔化并蒸发,强烈的金属蒸气流将部分液态金属排出电子束作用区,形成深细的、被液相围成的空腔,电子束在其内再聚焦深入焊件下部,熔深可达200 mm。

真空电子束焊的特点如下:

(1) 在真空中进行焊接,焊件金属不会氧化、氮化,且无金属电极玷污,所以能保证焊缝金属的高纯度。焊缝表面平滑洁净,没有弧坑或其他表面缺陷,内部熔合良好,无气孔、夹渣。

(2) 热源能量密度大,熔深大,焊接速度快,焊缝深而窄,焊缝宽深比可达1:20,能单道焊厚件。因此,焊接热影响区很小,基本上不产生焊接变形,可防止难熔金属焊接时易产生的裂纹与泄漏,可对精加工后的零件进行焊接。

(3) 厚件也只需开 I 形坡口，焊接时一般不必另加填充金属。但接头要加工得平整洁净，装配紧密不留间隙。

(4) 电子束参数可在较宽范围内调节，而且焊接过程控制灵活，适应性强。

目前，真空电子束焊的应用范围正在日益扩大，从微型电子线路组件、真空膜盒、铝箔蜂窝结构、原子能燃料原件到大型导弹外壳都已采用电子束焊接。此外，熔点、导热性、溶解度相差很大的异种金属构件，真空中使用的器件和内部要求真空的密封器件等，用真空电子束焊也能得到良好的焊接接头。

真空电子束焊的缺点是设备复杂、造价高、使用与维护技术要求高，焊件尺寸受真空室限制，对焊件的清理与装配要求严格，因而，其应用也受到一定的限制。

（四）激光焊

激光焊是以聚焦的激光束作为能源轰击焊件所产生的热量进行焊接的方法。

利用原子受激辐射原理，使物质受激而产生波长均一、方向一致和强度很高的光束，这种光束称为激光。产生激光的器件即为激光器。激光与普通光（太阳光、电灯光、烛光、荧光）不同，它具有单色性好、方向性好以及能量密度高等特点，所以被成功地用于金属或非金属材料的焊接、穿孔和切割。

激光焊的示意图如图 4-23 所示。在焊接中应用的激光器，目前有固体及气体介质两种。固体激光器常用的激光材料是红宝石、钕玻璃或掺杂钕铝石榴石，气体的则是二氧化碳。

激光焊的基本原理是：利用物质受激产生的激光束，通过聚焦系统聚焦到十分微小的焦点（光斑），其能量密度大于 10^5 W/cm^2，当调焦到焊件接缝时，光能转换为热能，从而使金属熔化成为焊接接头。

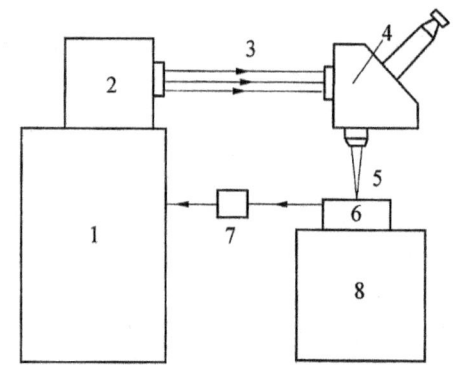

图 4-23 激光焊示意图
1—电源与控制设备；2—激光器；3—激光束；
4—观察瞄准器及聚焦系统；5—聚焦光束；
6—焊件；7—信号器；8—工作台

按激光器的工作方式，激光焊可分为脉冲激光点焊和连续激光焊两种。目前脉冲激光点焊已得到广泛应用。

通用激光点焊设备的单个脉冲输出能量为 10 J 左右，脉冲持续时间一般不超 10 ms，主要用于厚度为 0.5 mm 以下的金属箔材或直径在 0.6 mm 以下的金属线材的焊接。

连续激光焊主要使用大功率 CO_2 气体激光器，其连续输出功率已达几十千瓦，能够成功地焊接不锈钢、硅钢、铝、镍、钛等金属及其合金。

激光焊的特点如下：

(1) 激光辐射的能量放出极其迅速，点焊过程只有几毫秒，这不仅提高了生产率，而且被焊材料不易氧化，因此可以在大气中焊接，而不需要气体保护或真空环境。

(2) 激光焊的能量密度很高，热量集中，作用时间很短，所以焊接热影响区极小，焊件不变形。因此，特别适于热敏感材料的焊接。

(3) 激光束可用反射镜或偏转棱镜将其在任何方向上弯曲或聚焦，可用光学纤维引到难以接近的部位；激光还可以通过透明材料壁进行聚焦。因此，可以焊接一般焊接难以接近的接头或无法安置的焊点。

（4）激光可对绝缘材料直接焊接，焊接异种金属材料比较容易，甚至能把金属与非金属焊在一起。

激光焊（主要是脉冲激光点焊）特别适于焊接微型、精密、排列非常密集和热敏感的焊件，激光点焊除焊接一般薄板、箔材的搭接接头外，还可焊接细的金属线材。激光焊已广泛用于微电子元件，如集成电路内外引线焊接，微型继电器、电容器、石英晶体的管壳封焊，以及仪表游丝的焊接等。在汽车工业中的应用也发展很快。

但激光焊设备的功率小，可焊接厚度受到一定限制，而且操作与维护的技术要求较高。

（五）摩擦焊

摩擦焊是利用焊件表面相互摩擦产生的热，使焊件端面达到热塑性状态，然后迅速顶锻，完成焊接的一种压焊方法。

图 4-24 为摩擦焊示意图，先将两焊件夹在焊机上，加一定压力使焊件紧密接触，然后焊件 1 作旋转运动，使焊件接触面相对摩擦产生热量，待焊件端面被加热到高温塑性状态时，利用刹车装置使焊件 1 停止旋转，并在焊件 2 的端面加大压力使两焊件产生塑性变形而焊接起来。

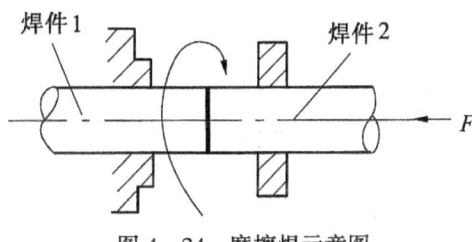

图 4-24 摩擦焊示意图

摩擦焊的特点如下：

（1）在摩擦过程中，焊接接触表面的氧化膜与杂质被清除，因此接头组织致密，不易产生气孔、夹渣等缺陷，接头质量好而且稳定。

（2）可焊接的金属范围较广，不仅可焊同种金属，而且可将异种金属焊接起来。

（3）焊接操作简单，不需要焊接材料，容易实现自动控制，生产率高。

（4）设备简单（可用车床改装），电能消耗少（只有闪光对焊的 1/15～1/10）。但要求刹车及加压装置控制灵敏。

摩擦焊接头一般是等断面的，也可以是不等断面的，但需要有一个焊件为圆形或管状。图 4-25 示出了摩擦焊可采用的接头形式。

摩擦焊已广泛用于圆形工件、棒料及管子的对接，可焊实心焊件的直径为 2 mm 以上，管子外径甚至可达几百毫米。

（六）钎焊

钎焊是采用比母材熔点低的金属材料

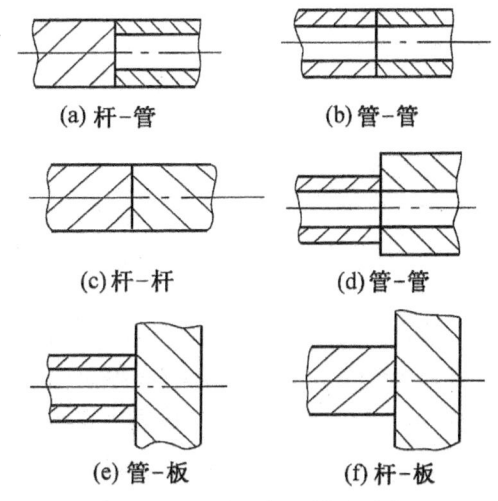

图 4-25 摩擦焊的接头形式

作钎料，将焊件和钎料加热到高于钎料熔点、低于母材熔点的温度，利用液态钎料润湿母材，填充接头间隙并与母材相互扩散，实现连接焊件的一种焊接方法。

钎焊过程是：将表面清洗好的焊件以搭接接头形式装配在一起，把钎料放在接头间隙附近或接头间隙之间。当焊件与钎料加热到稍高于钎料的熔点温度后，钎料熔化（此时焊件未熔化），并借助毛细管作用吸入和充满固态焊件间隙，液态钎料与焊件金属相互扩散溶解，冷凝后即形成钎焊接头。

根据钎焊熔点的不同，钎焊可分为硬钎焊与软钎焊两类。

(1) 硬钎焊。钎料熔点在 450 ℃ 以上，接头强度较高，都在 200 MPa 以上。属于这类的钎料有铜基、银基和镍基等。银基钎料钎焊的接头具有较高的强度、导电性和耐蚀性，而且熔点较低，工艺性好，但银基钎料较贵，仅用于要求高的焊件。镍铬合金钎料可用于钎焊耐热的高强度合金及不锈钢，工作温度可高达 900 ℃，但钎焊的温度要求高于 1 000 ℃ 以上，工艺要求很严。硬钎焊主要用于受力较大的钢件和铜合金构件的焊接，以及工具、刀具的焊接。

(2) 软钎焊。钎料熔点在 450 ℃ 以下，接头强度较低，一般不超过 70 MPa，所以只用于钎焊受力不大、工作温度较低的焊件。常用的钎料是锡铅合金，所以也称锡焊。这类钎料熔点低（一般低于 230 ℃），熔液渗入接头间隙的能力强，所以具有较好的焊接工艺性能。锡铅钎料还有良好的导电性。因此，软钎焊广泛用于焊接受力不大、常温工作的仪表、导电元件以及钢、铜及铜合金等构件。

钎焊构件的接头形式都采用板料搭接和套件镶接，图 4-26 示出了几种常见钎焊接头形式。

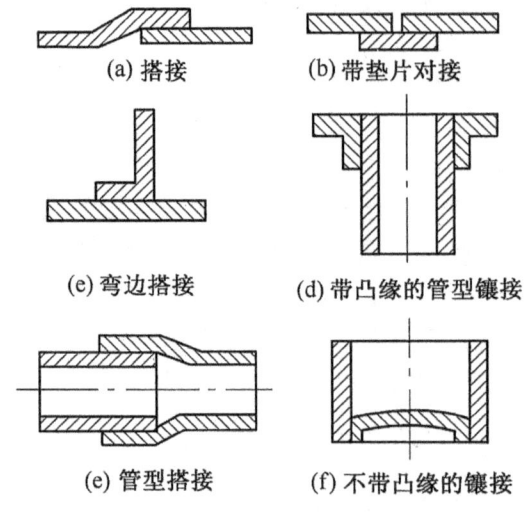

图 4-26 钎焊的接头形式

这些接头都有较大的钎接面，以弥补钎料强度较低的不足，保证接头有一定的承载能力。接头之间应有良好的配合和适当的间隙，间隙太小会影响钎料的渗入与湿润，达不到全部焊合；间隙太大，不但浪费钎料，而且会降低钎料强度。因此，一般钎焊接头间隙取 0.05~0.2 mm。

钎焊过程中，一般都需要使用焊剂。焊剂的作用是：清除被焊金属表面的氧化膜及其他杂质，改善钎料流入间隙的性能（即湿润性），保护钎料及焊件不被氧化，因此焊剂对钎焊质量影响很大。软钎焊时焊剂为松香或氯化锌溶液；硬钎焊的焊剂种类较多，主要由硼砂、硼酸、氟化物、氯化物等组成，应根据钎料种类选用。

钎焊的加热方法可分为烙铁加热、火焰加热、电阻加热、感应加热、炉内加热、盐浴（浸沾）加热等，可根据焊接种类、焊件形状与尺寸、接头数量、质量要求与生产批量等综合选择。其中的烙铁加热温度较低，一般只适用于软钎焊。

与一般熔化焊相比，钎焊的特点是：

(1) 钎焊过程中，焊件加热温度较低，因此组织和力学性能变化很小，变形也小。接头光滑平整，焊件尺寸精确。

(2) 钎焊可以焊接性能差异很大的异种金属，对焊件厚度差也没有严格限制。

(3) 对焊件整体加热钎焊时，可同时钎焊由多条（甚至上千条）接缝组成的复杂形状构件，生产率很高。

(4) 钎焊设备简单，生产投资费用很少。

但钎焊的接头强度较低，尤其是动载强度低，允许工作温度不高，焊前清理要求严格。钎焊常用于电器零部件、异种金属构件以及某些复杂薄板结构，如夹层构件、蜂窝结构等，也常用于各类导线与硬质合金刀具。

第二节　电阻焊及其应用

一、点焊

点焊是焊件装配成搭接接头，并压紧在两电极之间，利用电阻热熔化母材金属，形成焊点的电阻焊方法。

（一）焊点的形成过程

焊点的形成过程是在电极压力作用下通电加热而实现的，通常把完成一个焊点所包括的全部程序称为一个点焊循环。反映点焊循环中电极压力、焊接电流与焊接时间关系的图称作点焊循环图。图4-27为典型的点焊循环图。正常的点焊循环分为四个阶段：预压、焊接、锻压、休止。每个阶段的作用时间分别为 $t_{预}$、$t_{焊}$、$t_{压}$、$t_{止}$，这四个阶段依次相互衔接。

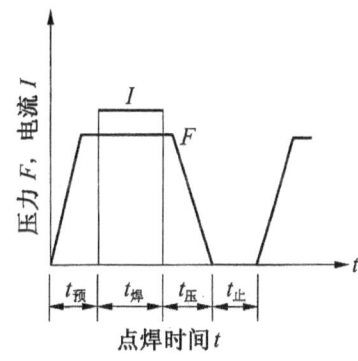

图4-27　点焊循环图

(1) 预压。预压的目的是使焊件在焊接过程中紧密接触。若预压力不足，由于接触电阻过大，瞬时析出大量热量，有可能导致焊件烧穿或将电极的工作表面烧坏。

(2) 焊接。焊接是整个循环最关键的阶段，是形成熔核的过程。熔核形成的过程是加热和散热相互作用的结果。点焊时，两个电极接触表面（直径 d_h）之间的金属柱范围内电流密度较大，被激烈地加热，而金属柱以外的金属则因电流密度小而加热缓慢。由于水冷的铜电极很快散失热量，因此电极与焊件接触面附近温度上升缓慢。图4-28a为点焊时的温度分布示意图。图4-28b为材料厚度方向的温度分布情况；图4-28c为材料纵向的温度分布情况。

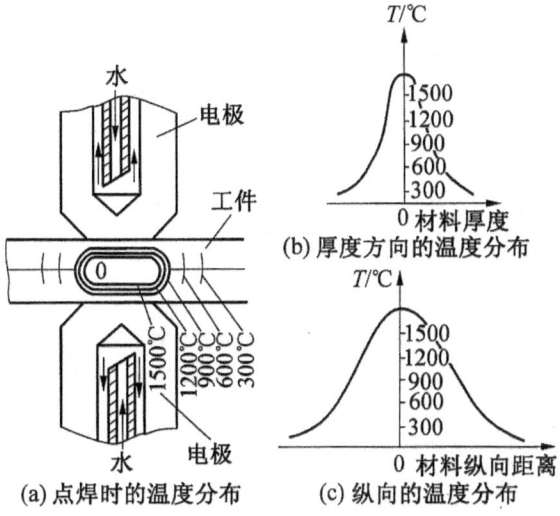

图4-28　点焊时温度分布示意图

接头强度取决于熔核尺寸,熔核直径应随着焊件厚度的加大而增大,当厚度 $\delta \geqslant 0.5\ mm$ 时,其近似关系为:$d_{核}=2\delta+3$。

在点焊过程中,熔核周围的金属同时被加热,并达到塑性状态,在电极压力 F 作用下,彼此也焊接在一起,在熔核周围形成一个塑性金属环。在加热正常情况下,塑性金属环紧紧地包围着熔核,使熔化金属不得向外溢出,如图 4-29a 所示;如果塑性金属环不够紧密,则熔化金属就会被挤到塑性金属之外。在加热过度的情况下,形成点焊过程中的飞溅现象,如图 4-29b 所示。

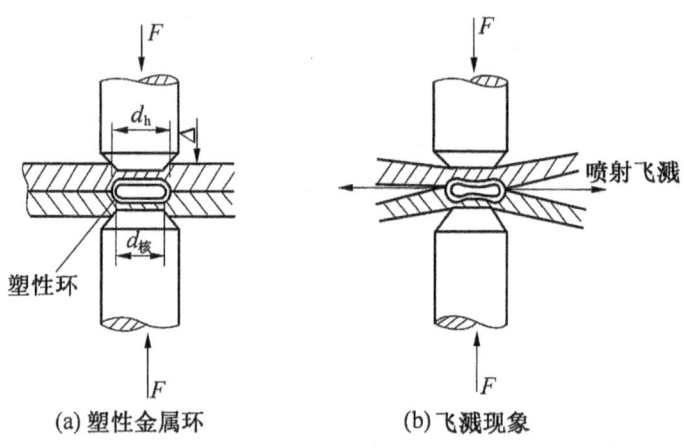

(a) 塑性金属环　　　(b) 飞溅现象

图 4-29 点焊断面图

在压力作用下,焊件表面会形成凹陷,尤其在产生喷射情况下,凹陷更大。合理凹陷深度一般为:$\Delta \leqslant (0.1\sim0.15)\delta$,$\delta$ 为板料厚度。

(3) 锻压。锻压就是在焊接电流切断后,电极继续对熔核进行挤压,同时熔核冷却结晶成为焊点。锻压时间 $t_{压}$ 的长短与金属种类和焊件厚度有关。焊件厚度越大,锻压时间越长。点焊钢件时,厚度若为 $1\sim8\ mm$,锻压时间则为 $0.1\sim2.5\ s$。锻压时间太短,无锻压作用;锻压时间太长,使熔核冷却速度增大,影响焊点的力学性能。

(4) 休止。在休止时间 $t_{止}$ 内,升起电极,移动焊件,准备进行下一个焊点的焊接。

以上是典型点焊循环的各个阶段,但并非所有的金属和合金的点焊都遵循这个过程。有的金属,根据其具体的焊接特性,点焊时要增加新的阶段,如预热、缓冷和回火等。

(二) 点焊的接头形式

图 4-30 所示是点焊时的一些接头形式。

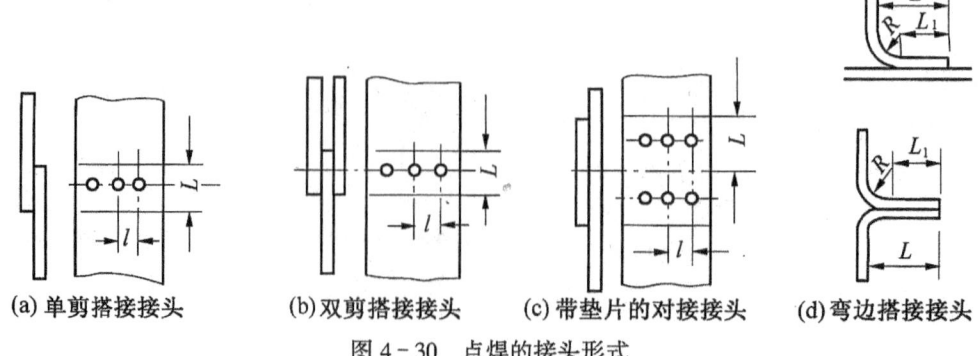

(a) 单剪搭接接头　　(b) 双剪搭接接头　　(c) 带垫片的对接接头　　(d) 弯边搭接接头

图 4-30 点焊的接头形式

根据接头的强度和零部件的结构要求，焊点可以采用单排、双排或多排。

点焊接头的搭边大小（图 4-30 中的尺寸 L），必须选用适当，搭接边最小尺寸可参考表 4-5 中所列数据。

表 4-5　接头的搭接宽度　　　　　　　　　　　　单位：mm

最薄零件厚度	单 排 焊 点			双 排 焊 点		
	结构钢	耐热钢及其合金	轻合金	结构钢	耐热钢及其合金	轻合金
0.5	8	6	12	16	14	22
0.8	9	7	12	18	16	22
1.0	10	8	14	20	18	24
1.2	11	9	14	22	20	26
1.5	12	10	16	24	22	30
2.0	14	12	20	28	26	34
2.5	16	14	24	32	30	40
3.0	18	16	26	36	34	46
3.5	20	18	28	40	38	48
4.0	22	20	30	42	40	50

点焊接头的强度取决于焊点数目，而焊点数目又取决于焊点中心间的距离（图 4-30 中的尺寸 l），焊点间距小，焊点密，接头强度高。但焊点间距越小，分流现象越严重。表 4-6 为常用材料焊点的最小中心距 l_{min}。

表 4-6 中的数据通常为保证接头强度与基体金属强度接近的数值。若采用三层焊接，这一距离应加大 30%；轻合金由于分流较严重，故点距较大，要获得等强度必须采用多排焊点。

表 4-6　焊点的中心距　　　　　　　　　　　　单位：mm

最薄零件厚度 δ_{min}	最小中心距 l_{min}		
	结构钢	耐热钢及其合金	轻合金
0.5	10	8	15
0.8	12	10	15
1.0	12	10	15
1.2	14	12	15
1.5	14	12	20
2.0	16	14	25
2.5	18	16	25
3.0	20	18	30
3.5	22	20	30
4.0	24	22	35

(三) 焊接工艺参数

1. 低碳钢的点焊工艺参数

低碳钢的点焊工艺参数见表 4-7。

表 4-7 低碳钢的点焊工艺参数

焊件厚度 $\delta_1+\delta_2$ /mm	焊接电流 I /A	通电时间 t /s	电极压力 F /N	电极接触表面直径 d_h/mm
0.5+0.5	3500~5000	0.08~0.3	400~500	3.4~4.0
0.8+0.8	5000~6000	0.1~0.3	500~600	4.0~4.5
1.0+1.0	6000~8000	0.2~0.5	800~900	5.0~6.0
1.5+1.5	7000~9000	0.3~0.7	1400~1600	6.0~7.0
2.0+2.0	8000~10000	0.4~0.8	2500~2800	7.0~9.0
3.0+3.0	12000~16000	0.8~1.5	5000~5500	9.0~10.0

2. 不锈钢 1Cr18Ni9Ti，1Cr18Ni9 及 2Cr18Ni9 的点焊工艺参数

不锈钢 1Cr18Ni9Ti，1Cr18Ni9 及 2Cr18Ni9 的点焊工艺参数见表 4-8。

表 4-8 不锈钢的点焊工艺参数

焊件厚度 $\delta_1+\delta_2$ /mm	焊接电流 I /A	通电时间 t /s	电极压力 F /N	电极接触表面直径 d_h/mm
0.2+0.2	2000~3000	0.02~0.04	450~600	2.5
0.35+0.35	2500~3500	0.04~0.06	800~1200	3
0.5+0.5	3000~4000	0.08	1500~1700	4
0.8+0.8	4000~5000	0.10	2400~2700	4.5
1.0+1.0	5800~6700	0.12	3300~3800	5
1.2+1.2	6000~7000	0.16	3800~4300	6
1.5+1.5	7200~8200	0.20	5800~6600	6.5
2.0+2.0	8500~9800	0.24	7500~8500	8
2.5+2.5	10000~11000	0.30	8500~9500	8~9

3. 铝合金 LF21，LF3，LF6 用交流弧焊机点焊的工艺参数

铝合金 LF21，LF3，LF6 用交流弧焊机点焊的工艺参数见表 4-9。

表 4-9 LF21，LF3，LF6 用交流弧焊机点焊的工艺参数

焊件厚度 $\delta_1+\delta_2$ /mm	焊接电流 I /A	通电时间 t /s	电极压力 F /N	电极端头的球面半径 r_h/mm
0.5+0.5	18000	0.08~0.12	1000	75
0.8+0.8	20000	0.10~0.14	1500	75
1.0+1.0	22000	0.12~0.20	2000	75
1.2+1.2	25000	0.20~0.24	2500	75
1.5+1.5	28000	0.22~0.28	3000	100
2.0+2.0	34000	0.26~0.32	4000	100
2.5+2.5	37000	0.30~0.34	5000	100

4. 铝合金 LY12，LC4 在直流冲击波点焊机上的点焊工艺参数

铝合金 LY12，LC4 在直流冲击波点焊机上的点焊工艺参数见表 4-10。

表 4-10 LY12，LC4 铝合金在直流冲击波点焊机上的点焊工艺参数

焊件厚度 $\delta_1+\delta_2$/mm	焊接电流 I/A	电流脉冲时间 t/s	电极压力 F/N 焊接时	电极压力 F/N 锻压时	电极端头球面半径 r_h/mm	熔核直径 $d_{核}$/mm
1.5+1.5	38000	0.16	550~600	20000	75	5.5
2.0+2.0	47000	0.22	650~700	22500~20000	100	7
3.0+3.0	56000	0.30	800~850	25000~30000	100	9
3.5+3.5	64000	0.35	900~950	30000~35000	100	10.5
4.0+4.0	75000	0.35	950~1100	40000~45000	100	13

二、凸焊

凸焊是在一焊件的贴合面上预先加工出一个或多个突起点，使其与另一焊件表面相接触并通电加热，然后压塌，使这些接触点形成焊点的电阻焊方法。

1. 凸焊原理

凸焊是由点焊方法发展而来的。其原理与点焊基本相同，仅是使用的电极构造不同，加压压力不同，焊件要预先按照需要加工成一定的形状。例如将一块板件冲制成凸出的突起点，与另一块板件叠置于较大面积的平面电极之间，当焊接电流自电极流经突起的凸点尖端时，就很快地被加热熔化，而与另一块板件焊接成一体。在进行焊接时，因突出的凸点金属软化，电极的压力便把非焊着的部分压合。凸焊一个电极可以同时焊接多个凸点，也可以对各个点进行连续焊接。在焊接过程中的加热仅仅限于凸起部分，并且时间很短，所以生产率高。电极作用面积较大，故冷却效果好，因而寿命长，产品表面不会产生凹陷。凸焊可以焊接钢板、网状构件以及平板与螺钉等的 T 形焊件，因此在汽车制造中得到了较广泛的应用。图 4-31 即为多点凸焊的示意图。

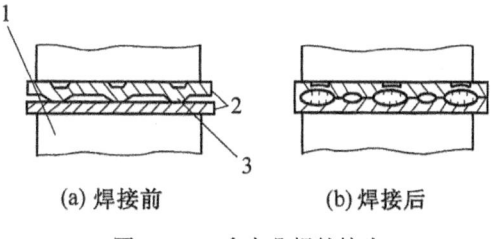

图 4-31 多点凸焊的接头
1—电极；2—焊件；3—凸点

在凸焊时，焊件局部因凸点的软化而发生移动，为了能使所有焊点同时焊着，必须使焊件在焊接中保持这种移动，但是必须平稳一致，也就是说各个凸点的大小、高低、形状都要相同，电极压力要能均匀地分布于每个凸点上，同时电流密度的分布也要一样。因此，每次焊接的凸点总面积不能过大。例如，直径约 200mm 的圆形面积，一般可以同时焊接 10 个凸点，个别情况也可以同时焊接 20 个凸点。

2. 凸焊工艺参数

不同种类、不同厚度的金属材料，不易点焊时，有很多是可以用凸焊的方法焊接的，

但并非每一种金属均可以凸焊,关键在于金属材料必须具有支持电极压力的强度才行。

(1) 含碳量在 0.20%(质量分数,下同)以下的低碳钢均易焊接,含碳量在 0.20%以上时需要预热,但一般多用凸焊。耐蚀耐酸及耐热等不锈钢可以用凸焊,但由于电阻较高,若有过热情况,如控制不好,则焊接处容易发生多孔或熔化较劣。镀锌钢板和镀锡钢板也能凸焊,在焊接中金属的接触面和电极表面必须清洁。

(2) 在有色金属中,青铜、铝合金均可以凸焊,但焊接强度不大,铜及其他铜合金在大量生产中不采用凸焊;铝及铝合金、镁及镁合金则不易凸焊;镍及镍合金可用大电流、较大压力、短时间凸焊。不同金属的焊接可用凸焊,例如银与铜的焊接,镍与铜的焊接。

通常凸焊多为双面焊接,但如果从两面接近焊接处有困难,或者零件之一有绝缘的包覆层(如贴塑料的钢板)时,也可用单面凸焊,如图 4-32 所示。

凸焊与点焊两者的焊接方法相同,可以用点焊机来进行凸焊,但当焊点数目很多时则需要大电极压力和大电流,即要用承受大电极压力仍能保持高的机械精度和大电流的凸焊机。

焊接低碳钢板料时,每一个凸点所需要的功率为:$\delta = 1$ mm, $P = 40 \sim 50$ kW;$\delta = 3$ mm, $P = 80 \sim 100$ kW。

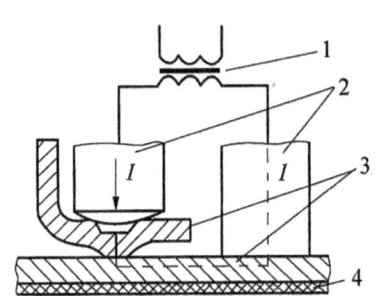

图 4-32 单面凸焊
1—变压器;2—电极(右边为"空载"电极);
3—焊件;4—绝缘包覆层

每个凸点所需要的电极压力为:$\delta = 1$ mm, $F = 1000$ N;$\delta = 3$ mm, $F = 6000$ N。

三、缝焊

缝焊是将焊件装配成搭接或对接接头,并置于两滚轮电极之间,给滚轮加压,并使之转动,连续或断续送电,形成一条连续焊缝的电阻焊方法。

缝焊过程与点焊相似,只是用两个旋转的滚动盘状电极代替点焊时的固定柱状电极。缝焊时,边缘搭接的两焊件紧压在两只铜合金电极之间,焊件边缘的外表面就会焊出一条连续的焊缝。焊件接头可以是一串间隔很小排列成线的焊点(称之跳焊),或是一串由互相搭接的焊点组成的连续焊缝。图 4-33 所示为焊缝的一般形式。

焊缝机工作时,焊件进入旋转的电极之间,电源自动接通、切断。按"开"、"关"的加热规范形成的定时工艺过程获得每个焊点,这些焊点累积成要求的焊缝。在某些情况下,待焊件沿着预定焊缝的走向预先进行点焊或定位焊,这种点焊可防止缝焊前焊件偏离预定位置。缝焊通常要使用冷却剂(一般用水),以防止焊件金属过热并可保护电极。为获得满意效果,待焊表面必须清洁,无杂质、油漆、油脂等。

缝焊广泛用于焊接金属平板和弯板,最适宜的材料是低碳钢、不锈钢或合金钢板件。铝、黄铜、钛等其他金属及合金也可以进行缝焊。缝焊最广泛的应用多半是制造管件。制管工艺大致如图 4-34 所示。其在汽车上应用的产品有消声器、圆筒、汽油箱、仪表以及金属容器等。

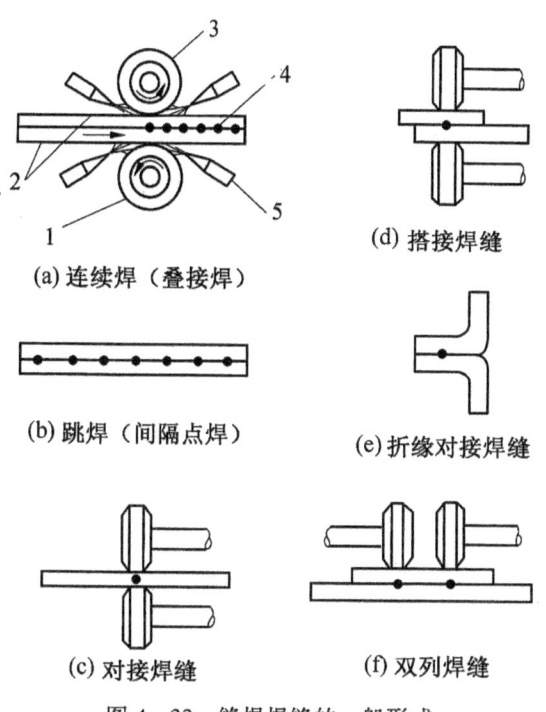

图4-33 缝焊焊缝的一般形式
1,3—滚动电极；2—焊件；4—焊缝；5—冷却液

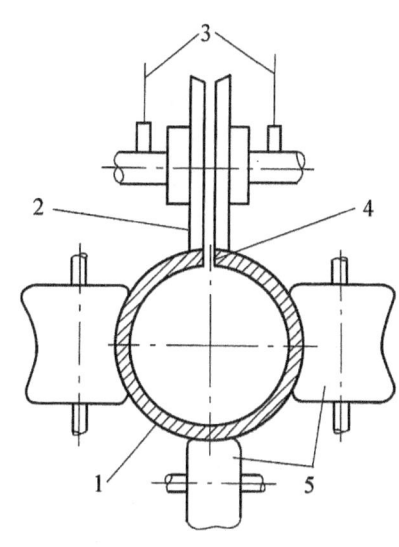

图4-34 管材的连续缝焊
1—管材；2—圆形电极；3—接电源；
4—焊缝；5—施压辊子

四、对焊

对焊是利用电阻热使两个焊件在整个断面上焊接起来的一种方法。根据焊接操作方法的不同，对焊可分为电阻对焊和闪光对焊两种，如图4-35所示。

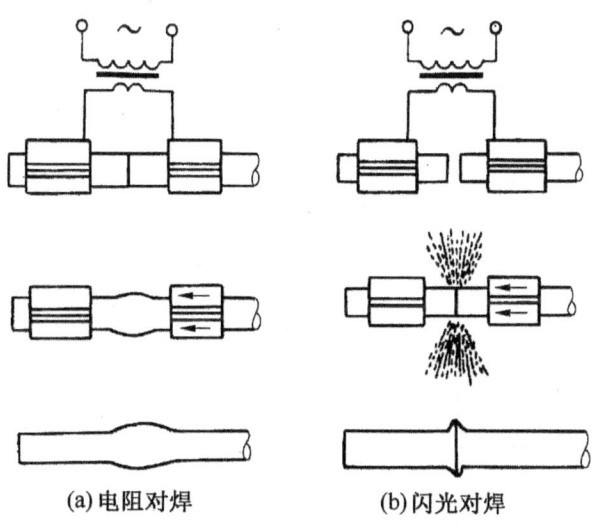

图4-35 对焊示意图

1. 电阻对焊

电阻对焊是将焊件装配成对接接头，使其端面紧密接触，利用电阻热加热至塑性状态，然后迅速施加顶锻力完成焊接的方法。其过程如下：

将两个焊件装夹在对焊机的电极钳口当中，先施加预压力使两焊件端面压紧，然后通电；当电流通过焊件和接触端面时产生电阻热，将焊件接触处迅速加热到塑性状态（对碳素钢来说为 1000～1250 ℃），再向焊件施加较大的顶锻力，并同时断电，使焊件的高温端面产生一定的塑性变形，从而焊接起来（图 4-35a）。

电阻对焊操作简单，接头比较光滑，但焊前应很好地加工和清理焊件端面，否则易造成加热不均匀。另外，高温端面易发生氧化夹渣，质量不易保证，一般仅用于断面简单、直径（或边长）小于 20 mm、强度要求不太高的焊件。

2. 闪光对焊

闪光对焊是将焊件装配成对接接头，接通电源，并使其端面不断移近，达到局部接触，利用电阻热加热这些触点（产生闪光），使端面金属熔化，直至端部在一定深度范围内达到预定温度时，迅速施加顶锻力完成焊接，如图 4-35b 所示。

焊接时，将两焊件端面稍加清理，夹在电极钳口内，通电并使两焊件逐渐接触，因焊件表面不平，首先只是某些点接触，强电流通过时，这些点即被迅速加热熔化，在电磁力作用下，液体金属发生爆破，以火花形式从接触处飞出，形成"闪光"；此时应继续送进焊件，保持一定的闪光时间，待焊件端面全部被加热熔化时，迅速对焊件加压并切断电流，焊件即在压力下产生塑性变形而焊在一起。

闪光对焊过程中，焊件端面的氧化物及杂质，一部分随闪光火花带出，一部分在最后加压时随液态金属挤出，因此接头中夹渣较少，质量好，强度高。闪光对焊的缺点是：金属损耗较大；闪光火花易玷污其他设备和环境；接头处焊后有毛刺，需要加工清理。

闪光对焊常用于重要焊件的焊接，可焊相同金属，也可焊一些异种金属（铝-钢，铝-铜等）。被焊工件可以是直径小到 0.01 mm 的金属丝，也可以是断面大到 20 000 mm^2 的金属棒和金属型材。

不论哪种对焊，焊接断面形状应尽量相同，圆棒直径、方钢边长和管子壁厚之差不应超过 15%。图 4-36 是几种对焊接头断面形式。对焊主要用于刀具、管子、钢筋、钢轨、锚链、链条等的焊接。

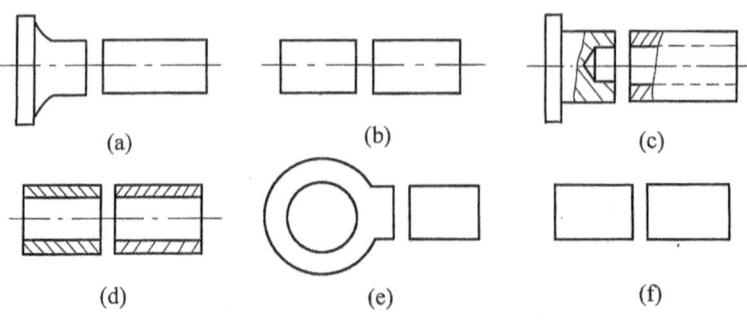

图 4-36 对焊的接头

第三节 焊接工艺设计

一、金属材料的焊接性

金属材料的焊接性是指金属材料对焊接加工的适应性，主要指在一定的焊接工艺条件下获得优质焊接接头的难易程度。它包括两方面内容：其一是接合性能，即在一定的焊接工艺条件下，一定的金属对形成焊接缺陷的敏感性；其二是使用性能，即在一定的焊接工艺条件下，一定金属的焊接接头对使用要求的适应性。也就是说，金属材料获得优质焊接接头的难易程度不仅与被焊金属的物理化学性能有关，而且直接受焊接方法和施工条件的影响，所以在评价焊接性时，应在相同的焊接方法和施工条件下进行。表 4-11 所示为各种金属材料焊接性的比较。

表 4-11 各种金属材料焊接性的比较

焊接方法 金属材料	手弧焊	埋弧焊	CO_2焊	氩弧焊	电子束焊	电渣焊	点焊、缝焊	对焊	摩擦焊	钎焊
铸铁	A	C	C	B	B	B	D	D	D	B
铸钢	A	A	A	A	A	A	D	B	B	B
低碳钢	A	A	A	A	A	A	A	A	A	A
高碳钢	A	B	B	B	A	B	B	A	A	B
低合金钢	A	A	A	A	A	A	A	A	A	A
不锈钢	A	B	B	A	A	B	A	A	A	A
耐热钢	A	B	C	A	A	D	B	C	D	A
铜	A	C	C	A	B	D	C	A	A	A
铝及其合金	C	C	D	A	A	D	A	A	B	C
钛及其合金	D	D	D	A	A	D	B~C	C	D	B

注：A—焊接性良好；B—焊接性较好；C—焊接性较差；D—焊接性不好

二、焊条的选用

1. 碳素钢及低合金钢焊条

碳素钢及低合金钢焊条牌号及其用途见表 4-12。

2. 低碳钢焊条的选用

低碳钢焊条牌号及其用途见表 4-13。

3. 低合金结构钢焊条的选用

低合金结构钢焊条牌号及其用途见表 4-14。

表 4-12 碳素钢及低合金钢焊条（摘自 GB 5117—1985 及 GB 5118—1985）

牌号	国标（GB）	药皮类型	焊接电流	焊条直径/mm	主要用途
J421	E4313	高钛钾型	交直流	2.0, 2.5, 3.2, 4.0, 5.0	焊接一般低碳钢薄板结构
J422	E4303	钛钙型	交直流	2.0, 2.5, 3.2, 4.0, 5.0, 5.8	焊接较重要的低碳钢结构和相同强度等级的低合金钢
J4220Fe	E4314	铁粉钛钙型	交直流	3.2, 4.0, 5.0	焊接较重要的低碳钢结构
J423	E4310	钛铁矿型	交直流	3.2, 4.0, 5.0, 5.8	焊接低碳钢结构
J424	E4320	氧化铁型	交直流	2.5, 3.2, 4.0, 5.0	焊接低碳钢结构
J425	E4311	高纤维钾型	交直流	2.5, 3.2, 4.0, 5.0	适用于立焊时由上向下焊的低碳钢薄板结构
J426	E4316	低氢钾型	交直流	2.5, 3.2, 4.0, 5.0	焊接重要的低碳钢及某些低合金结构钢
J427	E4315	低氢钠型	直流	2.5, 3.2, 4.0, 5.0, 5.8	焊接重要的低碳钢及某些低合金结构钢
J502	E5003	钛钙型	交直流	2.0, 2.5, 3.2, 4.0, 5.0, 5.8	焊接 16Mn 及相同强度等级低合金钢结构
J502CuP	—	钛钙型	交直流	3.2, 4.0, 5.0	用于铜磷系抗大气、抗硫化氢、耐海水腐蚀钢结构的焊接
J502NiCu	E5003-G	钛钙型	交直流	2.5, 3.2, 4.0, 5.0	用于耐大气腐蚀的铁道、机车车辆的焊接
J503	E5001	钛铁矿型	交直流	2.5, 3.2, 4.0, 5.0, 5.8	焊接 16Mn 及相同强度等级低合金钢结构
J506	E5016	低氢钾型	交直流	2.0, 2.5, 3.2, 4.0, 5.0, 5.8	焊接中碳钢及某些重要的低合金钢，如 16Mn 等
J506GM	E5016	低氢钾型	交直流	3.2, 4.0, 5.0	用于碳素钢、低合金钢的压力容器、石油管道、船舶等表面装饰焊缝的焊接
506Fe	E5018	铁粉低氢型	交直流	2.5, 3.2, 4.0, 5.0	用于焊接某些低合金钢结构的焊接
J507	E5015	低氢钠型	直流	2.0, 3.2, 4.0, 5.0, 5.8	焊接中碳钢及 16Mn 等重要的低合金钢
J507R	E5015-G	低氢钠型	直流	3.2, 4.0, 5.0	用于压力容器的焊接
J553	E5501-G	钛铁矿型	交直流	2.5, 3.2, 4.0, 5.0	焊接相应强度的低合金钢一般结构
J556RH	E5501-G	低氢钾型	交直流	2.5, 3.2, 4.0, 5.0	用于海洋平台、船舶和压力容器等低合金钢重要结构的焊接

续表 4-12

牌号	国标（GB）	药皮类型	焊接电流	焊条直径/mm	主 要 用 途
J557MoV	E5515-G	低氢钠型	直流	2.5, 3.2, 4.0, 5.0	焊接中碳钢及相应强度的低合金钢结构
J606	E6016-D1	低氢钾型	交直流	2.0, 2.5, 3.2, 4.0, 5.0, 5.8	焊接中碳钢及相应强度的低合金钢结构、
J607RH	E6015-G	低氢钠型	直流	2.5, 3.2, 4.0, 5.0	用于压力容器、桥梁及海洋构造等重要结构的焊接
J707	E7015-D2	低氢钠型	直流	2.0, 2.5, 3.2, 4.0, 5.0, 5.8	焊接相应强度的低合金钢重要结构
J857	E8515-G	低氢钠型	直流	3.2, 4.0, 5.0	焊接相应强度的低合金钢重要结构

表 4-13 低碳钢焊条的选用

钢号	焊条牌号		施焊条件
	焊接一般结构	焊接动负荷、复杂的厚板结构、受压容器	
Q235	E4313, E4303, E4301, E4320, E4311	E4303, E4301, E4320, E4311, E4316, E4315	一般不预热
Q255			一般不预热，厚板结构适当预热
Q275	E4316, E4315	E5016, E5015	厚板结构适当预热
08, 10, 15, 20, 25	E4303, E4301, E4320, E4311	E4316, E4315, E5016, E5015	一般不预热

表 4-14 低合金结构钢焊条的选用

强度等级/MPa	钢 号	板厚/mm	焊条牌号	施焊条件
294	09MnV, 09Mn2, 09MNnb, 12Mn	≤16	E4303, E4315	一般不预热
343	16Mn, 16MnRE, 12MnV	≤16	E5003, E5015, E5501-G	一般不预热
392	15MnV, 15MnTi, 16MnNb	≤16	E5016, E5015, E5510-G	一般不预热或预热到 100~150 ℃
441	14MnVTiRE, 15MnVN	≤12	E5516-G, E6016-D1, E6015-G	预热到 150 ℃ 以上

三、焊缝符号

焊缝符号一般由基本符号与指引线组成，必要时还可以加上辅助符号、补充符号和焊缝尺寸符号。图形符号的比例、尺寸和在图样上的标注按技术制图有关规定。

1. 符号

(1) 基本符号。基本符号是表示焊缝横截面形状的符号,见表 4-15。

表 4-15 焊缝的基本符号

名 称	示意图	符号	名 称	示意图	符号
卷边焊缝* (卷边完全熔化)		八	V 形焊缝		V
I 形焊缝		‖	单边 V 形焊缝		V
带钝边 V 形焊缝		Y	塞焊缝或 槽焊缝		⊏
带钝边单边 V 形焊缝		Y			
带钝边 U 形焊缝		Y	点焊缝		○
带钝边 J 形焊缝		⊦			
封底焊缝		⌣	缝焊缝		⊖
角焊缝		△			

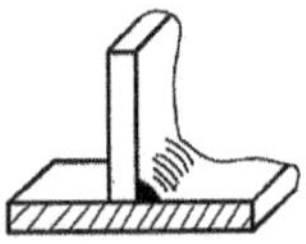

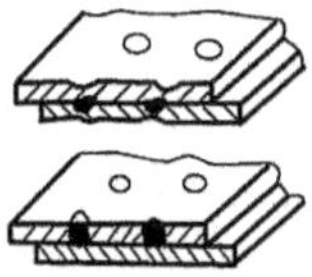

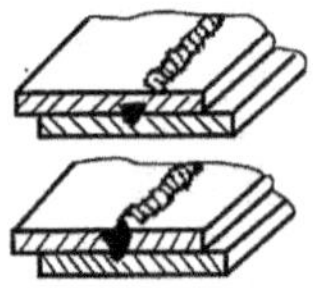

* 不完全熔化的卷边焊缝用 I 形焊缝符号来表示,并加注焊缝有效厚度。

(2) 辅助符号。辅助符号是表示焊缝表面形状特征的符号,见表 4-16。

表 4-16 辅助符号及应用示例

辅 助 符 号				应 用 示 例		
名 称	示 意 图	符号	说 明	名 称	示 意 图	符号
平面符号		—	焊缝表面齐平 (一般通过加工)	平面 V 形对 接焊缝		▽
凸面符号		⌒	焊缝表面凸起	平面封底 V 形焊缝		(X)
凹面符号	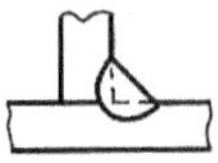	⌣	焊缝表面凹陷	凸面 X 形 对接焊缝		⋈
				凹面角焊缝		⊻

注:不需要确切地说明焊缝的表面形状时,可以不用辅助符号。

(3) 补充符号。补充符号是为补充说明焊缝的某些特征而采用的符号,见表 4-17,其应用示例见表 4-18。

表 4-17 补充符号

名 称*	示 意 图	符 号	说 明
带垫板符号	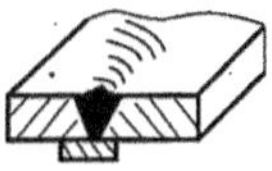	▭	表示焊缝底部有垫板
三面焊缝符号	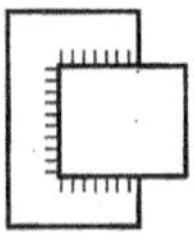	⊏	表示 3 面带有焊缝
周围焊缝符号	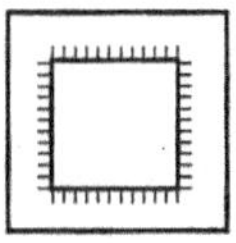	○	表示环绕工件周围焊缝
现场符号		 ▶	表示在现场或工地上进行焊接
尾部符号		 ＜	可以参照 GB5155 标注焊接工艺方法等内容

* ISO 553 标准未作规定。

表 4-18 补充符号应用示例

示 意 图	标注示例	说 明
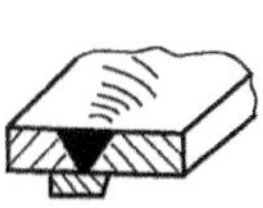	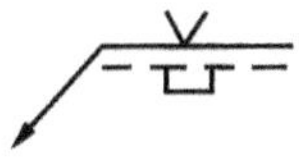	表示该焊缝的背面底部有垫板
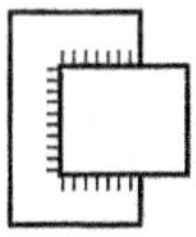	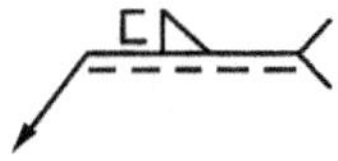	工件 3 面带有焊缝,焊接方法为手工电焊弧
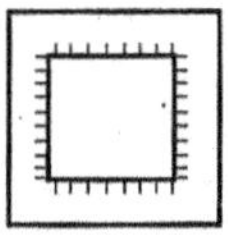	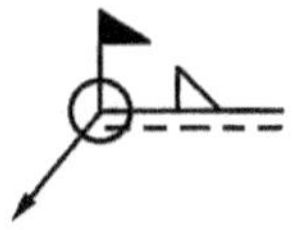	表示在现场沿工件周围施焊

2．符号在图样上的标注

（1）指引线。指引线由带有箭头的指引线（简称箭头线）和两条基准线（一条为实线，另一条为虚线）两部分组成，如图4-37所示。基准线的虚线可以画在实线上侧或下侧。基准线一般应与图样底边平行，但在特殊条件下亦可与底边垂直。

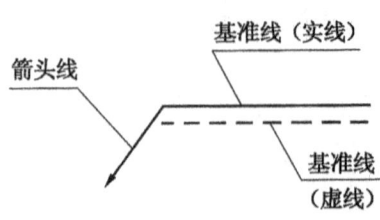

图4-37 指引线

（2）基本符号相对基准线的位置。为了能确切表示焊缝的位置，规定：焊缝在接头的箭头侧（箭头指着焊缝），则基本符号标在基准实线侧；焊缝在接头的非箭头侧，基准符号标在虚线上，标注对称焊缝及双面焊缝时，可不加虚线。必要时，可在基准线的末端加以尾部符号，标注焊接工艺方法等内容，见表4-19。

表4-19 金属焊接及钎焊方法在图样上的表示代号（摘自GB 5185—1985）

焊接方法名称	代号	焊接方法名称	代号
无气体保护的电弧焊	11	非熔化极气体保护电弧焊	14
手弧焊（涂料焊条熔化极电弧焊）	111	TIG焊：钨极惰性气体保护焊	141
重力焊（涂料焊条重力电弧焊）	112	等离子弧焊	15
埋弧焊	12	点焊	21
丝极埋弧焊	121	焊缝	22
带极埋弧焊	122	电阻对焊	25
熔化极气体保护电弧焊	13	氧燃气焊	31
MIG焊：熔化极惰性气体保护焊（含熔化极氢弧焊）	131	氧乙炔焊	311
		超声波焊	41
MAG焊：熔化极非惰性气体保护焊（含二氧化碳气体保护焊）	135	摩擦焊	42
		激光焊	751

注：本标准与GB 324—1988配套使用。

（3）焊缝尺寸符号。焊缝尺寸符号一般不标注。

（4）金属焊接及钎焊方法在图样上用代号表示的方法如下：

①单一焊接方法代号的表示，如角焊缝采用手工电弧焊时如图4-38a所示。

②组合焊接方法代号的表示，即一个焊接接头同时采用两种焊接方法，如V形焊缝先用等离子弧焊打底，再用埋弧焊盖面时如图4-38b所示。

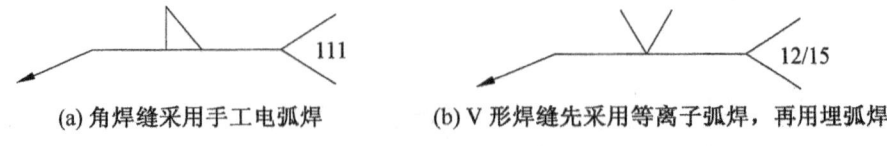

(a) 角焊缝采用手工电弧焊　　(b) V形焊缝先采用等离子弧焊，再用埋弧焊

图4-38 金属焊接及钎焊方法在图样上的标注

四、焊接工艺参数的选择

1. 低碳钢手工电弧焊的焊接工艺参数

低碳钢手工电弧焊的焊接工艺参数见表 4-20。

表 4-20 低碳钢手工电弧焊焊接工艺参数

接头形式与焊缝空间位置	焊缝横断面形式	焊件厚度/mm	第一层焊缝 焊条直径/mm	第一层焊缝 焊接电流/A	其他各层焊缝 焊条直径/mm	其他各层焊缝 焊接电流/A	封底焊缝 焊条直径/mm	封底焊缝 焊接电流/A
平对接焊缝		2～5	2.5	70～90			2.5	70～90
		3～4	3.2	100～130			4	150～170
		5～6	4	160～180	4	180～200	4	180～200
		7～10	4	190～210	4 5	210～230 230～250	4 5	190～210 220～240
		≥12	4	200～220	5	260～280		
立对接焊缝		3	2.5	60～70			2.5	60～70
		4	2.5	70～80	3.2	80～90	3.2	80～90
		5～6	3.2	90～100	3.2	80～90	3.2	80～90
		7～10	3.2 4	90～120 130～150	4	130～150	4	120～140
		≥12	4	130～150	4	130～150		
横对接焊缝		3～4	3.2 4	90～120 130～150			3.2 4	100～120 140～150
		5～6	3.2 4	90～120 130～150	4	130～150	4	130～150
		7～10	4	150～180	4	150～180	4	150～180
		≥12	4	150～180	5	200～220		
仰对接焊缝		5～6 ≥7	3.2 4	90～120 130～150	4 4	150～150 140～160		

续表 4-20

接头形式与焊缝空间位置	焊缝横断面形式	焊件尺寸/mm	第一层焊缝		第二层焊缝	
			焊条直径/mm	焊接电流/A	焊条直径/mm	焊接电流/A
横角焊缝		2	2	60～80		
		3	3.2	110～130		
		4	3.2	110～130		
			4	180～200		
		5～7	4	180～200		
			5	240～260		
		>7	5	240～260	5	230～260
立角焊缝		3～4	3.2	90～120		
		5～6	3.2	90～120		
			4	140～160		
		7～12	4	140～160	4	140～160
仰角焊缝		3～4	3.2	100～120		
		5～6	4	140～160		
		≥7	4	140～160	4	150～170

注：本规范仅适用于酸性焊条、交流电源，若用碱性焊条，则须用直流反极性，焊接电流较表中数字小 10～20A。

2. 二氧化碳气体保护焊焊接工艺参数

二氧化碳气体保护焊焊接工艺参数见表 4-21。

表 4-21 推荐的半自动及自动 CO_2 气体保护焊焊接工艺参数（JB/286—1987）

接头形式	焊件厚度/mm	坡口形式	焊接位置	焊丝直径/mm	焊接电流/A	电弧电压/V	气体流量/(L·min^{-1})	自动焊焊速/(m·h^{-1})	电流极性
对接接头	1～2		F	0.5～1.2	35～120	17～21	6～12	18～35	直流反接
					40～150	18～23		18～30	
			V	0.5～0.8	35～100	16～19	8～15	—	
	2～4.5	I 形	F	0.8～1.2	100～230	20～26	10～15	20～30	
				0.8～1.6	120～260	21～27			
	5～9		V	0.8～1.0	70～120	17～20		—	
			F	1.2～1.6	200～400	23～40	15～20	20～42	
	10～12				250～420	26～41	15～25	18～35	

续表 4-21

接头形式	焊件厚度/mm	坡口形式	焊接位置	焊丝直径/mm	焊接电流/A	电弧电压/V	气体流量/(L·min⁻¹)	自动焊焊速/(m·h⁻¹)	电流极性
对接接头	5~40	单边V形	F	1.6	350~450	32~43	20~25	20~42	直流反接
				1.2~1.6	200~450	23~43	15~25		
			V		250~450	26~43	20~25	18~35	
			H	0.8~1.2	100~150	17~21	10~15	—	
	5~50	V形	F	1.2~1.6	200~400	23~40	15~25	20~42	
					200~450	23~43			
			V		250~450	26~43	20~25	18~35	
	10~80	K形	F	0.8~1.2	100~150	17~21	10~15	—	
			V	1.2~1.6	200~450	23~43	15~25	24~42	
			H	0.8~1.2	100~150	17~21	10~15	—	
	10~100	X形	F	1.2~1.6	200~400	23~40	15~25		
			V		200~450	23~43		20~42	
	20~60	U形	F	1.0~1.2	100~150	19~21	10~15	—	
	40~100	双U形		1.2~1.6	200~450	23~43	20~25	20~42	
T形接头	1~2	I形	F	0.5~1.2	40~120	18~21	6~12	18~35	
			V	0.5~0.8	35~100	16~19		—	
			H	0.5~1.2	40~120	18~21			
	2~4.5	I形	F	0.8~1.6	100~230	20~26	10~15	20~30	
			V	0.8~1.0	70~120	17~20		—	
			H	0.8~1.6	100~230	20~26			
	5~60	I形	F	1.2~1.6	200~450	23~43	15~25	20~42	
			V	0.8~1.2	100~150	17~21	10~15	—	
			H	1.2~1.6	200~450	23~43	15~25	20~42	
	5~40	单边V形	F	1.2~1.6	250~450	26~43	20~25	18~35	
			V	0.8~1.2	100~150	17~21	10~15	—	
			H	1.2~1.6	200~400	23~40	15~25		
	5~80	K形	F	1.2~1.6	200~450	23~43		20~42	
			V	0.8~1.2	100~150	17~21	10~15	—	
			H	1.2~1.6	200~400	23~40	15~20		

续表 4-21

接头形式	焊件厚度	坡口形式	焊接位置	焊丝直径/mm	焊接电流/A	电弧电压/V	气体流量/(L·min⁻¹)	自动焊焊速/(m·h⁻¹)	电流极性
角接接头	1~2		F	0.5~1.2	40~120	18~21	6~12	20~35	直流反接
			V	0.5~0.8	35~80	16~18		—	
			H	0.5~1.2	40~120	18~21			
	2~4.5	I 形	F	0.8~1.6	100~230	20~26	10~15	20~30	
			V	0.8~1.0	70~120	17~20		—	
			H	0.8~1.6	100~230	20~26			
	5~30		F	1.2~1.6	200~450	23~43	20~25	20~42	
			V	0.8~1.2	100~150	17~21	10~15	—	
			H		200~400	23~40	15~25		
	5~40	单边V形	F	1.2~1.6	200~450	23~43	20~25	20~42	
					250~450	26~43	20~25	18~35	
			V	0.8~1.2	100~150	17~21	10~15		
			H		200~450	23~40	15~25		
	5~50	V 形	F	1.2~1.6	200~450	23~43	15~25	20~42	
					250~450	26~43	20~25	18~35	
			V	0.8~1.2	100~150	17~21	10~15		
	10~80	K 形	F	1.2~1.6	200~450	23~43	15~25	20~42	
			V	0.8~1.2	100~150	17~21	10~15	—	
			H	1.2~1.6	200~400	23~40	15~25		
搭接接头	1~4.5	K 形	H	0.5~1.2	40~230	17~26	8~15	—	
	5~30			1.2~1.6	200~400	23~40	15~25		

注：F—平焊位置；V—立焊位置；H—横焊位置。

3. 焊接结构图举例

焊接结构图举例见图 4-39。

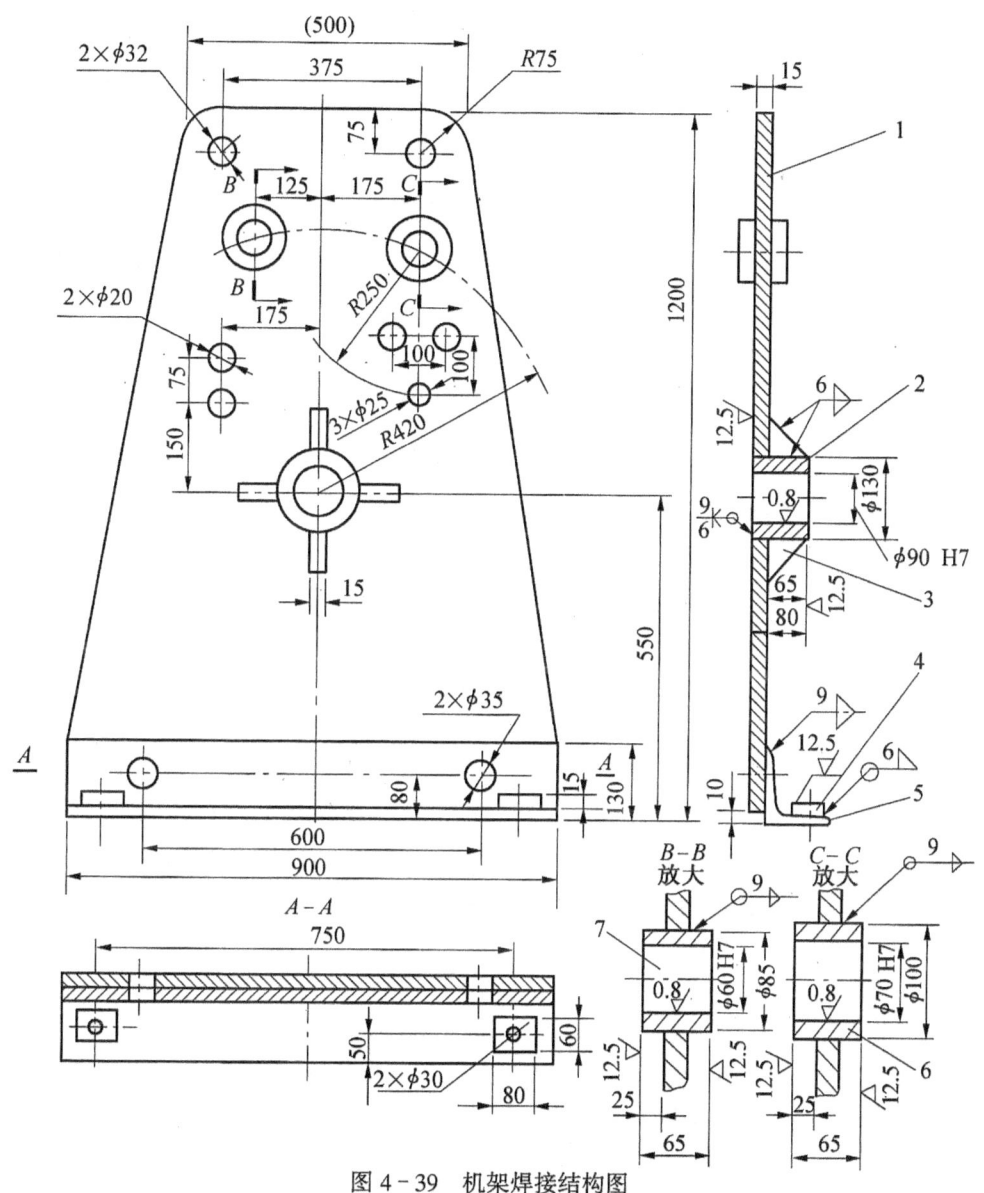

图 4-39 机架焊接结构图
1—架体；2—轴承座；3—加强筋；4—螺孔板；5—机座；6，7—轴承座

五、焊接质量及其检验方法

(一) 焊接应力与焊接变形

焊接时，焊件不均匀的局部加热和冷却是焊接应力和变形产生的根本原因。一般焊缝区受热温度高，冷却收缩大，并受到两边固态金属阻碍，焊后总是受拉应力；而两边金属受压应力，并相互平衡。任何情况下，焊接应力总是存在的，当焊接应力超过相应温度下的屈服点时，焊件则产生变形。焊件变形的基本形式如图 4-40 所示。

变形焊件可在焊后用机械或加热方法进行矫形。

焊接应力和变形的存在将影响焊件的机械加工精度，降低构件承载能力；当焊接应力

(a) 收缩变形　　(b) 角变形　　(c) 挠曲变形　　(d) 波浪变形　　(e) 螺旋形变形

图 4-40　焊接变形的基本形式

超过极限值时，焊件将产生裂纹甚至断裂。因此，必须采取措施，预防和减少焊接应力和变形。一般的原则和措施如下。

1. 在焊接结构设计上

(1) 尽量减少焊缝的数量。可采用型材和冷冲压件代替板料拼接，如图 4-41a 所示。

(2) 焊缝布置尽量对称，如图 4-41b 所示。

(3) 尽量避免焊缝密集交叉，如图 4-41c 所示。

(4) 不同厚度焊件焊接时，接头处应平滑过渡。

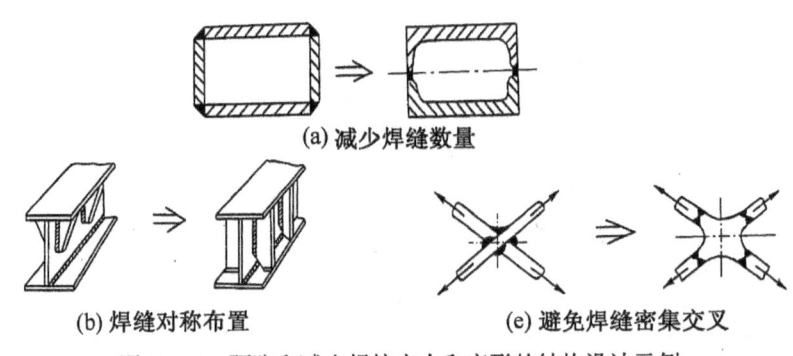

(a) 减少焊缝数量

(b) 焊缝对称布置　　　　(c) 避免焊缝密集交叉

图 4-41　预防和减少焊接应力和变形的结构设计示例

2. 在工艺措施上

(1) 采用反变形法，如图 4-42a 所示。

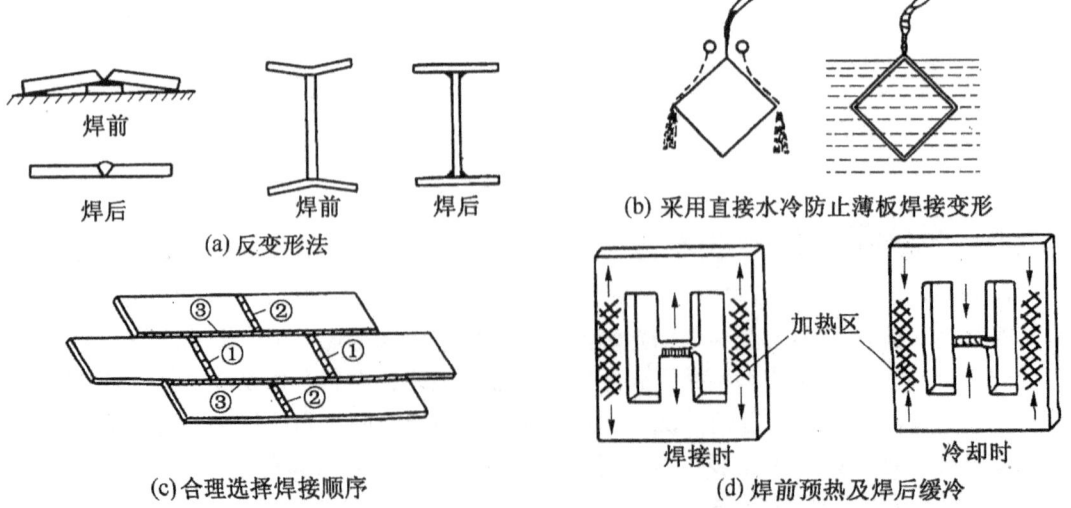

(a) 反变形法　　(b) 采用直接水冷防止薄板焊接变形

(c) 合理选择焊接顺序　　(d) 焊前预热及焊后缓冷

图 4-42　预防和减少变形的工艺措施

(2) 采用刚性固定法，可用工装夹具或定位焊固定。塑性差的慎用。

(3) 选用能量集中的焊接方法施焊或采取措施减小焊接热影响区，如图 4-42b 所示。

(4) 合理选择焊接顺序，如图 4-42c 所示。

(5) 采用焊前预热。重要的焊件可整体预热，有的可局部加热，即焊接时选择焊件的合理部位局部加热，或焊后冷却过程中在合理部位加热，可减少应力的产生，如图 4-42d 所示。

(6) 焊后热处理可改善焊接接头组织和消除残余应力。

矫正焊件变形的方法有机械矫正法（图 4-43）和热矫正法。

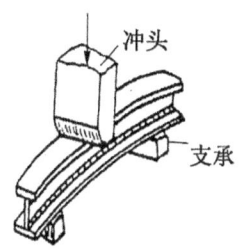

图 4-43 机械矫正法

（二）焊接接头缺陷及防止方法

在焊接过程中，由于结构设计不当，原材料不符合要求、接头准备不仔细、焊接工艺不合理或焊工操作技术不当等原因，会使焊接接头产生各种缺陷，如图 4-44 所示。常见的焊接缺陷有焊缝外形尺寸不符合要求、弧坑、烧穿、焊瘤、咬边、气孔、夹渣、未焊透和裂纹等，其中以条状夹渣、未焊透和裂纹的危害性最大。

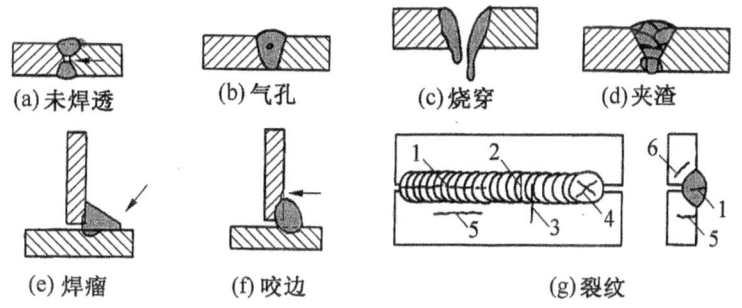

图 4-44 常见的焊接缺陷

1—纵向的；2—横向的；3—横向贯穿到基本金属的；4—星形的；
5—表面纵向的（在基本金属中发生的）；6—内部的（在基本金属中发生的）

焊接缺陷的防止主要是根据产生缺陷的原因来确定，譬如提高焊工操作技能，合理选择焊接工艺参数，严格执行焊条烘干制度，认真清理焊件表面，焊前预热，以及焊后缓冷等。

（三）焊接质量检验

1. 检验过程

焊接质量检验是焊接结构生产过程的重要组成部分。只有通过焊接质量检验和分析缺陷产生的原因，才能在整个生产过程中有目的地采取措施来防止缺陷。只有通过焊接质量检验，才能鉴定产品的质量优劣，以保证产品的安全使用性能。因此，焊接质量检验应包括焊前检验、焊接生产中的检验和焊后成品检验。

焊前检验是防止缺陷产生的必要条件，主要指焊接原材料的检验、设计图样与技术文件的论证检查和焊接工人的培训考核等。其中，焊前原材料检验特别重要，应对原材料进行化学分析、力学性能实验和必要的焊接性实验。必须注意原材料的保管与发放，不得错用材料或混料，否则就可能造成大的焊接缺陷或事故，因一块钢板错用而造成严重缺陷与重大事故的，时有发生。

焊接生产中的检验是生产工序之间的检验，以便及时发现问题，予以补救。通常执行自检制，由每个工序的焊工在焊后自己认真进行检验，主要是外观检验，合格后打上焊工代号钢印。

成品检验是焊接产品制成后的最终质量评定检验。例如，按设计要求的质量标准，经X射线检验、水压试验等有关检验合格以后，产品才能出厂，以保证产品的安全使用性能。至于哪种产品应该要求哪一级的焊接质量标准，或采取哪种焊接检验方法，应由产品设计部门和有关产品技术标准与规程来决定。

2．检验方法

焊接检验方法可分为破坏性检验和非破坏性检验两大类。属于非破坏性检验的有外观检验、磁粉检验、着色检验、超声波检验、X射线和γ射线检验、密封性检验和水压试验等；属于破坏性检验的有力学性能试验、化学分析与金相组织检验等。现将常用检验方法简介如下：

(1) 外观检验。用肉眼或低倍数（小于20倍）放大镜检查焊缝区有无可见的缺陷，如表面气孔、咬边、未焊透、裂纹等，并检查焊缝外形尺寸是否合乎要求。外观检验合格后，才能进行下一步的其他检验。

(2) 磁粉检验。其原理是在焊件上外加一磁场，当磁力线通过完好的焊件时，它是直线进行的；当有缺陷存在时，磁力线就会发生弯曲、扰乱。在焊缝表面撒上铁粉时，磁扰乱部位的铁粉就吸附在裂纹等缺陷上，如图4-45中A处所示，其他部位的铁粉并不吸附。所以可通过焊缝上铁粉的吸附情况，判断焊缝中裂纹的所在位置和大小。

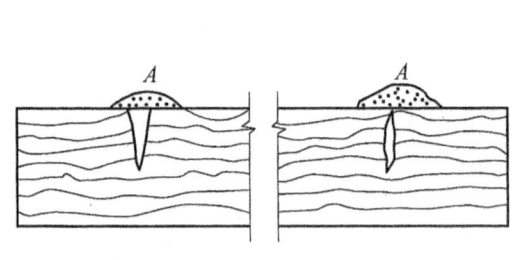

图4-45 磁粉检验示意图

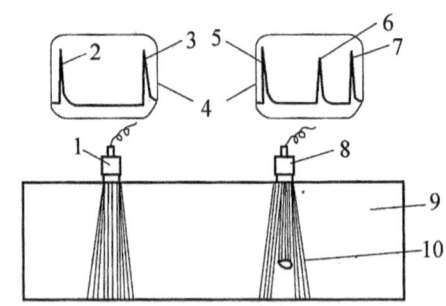

图4-46 超声波检验示意图
1，8—探头；2，5—始波；3，7—底波；4—荧光屏；
6—缺陷波；9—焊件；10—缺陷

(3) 着色检验。将焊件表面加工打磨到$R_a=12.5\ \mu m$以上，用清洗剂除去杂质、污垢。先涂上渗透剂，渗透剂呈红色，具有很强的渗透性能，可通过焊件表面渗入缺陷内部。隔10 min以后，将焊件表面的渗透剂擦掉，再清洗一次，而后涂上白色显示剂，借助毛细管作用，缺陷处的红色渗透剂即显示出来，可用4~10倍放大镜形象地看出缺陷位置与形状。

(4) 超声波检验。超声波的频率在20 000 Hz以上，具有能透入金属材料深处的特性，当其由一种介质进入另一种介质截面时，在界面发生反射波。因此，检测焊件时，在荧光屏上可看到始波与底波（图4-46左）。若焊接接头内部存在缺陷，将另外发生脉冲反射波形，介于始波与底波之间（图4-46右）。根据脉冲反射波形的相对位置及形状，即可判断出缺陷的位置、种类和大小。

（5）X射线和γ射线检验。X射线和γ射线都是电磁波，都能程度不同地透过金属。当经过不同物质时，会引起不同程度的衰减，从而使在金属另一面的照相底片得到不同程度的感光。图4-47为X射线检验示意图。若焊缝中有未焊透、裂纹、气孔与夹渣时，则通过缺陷处的射线衰减程度小，因此相应部位的底片感光较强，底片冲出后，就在缺陷部位上显示出明显可见的黑色条纹和斑点，如图4-48所示。

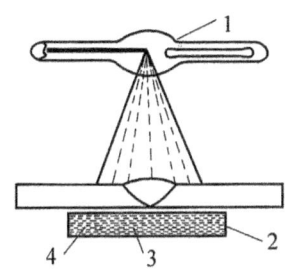
图4-47 X射线检验示意图
1—X射线发生器；2—底片盒；3—底片；4—增感纸

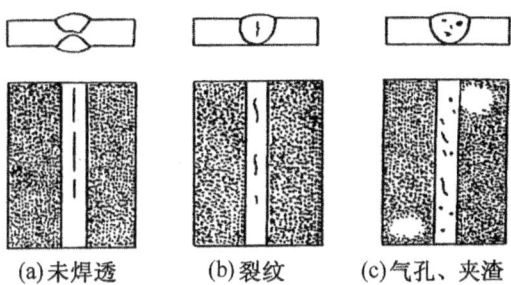
图4-48 X光底片的识别

射线探伤质量检验标准按GB 3323—1987《钢焊缝射线照相及底片等级分类法》来评定，共分四级：一级焊缝缺陷最少，质量最高；二、三级焊缝的内部缺陷依次增多，质量逐次下降；缺陷数量超过三级者为四级。各级焊缝不允许哪种缺陷达到什么程度，在标准中都有详细的规定，可由检验人员或微机进行评定。

几种焊缝内部检验方法的相互比较可参见表4-22。

表4-22 几种焊缝内部检验方法的相互比较

检验方法	能探出的缺陷	可检验的厚度	灵敏度	其他特点	质量判断
磁粉检验	表面及近表面的缺陷（微细裂纹、未焊透、气孔等）	表面与近表面，深度不超过6 mm	与磁场强度大小及磁粉质量有关	被检验表面最好与磁场正交，限于磁性材料	根据磁粉分布情况判定缺陷位置，但深度不能确定
着色检验	表面及近表面的开口缺陷（微细裂纹、气孔、夹渣、夹层等）	表面	与渗透剂性能有关，可检出0.005～0.01 mm的微裂纹，灵敏度高	表面应打磨到$R_a 12.5\ \mu m$，环境温度在15℃以上，可用于非磁性材料，适于各种位置单面检验	可根据显示剂上的红色条纹，形象地看出缺陷位置和大小
超声波检验	内部缺陷（裂纹、未焊透、气孔及夹渣等）	焊件厚度的上限几乎不受限制，下限一般应大于10 mm	能探出直径大于1 mm的气孔、夹渣，探测裂纹比较灵敏，对表面及近表面的缺陷不灵敏	检验部位的表面应加工达$R_a 6.3$～$R_a 1.6\ \mu m$，可以单面探测	根据荧光屏上信号，可当场判断有无缺陷、位置及其大致大小，但判断缺陷种类较难

续表 4-22

检验方法	能探出的缺陷	可检验的厚度	灵敏度	其他特点	质量判断
X 射线检验	内部缺陷（裂纹、未焊透、气孔及夹渣等）	150 kV 的 X 光机可检厚度≤25 mm；250 kV 的 X 光机可检厚度≤60 mm	能检验出尺寸大于焊缝厚度1%的各种缺陷	焊接接头表面不需加工，但正反两面都必须是可接近的	从底片上能直接形象地判断缺陷种类和分布。对平行于射线方向的平面形缺陷不如超声波检验灵敏
γ 射线检验		镭能源可检厚度60～150 mm，钴能源可检厚度60～150 mm，铱192能源可检厚度10～65 mm	较 X 射线低，一般约为焊缝厚度的3%		
高能射线检验		9MV 电子直线加速器可检厚度60～300 mm；24MV 电子感应加速器可检厚度60～600 mm	一般不大于焊缝厚度的3%		

(6) 焊接接头力学性能试验。这种试验是为了评定焊接接头或焊缝金属的力学性能，主要用于研究、试制工作（如新钢种的焊接、焊条试制、焊接工艺试验评定和焊工技术考核）。

试验件的形状、尺寸与截取方法应按 GB 2649《焊接接头力学性能试样取样法》执行；试验方法也应按有关国家标准进行，常做的试验是拉伸试验、冲击试验、弯曲及压扁试验、硬度试验和疲劳试验等。

(7) 密封性试验。用于检验常压或受压很低的容器或管道的焊缝致密性，看其是否有穿透性缺陷。常用方法有：

①静气压试验。往容器或管道内通入一定压力的压缩空气，小体积焊件可放在小槽中，看槽中是否冒泡；对大型容器或管道，可在焊缝外侧涂肥皂水，若有穿透性缺陷，涂刷肥皂水部位就会冒泡，即可发现缺陷。

②煤油检验。在被检焊缝及热影响区的一面涂刷石灰石溶液，另一面涂煤油，因为煤油穿透力较强，当有微细裂纹或穿透性缺陷时，煤油便会渗过缺陷，使石灰白呈现黑色斑纹，据此即可发现焊接缺陷。

(8) 水压试验。用于检验压力容器、锅炉、压力管道和储罐等的焊接接头致密性和强度，同时能起到降低结构焊接应力的作用。

水压试验应在焊缝内部检验及有关检查项目全部合格后进行。试验时，容器（或管道）内装满水，堵塞好一切孔眼。用水泵把容器内水压提高，按有关产品技术条件要求，应提高到焊件工作压力的 1.25～1.5 倍，停泵保压 5 min，看压力表指示的压力是否下降。

再降到工作压力，全面检查试件裂缝和金属外壁是否有渗漏现象。水压试验后，焊件应没有可见的残余变形。水压试验是锅炉、容器、管道的重要检验手段，应严格按照有关技术条件标准执行。水压试验合格的产品一般即认为产品制造合格。

以上所述各种焊接检验方法各有其相应适用范围，并非任何焊件都要用这些方法去检验，应根据焊接结构的技术要求，选择经济而可靠的焊接检验方法。上述的检验方法也适用于铸件、锻件与机械加工零部件的检验工作。

第四节 汽车焊接工艺

一、汽车焊接工艺概况

焊接是现代机械制造业中常用的一种工艺方法，在汽车制造业中它的应用也越来越广泛。表4-23列出汽车生产中所采用的焊接方法及其典型应用实例。

表4-23 汽车生产中采用的焊接方法及其典型应用实例

焊 接 方 法			典型应用实例
接触焊	点焊	悬挂点焊钳（手工或机械手）	车身总成、车身侧围分总成
		固定焊机	小型零部件
	多点焊	压床式多点焊机	车身地板总成
		C形多点焊机	车门、发动机盖、行李箱盖总成
	凸焊		螺母、小支架
	缝焊	悬挂缝焊钳	车身顶盖流水槽
		固定焊机	汽油箱总成
	闪光对焊		后桥壳管、车轮钢圈
电弧焊	CO_2气体保护焊	半自动	车身总成
		自动	后桥壳、消声器
	氩弧焊		车身顶盖后两侧接缝
	手工电弧焊		厚料零部件
	埋弧焊		重型后桥壳
气焊	氧-乙炔焊		车身总成补焊
	钎（铜、银）焊		铜和钢件
	锡焊		水箱
特种焊	微弧等离子焊		车身顶盖后角板
	电子束焊		齿轮
	激光焊		车身地板
	摩擦焊		后桥壳管与法兰转向杆

在这些焊接方法中,由于接触焊具有快速高效、变形小、辅料消耗少、易于掌握、易于实现机械化和自动化以及无环境污染等特点,而且对用低碳钢板制成的薄壳结构的汽车零部件特别适用,所以它在汽车生产中应用最多,其次是电弧焊和气焊。

采用现代技术来大量生产一种新车型的车身总成,其工装设备投资的 40%是直接用在焊接设备上。

图 4-49 表明各种焊接方法在投资费用中所占的比例,可以看出,接触焊占总投资的 75.5%。一辆轿车共有 5 500 个以上的点焊焊点和至少有 3.8 m 长的熔焊缝。

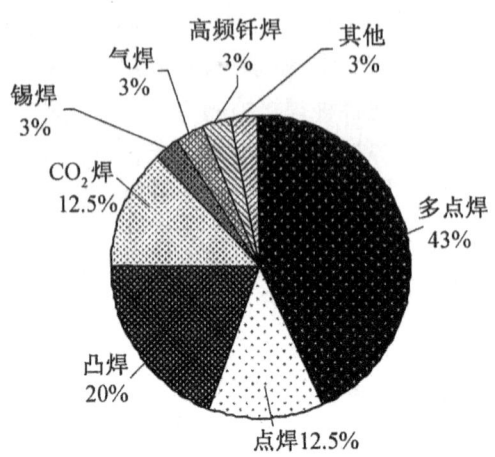

图 4-49 各种焊接方法的投资费用比例

近些年来,为了适应汽车发展的需要,在对焊接新技术新工艺的研究中,主要以提高焊接自动化、机械化的水平为目的。在接触焊方面除了继续扩大接触焊应用范围外,大力发展多点焊(包括凸焊)和机械手焊;在电弧焊方面,大力发展 CO_2 的半自动和全自动焊。同时,激光焊、电子束焊、微弧等离子焊、摩擦焊等特种焊,在汽车生产上的应用也发展很快。

二、汽车焊接生产方式

(一) 汽车焊接生产线基本形式

汽车焊接生产方式是由汽车产量直接决定的。随着汽车产量的不断增加,焊接生产方式也在不断改进和发展,即由原来的手工焊接生产方式逐渐发展为流水线焊接生产方式。在装卸、焊接(及其他加工)、工件传送等主要方面实现部分机械化和自动化。为了进一步提高产量,降低成本,节省人力,汽车焊接正在向全自动线生产方式发展,以期实现全盘自动化,即自动装卸、自动焊接(及其他加工)、自动传送及自动控制。

焊接生产线可归纳为下列几种基本形式:

$$\text{焊接生产线} \begin{cases} \text{贯通式} \\ \text{环形线} \begin{cases} \text{地面} \begin{cases} \text{椭圆形} \\ \text{矩形} \end{cases} \\ \text{地下} \\ \text{"门框"式} \end{cases} \\ \text{转台式} \end{cases}$$

(1) 贯通式焊接线(图 4-50)。这种焊接线用得比较普遍,它适用于诸如车身地板、车门、行李箱盖、发动机罩之类形状不太复杂、结构较完整、组成零件较少的总成。这种焊接生产线占地面积较少,工作时仅工件做前移传送,而所有装夹定位的工装都分别固定在各工位上。工件传送是靠贯通式往复杆来实现的,因而整线的传送装置比较简单。

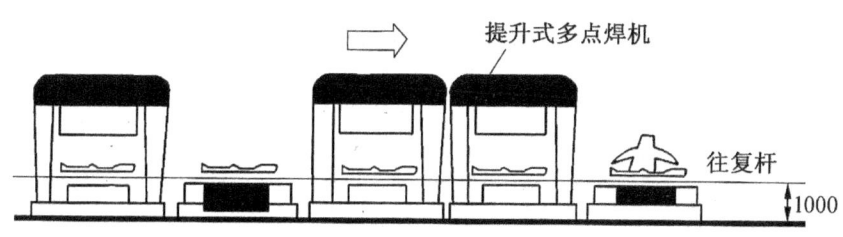

图 4-50 贯通式焊接线

(2) 环形线。可分为椭圆形地面环形线、矩形地面环形线、地下环形线和"门框"式环形线等四种。这些环形线在汽车焊接生产中都获得了应用，它们适用于工件刚性较差、组成零件数较多，特别是尺寸精度要求较严格的部件，诸如轿车车身总成、载重车驾驶室总成、车架焊接总成等。为了保证焊接质量，一般都采用随行夹具，所有的焊接工作全部在随行夹具上进行。当各工位焊接完毕后，工件连同夹具一起前移传送到下一工位。全部装焊工作完成后，工件吊离随行夹具，空的随行夹具通过不同途径返回原处继续使用。这种环形线所需的随行夹具数量较多，一般都是采用链传动来实现整线的工作及随行夹具的传送。

①椭圆形地面环形线（图4-51）。在这种环形生产线上，随行夹具是连续循环使用的。它占地面积较大，但整线的传送装置比其他环形线简单。

②矩形地面环形线（图4-52）。这种环形生产线上的随行夹具是通过两端的横移装置返回原始位置的。它占地面积比椭圆形地面环形线少，但整线的传送装置比较复杂。

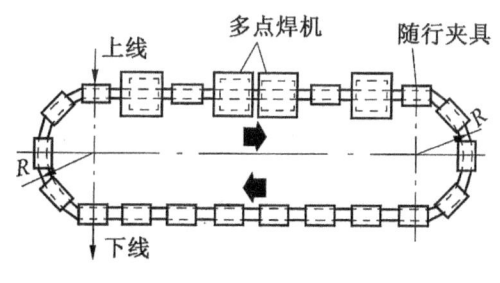

图 4-51 椭圆形地面环形线

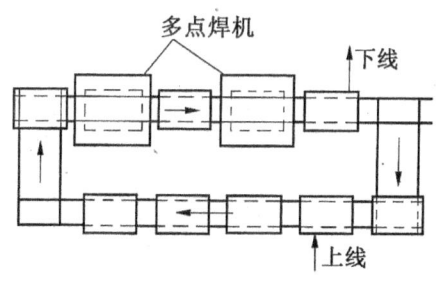

图 4-52 矩形地面环形线

③地下环形线。这种环形线上的随行夹具是通过两端的升降装置从地坑返回原始位置的。它占地面积较少，但整线的传动装置比较复杂，而且地坑的土建工程量大，采用托起式多点焊机时的地坑深度比提升式多点焊机时还要深些（图4-53）。

④"门框"式环形线（图4-54）。左右侧围总成在H、G处于悬吊式的左右侧围"门框"焊接夹具内进行装焊，焊接好的左右侧围总成连同左右"门框"夹具由C、D悬链"门框"线送到M点与车身环形线随行夹具合装，经一系列焊接工位后，把左右侧围总成焊装于车身地板上，到达N点后，空的左右"门框"夹具与车身随行夹具脱离，并由悬链送回焊接起始位置。车身随行夹具则继续前进，车身总成经一系列焊接工位后在Q点下线，并送到车身补焊线。这种"门框"线效率高、成本低并能适应车型变化，而且厂房面积的利用比较合理，同时不需要左右侧围总成的中间存放面积。

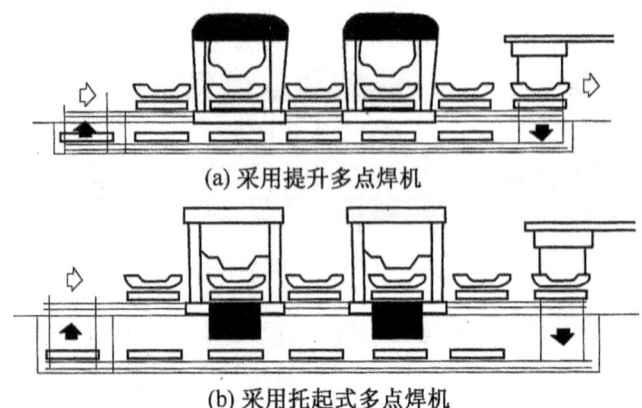

(a) 采用提升多点焊机

(b) 采用托起式多点焊机

图 4-53 地下环形线

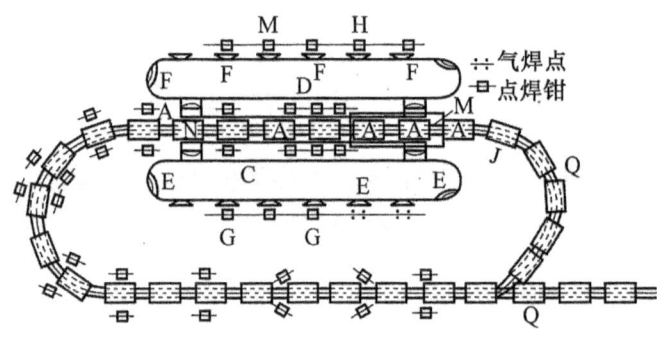

图 4-54 "门框"式夹具环形线

A—车身环形线的随行夹具；C,D—左右侧围板总成"门框"线；E,F—左右侧围板总成"门框"式装焊夹具；G,H—左右侧围板总成装焊工位；J—地板带前端总成装入车身随行夹具；M—左右侧围板"门框"夹具连同左右侧围板总成上线与车身随行夹具合装；N—孔的左右侧围板"门框"夹具与车身环形线脱离；Q—车身总成下线

(3) 转台式焊接线（图4-55）。这种焊接线适用于重量较轻、工位间距不大的中、小型工件。工件上线后转台作单向间歇式运转，经过一系列焊接工位，最后下线。这种焊接线传动比较简单，但占地面积较大。

(二) 焊接方式的发展状况

汽车车身装焊方式的发展过程大体上可分为三个阶段。

第一阶段是采用固定装焊台的小组装焊方式，如图4-56所示。这种装焊方式在生产线上大量使用悬挂式点焊机，以焊接车身的各个部位。每道工序用一个工人，劳动强度大、单调，生产率不高。然而，由于把生产过程划分成了若干个工序，具有一定的灵活性，适应于车型的微量变化，甚至车型发生改变也不需太大的费用去改变其设备。

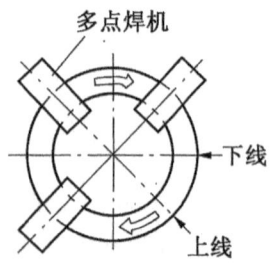

图 4-55 转台式焊接线

第二阶段是刚性焊接生产线阶段，如图4-57所示。为了提高生产效率，在生产线上采用了多点焊机、输送装置等。其基本原则是使工件通过一系列工位进行装焊。生产线上往往有几百个电极，每个工位一般都有若干电极，其数量与焊点数相适应。这种生产线柔性不大，正处于淘汰之中，但目前仍然有一定的作用。其优点是，只要生产线上使用或更

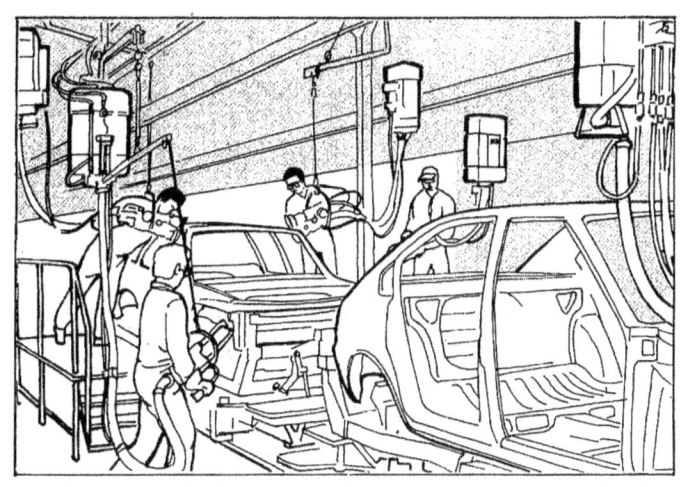

图 4-56 固定装焊台装焊

图 4-57 刚性焊接生产线

换一些装置，就可以提高其柔性，以生产两种甚至三种车型。

第三阶段是柔性（包括部分柔性）装焊线，如图 4-58 所示。它的特点是工业机器人、数控焊钳、可快速更换的工装和非同步输送带、可编程控制的自导车等的综合应用，保证了生产线的柔性。这种柔性生产线，能执行生产计划部门的电子计算机所提供的指令。因此，通过自动化消除了原来焊接生产中的一些困难，并且减轻了劳动强度，提高了精度、可靠性和柔性，能方便地适应几种基本车型及若干变型车的同时生产，并易于适应以后的改型。

装焊线的柔性，应理解为其适应生产不同型号产品的能力。这些不同型号的产品应该或者可以同时在这条线上进行生产。柔性取决于下述条件：①装焊线是否适用于几种型号不同的产品；②仅仅装焊夹具具有柔性，在这种情况下，为使其适用于其他型号需要多长时间。

柔性生产有两种方式：全面柔性和替换柔性。全面柔性是装焊线可任意生产各种不同的车型及派生规格。这就要求这些不同车型应该是类似的，并可利用相似的工艺。替换柔

图 4-58 柔性装焊线

性表现在，当生产线上的某一部分（如机械手或装焊夹具）出故障的情况下，装焊线只要降低生产率，还可以继续工作。

柔性生产是目前的发展方向，是现代科学技术的综合体现。

（三）焊接生产线的设计要点

在设计某一总成的装焊线时，应考虑下列要点：

（1）根据产量大小确定生产节奏。

（2）根据总成的大小、形状及结构复杂程度，确定装焊线形式及工件传送方式。

（3）确定焊接方法：

①在采用多点焊时，如工件上板厚度小于 1.5 mm，则多采用串接焊法（图 4-58a）。这种焊接方法的优点是高效（一台变压器一次加压通电可焊两点，如变压器为双两次绕组则一次加压通电可焊四点）、优质（变压器二次回路短、损耗小）、便于制造维修（变压器及焊具均安装在工件的一侧），所以，串接焊法获得广泛采用。

②当工件上板厚度大于 1.5 mm，如仍采用串接焊法则因上板分流 I_1 过大而不能形成满意的点焊熔核，此时可采用间接焊法（图 4-59b）或推挽焊法（图 4-59c）。因为间接

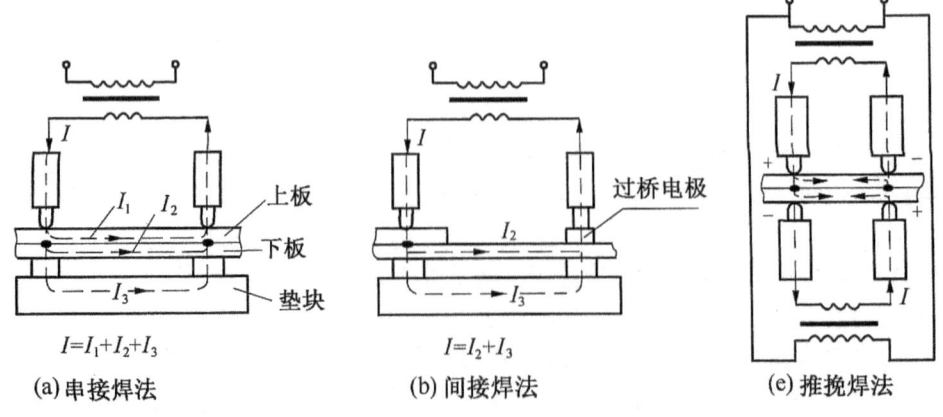

(a) 串接焊法　　(b) 间接焊法　　(c) 推挽焊法

图 4-59 点焊电极连接方法

焊法不存在上板分流问题；推挽焊法的上板分流，从图4-59c可见是几乎互相抵消的。但在完成同样的焊点点数情况下，这两种焊接方法所需的变压器数量要比串接焊法多一倍。

③根据产品结构有时需要采用直接焊法，这时可用浮动焊钳进行多点焊。

(4) 确定焊接工序及装焊线工位：

①确定点距。从表4-24可以看出，上板越厚，点距越小，则分流越大。所以，在合理选定上板厚度条件下，为了保证点焊质量和电极寿命，分流必须控制在25%以下。法国的经验是当上板厚度为0.8mm时，点距为75～100mm，则上板分流过大。

表4-24 串接焊的上板分流值（以焊接电流的%表示）

点距/mm 板厚/mm	12.5	25	38	50	63	75	100	150	200
0.9×2	100	54	38	22	18	15	11	8	5
1.6×2		85	67	50	39	32	24	16	11

②确定点焊工序。按确定的点距布置焊枪（或焊钳），从维修保养角度分析，焊枪不宜过密，必要时可用移位（工件移位或焊枪移位）或分工序的方法，决定最低限度的必要工序数。

③确定装焊线工位。根据工件的上下料、各工序装入工件的形状和数量、必要的焊接工序数、工件传送所需的翻转或回转工位来确定工人的数量、配置及工位数。考虑装焊线工位时，一般都留有空位，虽然空位使装焊线占地面积增大、投资稍高些，但从养护保养、安全生产来看，是很有必要的，特别是产品改型需要增加装焊工序时，不需对整条装焊线作重大改动，这样对生产发展极为有利。

(5) 确定工件的安装方式和流向：

①为了保证点焊质量，减少上板分流，工件的安装方式应尽量使薄的工件作为上板，以此确定工件是以正装还是以反装的方式进行多点焊。

②需要无痕点焊的汽车外覆盖件可考虑把它作为下板，使之靠向垫块一边。

③确定工件流向，应从便于安装工件、保证工件传送稳定的角度来考虑。

(6) 确定焊机结构：焊机结构有专用的和通用的，选择时应按下式对比每一工件所需的费用 P。

$$P = \frac{(A-B)+C+D+E+F+G}{H}$$

式中，A 为焊机购入价格；B 为生产完毕后的剩余价值；C 为基础施工费；D 为电源施工费；E 为工厂占地费；F 为维修费；G 为工资；H 为至剩余价值以前的生产工件数。

所谓通用式焊机，是指标准焊机机架加上快速更换的焊模，如同冲压生产的通用压力机一样。对于车门、发动机盖、行李箱盖或前地板、中地板、后地板等形状和尺寸相类似的工件，装焊线本体采用标准焊机机架，各焊模采用可更换的方式。通用式焊机可以适应多品种生产，提高装焊生产率，从工人数和维修方面来看是合适的。

(7) 安全措施。在装焊线的每一工位的四角和传送装置处都应设置安全销。这样，当发现有机械故障或误入机械设备内时，它不仅能使机械动作停止，而且拔出安全销的工人本人必须拿着安全销进行排除故障操作。如果不把这安全销再次插入，即使其他工人开动其他机械也不能起动。

此外，在传送装置起动及前进时，必须用蜂鸣器报知工人注意，以免造成重大事故。

（8）改进产品设计随着生产产量和自动化程度的不断提高，要求产品设计不断改进使之更加合理化、简单化。对于装焊生产线来说，产品设计时，应考虑到装配工艺，零件形状要尽量简单，应便于装入定位和夹紧；零件分块不要太零碎，尽可能搞成整体冲压件，以简化装焊工序，降低工时，保证装配质量。在焊接方面，点焊焊点数或熔焊焊缝长应尽可能地限制在最低限度内，不必要地增加焊点点数或焊缝长度将使工件由于焊接热影响而增大变形，同时焊机也复杂化，维修保养也困难得多。

三、轿车车身装焊线

构成轿车车身的各分总成，其结构形式因车型不同而式样各异。图 4-60a、b、c 是分别按下述制造程序组装的地板分总成、车身总成和白车身。

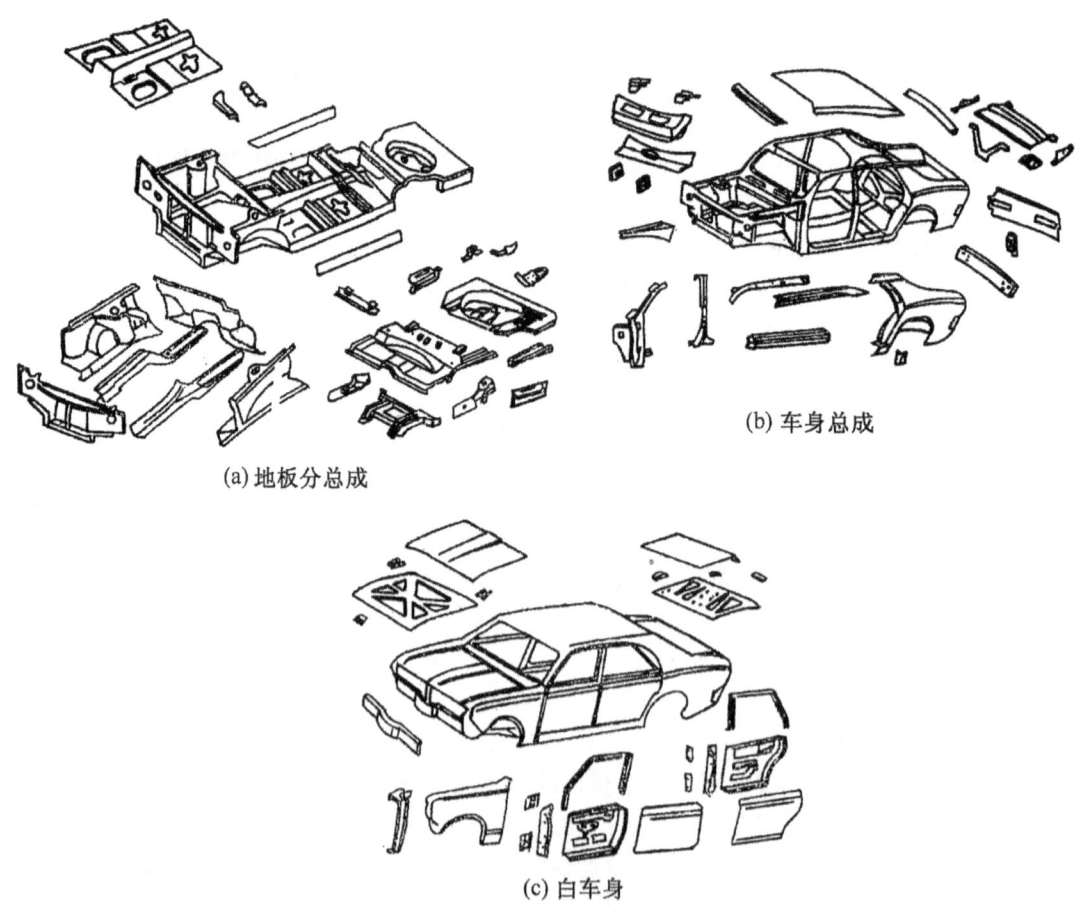

(a) 地板分总成

(b) 车身总成

(c) 白车身

图 4-60 轿车车身结构的分解

轿车车身的制造程序：

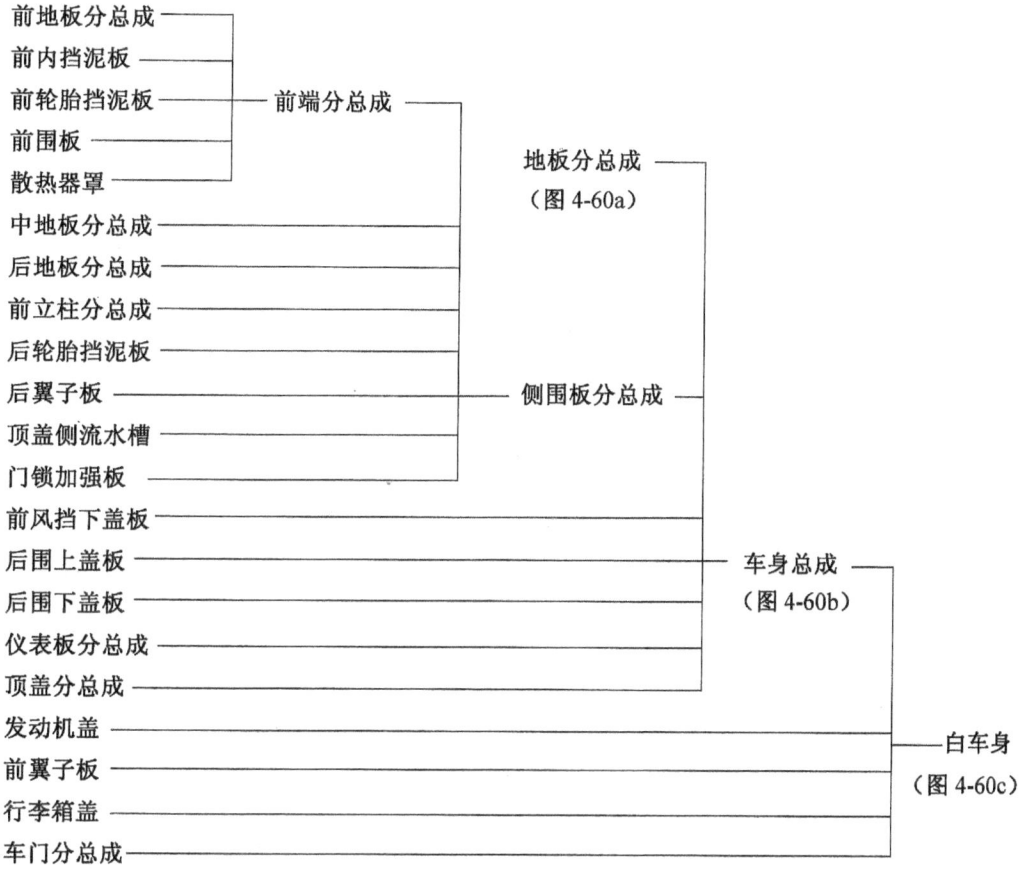

图 4-61 所示装焊线是一条完全自动化了的车身总成装焊线。其工作内容是实现车身总成的成形定位和增补焊点。共 640 个焊点，生产节拍为 140 辆/100 min，生产率为 43 辆/h，共 9 个工位，16 台通用机械手和 2 台标准组合式机械手。此装焊线能装焊两种不同车型，其中一种是另一种的派生车型。

所有车身零件在起始工位上进行初步预定位，然后车身包括顶盖被送到万能成形定位工位。

如图 4-62 所示，万能成形定位及焊接工位有一套底部装有铰链的成形定位夹具，可从两侧向车身合拢，然后由 6 台机械手（每侧 3 台）穿过夹具，根据不同车型的要求完成 80～120 个焊点。

成形定位后，经点固焊接的车身被依次送到 3 个增补焊接工位。其中第一个工位配备有 2 台通用机械手和 2 台专用的西亚基机械手进行门框和门槛的焊接。这两对可编程的机械手各带有两把焊枪，进行所有焊接工作。

其余两个工位各有 4 台通用机械手进行车身的增补焊接。然后，由一激光检测工位在车身离开成形定位焊接生产线以前进行车辆几何形状检查。

这条生产线具有重复利用率高的特点，因为除了成形定位工位上的成形定位夹具是专用的以外，其他都是通用件，只要调换夹具和进行机械手的重新编程就可生产新车型。

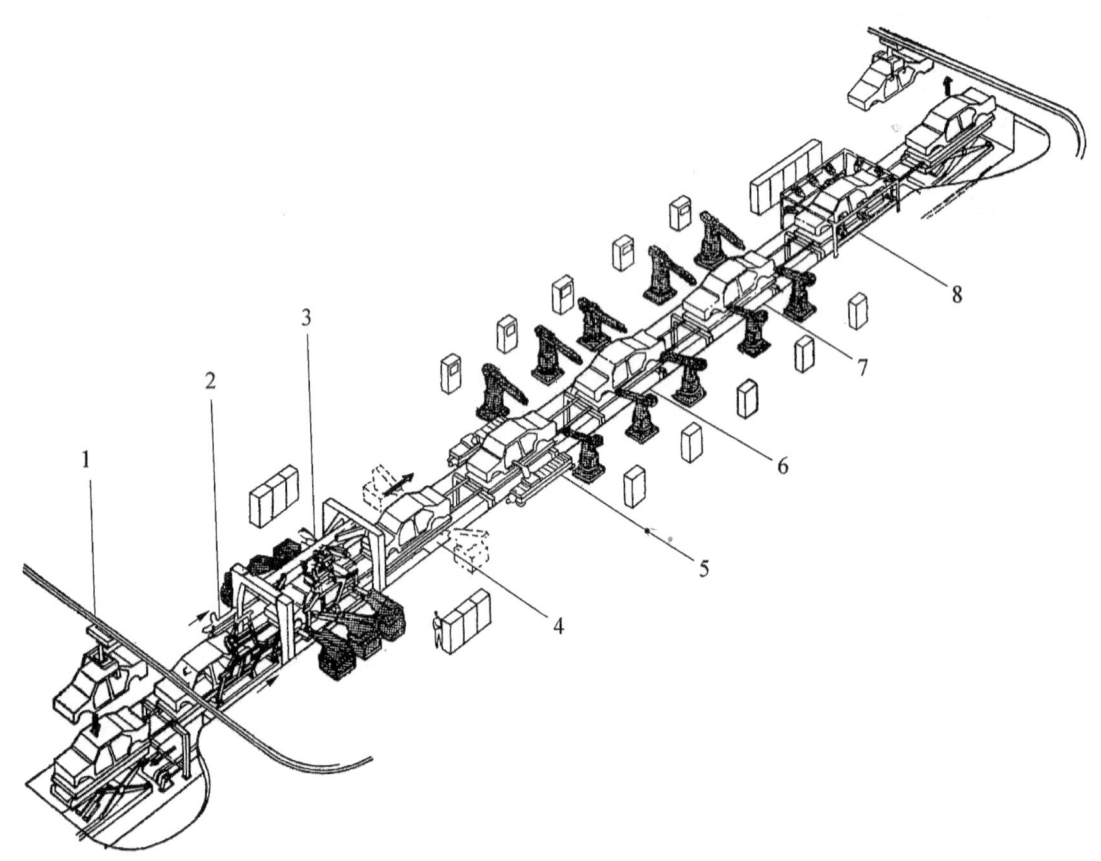

图 4-61 车身总成装焊线
1—上料；2,4—调换夹具空工位；3—成形定位及焊接；
5—门槛焊接及最后焊接；6,7—最后焊接；8—自动外观检查

上料以后，所有操作全部自动化，实行无人操作。

四、轿车车身装焊调整线

1. 概况

轿车车身总成主要由地板分总成、左右侧围总成、前围分总成、后围分总成、顶盖分总成及一些覆盖件组成，其结构解剖图见图 4-63。这种两车门轿车的年产量不低于 12 万辆。

车身装焊调整线分为三段（见图 4-64）。

(1) 车身装焊线：这是一条连续运转的椭圆形地面环形线，长 165 m，布置 32 台随行夹具，设 32 个工位，共有 67 把点焊钳。

(2) 车身补焊线：这是一条翻板式传送线，长 115 m，设有 18 个工位，其中 16 个是加工工位。线上配置 26 把点焊钳和滚焊钳，还有 10 台 CO_2 焊机。

(3) 白车身调整线：这是一条小车式的地面传送线，长 316 m，共有 59 个工位。

2. 装焊流程

(1) 车身装焊线：组成车身的各分总成分别传送至车身装焊线的各相应工位。在装焊

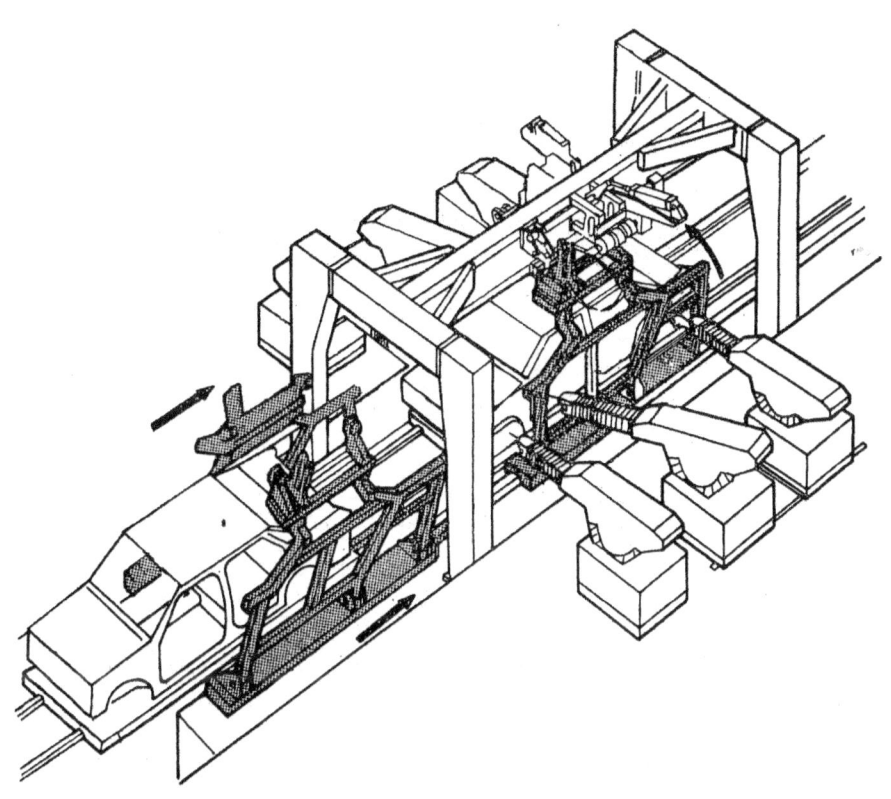

图 4-62 成形定位及焊接工位

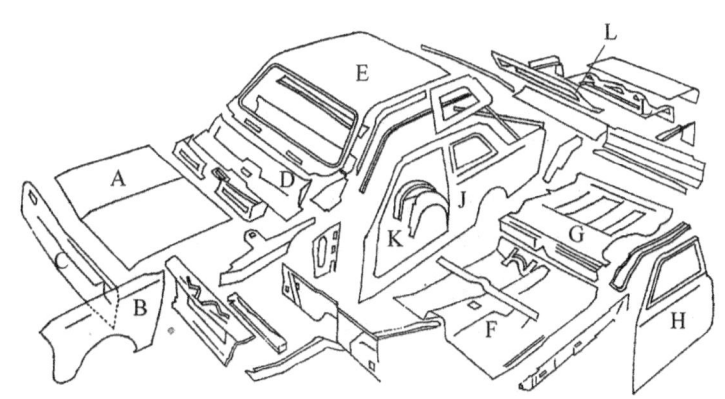

图 4-63 轿车车身总成结构解剖图

A—发动机盖；B—前翼子板；C—水箱罩；D—前围；E—顶盖和前风窗；F—前地板；G—后地板；
H—车门；J—侧围；K—后内挡泥板（内外板）；L—行李箱盖和后围板。

线的所有 32 台随行夹具上都带有装夹左右侧围用的摆动夹具。这种摆动夹具的销轴（支点）装在下端，有 15°的摆动量，以便于安装分总成及取出装焊好的车身总成。

工位 1，2——装地板总成。地板总成由悬链从仓库运至下线工位，此时倾斜式台面立起，把地板摘离悬链，然后由两个电弧炉把地板送至本工位的随行夹具上。

工位 3，4——装左右侧围分总成。左右侧围分总成半自动地装入打开的侧围摆动夹

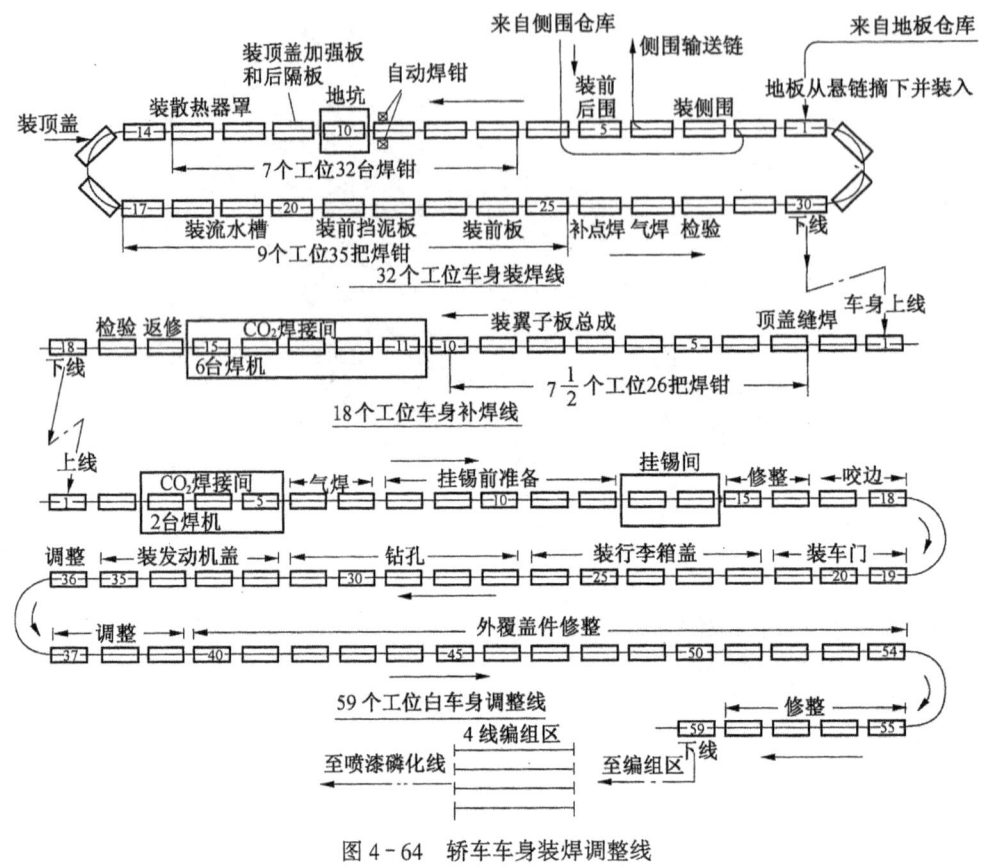

图 4-64 轿车车身装焊调整线

具上,然后定位夹紧。

工位 5,6——装前、后围总成。将前后围总成大致就位,然后把侧围夹具摆入并锁紧。

工位 7,8——装焊。将前、后围总成准确定位,然后用悬挂点焊钳点定。

工位 9——将下门框的下搭边用双头自动点焊焊于地板总成上。这工位的两侧各装一台自动点焊装置,每套装置上各有两把焊钳,都装在带有配重的滑台上。这两把焊钳具有倾斜和缩回的动作,以免碰撞各种夹具。焊钳的倾斜和缩回动作是由随行夹具的程控杆上撞块通过碰撞行程开关来控制的。

当随行夹具通过这台自动点焊装置时,碰触某一行程开关使滑台上 1 号焊钳前移并上倾,电极头进入下搭边的点焊位置,并加压点焊,此时焊钳连同带有配重的滑台一起随着随行夹具滑动,点焊完毕后,配重滑台返回原处,经一选定周期后,电极头再次压紧点焊。点距是由这一选定周期和随行夹具行走速度共同决定的。2 号焊钳是用来在 1 号焊钳的各焊点之间增加焊点的,使点距可达 38 mm。

当全部点焊完毕后,1 号和 2 号焊钳下倾并缩回,等待下一台随行夹具。这样,左右下门框的下搭边共点焊 35 点。

工位 10——补点焊。这工位是在地坑里操作的,在此工位将地板与侧围的全部焊点补齐。

工位 11～14——装焊。将后隔板、顶盖加强板和散热器罩定位夹紧、焊接，最后松夹。同时气焊前围板与侧围的两条对缝，并用塑料密封胶涂封前围板顶部和死角处。

工位 15～20——装焊顶盖。顶盖前后用外夹具定位，并在风窗洞口、后围板上搭边点焊，同时与流水槽点定焊。

工位 21～25——装焊。左右前挡泥板用外加夹具定位并点焊，随后用同样方法装焊外板。

工位 26～28——分别为补点焊、气焊和检验。

工位 29——打开夹具，松开定位，挂上吊具。

工位 30——下线。托起车身，用悬链送到车身补焊线。

工位 31～32——空位。

(2) 车身补焊线：

工位 1～2——车身上线。从悬链摘下车身装入工位 1 的定位销上。在整个 18 工位的翻板式传送线上，都是靠固定的定位销来托住车身总成的。如输送悬链损坏，可用卡车上的吊车将车身装入工位 2。

工位 3——顶盖与流水槽缝焊。

工位 4～6——补点焊。

工位 7～10——左右翼子板用夹具定位于车身上并点焊。

工位 11～15——CO_2 焊接间。在前翼子板与前柱、地板加强板、地板与前围板下搭边以及后座下横梁与地板的接缝处熔焊几段。工位 15 还采用部分气焊。

工位 16——返修。

工位 17——检验。

工位 18——下线，由吊具将车身总成从翻板式传送线吊起并输送至白车身调整线。

(3) 白车身调整线。这条 59 个工位的调整线大致可分为三段：

第一段——18 个工位，其中有 CO_2 焊、气焊、点焊搭边去飞刺和压边。

第二段——20 个工位，安装车门、行李箱和发动机盖，并且钻出所有与流水槽和主件有关的孔。

第三段——21 个工位，用来修整所有的车身外部零件。在头两个工位，用一种西莱丁（Hilighting）专用溶液擦遍整个车身，因为这种溶液能暴露工件的任何缺陷，这样可以在下两个工位用 150 W 烛光的荧光灯进行肉眼检验。暴露出来的缺陷用适当标志标出，随后进行磨修以达到漆前白车身的质量标准。

检验之后，车身送至编组区，以便按生产计划送至车身喷漆前的磷化线。

【本章小结】

本章介绍了汽车常用的焊接方法及其工艺特点，阐述了电阻焊及其在汽车工业中的应用和汽车焊接工艺设计的原则和方法，分析了汽车装焊生产的各种形式及其工艺特点。

【复习思考题】

1. 什么是焊接？焊接方法有哪几种？
2. 什么是电弧焊？电弧焊有哪几种？

3. 什么是手工电弧焊？有哪些特点？其机理是什么？
4. 手工电弧焊的焊条有哪些部分？其化学成分和力学性能如何？
5. 试说明常用的 E4303 和 E5015 两种型号焊条的含义。
6. 手工电弧焊常用的焊接接头形式有哪几种？
7. 焊缝的空间位置有哪几种？各有何特点？
8. 什么是氩弧焊？按所用电极的不同可分为哪几种？氩弧焊有哪些特点？
9. 什么是 CO_2 气体保护焊，有何特点？
10. 什么是电阻焊？电阻焊有哪几种？
11. 电阻焊有哪些优缺点？
12. 其他常用焊接方法有哪些，各有何特点？
13. 点焊循环包括哪几个阶段？
14. 常见的点焊接头形式有哪几种？
15. 各种金属材料的可焊性有何区别？
16. 试说明焊缝符号的含义。
17. 焊接变形的基本形式有哪几种？
18. 减少焊接应力和变形的措施有哪些？
19. 常见的焊接缺陷有哪些？如何防治？
20. 汽车生产中所采用的焊接方法有哪些？
21. 焊接生产线有哪几种基本形式？
22. 轿车车身焊接调整线可分为哪几个阶段？

第五章 工艺装备及机床夹具

【学习目标与要求】
- 了解机械加工时工件获得加工精度的方法及装夹的方法
- 了解机床夹具的组成、种类及其特点
- 熟练掌握基准与定位的基本原理、原则
- 能灵活运用所学知识分析和解决夹具设计中实际问题
- 掌握夹具设计的方法步骤并能进行定位精度分析

第一节 概　　述

一、获得加工精度的方法

机械加工的目的，就是要使工件达到规定的形状、尺寸和相对位置等精度要求以及规定的表面质量要求。

工件上各表面之间的相对位置要求，可依靠机床的精度以及正确的装夹来达到。被加工表面的形状要求，主要依靠机床所提供的刀具与工件之间正确的相对运动轨迹来达到；有时，也可以依靠成形刀具的切削刃形状，或刀具与工件之间的展成运动来形成被加工表面，例如插齿、滚齿加工。

被加工表面的尺寸要求，可通过以下途径来达到。

1. 试切法

先将工件被加工表面试切一小段，根据测量结果调整以后，再试切，再测量，如此反复，经过几次试切、测量和调整，达到图样要求的尺寸后，再加工出整个待加工表面。这种获得规定精度的方法称为试切法。

试切法需要多次试切、测量和调整，生产率低，对操作工人技术水平要求高，不能稳定地保证质量，而且，操作工人经常处于紧张状态，故只适用于单件、小批生产。

2. 定尺寸刀具法

用具有一定尺寸和形状的刀具进行加工，使被加工表面获得所要求的尺寸和形状，这种方法称为定尺寸刀具法。如用钻头、扩孔钻、铰刀、镗刀、拉刀等刀具加工内孔表面；用丝锥、板牙加工螺纹等。此方法生产率高，广泛用于各种生产类型的加工，加工精度主要取决于刀具本身的尺寸精度和磨损，不是所有被加工表面都可以采用这种方法进行加工。

3. 调整法

先按试切法或用样件、样板、对刀块，调整好刀具与工件的相对位置，然后对工件进行加工。此方法加工精度比较稳定，对操作工人的技术水平要求不高，适用于成批大量生产。

4. 自动获得尺寸法

这种方法是指采用一定的装置使加工过程中的补偿调整和切削等一系列工作自动完成，从而自动获得所要求的尺寸精度。具体方法有两类：

（1）自动测量。机床上附有自动测量装置，在工件加工到要求尺寸时自动测量装置即发出指令使机床自动退刀并停止工作。

（2）数字控制。机床中有控制刀架或工作台精确移动的进给装置和步进电机、滚珠丝杠螺母副及整套的数字控制装置，尺寸的获得由预先编制好的程序通过计算机数字控制装置自动控制。

二、工件的装夹方法

工件装夹时，为了保证工序尺寸和位置公差，应满足以下两项基本要求：

（1）加工之前，工件必须正确定位，即工件相对于机床和刀具应占有正确位置。

（2）加工过程中，工件必须合理夹紧，即保证作用于工件上的各种外力不破坏定位。

实现工件的正确装夹，有找正装夹法和机床夹具装夹法两种。

1. 找正装夹法

找正装夹法，有直接找正装夹和划线找正装夹两种。

（1）直接找正装夹。以工件的实际表面作为定位的依据，用找正工具（如划针和百分表）找正工件的正确位置以实现定位，然后将工件夹紧的方法，称为直接找正装夹。

如图5-1所示，在内孔磨床上用四爪单动卡盘装夹套筒，以保证磨孔后的内孔对外圆的同轴度。采用指示表（百分表）按工件外圆进行找正，使外圆轴线与磨床轴线同轴，从而使工件径向在磨床上占有一正确位置，然后用四爪单动卡盘找正获得的正确位置固定下来。此时，找正的外圆称为定位基面，外圆的轴线为定位基准。

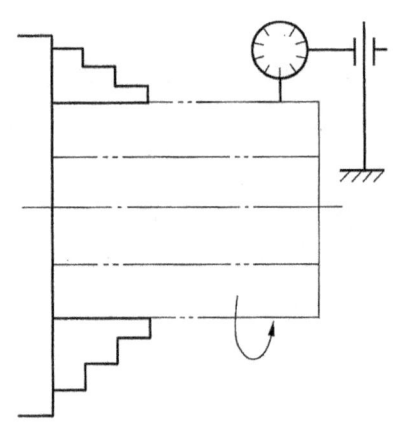

图5-1 直接找正装夹

此种装夹方法生产率低，一般只适用于单件小批生产。找正的精度取决于找正工具和工人的技术水平。如果操作工人的技术水平高，且采用精密测量仪器，则可以获得较高的定位精度。

（2）划线找正装夹。以划线工人在工件上划出的待加工表面所在位置的线痕作为定位依据，定位时用划针找正其位置，然后将工件夹紧的装夹方法，称为划线找正装夹。

采用找正装夹法，工件正确定位是通过找正来实现的，工件夹紧往往是通过四爪单动卡盘、虎钳等通用机床夹具或压板夹紧来实现的。

找正装夹法虽然简便，但效率低，工人劳动强度大，找正精度取决于找正方法、找正工具和工人的技术水平等，对于产量不大、加工质量要求不高的场合，仍不失为一种简单、实用、经济的装夹方法，但对于成批大量生产的汽车零件的机械加工并不适用。

2. 机床夹具装夹法

这里介绍的机床夹具是为某种零件的某一道工序的加工而专门设计和制造的机床夹

具，亦称为专用夹具。

机床夹具定位准确，装卸工件迅速，但设计与制造的周期较长，费用较高。因此，主要适用于产品相对稳定而产量较大的成批和大量生产。对于多品种、小批生产的汽车产品试制，采用这种装夹工件的方式是不适当的。为适应多品种、小批生产的需要，可以使用组合夹具、可调整夹具和成组夹具等。

由上述分析可知，机床夹具的作用有以下几方面：

(1) 保证加工精度。机床夹具可准确确定工件、刀具和机床之间的相对位置，从而保证被加工表面的工序尺寸和位置公差要求，加工精度的稳定性好。

(2) 提高生产率。机床夹具可快速地将工件定位和夹紧，减少装卸工件的辅助时间。

(3) 减轻工人的劳动强度。采用机械、气动、液压等夹紧装置，安全省力，可以减轻工人的劳动强度。

(4) 扩大机床的工艺范围。利用机床夹具，可扩大机床的加工范围。如在卧式车床刀架处安装一专用镗孔夹具，车床可对箱体轴承座孔进行加工。

三、基准与定位

(一) 基准

汽车零件是由若干几何要素（点、线、面）组成的，各几何要素之间都有一定的尺寸和位置精度要求。零件图或实际零件上用来确定生产对象上几何要素间几何关系所依据的那些点、线、面，称为基准。根据基准的作用和应用场合不同，可将基准分为两大类，即设计基准和工艺基准。

1. 设计基准

设计图样上采用的基准称为设计基准。如图 5-2a 所示，球心 O 为球外圆 $S\phi100$ 的设计基准，点 B 是平面 A 的设计基准。图 5-2b 所示的汽车变速器拨叉图样中，孔 $\phi19^{+0.052}_{\ 0}$ 和螺纹孔 $M10$ 的设计基准分别为孔轴线和螺纹孔轴线。拨叉平面 F，用尺寸 31.7 ± 0.15 与螺纹孔相关联，螺纹孔轴线是拨叉平面 F 的设计基准；反之也可以认为拨叉平面 F 是螺纹孔的设计基准，两者互为设计基准。螺纹孔垂直度的设计基准为孔 $\phi19^{+0.052}_{\ 0}$ 的轴线和槽 $19^{+0.195}_{-0.065}$ 的对称中心平面组成的公共轴平面 $A—B$。

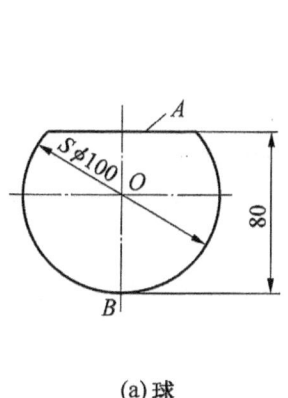
(a) 球

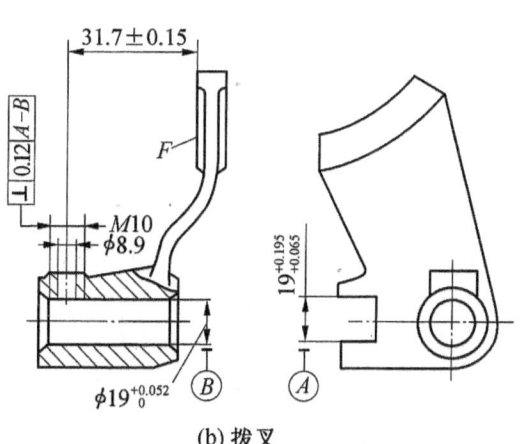
(b) 拨叉

图 5-2　设计基准

从上述两个实例分析可知,设计基准可以是点、线、面,它既可以是实际存在的,也可以是假想的,如轴线、对称中心平面等;并且有些设计基准可以是互为的。设计图样上标注的尺寸均为设计尺寸。

2. 工艺基准

在工艺过程中采用的基准称为工艺基准。工艺基准又可分为工序基准、定位基准、测量基准和装配基准等。

(1) 工序基准。在工序图上用来确定本道工序被加工表面加工尺寸、位置精度的基准,称为工序基准。所标定的加工面的大小及其位置尺寸叫做工序尺寸。图5-3为钻孔工序简图,孔的位置是由 A 面标定的,故其工序基准为 A 面。

图5-4所示为一车削工序图,工件外圆表面5装夹在三爪卡盘中,端面6靠在卡爪平面上,以此定位加工端面 F,1,2和内孔3及外圆表面4,分别保证轴向尺寸 L_0,L_1,L_2 和外圆、内孔直径尺寸 ϕd、ϕD。因此,端面6是端面 F 的工序基准,端面 F 是端面1和2的工序基准,端面1,2通过加工尺寸 L_1,L_2 及平行度公差与工序基准 F 相联系。外圆 ϕd 和内孔 ϕD 的工序基准为其轴线。联系被加工表面与工序基准间的加工尺寸,是本工序应直接保证的尺寸,称为工序尺寸。工序基准是工序图上工序尺寸、位置公差标注的起始点。

从上述分析可知,工序基准可以是实际存在的,也可以是假想的点、线、面。工序尺寸以工序基准为起点,指向被加工表面,所以工序尺寸具有方向性。在多数情况下,工序基准与设计基准重合。

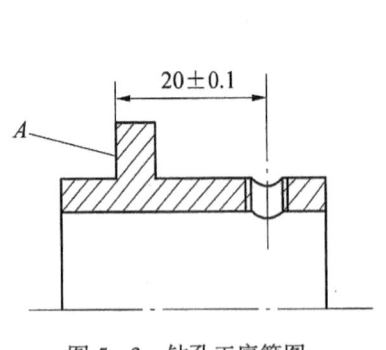

图5-3 钻孔工序简图

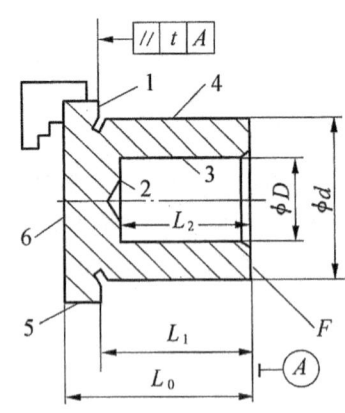

图5-4 车削工序图

1,2,6,F—端面;3—内孔面;4,5—外圆表面

(2) 定位基准。加工时,用以确定被加工工件在机床上或机床夹具中占有正确位置的基准,称为定位基准。有时,作为定位基准的点、线、面在工件上不一定实际存在(如外圆和内孔的轴线、对称面等),而常由某些实际存在的表面来体现,这些体现假想的定位基准的表面称为定位基面。如图5-4所示工件装夹在三爪卡盘中,工件外圆表面5与卡爪接触,端面6靠在卡盘平面上,从而实现径向和轴向的定位。这时,端面6是实际存在的定位基准,它确定了工件的轴向位置;外圆 ϕd 轴线是假想的定位基准,它确定了工件

的径向位置，而其外圆面是径向定位的定位基面。

定位基准（基面）有粗基准和精基准之分。用未经加工过的表面作为定位基准（基面），称为粗基准；用已加工过的表面作为定位基准（基面），称为精基准。

一般情况下，定位基准应与工序基准和设计基准重合，否则将产生基准不重合误差。有关基准不重合误差问题将在后面详细介绍。

（3）测量基准。用来测量已加工表面的位置所依据的点、线或面，即测量时所采用的基准称为测量基准。例如图 5-5 所示已加工面 B 的检验，图 5-5a 是以工件小圆柱的上母线作为测量时的依据的，因此母线 A 为测量基准；图 5-5b 则以大圆柱的下母线 C 为测量基准。

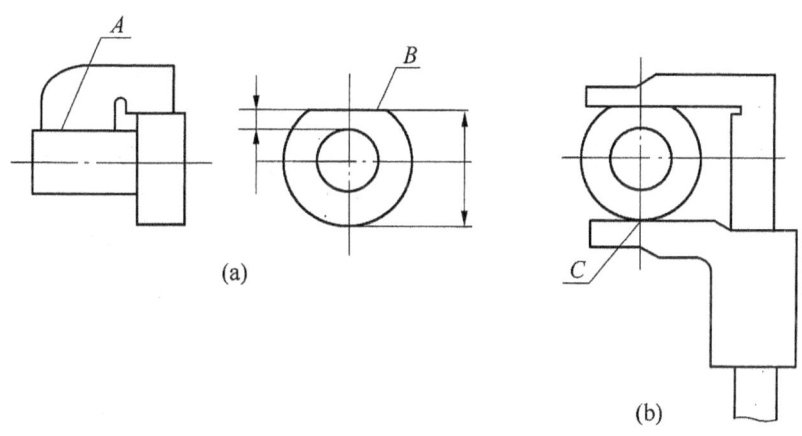

图 5-5 测量基准

（4）装配基准。在产品装配时用来确定零件或部件在产品中的相对位置所依据的点、线或面称为装配基准。如曲轴轴颈、齿轮内孔就分别是曲轴、齿轮在装配时的装配基准。

（二）定位

在加工（或装配）过程中，必须首先使工件（零件）占有一正确位置，以保证加工表面（或零件的位置）达到规定的要求。通常将工件在机床上或零件在产品中占有正确位置的过程，称为定位。

1. 六点定位规则

一个自由刚体在空间可有任何方向的移动或转动，即位置不确定。在空间直角坐标系中，则有六个方向活动的可能性，即沿三个坐标轴方向的移动（用符号 $\vec{X}$，$\vec{Y}$ 和 $\vec{Z}$ 表示）和绕三个坐标轴方向的转动（用符号 $\hat{X}$，$\hat{Y}$ 和 $\hat{Z}$ 表示）。通常把工件想象成自由刚体，则工件在空间坐标系中某个方向活动的可能性称为一个自由度，故工件有六个自由度。

要使工件在某个方向有确定的位置，就必须限制该方向的自由度。如果在三个相互垂直的坐标平面上，按一定规律分布六个固定支点使工件与之接触，则工件的位置就完全确定了，如图 5-6 所示。用六个固定点就能限制工件的六个自由度，使工件的位置唯一确定，这一规则称为六点定位规则。

2. 工件定位应限制的自由度

工件的定位，就是限制工件的自由度，使工件具有一个正确的位置，以满足加工要

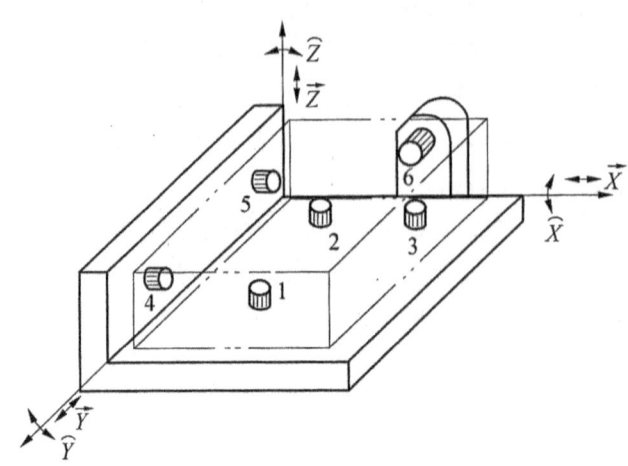

图 5-6 工件在空间的六点定位

求。在用调整法加工一批工件的过程中,刀具相对于机床和夹具的位置是调整好的,刀具的运动轨迹也是一定的。为了保证工件被加工表面相对于机床上的刀具有正确的位置,用来确定被加工表面位置的工序基准就必须具有正确的位置。工件定位时应限制哪些自由度(方向和数量),完全由工件在该工序中的加工要求和工序基准的结构特点来决定。下面结合实例加以说明。

如图 5-7 所示,有 6 个待加工工件,图 5-7a 要在一个球体工件上加工一个平面,根据如图所示的工序尺寸要求,只需限制一个自由度 $\vec{Z}$;同理,图 5-7b 要在球体上钻孔,只需限制 $\vec{X}$,$\vec{Y}$ 两个自由度;图 5-7c 要在长方形上通铣平面,只需限制 $\hat{X}$,$\hat{Y}$,$\vec{Z}$ 三个自由度;图 5-7d 要在圆柱轴上通铣凹槽,只需限制 $\vec{X}$,$\vec{Z}$,$\hat{X}$,$\hat{Z}$ 四个自由度;图 5-7e 要在长方体上通铣凹槽,只需限制 $\vec{X}$,$\vec{Z}$,$\hat{X}$,$\hat{Y}$ 和 $\hat{Z}$ 五个自由度;图 5-7f 要在长方形上铣不通凹槽,则六个自由度都要限制。

由上述实例分析可见,从保证加工要求的角度,工件的正确定位,并不一定六个自由度都要加以限制,因为有些自由度并不影响加工要求。因此,不影响加工要求的自由度,就不一定加以限制。在考虑工件定位方式时,首先要找出哪些自由度会影响加工要求(尺寸和位置公差),哪些自由度与加工要求无关。前者,工件定位时必须限制,不能遗漏,因为它对加工要求有直接影响;至于后者的自由度是否应加以限制,应按照加工系统所承受的切削力、夹紧力和定位方案的可能性等因素,决定是否限制。

特别应该注意的是,定位与夹紧是两个不同的概念。夹紧不等于定位,它不限制工件的自由度。工件夹紧了,不等于其自由度就限制了。定位是解决工件在夹紧前位置是否正确、是否到位的问题;而夹紧是将工件压紧夹牢,解决工件在加工过程中受到切削力、重力等外力的作用下是否稳定地保持定位的问题。

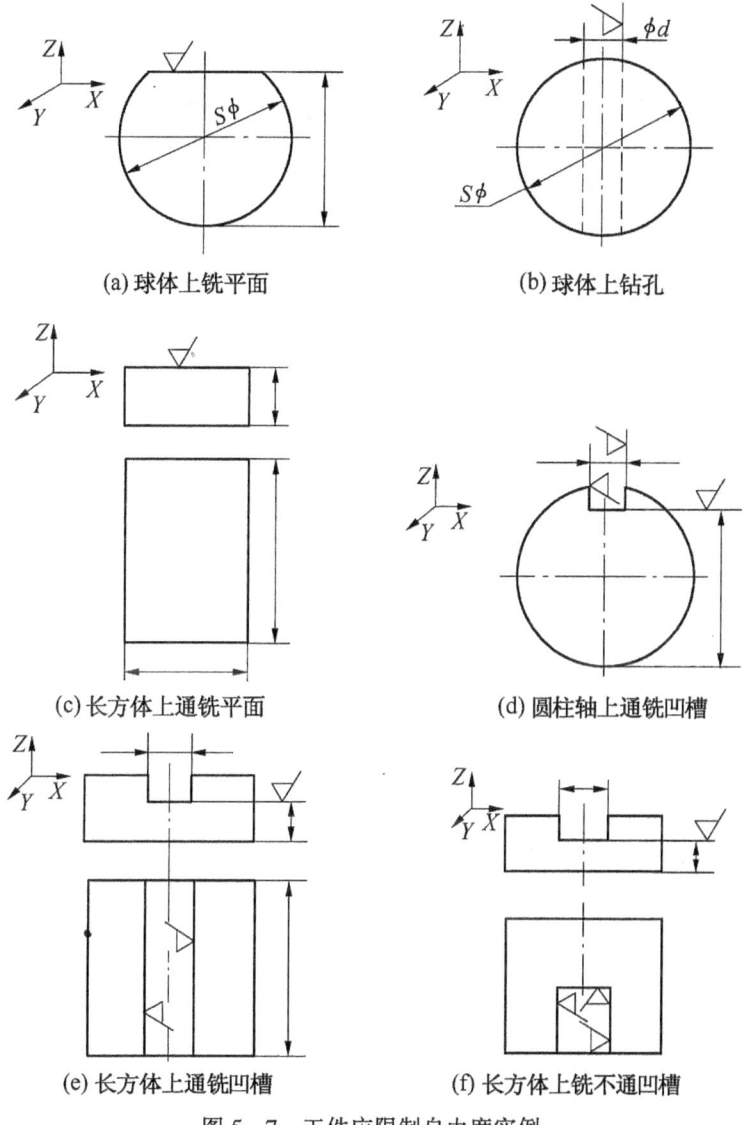

图 5-7 工件应限制自由度实例

第二节 机床夹具的组成及其分类

一、夹具的组成

机床上用来装夹工件的装置称为机床夹具。在汽车零件生产中使用的机床夹具多为专用夹具，其种类繁多，结构千变万化，但它们都由下列元件和装置组成：

（1）定位元件。定位元件是夹具上用以确定工件正确位置的元件，用工件的定位基准或定位基面与它们相接触或配合来实现工件的定位。如图 5-8 所示加工拨叉孔的专用钻床夹具中的定位销 3，8 和支承钉 5 均为定位元件，用它们确定拨叉相对于机床的正确位置。

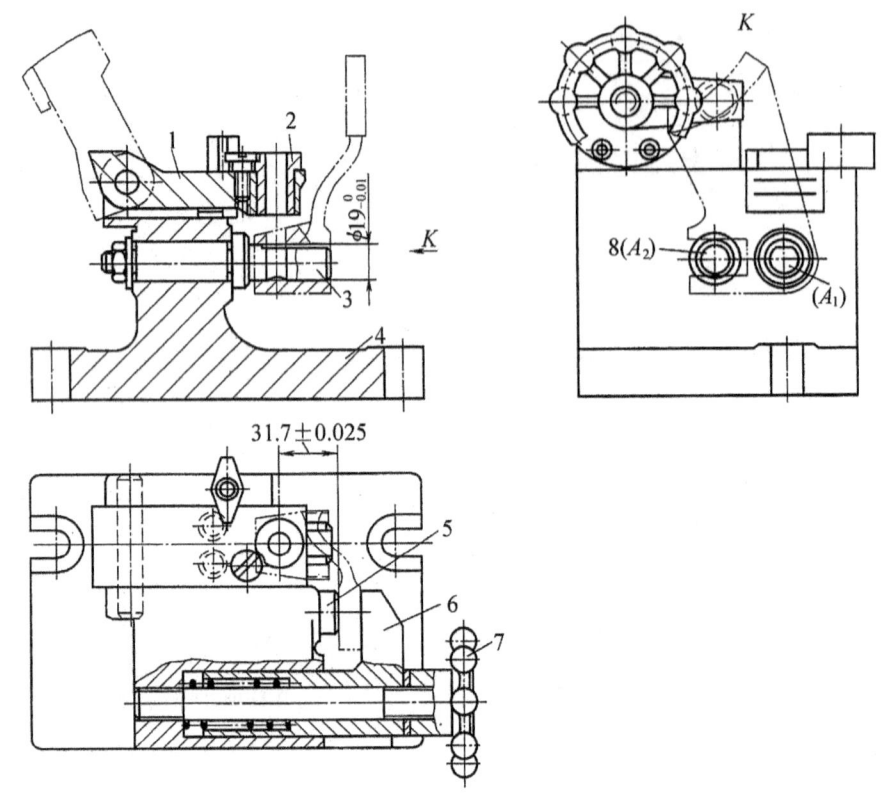

图 5-8 拨叉在专用钻床夹具上的装夹
1—钻模板；2—钻套；3—定位销（A_1）；4—夹具体；5—支承钉；
6—钩形压板；7—星形手柄；8—定位销（A_2）

(2) 夹紧装置。夹紧装置是在工件定位后将其压紧夹牢的装置。图 5-8 所示钻床夹具中的星形手柄（螺母）7、钩形压板 6 以及螺杆、弹簧和紧定螺钉等组成螺旋压板夹紧机构。

(3) 对刀、导向元件。对刀、导向元件是指用于确定刀具的位置或引导刀具能使刀具相对于机床夹具的定位元件有一个正确位置的元件。如钻套、镗套、铣床夹具的对刀元件等。

(4) 连接元件。连接元件是使夹具在机床中有一个正确的位置并夹紧的元件。

(5) 其他元件及装置。根据工件加工要求，有些机床夹具还设置了一些其他的元件或装置。如进行多工位加工用的分度转位装置、靠模装置、工件抬起装置等。

(6) 夹具体。夹具体是用于连接夹具各元件及装置使之成为一个整体的基础件。

通常定位元件、夹紧装置和夹具体是机床夹具的基本组成部分，其他部分则需根据机床夹具所属的机床类型、工件加工表面的特殊要求等而设置。由这些元件和装置组成的夹具与工件、机床、刀具一起，构成整个加工系统，即工艺系统。

二、夹具的分类

(1) 专用夹具。专用夹具是指为某种工件的某道工序的加工而专门设计和制造的机床夹具，如图 5-8 所示钻拨叉孔用的夹具。工件的装夹过程，是用工件定位基准或定位基面与夹具定位元件接触或配合来实现定位,用夹紧装置将工件夹紧的。

这类机床夹具定位准确,装卸工件迅速,但设计与制造周期较长,费用较高。因此,主要用于产品相对稳定而产量较大的成批大量生产。在企业,技术人员所设计的机床夹具通常都是专用夹具。

(2) 组合夹具。组合夹具是指按某工件某道工序的加工要求,用预先制造好的一套系列化、标准零件及组件组合的专用夹具。其特点是使用完后可以再拆开、清洗和储存,以便多次组装使用。

组合夹具是机床夹具标准化、系列化和通用化程度最高的一种机床夹具。组合夹具的结构灵活多变,设计和组装周期短,夹具零组件能长期重复使用,但需要储备大量标准的零组件,而且夹具的刚性较低。

组合夹具可拼装钻、镗、车、铣等各种机床夹具,它主要应用于单件、小批生产或新产品试制。不少中小型汽车制造企业都设立了组合夹具组装站,专门拼装各种形式的组合夹具。

(3) 成组夹具。成组夹具是指在多品种、中小批生产中采用成组工艺时,为工件组设计制造的夹具。在夹具的结构上,把与工件相联系的定位、夹紧和导向元件及装置设计成可调整的或可更换的,当加工工件组中的某一种工件转换为另一种工件时,只需对成组夹具中的个别元件或装置进行调整或更换即可使用。

成组夹具适用于多品种、中小批生产。

(4) 随行夹具。随行夹具是指用于自动生产线上可随工件同行的一种移动式专用夹具。在工件进入自动线进行加工之前,先将工件装夹在随行夹具中,然后随行夹具连同工件一起沿着自动线依次从一个工位(机床)移动到下一个工位,并在每个机床工作台上或机床的固定夹具上定位、夹紧,当工件退出自动线时才将工件从随行夹具中卸下。

第三节 工件的定位及其定位元件

一、定位元件及其所限制的自由度

在实际生产中,工件自由度的限制,是通过工件定位基准(或基面)与夹具定位元件的配合或接触来实现的。

工件在夹具中定位时,由于其结构特点和工序的加工要求不同,选择的定位基准(基面)有平面、内孔、外圆、圆锥面和型面等,不同的定位基准(基面)选择的定位元件的类型也不相同。定位元件对工件自由度的限制与定位元件的结构形式、采用的数量、布置的位置等有关,也与定位元件与工件定位基面接触及配合的面积或长度的大小等有关。

为使工件具有一个正确位置,定位元件必须满足以下几点要求:

(1) 应具有一定的精度。定位元件的精度直接影响工件的加工精度。除定位元件本身应具有一定尺寸精度外,定位元件间也应具有一定的位置精度及其公差,一般应取与工件相应尺寸及位置公差的 $1/5 \sim 1/2$。

(2) 应具有良好的耐磨性。定位元件与定位基准(基面)直接接触,易磨损。为能较长期保持其精度,定位元件的定位表面必须具有良好的耐磨性。

(3) 应具有足够的刚性。为了保证在切削力、夹紧力及其他外力的作用下不致发生较大的变形而影响工件的加工精度,定位元件必须具有足够的刚性。

(4) 应具有良好的工艺性。定位元件应便于制造、装配和维修。

(一) 工件以平面为定位基准时常用的定位元件

工件的平面作为定位基准时,常用的定位元件有:钉支承、板支承、可调支承、自位支承、辅助支承等。

1. 钉支承

钉支承也称支承钉,其结构形式如图 5-9 所示,A 型为平头支承钉,用于支承精基准;B 型为球头支承钉,用于支承粗基准;C 型为齿纹平面支承钉,常用于要求摩擦力大的工件侧面的支承。一个支承钉相当于一点支承,限制一个自由度;在一个平面内,两个支承钉限制两个自由度;不在同一条直线上的三个支承钉限制三个自由度。

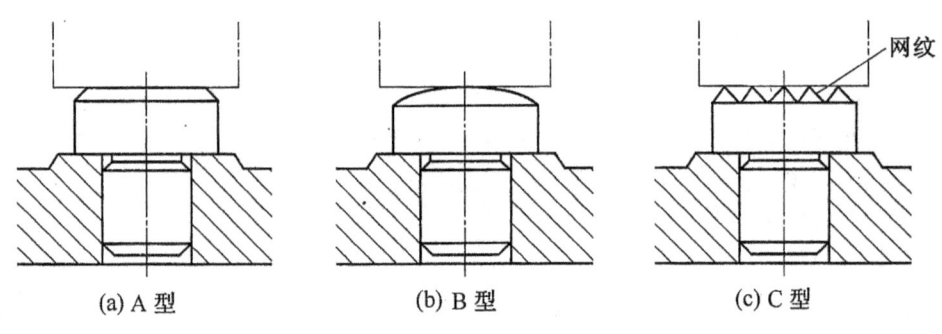

图 5-9 支承钉的结构形式

2. 板支承

板支承也称支承板,其结构形式如图 5-10 所示。图 5-10a 所示为平面型支承板的结构简图,其缺点是埋头螺钉孔处落入切屑后不易清除,适用于工件侧面和顶面的定位;图 5-10b 所示为带斜槽型支承板,其优点是易清除槽内落入的切屑,适用于工件底面的定位。当支承的定位基准平面较大时,常用几块支承板组合成一个大的支承平面,支承板安装到夹具体上后,应在平面磨床上将其支承平面一起磨平,以保证等高。这种用几块支承板组合的支承平面相当于三点支撑,限制工件的三个自由度,故称为主要支承;一个支承板相当于两个支承点,限制两个自由度,亦称为导向支承;限制一个自由度的支承板称为止推支承。

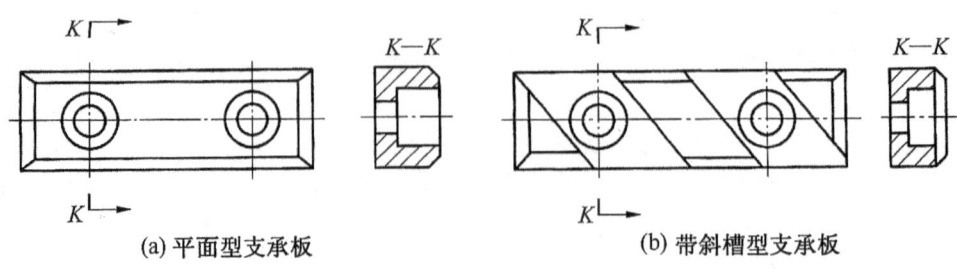

图 5-10 支承板的结构形式

3. 可调支承

可调支承常用的结构形式如图 5-11 所示。可调支承多用于支承工件的定位基面的位置有变化或不在一个平面上的情况，其支承的高度可根据需要进行调节。一般每加工一批工件时，应根据定位基面作出相应调节，以保证加工余量均匀或保证加工面与非加工面间的位置尺寸。支承调节到与工件接触后应用螺母将其锁紧。在同一批工件加工中，一般不再进行调节，其定位作用与钉支承相同。

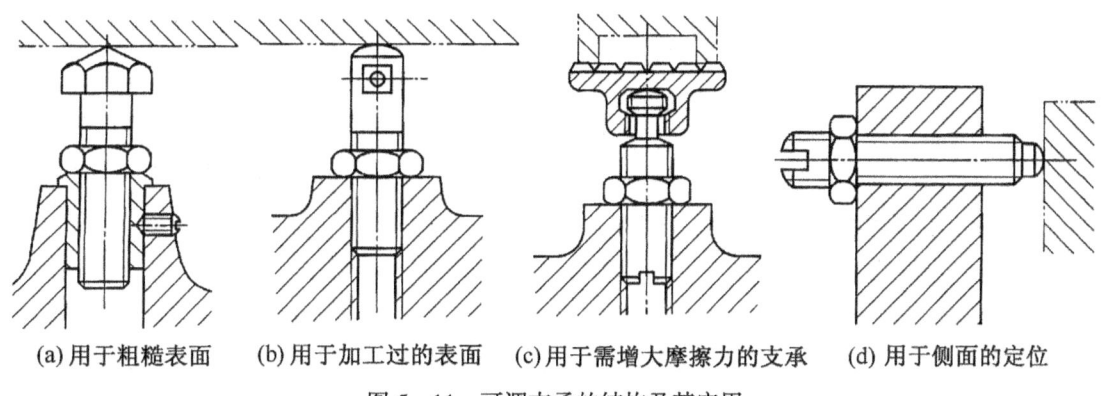

(a) 用于粗糙表面　　(b) 用于加工过的表面　　(c) 用于需增大摩擦力的支承　　(d) 用于侧面的定位

图 5-11　可调支承的结构及其应用

4. 自位支承

自位支承常用的几种结构形式如图 5-12 所示。为了适应工件定位基面空间位置的变化，自位支承可作适当的摆动或浮动，以实现与工件保持两点或三点接触，但它只起一个点的支承作用，限制一个自由度。自位支承用以增加与工件表面的接触，以减小工件的变

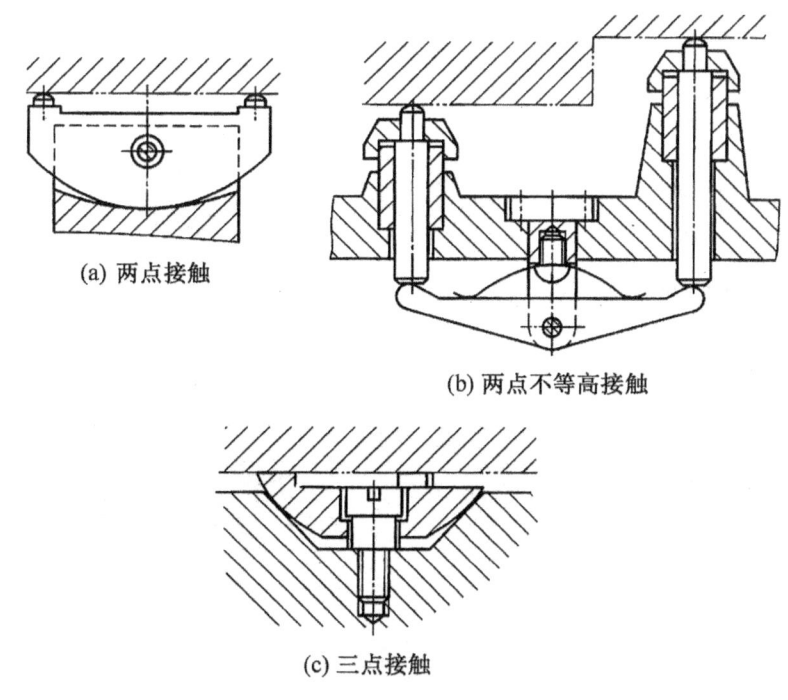

(a) 两点接触

(b) 两点不等高接触

(c) 三点接触

图 5-12　自位支承的结构形式

形或减小接触应力。

5. 辅助支承

辅助支承用以增加工件在加工中的支承刚性,不起限制工件自由度的作用。

图 5-13 所示的工件加工面 1 远离定位支承和夹紧点,由于加工面 1 悬伸较大,刚性差,虽然工件已定位并夹紧(夹紧力 F_{c1}),但加工时工件仍容易发生变形和振动。因此,在悬伸部位设置辅助支承 2,并在辅助支承对面处施加夹紧力 F_{c2},这样,缩短了力臂,提高了工件在加工中的刚性和稳定性。

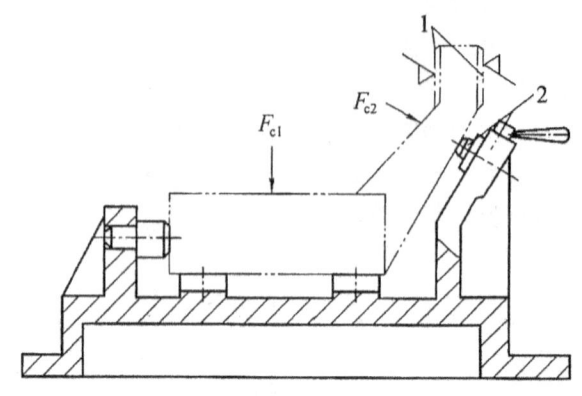

图 5-13 辅助支承的应用示例
1—加工面;2—辅助支承

图 5-14 所示为几种典型的辅助支承的结构形式。图 5-14a 所示结构简单,但调节支承钉转动时会破坏工件的定位;图 5-14b 所示结构调节螺母 1 旋转时,支承钉 2 做上下移动;图 5-14c 结构为弹性辅助支承,支承钉 4 受下端弹簧 3 的作用而与工件底平面接触,当工件夹紧后,回转手柄 7 通过锁紧螺杆 6,推动斜面顶销 5,将支承钉 4 的圆柱面锁紧;图 5-14d 所示为推力辅助支承,工作时通过推杆 8 的斜面,将支承滑柱 9 上移与工件平底面接触,然后回转手柄 11 使与之相连接的螺杆左移,通过钢球 12 使上、下半圆键 10 胀紧在孔壁上而被锁紧。

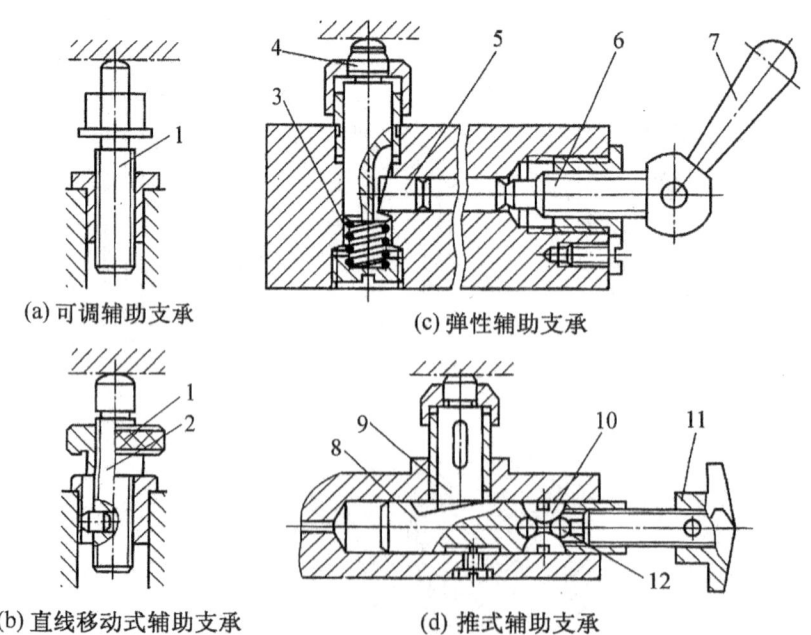

(a) 可调辅助支承 (c) 弹性辅助支承

(b) 直线移动式辅助支承 (d) 推式辅助支承

图 5-14 辅助支承的典型结构
1—螺母;2,4—支承钉;3—弹簧;5—斜面顶销;6—锁紧螺杆;
7,11—手柄;8—推杆;9—支承滑柱;10—半圆键;12—钢球

（二）工件以内孔为定位基面时常用的定位元件

以内孔表面作为定位基面时，其定位基准是孔的中心线，而不是内孔表面，内孔表面只是作为接触面来体现定位基准中心线的。常用的定位元件有定位销和心轴两类。

1．定位销

常用定位销的几种典型结构如图 5‐15 所示。当工件的内孔直径尺寸较小时，可选用图 5‐15a 所示的结构；内孔直径尺寸较大时可使用图 5‐15b 所示结构；当工件同时以内孔及其端面组合定位时，则应用图 5‐15c 所示的带有支承环的结构，该结构定位销为非标准结构；图 5‐15d 为圆锥形定位销。

圆柱定位销与工件内孔配合限制工件两个自由度。图 5‐15d 所示圆锥销则可限制工件三个自由度。

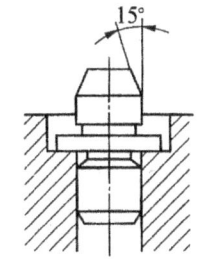
(a) 工件直径小于 10 mm

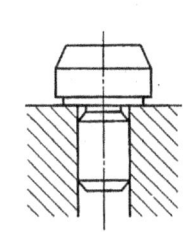
(b) 工件直径 10~16 mm

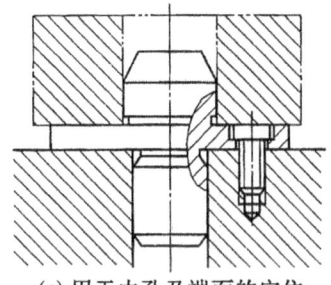
(c) 用于内孔及端面的定位

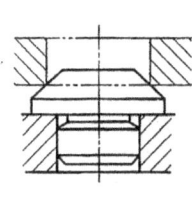
(d) 圆锥形定位销

图 5‐15　固定式定位销的典型结构

2．心轴

常用心轴有下列三种结构形式：

(1) 锥形心轴。图 5‐16a 所示锥形心轴的锥度，一般为 1/5 000～1/1 000。定位时是依靠心轴的锥体定心和胀紧，可限制五个自由度。

(2) 过盈配合的圆柱心轴。图 5‐16b 所示心轴的定位部分 3 与工件定位基面内孔为过盈配合。为了使工件易于迅速而准确地套入，在心轴的前端设置导向部分 1。这种心轴的定心精度较高，利用过盈产生的摩擦力矩传递一定的扭矩，常用于盘套类零件的精加工外圆和端面等。过盈配合的圆柱心轴限制工件四个自由度。

(3) 间隙配合心轴。图 5‐16c 所示心轴的定位部分 3 与工件定位基面内孔为间隙配合，图示心轴左端轴肩作轴向定位，依靠心轴右端的螺母进行夹紧。间隙配合心轴装卸工件较为方便，但因存在配合间隙，定位精度较低。带轴肩的间隙配合心轴可限制工件五个自由度，其中心轴定位部分限制四个自由度，轴肩端面仅限制一个。

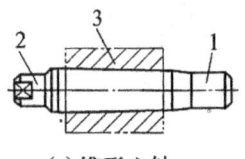
(a) 锥形心轴

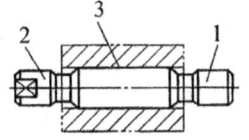
(b) 过盈配合的圆柱心轴

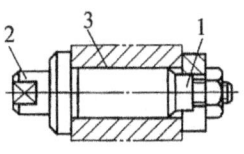
(c) 间隙配合心轴

图 5‐16　钢性心轴的结构
1—导向部分；2—传动部分；3—定位部分

(三) 工件以外圆为定位基面时常采用的定位元件

工件以外圆表面作为定位基面时，定位基准是其中心线，而不是外圆表面，外圆表面是作为定位接触面来体现定位基准中心线的。常用定位元件有 V 形块、半圆定位块、定位套及定心夹紧机构等。

1. V 形块

V 形块的几种结构形式如图 5-17 所示。其中图 5-17a 所示为短 V 形块；图 5-17b 所示为两个短 V 形块的组合，用于作为定位基面的外圆柱面较长或两段外圆柱面分布较远时的情况；图 5-17c 所示为分体式结构的 V 形块，它们装在夹具体上，其 V 形块工作面上镶有淬硬钢或硬质合金镶块，常用于工件定位基面外圆柱面长度和直径均较大的情况。上述 V 形块如用于粗基准或阶梯外圆柱面的定位时，V 形块工作面的长度一般应减为 2～5 mm，可制造成图 5-17d 的结构，以提高定位的稳定性。一个短 V 形块限制两个自由度；两个短 V 形块的组合或一个长 V 形块均限制四个自由度。

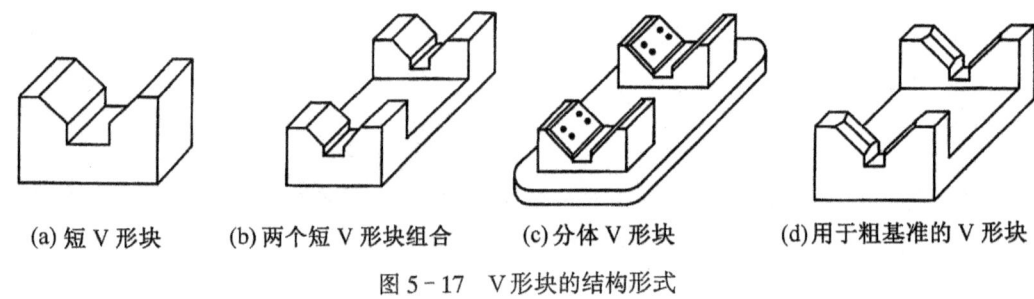

(a) 短 V 形块　　(b) 两个短 V 形块组合　　(c) 分体 V 形块　　(d) 用于粗基准的 V 形块

图 5-17　V 形块的结构形式

2. 活动式 V 形块

活动式 V 形块有浮动式 V 形块和移动式 V 形块两种。图 5-18 所示为两种浮动式 V 形块结构，V 形块是依靠其后面或下面的弹簧实现浮动的。活动式短 V 形块限制一个自由度。

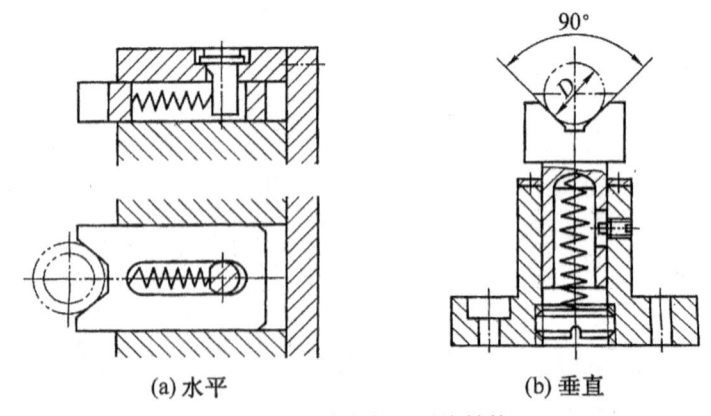

(a) 水平　　(b) 垂直

图 5-18　浮动式 V 形块结构

3. 定位套

定位套的结构形式如图 5-19 所示。图 5-19a 结构用于工件以端面为主要定位基准，工件短圆柱面定位于夹具定位套内孔内，定位套孔限制两个自由度；图 5-19b 结构用于以工件外圆柱面为主要定位基面，在长定位套内孔内定位，长定位套孔限制四个自由度；图 5-19c 结构用于工件以圆柱端面为定位基面，定位于锥孔内，定位元件锥孔限制三个自由度。

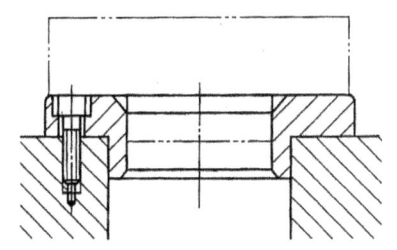 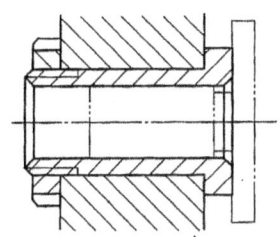 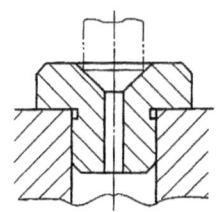

(a) 以工件端面为主要定位基准　　(b) 以工件外圆柱面为主要定位基面　　(c) 工件圆柱端面定位于锥孔内

图 5-19　定位套的结构

（四）工件以组合表面定位的定位元件

在实际生产中，为满足加工要求，一般都用几种定位基准组合的方式进行定位，即组合定位。工件上常用的组合定位基准（基面）有：前后顶尖孔、一孔一端面、一端面一外圆、两阶梯外圆及一端面、一面两孔等。

相应的定位元件组合方式则是多种多样的，最常见的形式是一面两销，实现工件的完全定位。

图 5-20 所示为工件以一平面及其上的两孔作为定位基准，通常称为一面两孔定位。这种定位方式，在汽车箱体零件加工中是最常见的组合定位方式，如变速器壳体、汽缸体（机体）、减速器壳体等零件的定位。在夹具上相应地用一个支承面和两个短销作为组合定位元件，与相应的表面接触和配合实现定位，通常简称为一面两销定位。

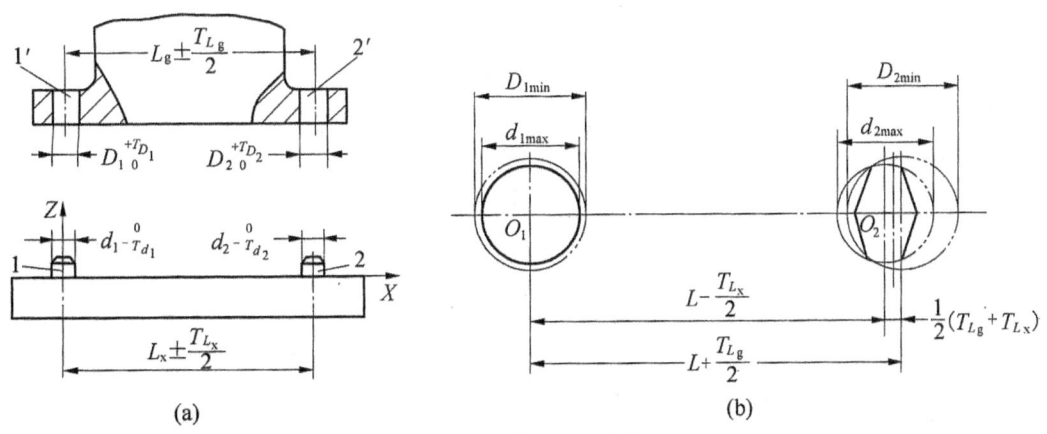

图 5-20　工件以一面两孔定位

定位时，支承平面限制了 $\widehat{Z}$，$\vec{X}$，$\vec{Y}$ 三个自由度。

假设一个短销（如销1）限制了 $\vec{X}$，$\vec{Y}$ 两个自由度，则另一短销 2 一定限制了 $\vec{X}$ 及 $\widehat{Z}$ 两个自由度。这样，$\vec{X}$ 自由度就被两个短定位销同时限制。因两孔和两销间的中心距离都存在误差，若短销 $1(d_1)$ 插入孔 $1'(D_1)$ 内之后，短销 $2(d_2)$ 与孔 $2'(D_2)$ 就很可能套不进去，发生干涉现象。这时，出现定位干涉最严重的两种情况为：$L_x + T_{L_x}/2$ 和 $L_g -$

$T_{L_g}/2$，或 $L_x - T_{L_x}/2$ 和 $L_g + T_{L_g}/2$。图 5-20b 所示为后一种情况。为解决这一矛盾，应该将短销 $2(d_2)$ 在两销中心连线的垂直方向削边，变成扁销或菱形销。削边销的有关结构尺寸可查阅工艺设计资料。

由上述分析可知，在一面两销组合定位时，其中一销应在垂直于两销中心连线的方向削边，削边销与另一圆柱销的组合作用限制全自由度。

如果工件以一组几何要素作为基准来实现定位，则定位元件也会由一组元件组成。而多个定位元件彼此之间就有一定的尺寸或位置关系，使得定位变得比较复杂，将出现下述几种情况：

（1）完全定位。定位时，工件的六个自由度都得到了限制。

（2）不完全定位。这种定位也称部分定位，即所限制的工件的自由度不足六个，但对工件加工的精度要求没有影响，为正常定位。例如车外圆时，三爪卡盘仅限制工件四个自由度即可。

（3）欠定位。定位时工件上应该限制的自由度没有被限定，影响加工精度。这种情况，定位时是不允许的。

（4）重复定位。这种定位也称超定位或过定位，就是定位时出现了一个自由度同时被两个或两个以上的定位元件限制，产生干涉现象，使工件的位置反而不确定。这种情况，定位时是不允许的，一定要采取措施，予以解决。例如定位元件的组合是一面两销时，两销中一个为圆柱销，另一个则应为削边销。

二、定位误差的分析与计算

（一）定位误差的定义及产生的原因

工件在定位过程中会遇到工件的定位基准与工序基准不重合，以及工件的定位基准（基面）及定位元件工作表面存在制造误差等情况，这些都会引起工件的工序基准偏离理想位置而产生加工误差。定位误差是指由于定位的不准确而使工件工序基准偏离理想位置，引起工序尺寸变化。定位误差的数值为工件的工序基准沿工序尺寸方向发生的最大位移量，用符号 Δ_d 表示。下面以实例说明定位误差产生的原因。

在卧式铣床上加工一批图 5-21a 所示盘形零件上的槽，要求保证工序尺寸 $b_0^{+T_b}$ 及 $A \pm T_A/2$。工件 1 以内孔定位（定位基准为内孔轴线）装夹在图 5-21b 所示的机床夹具心轴 2 上，心轴直径为 $d_{-T_{d_x}}^0$。工件工序尺寸 b 由铣刀 3 的宽度尺寸直接保证，与定位无关；工件工序尺寸 A 由工件相对于刀具正确定位保证。若工件内孔与夹具心轴配合间隙为零，工件内孔的轴线与夹具心轴的轴线重合，而刀具的位置是按心轴的轴线来调整的，在加工过程中，如不考虑其他加工误差（如刀具磨损、铣刀杆的变形等）时，其位置保持不变。假如需要保证的工序尺寸是图 5-22 所示的尺寸 C 而不是图 5-21 中的 A，这时不存在因定位不准而引起工序基准位置变化，所以就不存在由定位引起的加工误差，即定位误差 $\Delta_{d(C)} = 0$；若加工的工序尺寸是图 5-21a 中的 A 时，工序基准与定位基准就不重合，当工件外圆直径 d_g 有尺寸误差时，工序基准在工序尺寸方向上就会产生位置变化，其最大位移值为 $T_{d_g}/2$。这种由于定位基准与工序基准不重合引起的加工误差称为基准不重合误差。对工序尺寸 A，基准不重合误差的值等于在该工序尺寸方向上工序基准至定

位基准间的尺寸公差值，以 $\Delta_{j,b(A)}$ 表示，即

$$\Delta_{d(A)} = \Delta_{j,b(A)} = \frac{T_{d_g}}{2}$$

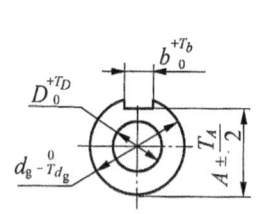
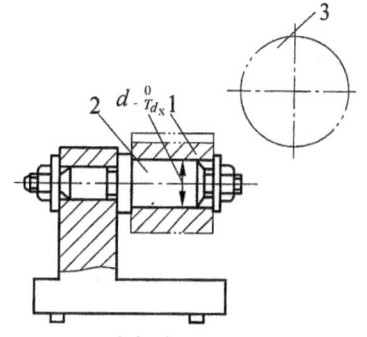

(a) 盘形零件的工序尺寸　　　　(b) 在机床夹具上装夹

图 5-21　铣槽加工示意图
1—工件；2—心轴；3—铣刀

上述定位误差是在内孔与心轴配合间隙为零的条件下分析的。实际上，内孔与心轴存在着最小配合间隙 X 及内孔和心轴本身存在制造误差。此时，工件在重力作用下，内孔与心轴上母线接触，使内孔轴线偏离理想位置而下移，如图 5-22b 所示，如果不考虑工件外圆 d_g 的制造误差，

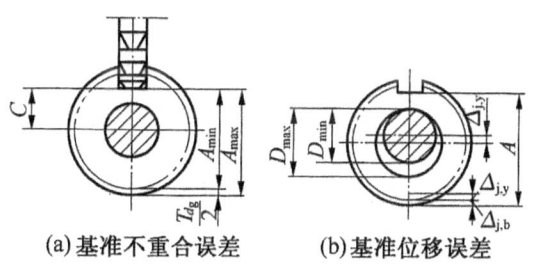

(a) 基准不重合误差　　(b) 基准位移误差

图 5-22　铣槽定位误差分析

工序尺寸也会出现加工误差。这种由于工件定位基面（内孔）和定位元件（心轴）制造误差，使定位基准在工序尺寸方向上产生位置变化而引起的加工误差称为基准位移误差。对工序尺寸 A，基准位移误差的数值等于在该工序尺寸方向上定位基准的最大位移量，以 $\Delta_{j,y(A)}$ 表示

$$\Delta_{d(A)} = \Delta_{j,y(A)} = \frac{T_{D_g} + T_{d_x} + X}{2}$$

式中，T_{D_g} 为工件上孔的公差；T_{d_x} 为定位元件心轴的公差；X 为最小配合间隙。

由上述分析可知，产生定位误差的原因有两个方面：

(1) 由于工件的工序基准与定位基准不重合，引起基准不重合误差 $\Delta_{j,b}$。

(2) 工件定位基准（基面）及夹具定位元件本身存在制造误差及最小配合间隙（心轴与内孔配合时），使定位基准偏离理想位置，产生基准位移误差 $\Delta_{j,y}$。

加工时，若上述两项误差同时存在，则定位误差 Δ_d 为 $\Delta_{j,b}$ 和 $\Delta_{j,y}$ 的代数和，即

$$\Delta_d = \Delta_{j,b} + \Delta_{j,y}$$

因此，要提高定位精度，除了应使工件的工序基准与定位基准重合外，还应尽量提高工件的定位基准（基面）和夹具的定位元件的制造精度，并减小配合间隙（心轴与内孔配合时）。

(二) 定位误差的分析与计算

由上例可知，定位误差 Δ_d 的计算就是计算工件的工序基准在工序尺寸方向上的最大位移量。

1. 工件以平面定位时的定位误差

工件以平面定位时，夹具上相应的定位元件是支承钉或支承板。若工件定位基准之间存在位置误差较大，将会产生基准位移误差。

图 5-23 所示为在一长方形工件上加工槽，要求保证工序尺寸 b、H 和 B，其中槽宽 b 是用铣刀宽度直接保证的；尺寸 H 及 B 依靠工件相对于铣刀的正确定位来保证。当以工件定位基准 K_1 及 K_2 定位时，由于定位基准与工序基准重合，基准不重合误差等于零。当定位基准 K_1 与 K_2 之间存在垂直度误差（图中 $90°\pm\Delta\alpha$）时，将引起工序基准 K_2 位置发生变化，所以工序尺寸 B 将产生加工误差——基准位移误差，故定位误差 $\Delta_{d(B)}$ 为

$$\Delta_{d(B)} = \Delta_{j,y(B)} = 2h\tan\Delta\alpha$$

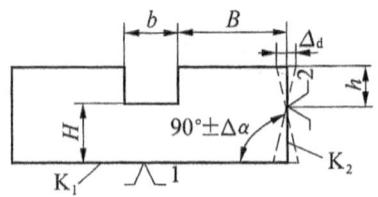

图 5-23 定位基准间位置误差引起基准位移误差

2. 工件以内孔定位时的定位误差

工件以内孔定位时，定位元件有心轴和定位销。当工件内孔与心轴以过盈配合时，内孔与心轴的轴线重合，则不会产生基准位移误差。当工件内孔与心轴以间隙配合时，将产生基准位移误差。下面以两种情况进行分析。

(1) 心轴（或定位销）水平放置。如图 5-24a 所示在工件上钻孔 D，工序尺寸为 $A\pm T_A/2$。因为工件定位基准与工序基准均为内孔轴线，所以基准不重合误差为零。由于内孔及心轴均存在制造误差和最小配合间隙（图 5-24b，心轴制造误差 T_{d_x}，工件孔制造误差 T_{D_g}，最小配合间隙 X），所以当工件装在心轴（或定位销）上时，工件定位基准因其重力影响而下移，将引起定位基准（工序基准）发生偏移，如图 5-24c 所示基准位移误差（$A_{max} - A_{min}$）为

$$\Delta_{j,y(A)} = \Delta_{d(A)} = \frac{1}{2}(T_{D_g} + T_{d_x} + X)$$

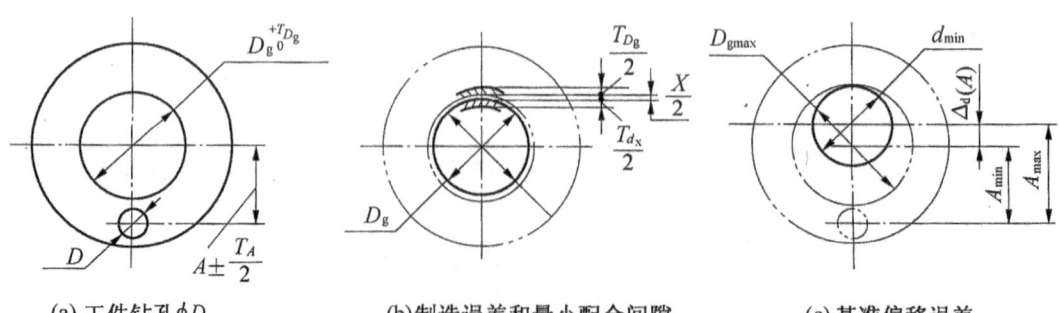

(a) 工件钻孔 ϕD　　(b) 制造误差和最小配合间隙　　(c) 基准偏移误差

图 5-24 心轴（定位销）水平放置时的定位误差

(2) 心轴（定位销）垂直放置。仍以图 5-24a为例，如果是在立式钻床上钻孔 D，并保证工序尺寸为 $A \pm T_A/2$。由图 5-25 可看出，由基准位移误差 $\Delta_{j,y}$ 引起的工序基准（定位基准）位移量，是以心轴轴线为圆心、最大配合间隙为直径的圆，因此心轴垂直放置时的基准位移误差比水平放置时的值增大一倍，即

$$\Delta_{d(A)} = \Delta_{j,y(A)} = T_{D_g} + T_{d_x} + X$$

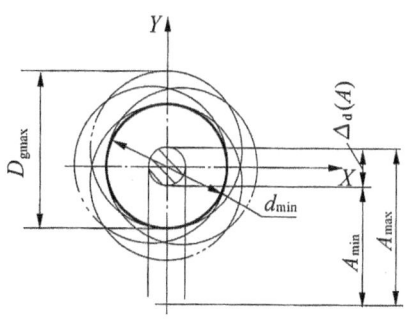

图 5-25 心轴（定位销）垂直放置时的定位误差

如果工序基准不是内孔轴线而是工件外圆的上母线或下母线，其定位误差还应加上基准不重合误差。

3. 工件以外圆定位时的定位误差

工件以外圆作为定位基面，将工件放在V形块上定位。

如图 5-26 所示，在圆柱体上铣槽要保证槽宽尺寸 b、槽底尺寸 h 和槽对中心平面的对称度。槽宽尺寸 b 由铣刀尺寸直接保证，与定位无关。槽对中心平面的对称度，因定位基准与工序基准重合，定位基面外圆尺寸的变化会引起定位基准位置变化，但不会引起工序基准水平位移，所以对称度的定位误差等于零。槽底的工序尺寸有三种尺寸标注方案，其工序基准不同，所产生的定位误差的原因和大小不同。

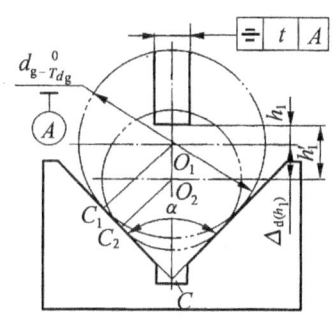 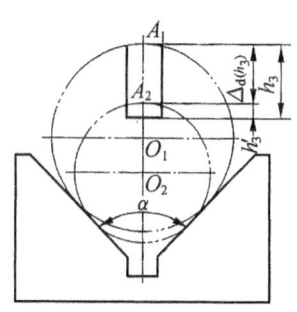

(a) 以外圆轴线 O 为工序基准 (b) 以外圆下母线为工序基准 (c) 以外圆上母线为工序基准

图 5-26 外圆在V形块上定位时的定位误差

(1) 以外圆轴线 O 为工序基准。在图 5-26a 所示的外圆上铣槽，工件外圆直径为 $d_{g-T_{d_g}}^{0}$，保证工序尺寸 h_1。工序基准为外圆轴线 O_1，与定位基准重合，不存在基准不重合误差。但是由于一批工件的定位基面（外圆）存在制造误差，将引起工序基准（定位基准） O_1 在V形块对称平面上产生位移，从而产生基准位移误差。从图 5-26a 中的 $\triangle O_1 C_1 C$ 与 $\triangle O_2 C_2 C$ 的几何关系得知

$$\Delta_{d(h_1)} = \overline{O_1 O_2} = \overline{O_1 C} - \overline{O_2 C} = \frac{d_g}{2\sin\frac{\alpha}{2}} - \frac{d_g - T_{d_g}}{2\sin\frac{\alpha}{2}} = \frac{T_{d_g}}{2\sin\frac{\alpha}{2}} = \Delta_{j,y(h_1)}$$

(2) 以外圆下母线 B 为工序基准。铣槽时以图 5-26b 所示的外圆下母线 B 为工序基

准，保证工序尺寸 h_2。此时，定位误差除存在基准位移误差外，还存在由于工序基准（下母线 B）与定位基准（轴线 O）不重合而产生的基准不重合误差。由图 5-26b 可知，定位误差为

$$\Delta_{d(h_2)} = \overline{B_1B_2} = \overline{O_1O_2} + \overline{O_2B_2} - \overline{O_1B_1} = \frac{T_{d_g}}{2\sin\frac{\alpha}{2}} + \frac{d_g - T_{d_g}}{2} - \frac{d_g}{2}$$

$$= \frac{T_{d_g}}{2\sin\frac{\alpha}{2}} - \frac{T_{d_g}}{2} = \Delta_{j,y(h_2)} - \Delta_{j,b(h_2)}$$

(3) 以外圆上母线 A 为工序基准。如图 5-26c 所示铣槽需保证工序尺寸 h_3。定位误差由基准不重合误差和基准位移误差共同引起。定位误差为

$$\Delta_{d(h_3)} = \overline{A_1A_2} = \overline{O_1A_1} + \overline{O_1O_2} - \overline{O_2A_2} = \frac{d_g}{2} + \frac{T_{d_g}}{2\sin\frac{\alpha}{2}} - \frac{d_g - T_{d_g}}{2}$$

$$= \frac{T_{d_g}}{2\sin\frac{\alpha}{2}} + \frac{T_{d_g}}{2} = \Delta_{j,y(h_3)} + \Delta_{j,b(h_3)}$$

由上述分析可知，外圆柱体在 V 形块上定位铣槽时，槽深尺寸的工序基准不同，其定位误差产生的原因不同，定位误差的数值也不相同，即 $\Delta_{d(h_2)} < \Delta_{d(h_1)} < \Delta_{d(h_3)}$。从减少定位误差来考虑，尺寸 h_2 为最佳标注方案；定位误差大小与定位基面（外圆）尺寸公差 T_{d_g} 和 V 形块夹角 α 有关，α 角越大，定位误差值越小，但 α 角太大其定位的稳定性会降低，一般 α 角取 60°、90°和 120°三种，90°为标准角度。用 V 形块定位铣槽时槽的对称度的定位误差等于零，即 $\Delta_{d(t)} = \Delta_{j,b} + \Delta_{j,y} = 0$，所以 V 形块定位具有良好的对中性。

4. 工件以组合表面定位时的定位误差

工件以组合表面定位形式较多，其定位误差的计算也较为复杂。下面以常见的一面两孔组合定位为例，说明其定位误差的计算方法。

在图 5-27a 所示的箱体零件中，加工两孔 M_1 和 M_2，需分别保证坐标尺寸 A、B 和 E、F。工件采用一面两孔（工艺孔 I' 及 II'）作为定位基准。工艺孔 I' 与圆柱销 I 配合，直径尺寸分别为 $D_1{}^{+T_D}_{\ 0}$ 和 $d_1{}^{\ 0}_{-T_{d_1}}$，最小配合间隙为 X_1；工艺孔 II' 与菱形销 II 配合，直径尺寸分别为 $D_2{}^{+T_{D_2}}_{\ 0}$ 和 $d_2{}^{\ 0}_{-T_{d_2}}$，最小配合间隙为 X_2，$X_2 > X_1$。两定位孔和两定位销的中心距分别为 $L \pm T_{L_g}/2$ 和 $L \pm T_{L_j}/2$。

从图 5-27a 中可知，孔 M_1 和孔 M_2 的工序基准分别为工艺孔 I' 的中心 O_1 和孔 I' 及孔 II' 的中心连线 $\overline{O_1O_2}$。工件的定位基准也分别为孔 I' 的中心 O_1 和孔 I' 及孔 II' 的中心连线 $\overline{O_1O_2}$。因此，孔 M_1 和孔 M_2 的工序基准与定位基准重合，基准不重合误差等于零。可以认定，工序尺寸 A、B、E 及 F 产生的定位误差，只能是由于基准位移误差引起的，只要找出定位基准产生位移的几何关系，计算在工序尺寸方向上定位基准产生的最大位移值，就可以求出定位误差值。

基准位移误差按两个方向的计算，即图 5‑27a 中沿工序尺寸 A 和 E 的方向（称 X 轴方向或纵向方向）和定位基准 $\overline{O_1O_2}$ 偏离理想位置的转动的基准位移（图 5‑27b 中的 $\Delta\alpha$ 及 $\Delta\gamma$）。

（1）纵向定位误差。一般加工箱体零件时，由于箱体质量较大，定位销多为垂直放置。加工孔 M_1 和孔 M_2 时，工序尺寸 A 及 E 的定位误差由工艺孔 I′ 和定位销 I 间的最大配合间隙 $X_{1\max}$ 决定。工序尺寸 A 及 E 的定位误差

$$\Delta_{d(A,E)} = \Delta_{j,y(A,E)} = X_{1\max}$$
$$= T_{D_1} + T_{d_1} + X_1$$

式中，T_{D_1} 为工艺孔 I′ 的公差；T_{d_1} 为定位销 I 的公差；X_1 为工艺孔 I′ 与定位销 I 的最小配合间隙。

（2）转动时的基准位移误差。实际定位时，由于两个工艺孔中心 O_1 及 O_2 有两种位置变化，即 O_1 在 O_1' 及 O_1'' 间、O_2 在 O_2' 及 O_2''

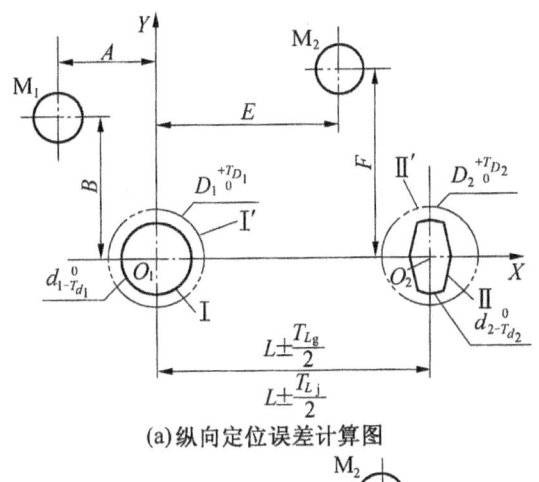

(a) 纵向定位误差计算图

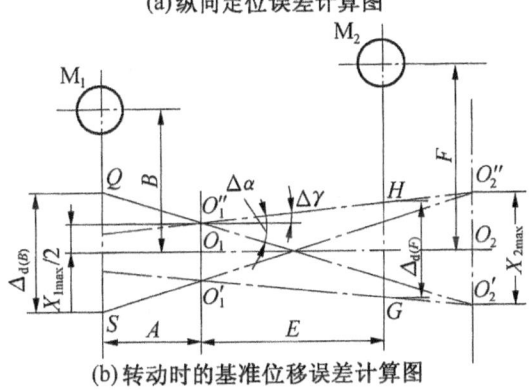

(b) 转动时的基准位移误差计算图

图 5‑27 一面两孔组合定位时的定位误差分析

间变动，所以两个工艺孔中心连线 $\overline{O_1O_2}$ 也会在两种极限位置变动：由 $\overline{O_1'O_2'}$ 变动到 $\overline{O_1''O_2''}$，其转角的半角为 $2\Delta\gamma$；由 $\overline{O_1'O_2''}$ 变动到 $\overline{O_1''O_2'}$，其转角的半角为 $2\Delta\alpha$。计算定位误差时，首先要分析哪种极限变动会引起工序基准产生最大位移量，然后再根据几何关系计算定位误差的最大值。

从图 5‑27b 可知，M_1 工序尺寸 B 的定位误差：

$$\Delta_{d(B)} = \overline{SQ} = X_{1\max} + 2A\tan\Delta\alpha = T_{D_1} + T_{d_1} + X_1 + 2A\tan\Delta\alpha$$

而转角误差 $\Delta\alpha$ 可由下式求得：

$$\tan\Delta\alpha = \frac{X_{1\max} + X_{2\max}}{2L} = \frac{T_{D_1} + T_{d_1} + X_1 + T_{D_2} + T_{d_2} + X_2}{2L}$$

工序尺寸 F 的定位误差通过几何关系计算出

$$\Delta_{d(F)} = \overline{HG} = X_{1\max} + 2E\tan\Delta\gamma = T_{D_1} + T_{d_1} + X_1 + 2E\tan\Delta\gamma$$

而转角误差 $\Delta\gamma$ 可由下式求得：

$$\tan\Delta\gamma = \frac{X_{2\max} - X_{1\max}}{2L} = \frac{T_{D_2} + T_{d_2} + X_2 - (T_{D_1} + T_{d_1} + X_1)}{2L}$$

式中，T_{D_2} 为工艺孔 II′ 的公差；T_{d_2} 为定位销 II 的公差；X_2 为工艺孔 II′ 与定位销 II

的最小配合间隙。

从上述分析可知,为减小定位误差应采取下列措施:

①适当提高定位(工艺)孔和定位销的尺寸精度及减小配合间隙值。

②增大两定位(工艺)孔的中心距,以减小 $\Delta\alpha$ 和 $\Delta\gamma$ 的值。为此,在产品零件设计时,应尽量将两定位(工艺)孔布置得远些。通常两定位(工艺)孔的配合性质选择 H7~H9,两孔中心距极限偏差取双向对称分布,公差值取决于工件加工要求和制造工艺水平,一般取 ± 0.05 mm,工件加工要求较低时可取 ± 0.1 mm。

组合定位误差的分析与计算方法如下:

①画出工件定位时工序基准偏离理想位置时的极限位置。

②从工序基准与其他有关尺寸的几何关系中,计算工序基准沿工序尺寸方向上的最大位移量,即为工序尺寸的定位误差。

(三) 加工误差不等式

在机械加工过程中,产生加工误差的原因很多,只要加工误差总和在工序尺寸公差范围内,工件就是合格的。其原因主要有以下几个方面:

(1) 工件在机床夹具中定位时所产生的定位误差 Δ_d。

(2) 机床夹具的对刀和导向元件对定位元件间的误差,以及定位元件对相对于夹具安装基面间的位置误差引起的对刀误差 $\Delta_{d,d}$。

(3) 机床夹具安装在机床上不准确而引起的安装误差 Δ_a。

(4) 机械加工过程中其他原因,如机床、刀具本身的制造误差,加工过程中的弹性变形及热变形等引起的加工误差 Δ_c。

为了保证工件的加工要求,上述四个方面产生的加工误差总和不应超出工件的公差 T,即应满足下列不等式

$$\Delta_d + \Delta_{d,d} + \Delta_a + \Delta_c \leqslant T$$

夹具设计时,应根据工件加工要求(工序尺寸或位置)的公差进行预分配,将工件的公差大体上分成三等分:定位误差 Δ_d、对刀误差 $\Delta_{d,d}$ 和夹具安装误差 Δ_a、其他误差 Δ_c 各占 1/3。公差的预分配仅作为误差估算的初步方案。设计时,还应根据具体情况进行必要的调整。一般对机床夹具定位方案进行定位误差计算时,所求得的定位误差不应超过工件公差的 1/3。

第四节 工件的夹紧及其夹紧装置

一、夹紧装置的组成和夹紧的基本要求

1. 夹紧装置的组成

工件在夹具中正确定位后,将工件压紧夹牢的装置称为夹紧装置。图 5-28 所示为一典型的夹紧装置。一般夹紧装置由以下三部分组成。

(1) 力源装置。力源装置是指产生夹紧力的动力装置,如图 5-28 中的汽缸。夹紧力的动力来自气动、液压和电力等动力源的,称为机动(或动力)夹紧;夹紧力的力源来自人力的称为手动夹紧。

(2) 夹紧元件。夹紧元件是指直接用于夹紧工件的元件，如图中的压板 4。

(3) 中间传力机构。将原动力以一定的大小和方向传递给夹紧元件的机构，称为中间传力机构，如图 5-28 中由斜楔 2、滚子 3 等组成的斜楔铰链传力机构。中间传力机构有三个功能：使夹紧元件获得夹紧力、改变夹紧力的大小和改变夹紧力的方向。

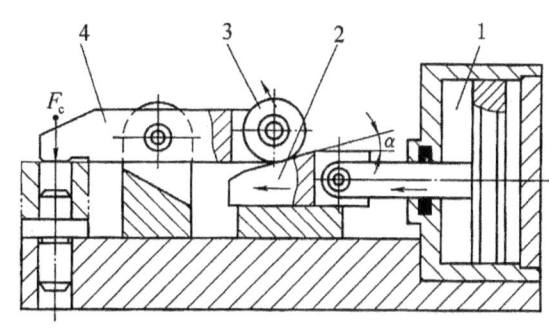

图 5-28 夹紧装置的组成
1—汽缸；2—斜楔；3—滚子；4—压板

有些机床夹具中，夹紧元件（如图 5-28 中的压板 4）往往就是中间传力机构的一部分，难以区分，因此常将夹紧元件和中间传力机构统称为夹紧机构。

2. 对工件夹紧时的基本要求

(1) 夹紧不应破坏工件在定位时所处的正确位置。

(2) 夹紧力大小要适当，应保证工件在机械加工中位置稳定不变，不会产生振动、变形和表面损伤。

(3) 夹紧机构的复杂程度、工作效率应与生产类型相适应，尽量做到结构简单，操作安全省力和方便，便于制造和维修。

(4) 具有良好的自锁性能。

二、夹紧力的确定

1. 夹紧力作用点的选择原则

(1) 夹紧力的作用点应正对定位元件或作用在定位元件所形成的支承面内。如图 5-29a 所示，当夹紧力作用点位于定位元件支承面之外时，将产生转动力矩，使工件发生倾斜或变形，从而破坏工件的定位；图 5-29b 所示夹紧力 F_c 作用点位于定位元件上方的位置是正确的。

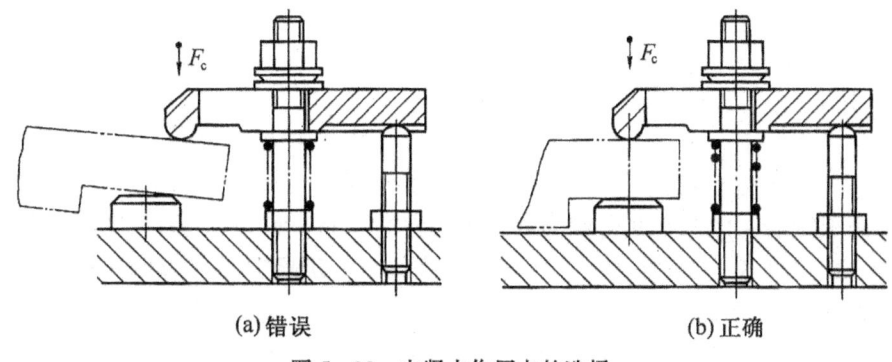

图 5-29 夹紧力作用点的选择

(2) 夹紧力的作用点应位于工件刚性好的部位，这对刚性较差的工件尤为重要。如图 5-30 所示，作用点由图 5-30a 中刚性较差的中间部位改为图 5-30b 中刚性强的两侧点，可避免工件发生变形,且夹紧也较为可靠。

(3) 夹紧力的作用点应尽量靠近加工表面,以减小切削力对夹紧点的力矩,防止或减少工件加工时的振动。如图 5-31 所示,因切削力矩 $FR' < FR$,夹紧力作用于 O_1 点较作用于 O_2 点,夹紧更加牢固可靠。

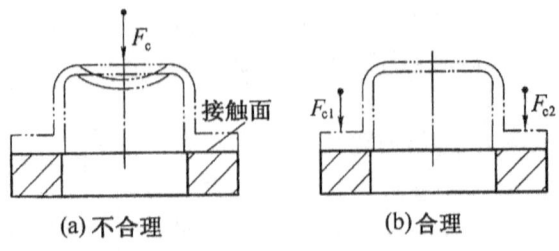

图 5-30 夹紧力作用于工件刚性强的部位

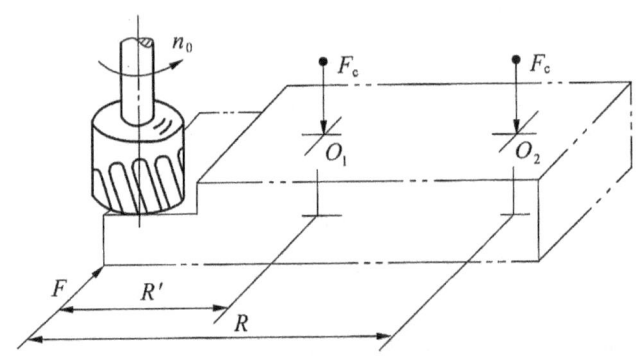

图 5-31 夹紧力作用点尽量靠近加工面

2. 夹紧力作用方向的选择原则

(1) 夹紧力的方向应垂直于主要定位基面,以保证加工精度。如图 5-32 所示,在工件上镗孔要求保证内孔轴线与 A 平面垂直,应选择 A 平面为主要定位基准,这样不仅符合基准重合原则,而且定位稳定,工件夹紧和加工中的变形也小。

(2) 夹紧力方向应与工件刚度最大的方向一致,以减小工件的夹紧变形。如图 5-33 所示加工活塞时的两种夹紧方式:图 5-33a 所示为夹紧力 F_c 作用在刚性较差的径向方向,

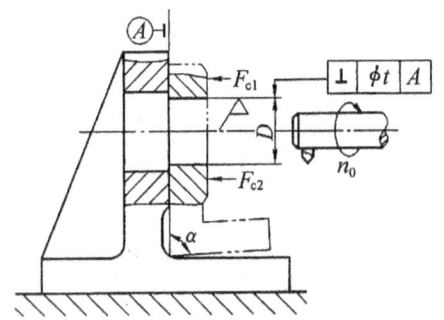

图 5-32 夹紧力作用方向垂直于主要定位基面

活塞将产生过大的夹紧变形而无法保证加工精度;若采用图 5-33b 所示沿活塞刚性较大的轴向夹紧,则夹紧变形较小,加工精度容易得到保证。

(3) 夹紧力方向应尽量与切削力、重力等力的方向一致,以减小夹紧力。如图 5-34 所示,钻孔时,图 5-34a 中的夹紧力与轴向进给力、工件重力的方向一致,需要的夹紧力较小;图 5-34b 中的夹紧力与轴向进给力、工件重力的方向相反,需要的夹紧力较大。加工时所需的夹紧力小,可以简化夹紧装置的结构和便于操作。

3. 夹紧力大小的估算

设计专用夹具时,估算夹紧力是一件十分重要的工作。夹紧力过大可能会增大工件夹紧变形,还会增大夹紧装置的结构尺寸,造成成本增加;夹紧力过小则工件夹不紧,切削

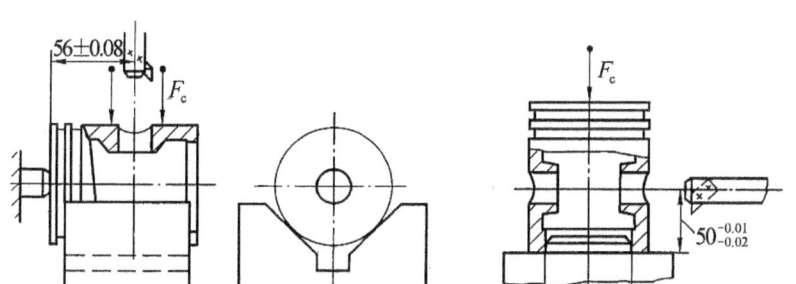

(a) 径向夹紧　　　　　　　　(b) 轴向夹紧

图 5-33　夹紧力方向与工件刚性关系

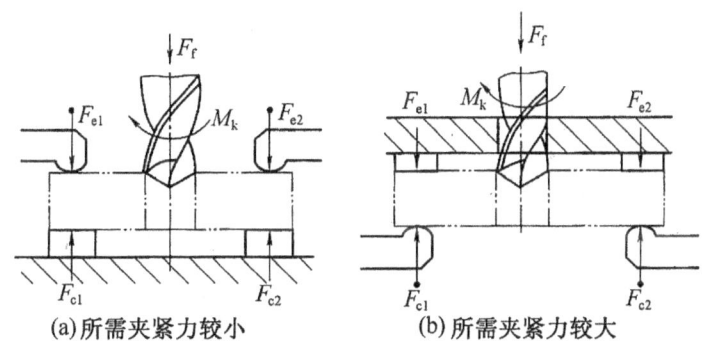

(a) 所需夹紧力较小　　　　　　(b) 所需夹紧力较大

图 5-34　夹紧力与切削力方向的关系

加工中工件的定位遭到破坏，而且容易引发安全事故。

在确定夹紧力时，可将机床夹具和工件看成一个整体，将作用在工件上的切削力、夹紧力、重力和惯性力等列出静力平衡方程式，求出理论夹紧力。为使夹紧可靠，应再乘以一安全系数 k。考虑到切削力的变化、切削条件的变化、夹紧装置产生的夹紧力的稳定性等因素的影响，一般在粗加工时取 $k=2.5\sim3$；精加工时取 $k=1.5\sim2$。

在专用夹具的设计中，夹紧力的确定并非在所有情况下都需要理论计算，通常可根据经验或类比法估算确定所需的夹紧力。对于关键工序所使用的夹具，如果需要准确计算夹紧力时，通常可通过工艺试验来实测切削力的大小，然后再进行夹紧力计算。

三、常用的典型夹紧机构

各类夹紧装置中，不论采用何种动力源形式，一切外加的作用力都要转换成夹紧力，并通过夹紧机构来实现工件的夹紧。常用的夹紧机构有斜楔夹紧机构、螺旋夹紧机构、偏心夹紧机构、铰链杠杆夹紧机构、定心夹紧机构和多件多位夹紧机构等。下面将介绍几种常用的典型夹紧机构的结构、特点和应用等内容。

1. 斜楔夹紧机构

斜楔夹紧机构是以斜楔的斜面楔入作用来实现对工件的夹紧的。图 5-35 所示为几种斜楔夹紧机构示例。其中图 5-35a 所示夹具直接采用斜楔夹紧，图 5-35b 为斜楔、滑柱与杠杆组合夹紧机构，图 5-35c 为利用斜楔原理的自动夹紧的心轴。

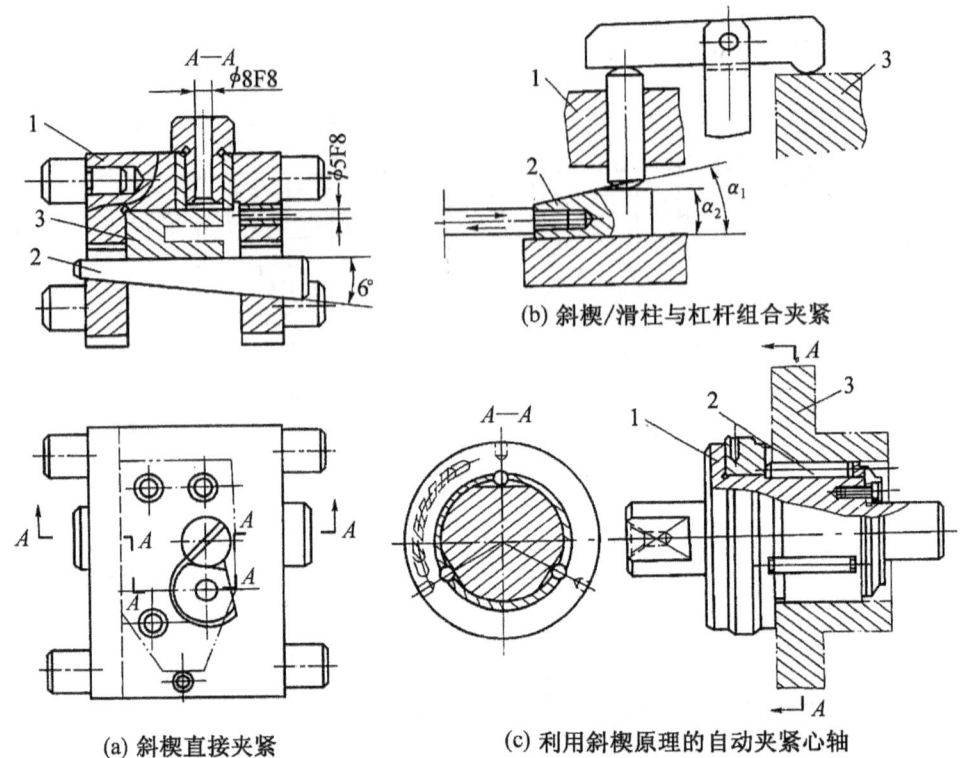

图 5-35 几种斜楔夹紧机构
1—夹具体；2—斜楔；3—工件

直接采用斜楔夹紧时，如图 5-36a 所示，夹紧力 F_c 是由作用在斜楔上的外力 $F_{e,x}$ 产生的。其受力情况如图 5-36b 所示，在外力 $F_{e,x}$ 的作用下，工件对斜楔的反作用力为 F_{r1} 和由此而引起的摩擦力 F_{f1}，它们的合力为 F_{e1}；而在斜面上，夹具体对斜楔的反作用力为 F_{r2} 和由此而引起的摩擦力 F_{f2}，它们的合力为 F_{e2}。夹紧时，则 $F_{e,x}$、F_{e1}、F_{e2} 应处于平衡，故有

$$F_{e1} + F_{e2} + F_{e,x} = 0$$

将 F_{e2} 分解为 F_{xf2}（水平 x 方向）和 F'_{r2}（垂直 y 方向），根据力的平衡关系，则有

$$\sum F_x = 0 \quad F_{f1} + F_{xf2} - F_{e,x} = 0$$

$$\sum F_y = 0 \quad F'_{r2} - F_{r1} = 0$$

故 $$F'_{r2} = F_{r1} = F_c$$

因为 $$F_{f1} = F_{r1}\tan\varphi_1 \quad F_{xf2} = F'_{r2}\tan(\alpha + \varphi_2)$$

故 $$F_{r1}\tan\varphi_1 + F'_{r2}\tan(\alpha + \varphi_2) - F_{e,x} = 0$$

可得斜楔所产生的夹紧力

$$F_{r1} = \frac{F_{e,x}}{\tan\varphi_1 + \tan(\alpha + \varphi_2)}$$

式中，φ_1 为工件与斜楔间的摩擦角；φ_2 为夹具体与斜楔间的摩擦角；α 为斜楔升角。

由以上式子可知：

(1) 斜楔夹紧机构具有增力作用，增力系数 i_c 又称扩力比。当外加一个较小作用力 $F_{e,x}$ 时，可获得比 $F_{e,x}$ 大好几倍的夹紧力 F_c，即 $i_c = F_c/F_{e,x}$（夹紧力与外作用力之比）。由上式可知，升角 α 越小，增力就越大。但升角减小，斜楔的夹紧行程（与力 $F_{e,x}$ 方向一致的行程）就要增加。斜楔的夹紧行程的增加倍数等于夹紧力的增力倍数，即夹紧行程增大多少倍，夹紧力就增加多少倍，这是斜楔夹紧的一个重要特性。

(2) 斜楔夹紧工件时，只要升角 α 取得合适，就能实现夹紧机构的自锁。自锁条件见图 5-36c 所示。若工件夹紧后 $F_{e,x}$ 取消，斜楔只受到 F_{e2} 和 F_{e1} 的作用，其中 F_{e2} 的水平分力 F_{xf2} 有使斜楔松开的趋势。如果摩擦力 $F_{f1} \geqslant F_{xf2}$，就能阻止其松开而自锁，即

$$F_{r1}\tan\varphi_1 \geqslant F'_{r2}\tan(\alpha - \varphi_2)$$

因 $F_{r1} = F'_{r2}$，摩擦角 φ_1、φ_2 很小，所以 $\tan\varphi_1 \approx \varphi_1$；$\tan(\alpha - \varphi_2) \approx \alpha - \varphi_2$，故斜楔的自锁条件为

$$\alpha \leqslant \varphi_1 + \varphi_2$$

一般钢的摩擦因数 μ 为 $0.1 \sim 0.15$，则 $\varphi_1 = \varphi_2 = 5° \sim 8°$，故 $\alpha \leqslant 10°$。通常取 $\alpha = 5° \sim 7°$。

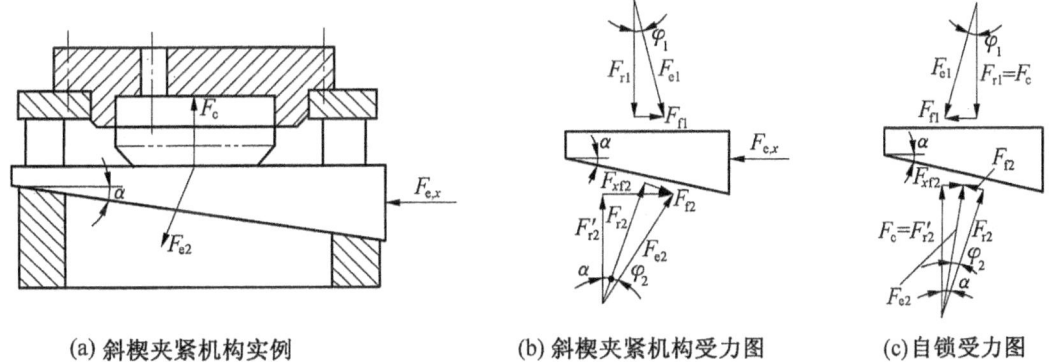

(a) 斜楔夹紧机构实例　　(b) 斜楔夹紧机构受力图　　(c) 自锁受力图

图 5-36　斜楔夹紧机构原理及受力分析

在实际生产中，因手动操作的简单斜楔夹紧机构操作不方便，故直接应用得很少。但是利用斜楔与其他机构组合起来夹紧工件的机构却用得比较普遍，如图 5-37 所示的气动斜楔夹紧机构就是一例。夹紧工件的原动力是压缩空气，通过汽缸推杆 5 推动斜楔 4 向左移动，在斜楔斜面的作用下，滚轮 3 上移并通过其上部的蝶形杠杆推动两个夹紧元件 2，对工件实施夹紧；拆卸工件时反之。

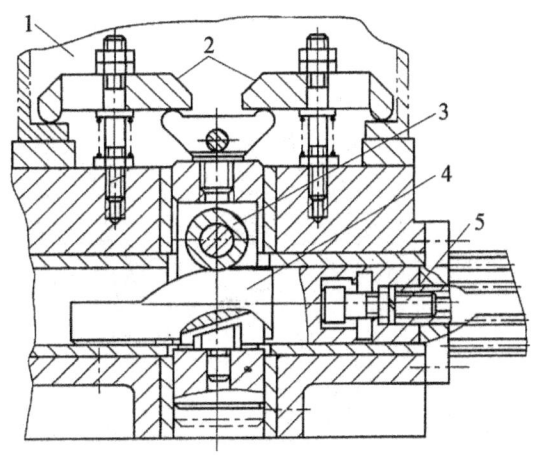

图 5-37　气动滚子斜楔夹紧机构
1—工件；2—夹紧元件；3—滚轮；4—斜楔；5—汽缸推杆

2. 螺旋夹紧机构

螺旋夹紧机构是用螺纹旋入的方法夹紧工件的夹紧机构。由于螺旋夹紧机构结构简单，夹紧可靠，所以在夹具中得到广泛应用。螺旋机构既可以单独组成夹紧机构（图5-38），也可以与其他机构联合组成夹紧机构（图5-39）。单螺旋夹紧机构与工件的接触形式有两种：一种如图5-38a所示，螺钉头部与工件表面直接接触，在夹紧时会使工件产生移动，且容易损伤与工件接触的表面；另一种如图5-38b所示，螺杆3的头部通过活动压块4与工件接触，这样就防止了在夹紧时带动工件转动，并避免螺钉头部与工件接触面产生压痕。

螺旋夹紧机构也是扩力机构，其扩力比较大，一般可达 $i_c=60\sim100$。它的缺点是动作慢，夹紧费时。在生产中，它常与其他机构联合使用，组成各种高效、可靠的夹紧机构。

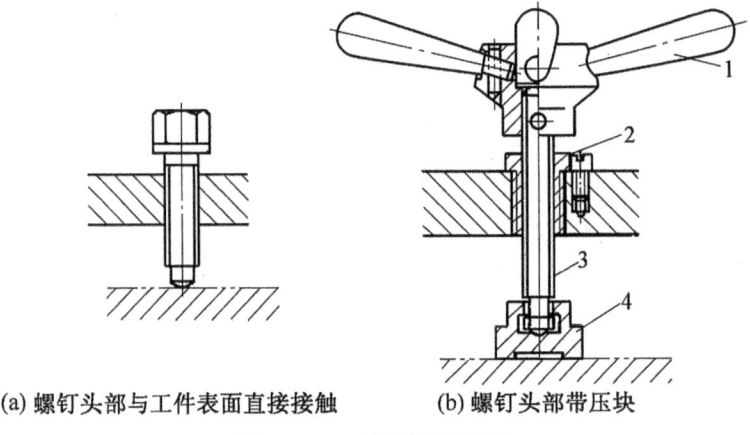

图5-38 单螺旋夹紧机构
1—手柄；2—中间螺母；3—螺杆；4—活动压块

图5-39所示为三种典型的螺旋压板式夹紧机构。根据所附的三个受力分析简图可知，在 $F_{e,x}$ 相同的情况下，图5-39c中产生的夹紧力最大，图5-39a夹紧力最小，图5-39b夹紧力介于中间。

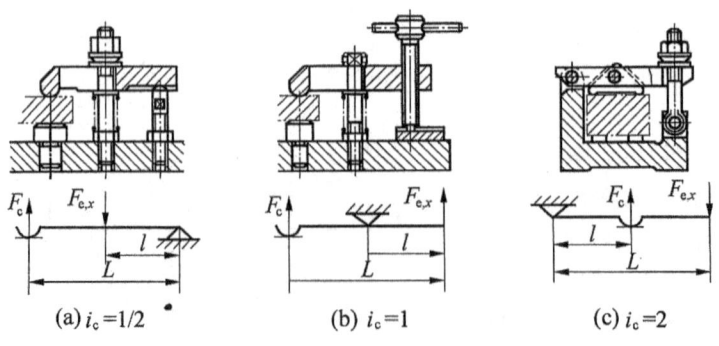

图5-39 三种典型的螺旋压板式夹紧机构

现以图5-40的螺钉受力为例分析产生的夹紧力。为了便于分析，常把螺旋看作是一个绕在圆柱体上的斜楔。$F_{e,x}$ 为操作者施加在手柄上的原始力，其产生的力矩为 $M=$

$F_{e,x} \times L$。在螺钉头部受到反作用力 F_{r1}（等于工件的夹紧力 F_c）和摩擦力 F_{f1}，进而与摩擦半径产生出摩擦力矩 M_1；在螺母和螺纹表面处产生作用力 F_{r2} 和摩擦力 F_{f2}，它们的合力 F_{e2} 分解为夹紧力 F_c 和产生阻力矩 M_2 的分力 F_{xf2}。夹紧时力矩应保持平衡。即

$$M_1 + M_2 = M$$

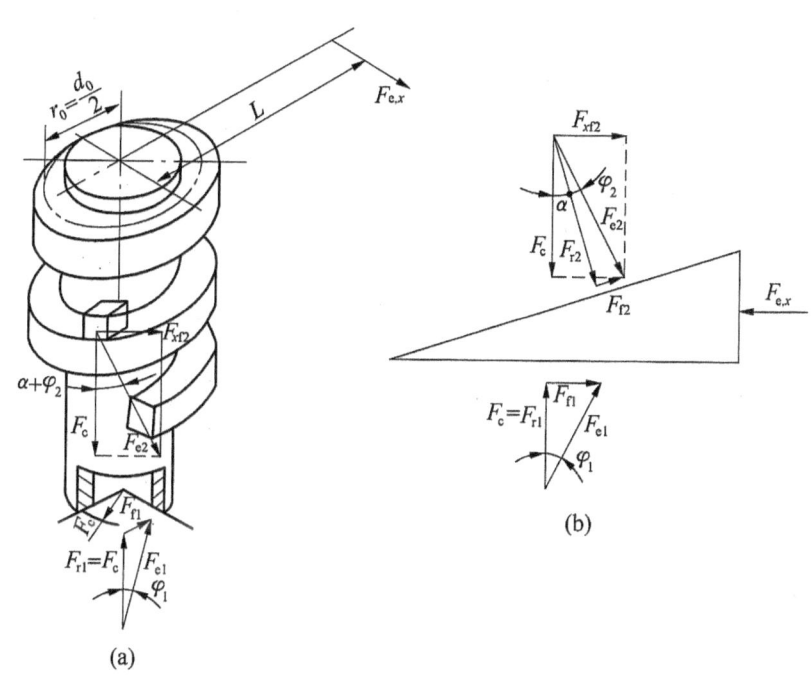

图 5-40 螺旋夹紧受力分析

而 M_1 和 M_2 分别为

$$M_1 = F_{f1} r'_1 = F_{r1} r'_1 \mu = F_c r'_1 \tan\varphi_1$$

$$M_2 = F_{xf2} \frac{d_0}{2} = \frac{d_0}{2} F_c \tan(\alpha + \varphi_2)$$

式中，r'_1 为螺钉头部与工件（或压块）间的当量摩擦半径；d_0 为螺纹中径；μ 为摩擦系数。代入力矩平衡方程，化简后得夹紧力 F_c 为

$$F_c = \frac{F_{e,x} L}{r'_1 \tan\varphi_1 + \frac{d_0}{2}\tan(\alpha + \varphi_2)}$$

式中，$F_{e,x}$ 为作用于手柄的力；L 为手柄长度；α 为螺旋升角；φ_1 为螺杆头部与工件（或压块）间的摩擦角；φ_2 为螺旋副的摩擦角。

螺钉端部的几何形状不同会使 r'_1 存在差异。图 5-41a 为点接触，$r'_1 = 0$；图 5-41b 为平面接触，$r'_1 = \frac{2}{3} r$；图 5-41c 为锥面接触，$r'_1 = R \cot\frac{\beta}{2}$。

3. 偏心夹紧机构

偏心夹紧机构是通过偏心作用原理或与其他元件组合而夹紧工件的，属斜楔夹紧机构的一种变形。偏心零件有圆偏心和曲线偏心两种，常用的是圆偏心（偏心轮或偏心轴）。

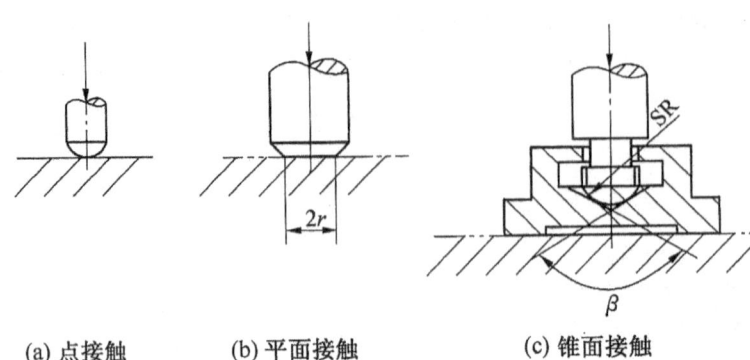

(a) 点接触 (b) 平面接触 (c) 锥面接触

图 5-41　螺钉头部形状与 r_1' 的值

图 5-42 所示为偏心压板夹紧机构。下面重点介绍圆偏心夹紧机构。

如图 5-43 所示，D 是圆偏心轮的直径，其转动轴心 O_2 与外圆中心 O_1 间存在偏心距 e。因转动轴心 O_2 至圆偏心轮工作表面上各点的距离不相等，当转动手柄时，就相当于一个弧形楔楔入在基圆和工件受压表面之间而产生夹紧作用。转动轴心 O_2 与外圆中心 O_1 处于水平位置时的夹紧接触点为 P。若将偏心的弧形楔轮廓假想展开，得

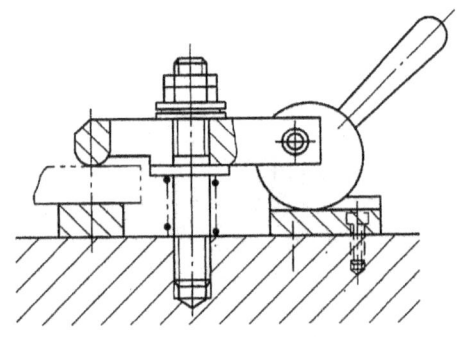

图 5-42　偏心压板夹紧机构

到如图 5-43b 所示的曲线斜楔。曲线上任意点的斜率为该点的斜楔升角，其值为一变值。随着圆偏心旋转角度的增加，斜楔升角由 m 点的最小值逐渐增大到 P 点附近的最大值。因 P 点附近这段曲线接近于直线，升角的变化较小，此处夹紧比较稳定，所以常取 P 点左右 30°作为偏心轮的工作表面。

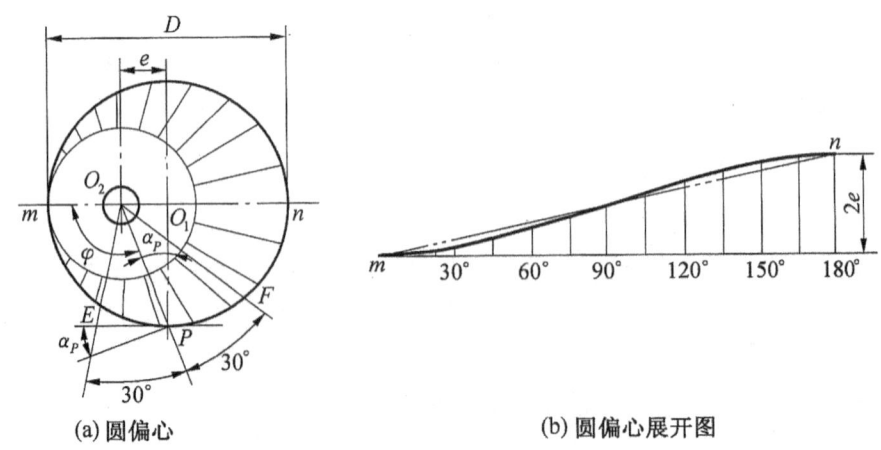

(a) 圆偏心　　　　　　　　　(b) 圆偏心展开图

图 5-43　圆偏心及其展开图

现将圆偏心近似看成假想的斜楔来分析计算圆偏心的夹紧力。如图 5-44 所示，作用

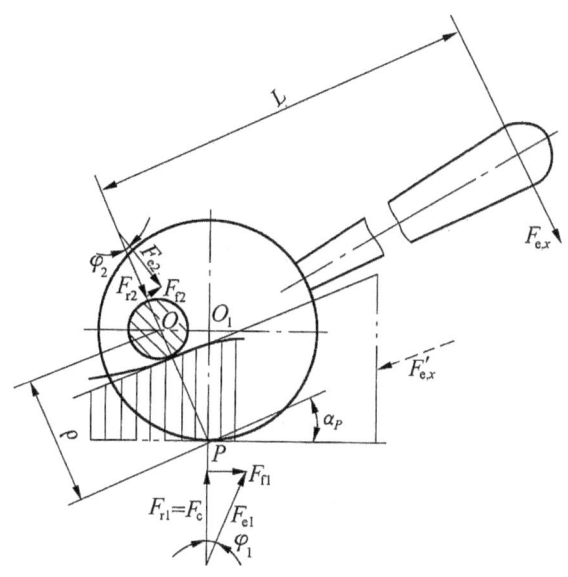

图 5-44 圆偏心夹紧受力分析

于手柄上的原始力矩 $F_{e,x}L$ 应和作用于 P 点的力矩 $F'_{e,x}\rho$ 相等，即

$$F'_{e,x} = \frac{F_{e,x}L}{\rho}$$

式中，ρ 为转动轴心至夹紧点 P 间的回转半径。$F'_{e,x}$ 的水平力 $F'_{e,x}\cos\alpha_P$ 即为作用于假想斜楔的外力。因升角 α_P 很小，可以认为 $F'_{e,x}\cos\alpha_P \approx F'_{e,x}$。由斜楔所产生的夹紧力，可得此偏心轮产生的夹紧力

$$F_c = \frac{F'_{e,x}}{\tan\varphi_1 + \tan(\alpha_P + \varphi_2)}$$

式中，φ_1 为圆偏心轮与工件间的摩擦角；φ_2 为圆偏心轮转轴处的摩擦角。

将 $F'_{e,x} = \dfrac{F_{e,x}L}{\rho}$ 代入得

$$F_c = \frac{F_{e,x}L}{\rho[\tan\varphi_1 + \tan(\alpha_P + \varphi_2)]}$$

如取 $\rho = D/2\cos\alpha_P$；$\varphi_1 = \varphi_2 = \varphi$；而 $\tan\varphi = \mu = 0.15$；力臂 $L = (2\sim2.5)D$，$\tan\alpha_{max} \approx 2e/D = 1/7$，则增力比 $i_c \approx 12$。

计算时一般认为 P 点的升角 α_P 近似于最大值 α_{max}。由斜楔的自锁条件知，用圆偏心夹紧时，若要保证自锁，则必须满足

$$\alpha_{max} \approx \alpha_P \leqslant \varphi_1 + \varphi_2$$

圆偏心转轴处的摩擦角很小，可忽略不计。因此

$$\tan\alpha_P \leqslant \tan\varphi_1$$

又因

$$\tan\alpha_P = \frac{2e}{D}$$

所以 $$\frac{2e}{D} \leqslant \mu_1$$

即 $$D \geqslant \frac{2e}{\mu_1}$$

这就是设计圆偏心轮时保证偏心轮在工作时自锁的条件，一般钢的摩擦系数 $\mu_1 = 0.10 \sim 0.15$。

除上述的自锁条件外，用偏心夹紧还要考虑有足够的行程。如图 5-45 所示，偏心量 e 的大小将影响其夹紧行程。当顺时针转动手柄时，理论上讲，偏心轮的工作段为 BC 弧，B 点是夹紧最大极限尺寸工件的接触点，C 点是夹紧最小极限尺寸工件的接触点，工作段 BC 的最小夹紧行程等于受压表面的公差 T。但实际还要考虑下列因素：

（1）圆偏心与工件夹压表面间应留有间隙 S_1，以便于装卸工件。一般 $S_1 \geqslant 0.2$ mm。
（2）夹紧机构存在弹性变形 S_2，一般取 $0.05 \sim 0.15$ mm。
（3）工作段行程储备量 S_3，一般取 $0.1 \sim 0.3$ mm。

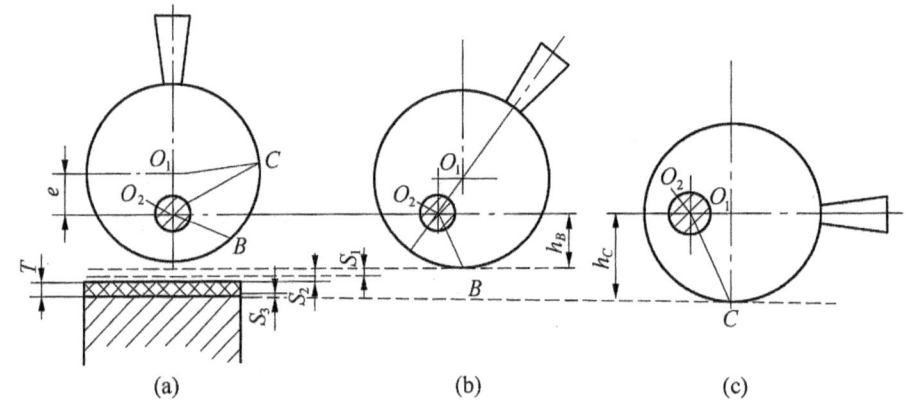

图 5-45　圆偏心轮的夹紧行程

4. 定心夹紧机构

定心夹紧机构是在实现使工件的定位基准与工序基准重合于机床夹具定位元件的对称轴线或对称中心平面（即定心）的同时，又将工件夹紧的机构，如图 5-46 所示。定心夹紧机构中与工件定位基准（基面）相接触的元件，既是定位元件，又是夹紧元件。定心夹紧机构是利用定位夹紧元件的等速移动或均匀的弹性变形的方式，来实现工件的定心或对中的机构。定心夹紧机构有两种类型：

（1）利用斜楔、螺旋、偏心、齿轮和齿条等刚性元件，使定位夹紧元件做等速位移来实现定心夹紧。常见的有三爪定心卡盘、齿轮式偏心机构等。

图 5-47 所示为螺旋活动 V 形块式夹紧机构。工件装在两个可左右移动的 V 形块 2 及 3 之间，V 形块的移动由具有左右螺纹的螺杆 1 操纵。螺杆的中部支承在叉形支架 4 上，支架用螺钉紧固在夹具体 7 上。借助调整螺钉 5 及 6 可调节支架的位置，以保证两个 V 形块的对中性。

该定心夹紧机构的结构简单，工作行程较长，通用性好，但定心精度不高，适用于工作行程较长、精度要求不高工件的装夹。

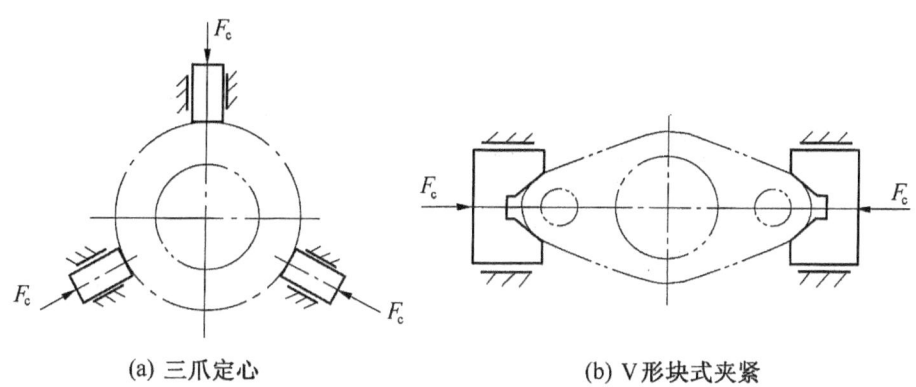

(a) 三爪定心　　　　　　　　(b) V形块式夹紧

图 5-46　几何形状对称工件的定心与夹紧

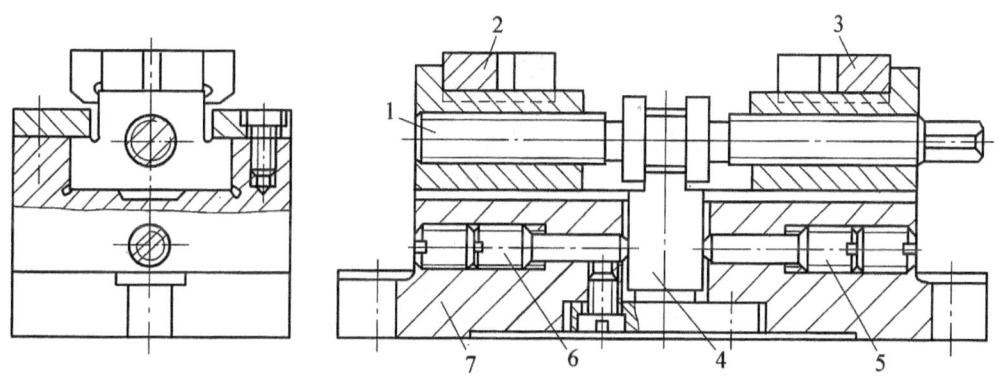

图 5-47　螺旋双移动 V 形块式定心夹紧机构
1—左右旋螺杆；2,3—V形块；4—叉形支架；5,6—调整螺钉；7—夹具体

图 5-48 所示为齿轮偏心式定心夹紧机构。在三个齿轮轴 3 上方装有偏心爪 2，并与中心齿轮 4 相啮合。使用时，将手柄 1 顺时针转动使三个偏心爪张开，装入盘类工件后松开手柄，偏心爪在拉力弹簧 5 的作用下同时将工件定心夹紧。

该夹具的特点是结构简单，操作方便，通用性好，夹紧力随切削扭矩增大而加大，但定心精度较低，适用于以毛坯外圆为粗基准定位的盘类（如圆柱齿轮）工件的钻孔、扩孔等工序的工件装夹。

（2）利用薄壁弹性元件受力后产生的均匀变形，使工件定位夹紧的机构。

图 5-49 所示为一液性塑料夹具，用于加工连杆小头衬套孔。夹具体 1 的主通道与属于弹性元件的薄壁套筒 2 内孔中部的环形槽相通，形成一密封腔，腔内灌满液性塑料。液性塑料在常温下是一种半透明冻胶状物质，具有一定的弹性和流动性，不可压缩，物理性能稳定。拧紧加压螺钉 3，螺钉头部的柱塞对腔内的液性塑料施加压力，液性塑料能将所受的压力均匀地传递至套筒的薄壁上，迫使薄壁套筒产生均匀的径向弹性变形，将工件定心夹紧。

液性塑料夹具夹紧可靠、定心精度高，一般可保证同轴度误差在 0.01～0.02 mm 之内。但薄壁套筒的变形量有限，夹持范围较小，故只适用于精加工工序。

5. 铰链杠杆夹紧机构

铰链杠杆夹紧机构具有扩力系数大和摩擦损失小等优点，它多用作夹紧装置的中间传

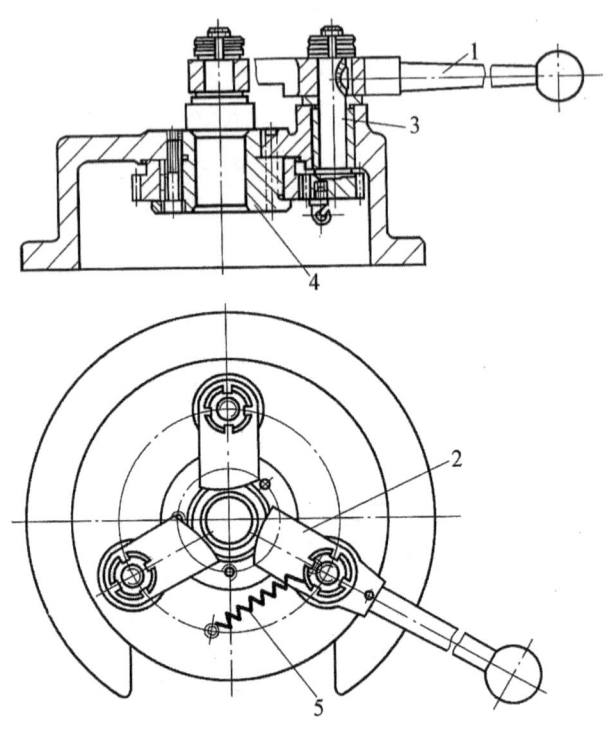

图 5-48 齿轮偏心式定心夹紧机构
1—手柄；2—偏心爪；3—齿轮轴；4—中心齿轮；5—弹簧

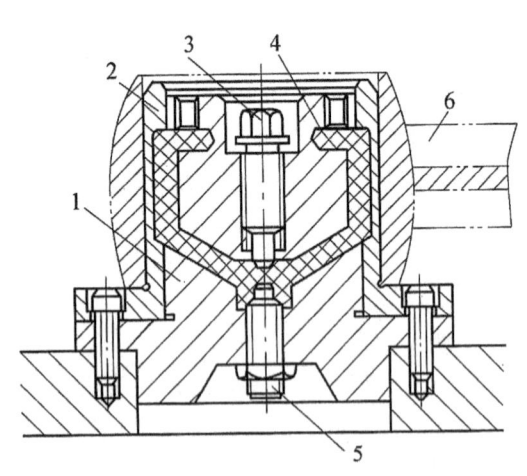

图 5-49 液性塑料夹具
1—夹具体；2—薄壁套筒；3—加压螺钉；
4—液性塑料；5—定程螺钉；6—连杆

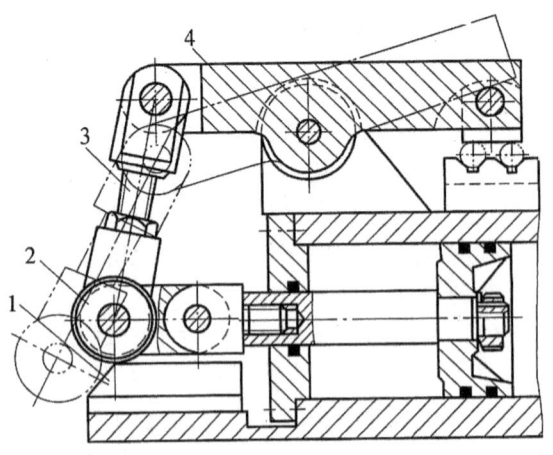

图 5-50 单作用铰链杠杆夹紧机构
1—垫块；2—滚子；3—杠杆；4—压板

动机构，以扩大夹紧力及需要较大夹紧力的场合。此机构一般安置在夹紧元件和动力源（汽缸或液压缸）之间，组成复合式增力机构。

图 5-50 所示为单作用铰链杠杆夹紧机构。当活塞向左移动时，滚子 2 在垫块 1 上移动，把压板 4 的左端向下拉而将工件松开；活塞若向右移动，则夹紧工件。借助螺纹可调

节杠杆3的长度，从而调整其夹紧时的工作位置。

铰链杠杆夹紧机构虽具有扩力比较大、摩擦损失较小的优点，但自锁性能较差。

6．多件多位夹紧机构

若需要同时在几个点对工件进行夹紧或需要同时夹紧几个工件，则可采用多点多件联动夹紧机构。

(1) 多件平行夹紧机构。如图5-51a所示是四根轴在V形块上定位，用螺旋压板机构夹紧多件工件的夹具。其夹紧元件做成铰链式结构是因为工件有尺寸偏差，这样可使夹紧力均匀地分布在四个工件上。图5-51b所示为液性塑料多件夹紧机构，夹紧柱塞通过液性塑料的流动补偿同批工件尺寸误差的变化，实现多件均匀地夹紧。这两种夹具都是平行夹紧多个工件的，总的夹紧力较大。

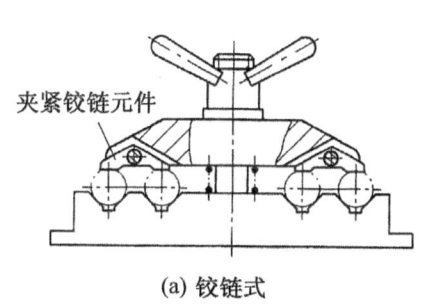 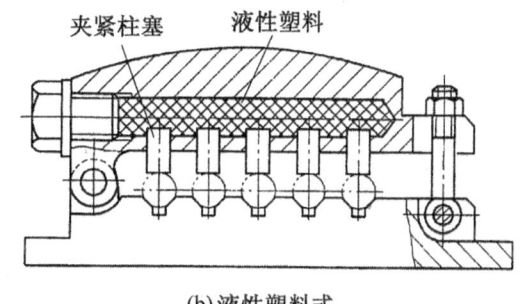

(a) 铰链式　　　　　　　　　(b) 液性塑料式

图 5-51　多件平行夹紧机构

(2) 多件顺序夹紧机构。如图5-52所示，该夹紧机构用于铣轴承盖两端面。夹紧时通过夹紧螺钉2将工件顺序地夹紧，夹紧力顺次地由一个工件传至另一个工件上。V形定位压板1可绕销轴3转动，以保证各工件都被夹紧。若不计摩擦损失，每个工件的夹紧力等于螺钉产生的夹紧力。这种夹紧方式，因工件的尺寸误差依次传递、逐个积累，故适用于工件的加工表面和夹紧力方向相平行的场合。

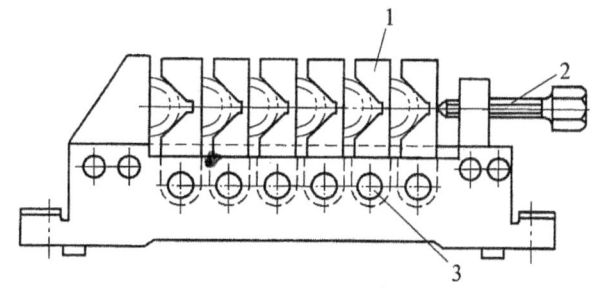

图 5-52　多件顺序夹紧机构
1—V形定位压板；2—夹紧螺钉；3—销轴

(3) 多位夹紧机构。如图5-53所示，该夹紧机构可将一套夹紧机构的夹紧力施加在同一工件表面的多处。当旋转左边的夹紧螺母1时，压板2向下夹紧工件，而螺杆3向上提起，使与螺杆相连接的杠杆4绕中间支点摆动，导致右边螺杆5向下移动，从而使右边压板6同时夹紧工件。这种机构借助于浮动夹紧实现多点夹紧，一般多用于多夹紧点相距较远的场合，如箱体零件的夹紧。

7．夹紧装置的动力源

夹紧装置的夹紧方式有两种：手动夹紧和机动夹紧。手动夹紧时的动力源是人力。在大批量生产中均使用气动、液压、气液联动等动力源的机动夹紧方式，以代替手动夹紧，

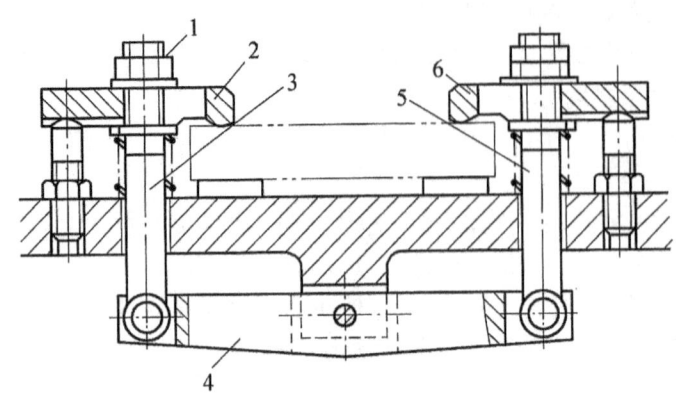

图 5-53 多位夹紧机构
1—夹紧螺母；2,6—压板；3,5—螺杆；4—杠杆

这样可改善劳动条件和提高生产率，其中用得较多的是气动和液压传动装置。下面介绍一种气动夹紧装置。

气动夹紧的能源是压缩空气，它一般由集中的压缩空气站通过管路供应，因此每台机床无需自配空气压缩机等设备。此种夹紧装置的动力执行装置为各种形式的汽缸或气室。图 5-54 所示为气动夹紧的供气系统。压缩空气通过管路经气源开关 1、空气滤清器 2、调压阀 3、压力计 5、油雾器 4 以及换向阀 6 等元件进入汽缸，推动汽缸中的活塞运动。空气滤清器的作用是滤去压缩空气中的污物和水分；调压阀的作用是控制进入汽缸的空气压力，并使其保持稳定；油雾器的作用是当压缩空气通过油雾器时，使空气与雾化的润滑油混合，用以润滑汽缸；换向阀的作用是控制进、排气方向，操纵汽缸动作。

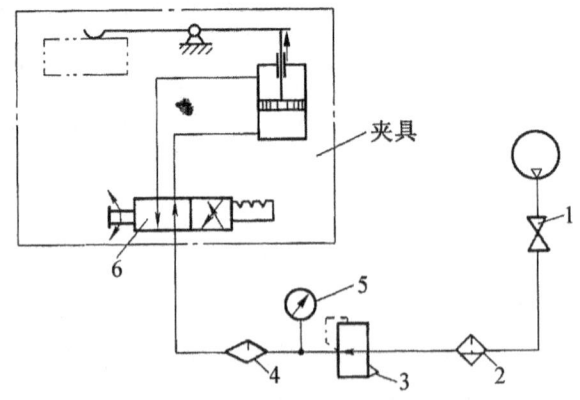

图 5-54 气动夹紧的供气系统
1—气源开关；2—空气滤清器；3—调压阀；4—油雾器；5—压力计；6—换向阀

第五节 机床夹具典型结构

机床夹具种类繁多，这里仅介绍钻床夹具和铣床夹具两种典型结构，以了解机床夹具的组成、主要特点和应用。

一、钻床夹具

使用钻头、铰刀等刀具进行孔加工用的机床夹具称为钻床夹具,亦称为钻模。其特点是具有引导钻头、铰刀等孔加工刀具的导向元件——钻套和安装钻套的钻模板。钻套和钻模板是钻床夹具的特有元件。

（一）钻床夹具的类型

根据工件被加工孔的分布情况和钻床夹具使用上的不同要求,钻床夹具有固定式、回转式、滑柱式和翻转式等形式。滑柱式钻床夹具已经标准化了,翻转式钻床夹具应用不多,故不作介绍。

1. 固定式钻床夹具

固定式钻床夹具是指钻模板与夹具体是固定连接的,在加工过程中安装在钻床工作台上的钻床夹具。固定式钻床夹具可用于立式钻床、摇臂钻床和多轴组合钻床上。

图 5-55 所示为加工拨叉轴向孔的固定式钻床夹具。工件以底端面和外圆柱面分别定位在圆支承板 1 和长 V 形块 2 上,限制五个自由度;旋转手柄 8,由转轴 7 上的螺旋槽与止动螺钉 6 作用,转轴推动 V 形压块 5 夹紧工件;钻头由安装在固定钻模板 3 上的钻套 4 导向。钻模板用螺钉紧固在夹具体上。

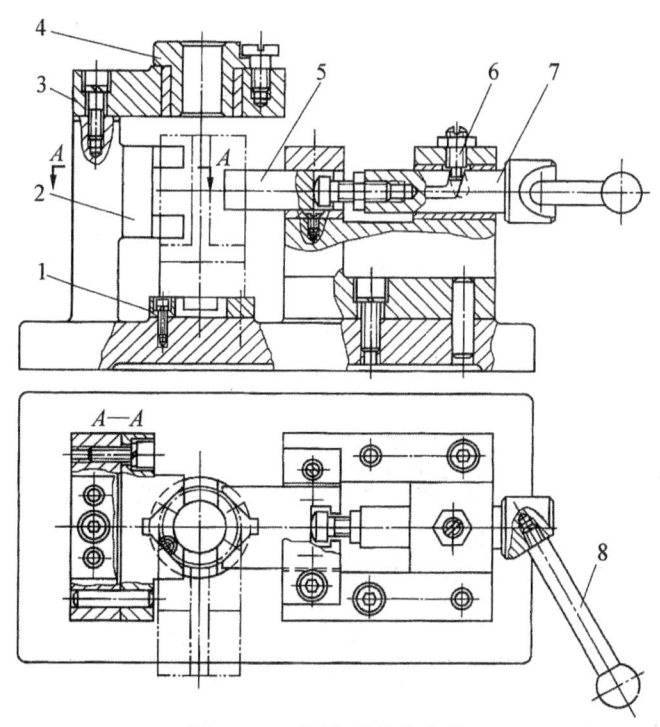

图 5-55 固定式钻床夹具
1—圆支承板；2—长 V 形块；3—钻模板；4—钻套；
5—V 形压块；6—止动螺钉；7—转轴；8—手柄

2. 回转式钻床夹具

图 5-56 所示多工位回转式钻床夹具可加工同一圆周上的轴向平行孔系,该夹具是由立式回转工作台与钻床夹具组合而成的多工位钻床夹具。

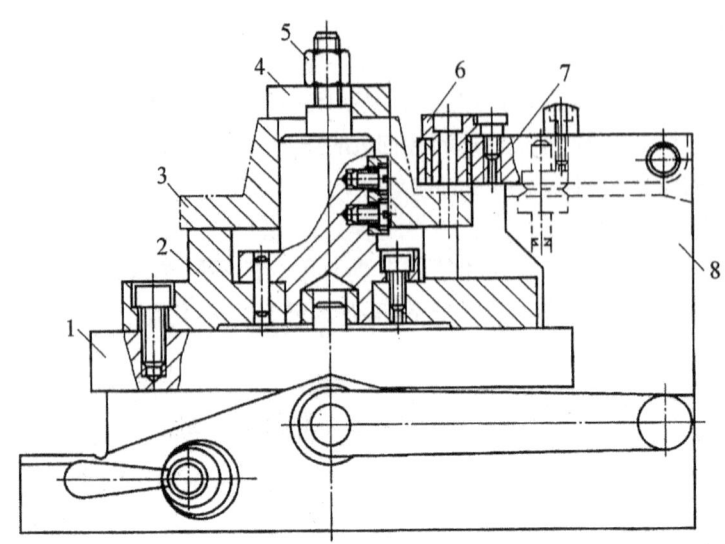

图 5-56 标准立式回转台与钻床夹具组合成的回转式钻床夹具
1—回转工作台；2—钻床夹具；3—工件；4—开口垫圈；
5—夹具螺母；6—钻套；7—钻模板；8—支架

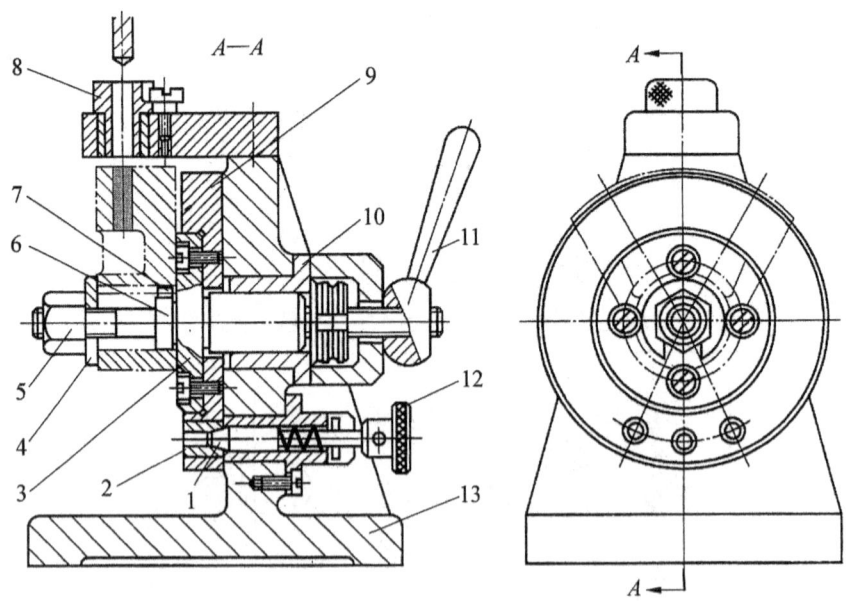

图 5-57 水平回转式钻床夹具
1—分度插销；2—等分锥套；3—圆支承板；4—开口垫圈；5—夹紧螺母；6—短定位销；
7—键；8—钻套；9—分度盘；10—衬套；11—把手；12—手柄螺母；13—夹具体

图 5-57 所示为用来加工扇形工件上三个等分径向孔的水平回转式钻床夹具。工件以内孔、键槽和端面为定位基准，在夹具上分别定位于短定位销 6、键 7 和圆支承板 3 上，限制六个自由度。用夹紧螺母 5 和开口垫圈 4 夹紧工作。多工位分度装置由分度盘 9、等分锥套 2、分度插销 1 等组成。转轴后端的螺杆和把手 11 为分度盘的锁紧和松开机构。

工件分度时，首先拧松把手 11，松开分度盘 9，然后用手柄螺母 12 抽出分度插销 1，用手旋转分度盘 9 带动工件一起分度，当旋转分度盘至下一等分锥套孔时，将分度插销插入，最后拧紧锁紧把手 11 将分度盘锁紧，即可以加工下一径向孔。钻头的导向由安装在固定式钻模板上的钻套 8 实现。

（二）钻套

钻套是用来引导钻头、铰刀等孔加工刀具的导向元件。钻套的功能是确定刀具相对于夹具定位元件间的位置和引导刀具，提高刀具的刚性，防止其在加工中发生偏移。

1. 钻套的基本类型

钻套有固定式、可换式、快换式和特殊结构钻套等多种，如图 5-58 和图 5-59 所示。

（1）固定式钻套。如图 5-58a，b 所示，固定式钻套直接以过盈配合压入钻孔模板内。这种钻套的缺点是导向孔磨损后更换时会破坏钻模板上的安装孔，主要用于中小批生产。

（2）可换式钻套和快换式钻套。在成批大量生产中，为了便于更换被磨损了的钻套，可使用图 5-58c，d 所示的钻套。图 5-58c 所示为一般的可换式钻套，钻套 1 以间隙配合装在衬套 2 的孔中，衬套 2 以过盈配合装在钻模板 3 上，螺钉 4 则是为防止钻套 1 上下窜动而设置的。

在工件一次装夹中，如需顺序进行钻、扩、铰或攻螺纹等多种加工，为了便于迅速更换钻套，可使用图 5-58d 所示快换式钻套。更换钻套时，不需卸下螺钉，只需逆方向转动钻套使其削边平面对准螺钉位置，即可快速向上拨出钻套换上另外一种。

当钻凹坑孔、斜面上孔或中心距很小的孔时，可分别使用图 5-59 所示的特殊钻套。

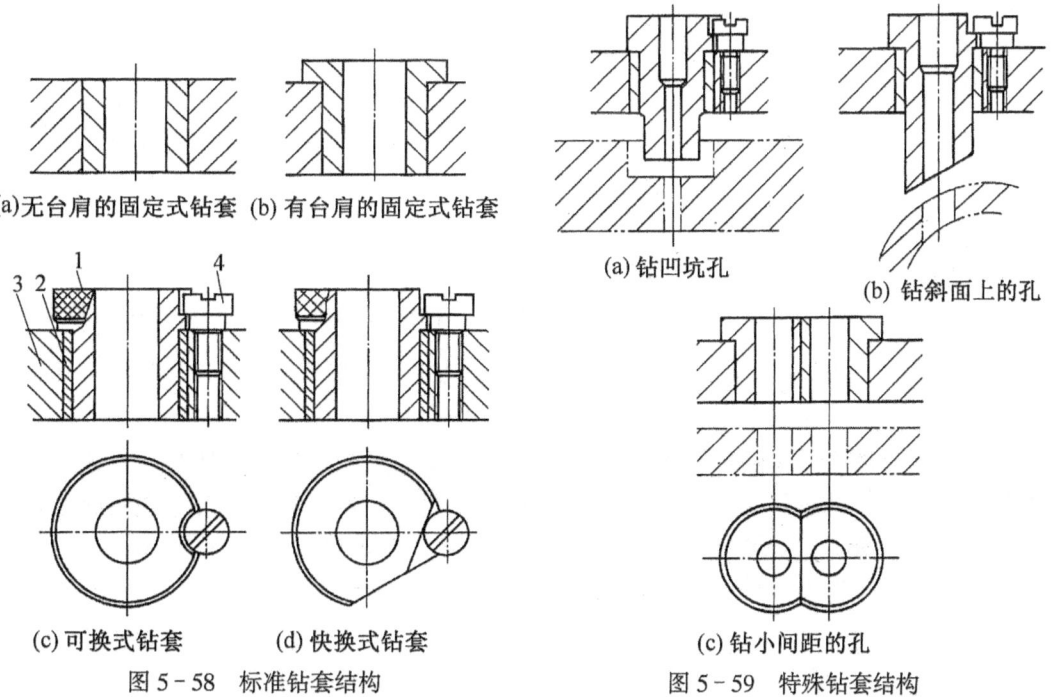

图 5-58 标准钻套结构
1—钻套；2—衬套；3—钻模板；4—螺钉

图 5-59 特殊钻套结构

2. 钻模板

钻模板有固定式、铰链式、悬挂式等结构形式。固定式钻模板与夹具体可用螺钉和圆柱销连接成一体，其优点是钻套的位置精度较高。为了便于在钻孔后进行攻螺纹和便于装卸工件，可使用铰链式钻模板，其钻模板与夹具体用销轴连接。铰链式钻模板因其铰链销轴与钻模板上铰链孔间存在间隙，影响加工的位置精度。

图 5-60 所示为悬挂式钻模板结构。当采用多轴动力头进行平行孔系钻孔时，所使用的钻模板 3 悬挂在主轴箱 5 上，它们之间用两根导向柱 2 和弹簧 4 等连接。钻孔时钻模板将随机床主轴向下移动，当悬挂钻模板下降至钻孔位置时停止下移，钻模板利用弹簧 4 在工件的上平面压紧。钻头下移时继续压缩两个弹簧，夹紧力也随之增加。由于带有悬挂钻模板的钻床夹具可实现多孔加工和利用钻模板夹紧工作，所以生产率较高，适合于大批生产中箱体零件上多孔的加工。

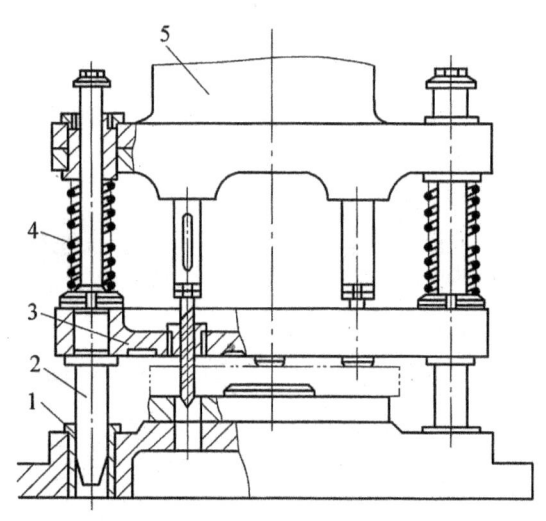

图 5-60　悬挂式钻模板
1—导向套；2—导向柱；3—钻模板；4—弹簧；5—主轴箱

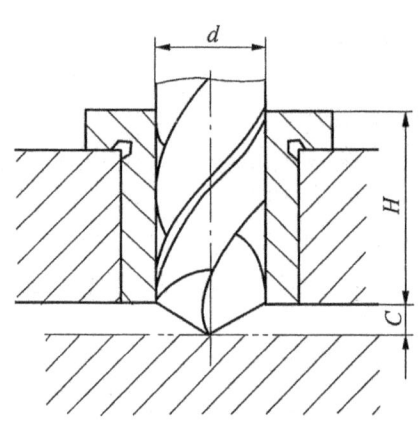

图 5-61　钻套高度与排屑间隙的尺寸

3. 钻套的高度和排屑间隙

钻套的高度与工件材料、钻孔直径、孔深、刀具刚度、工件表面形状等因素有关。如图 5-61 所示，钻套高度尺寸 H 对孔加工刀具的导向作用和刀具与钻套内孔间的摩擦都有很大的影响。一般取 $\frac{H}{d}=1\sim 2.5$；当被加工孔的加工精度要求高、工件材料强度高、钻头刚性较差和在工件斜面上钻孔时，则取较大的比值。

钻套与工件间的间隙是排屑的空间。其间隙值 C 太大，将影响刀具的导向精度，进而影响孔的加工精度；如 C 太小，切屑难以自由排出，会影响被加工孔的表面质量，甚至会因阻力矩的增大而折断钻头。根据经验，加工钢件材料时取 $C=(0.5\sim 0.7)d$；加工铸铁等脆性材料时取 $C=(0.3\sim 0.4)d$，大孔取小值，小孔取大值。

二、铣床夹具

铣床夹具是应用较为广泛的一类机床夹具，其结构与铣削的进给方式有关，常用的有直线进给和圆周进给两种铣床夹具。下面介绍的铣床夹具是直线进给的。

（一）单件加工的铣床夹具

图 5-62 所示为用于铣削槽的铣床夹具。工件以一面两孔作为定位基准，夹具上相应的定位元件为支承板 7、圆柱销 1 和菱形销 3。为减小定位误差，两销斜对角布置。定位元件共限制六个自由度。此夹具使用两个螺旋压板实现工件的夹紧；对刀块用来进行对刀，以保证铣刀相对于夹具定位元件间的正确位置；铣床夹具相对于铣床工作台的正确位置，依靠夹具体底面上的两个定位键 6 来实现。这套铣床夹具的夹紧靠两个分别操作的螺旋压板夹紧机构来完成，所以生产率较低，劳动强度较大，只适用于中小批生产。

（二）多件加工的铣床夹具

图 5-63 所示为多件加工的铣床夹具，用于在小轴端面上铣槽。工件以小轴下端面和圆柱体作为定位基准，在夹具上相应地以支承钉 2 和 V 形块 7 定位，共限制五个自由度。利用夹具右端设置的薄膜气室 4，推动推杆 6，并依次推动多个 V 形块实现工件的夹紧。铣刀的位置靠对刀块 1 确定。夹具底面上的两个定位键 8，实现夹具在铣床工作台上的定位。由于采用多件夹紧，生产效率较高，适用于大批大量生产中加工小型零件。

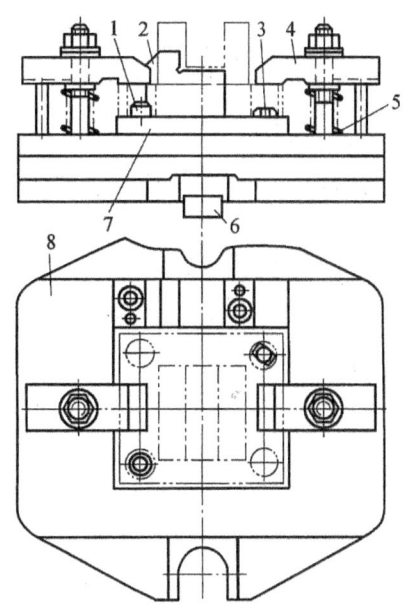

图 5-62 单件直线进给的铣床夹具
1—圆柱销；2—对刀块；3—菱形销；4—压板；
5—弹簧；6—定位键；7—支承板；8—夹具体

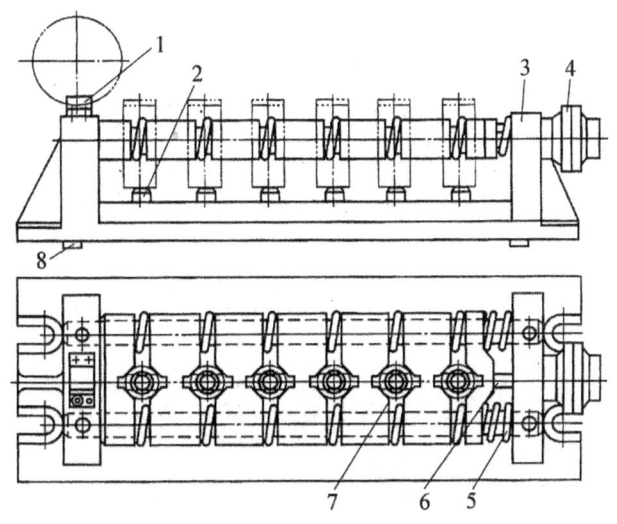

图 5-63 多件加工的铣床夹具
1—对刀块；2—支承钉；3—夹具体；4—薄膜气室；5—弹簧；6—推杆；7—V 形块；8—定位键

1. 对刀元件

对刀元件是专用铣床夹具上确定铣刀相对于夹具定位元件间正确位置的元件。对刀元件由对刀块和塞尺组成。采用对刀块对刀时,为防止铣刀切削刃损坏和对刀块的过快磨损,铣刀切削刃与对刀块工作表面不应直接接触,而是保持一定的间隙。在调整铣刀位置时,用塞尺塞入铣刀切削刃与对刀块工作表面的间隙内,凭与两者接触的松紧程度的感觉来判断铣刀的正确位置。图 5-64 所示为加工不同表面使用的对刀元件。图 5-64a 为用于铣削平面的对刀;图 5-64b 为直角形对刀块,用于对立铣刀、槽铣刀等的对刀;图 5-64c 为成形铣刀的对刀。当夹具结构上不便设置对刀块时,也可使用试切法或样件来对刀。

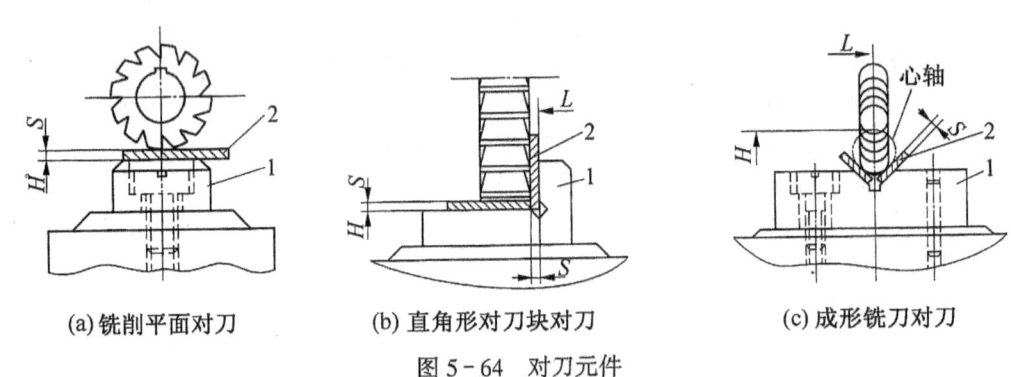

(a) 铣削平面对刀 (b) 直角形对刀块对刀 (c) 成形铣刀对刀

图 5-64 对刀元件

1—对刀块;2—塞尺;S—与间隙值相等的塞尺厚度

2. 定位键

定位键是保证铣床夹具对铣床工作台间相对位置的连接元件。如图 5-65 所示,定位键 2 安装在夹具体 1 底面的纵向槽中,在槽两端各布置一个,并用螺钉 4 将其紧固在夹具体 1 上。将铣床夹具安装在铣床工作台上时,定位键的外露部分嵌入在铣床工作台的 T 形槽内,使铣床夹具相对于铣床工作台进给方向上有一正确位置。

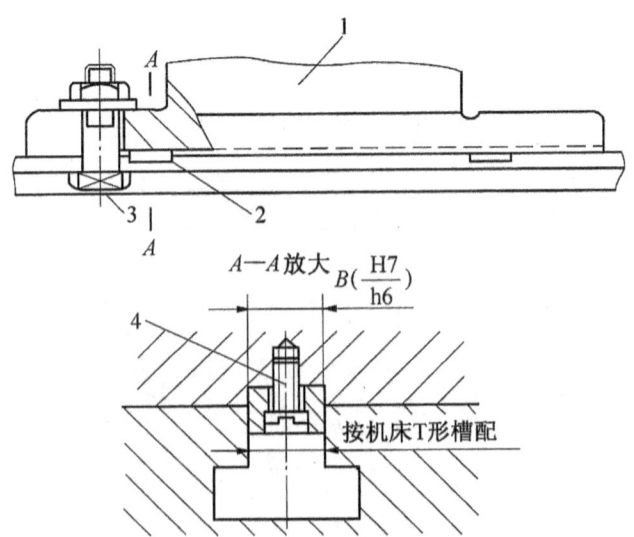

图 5-65 定位键及在铣床工作台上的安装

1—夹具体;2—定位键;3—T 形螺钉;4—螺钉

第六节 机床夹具设计的基本要求和步骤

本节将以钻床夹具为例,说明机床夹具的设计方法和过程。

一、机床夹具设计的要求

机床夹具的设计必须满足下列基本要求:

(1) 能保证工件加工的各项技术要求。为此,夹具设计时,必须正确确定定位方案、夹紧方案,正确确定刀具的对刀、导向方式和合理制订机床夹具的技术要求等。

(2) 夹具的结构应与其用途和生产类型相适应。在大批量生产中,机床夹具的主要功能是为了保证工件的加工要求和具有一定的生产率。为保证较高的生产率,可以采用机动夹紧装置,如气动、液压等机动夹紧装置。中小批生产中,由于受到生产条件的限制,为达到良好的经济性和发挥机床夹具的功能以保证工件的加工要求,应尽可能使夹具结构简单,广泛使用单件加工和手动夹紧机构;在条件允许的情况下,也可考虑采用可调整机床夹具、组成夹具和组合夹具等。

(3) 尽量选用标准的夹具零部件。采用结构成熟的标准夹具元件、标准的夹紧机构等,减少非标准夹具零部件,以提高夹具的标准化程度,缩短夹具的设计和制造周期,提高夹具设计质量和降低夹具制造成本。

(4) 夹具结构应具有足够的刚度、强度和良好的稳定性。为保证工件加工精度要求和夹具本身具有一定的使用寿命,夹具应具有较高的刚度和强度,及其安装在机床工作台上的良好稳定性。

(5) 应能保证操作方便和安全。为此,夹紧机构的操作手柄一般应放在右侧或前面;手柄或扳手在操作范围内应有足够的活动空间;要防止夹紧机构与机床或刀具的运动干涉或相碰撞;还要考虑清除切屑方便、安全。

(6) 应具有良好的工艺性。所设计的机床夹具应便于制造、装配、检测、调整和维修。对于夹具上精度要求高的位置尺寸和位置公差,应考虑在装配时配作。

二、机床夹具的设计步骤

(1) 调查研究,收集资料。在设计之前必须认真进行调查,广泛征求意见,并收集有关资料,包括零件图样和夹具设计任务书等技术文件,了解零件的功能、结构特点、材料、对本工序的加工要求和生产类型等,以及本工序使用的机床和刀具。分析研究设计任务书中规定的定位基准和加工要求等内容。

(2) 确定夹具的结构方案。确定夹具结构方案时,主要完成以下工作内容:
①确定工件的定位方案。
②确定刀具的对刀、导向方式。
③确定工件的夹紧方案。
④确定夹具其他组成部分的结构形式。
⑤确定夹具体的形式和夹具的整体结构。

（3）绘制夹具的装配草图和装配图样：夹具总图绘制比例除特殊情况外，一般均应按1:1比例绘制，以使所绘制的夹具具有良好的直观性。总图的主视图应选择与操作者正对的位置。

夹具装配图样可按如下顺序绘制：将工件视为透明体用双点画线画出工件轮廓、定位基准（基面）、夹紧面和加工表面；画出定位元件和导向元件；按夹紧状态画出夹紧装置；画出其他元件或机构；最后画出夹具体，把上述各组成部分连接成一体，形成完整的夹具；标注必要的尺寸、配合和技术条件；对零件编序号，填写零件明细表和标题栏等。

（4）绘制夹具零件图样。对装配图样上的非标准零件均要绘制零件图样，零件的视图尽可能与装配图样上的位置一致。

（5）编写机床夹具设计说明书。

三、机床夹具的制造精度

机床夹具的制造精度是保证工件加工要求的基础，在夹具设计时应正确规定夹具的制造精度。机床夹具制造精度主要包括以下内容：

（1）夹具各定位元件本身的制造精度。
（2）夹具定位元件之间的尺寸和位置精度。
（3）夹具定位元件与对刀元件、导向元件间的位置尺寸和位置精度。
（4）夹具定位元件相对于机床夹具安装基面间的位置精度。
（5）夹具对刀元件、导向元件相对于夹具安装基面间的位置精度。
（6）铣床夹具定位元件、对刀元件相对于夹具定位键侧面间的位置精度等。

有关具体要求及数据，请参阅有关工艺工程手册。

【本章小结】

本章介绍了机械加工时工件精度的获得方法和工件的装夹方法，讲述了工件的基准和定位形式，分析了典型机床夹具的结构及其设计方法。

【复习思考题】

1. 获得机械加工精度的方法有哪几种？各有何特点？
2. 工件的装夹方法有哪几种？各有何特点？
3. 什么是基准？基准有哪些种类？
4. 什么是六点定位规则？如何判别工件定位时应限制的自由度？
5. 机床夹具有哪些种类？专用夹具由哪几部分组成？
6. 常用定位元件有哪些？它们如何限制工件的自由度？
7. 可调支承、自由支承、辅助支承有何区别？
8. 工件以组合表面定位时的定位形式有哪几种？一面两销定位有何特点？
9. 产生定位误差的原因有哪几种？如何计算？
10. 夹紧装置由哪几部分组成？工件夹紧时应满足哪些基本要求？
11. 选择夹紧力的方向和作用点应遵循哪些原则？

12. 夹紧力的大小如何估算？
13. 常用的典型夹紧机构有哪些？它们各有何特点？分别用于哪些场合？
14. 钻床夹具有哪几种？各有何特点？
15. 钻套有哪几种？各有何特点？
16. 铣床夹具由哪几部分组成？有何特点？
17. 夹具设计应满足哪些基本要求？
18. 夹具设计应遵循哪些步骤？

第六章 机械加工工艺

【学习目标与要求】
- 了解工艺规程的作用、类型和格式及其制订的原则、步骤和内容
- 掌握零件的工艺分析及其工艺路线的拟订方法,并能编制简要的工艺文件
- 了解并掌握加工余量和工序尺寸的基本概念及其关系,并能运用尺寸链理论分析实际问题
- 掌握加工质量的基本理论知识,并能运用统计分析的方法分析质量问题

第一节 机械加工工艺规程

一、机械加工工艺规程的作用

把零件的机械加工工艺过程以文件或图表的形式规定下来,作为组织生产和指导生产的依据,这些文件成为工艺规程。

工艺规程是一种纪律性的工艺文件,有关生产人员不得随意改动,必须严格按照工艺规程进行生产。当然,工艺规程也不是一成不变的东西,随着科学技术的不断发展,新工艺、新技术、新材料的采用,以及人们对产品质量、数量要求的不断提高,就必须对现行工艺规程及时进行修订和定期进行整顿,以便及时吸取国内外的新技术、新成果。

合理的工艺规程是在总结过去的实践经验基础上,结合现有的具体生产条件,并进行科学的理论分析和计算,有时还要进行必要的工艺性实验而制订的。工艺规程在生产中具有极其重要的作用:

(1) 作为指导生产的主要技术文件。用于计划和组织生产,指导车间的生产工作。良好的生产秩序有利于保证产品的质量,提高生产率和经济性。

(2) 新产品投产前它是进行技术准备和生产准备的主要依据。如刀、夹、量具的设计、制造和采购,原材料、半成品及外购件的供应,人员配备等。

(3) 工艺规程是新建或扩建工厂和车间的原始资料。在新建或扩建工厂和车间时,需要有产品的全套工艺规程作为确定设备、人员、车间面积和投资金额的原始依据。

(4) 便于积累、交流和推广先进的生产经验,提高生产工艺能力和工艺技术水平。

二、制订工艺规程的原始资料与步骤

1. 制订机械加工工艺规程的原始资料

在编制零件机械加工工艺规程之前,首先要进行调查研究,收集掌握必要的资料作为工艺规程编制时的依据和条件。这些资料包括:

(1) 产品的装配图和零件的工作图。
(2) 产品验收的质量标准。

(3) 产品的生产纲领和生产类型。

(4) 毛坯的情况，包括毛坯车间或工厂的生产能力和技术水平，各种钢材、型材的规格。仔细研究毛坯图，并从机械加工角度对毛坯生产提出要求，必要时应和毛坯车间共同研究。

(5) 本厂的生产条件，主要包括如下几个方面：①现有设备的规格、性能及所能达到的加工精度；②现有刀、夹、量具以及辅具的规格及使用情况；③操作工人的技术水平以及有关车间制造专用设备、工艺装备及改造设备的能力。所制订的工艺规程应切实符合本厂的生产条件，同时还必须了解国内外现有的先进工艺装备及生产技术，以便结合本厂的具体情况加以引进、消化，不断提高工艺水平。

(6) 有关手册、标准及指导性文件。

2. 制订机械加工工艺规程的步骤

在获得上述原始资料的基础上，可按下列步骤进行工艺规程的编制：

(1) 对零件进行工艺分析。

(2) 确定毛坯。毛坯质量高，则机械加工劳动量少，并可以提高材料利用率，降低机械加工成本，但这样就使毛坯的制造要求和成本提高。因此，两者是相互矛盾的，需要根据生产纲领和毛坯车间的具体条件加以解决。选择毛坯时，必须充分注意到采用新工艺、新技术、新材料的可能性。在改进毛坯制造工艺和提高毛坯质量之后，往往可以大大地节约机械加工劳动量。目前少切屑、无切屑加工有很大发展，精密铸造、精密锻造、冷轧、冷挤压、粉末冶金、异型钢材、工程塑料都在迅速推广，用这些方法制造的毛坯，只需少量的机械加工，甚至不需要加工。

(3) 拟订工艺路线。

(4) 确定各工序所采用的设备及工艺装备。

(5) 确定各工序的加工余量，计算工序尺寸及其公差。

(6) 确定各工序的切削用量。在了解了工件的材料、强度、硬度，工件加工部位的尺寸及其精度和表面粗糙度要求，以及机床的功率、转速、进给机构强度和进给级数，并确定了刀具的种类、刀片材料、刀杆尺寸等的基础上，制订各工序或工步的切削用量。这对提高切削效率、保证加工质量、保持必要的刀具耐用度具有重要的作用。目前，对单件小批量生产多不规定切削用量，由操作工人根据经验自行选定，但对于流水线和自动线，为了保证生产节拍，必须合理地规定各工序、工步的切削用量。

(7) 确定各主要工序的技术要求及检验方法。为了最终可靠地保证零件图样上所提出的全部技术要求，应根据零件图样上的技术要求确定各主要工序相应的检验工具。

(8) 确定时间定额。

(9) 填写工艺文件。

第二节 零件的工艺分析

制订零件的机械加工工艺规程，首先要对零件进行工艺分析，以便从加工制造的角度出发分析零件图样是否完整、正确，技术要求是否恰当，零件结构工艺性是否良好。必要时可对产品图样提出修改意见。

一、零件图样及技术要求分析

通过分析产品的零件图及装配图，了解零件在产品结构中的功用和装配关系。从加工的角度出发对零件的技术要求进行审查。

零件的技术要求主要包括被加工表面的尺寸精度、几何形状精度、各表面之间的相互位置精度、表面质量要求、热处理及其他要求，这些要求对制订工艺方案有重要影响。

二、零件加工工艺分析

1. 根据加工表面的要求及其特点选择加工方法

根据各个表面的加工精度和粗糙度的要求，可以初步确定各表面的加工方法和加工次数。例如，发动机活塞裙部尺寸精度为 IT6，表面粗糙度为 $R_a 0.4\ \mu m$，可以采用粗车、半精车、精车，最后在磨床上用椭圆形的凸轮靠模来细磨。

2. 根据主要加工面选定精加工工序

主要加工面对加工过程起决定作用，对最后阶段选用的精加工方法、精加工的定位装夹方案以及加工中容易发生的问题有很大的影响，因此要找出主要加工面并进行详细分析。主要加工面常指对装配质量有影响而加工精度要求较高的表面。零件的结构形式和尺寸常与主要加工面有关，例如活塞销孔和裙部外表面就是主要加工面，决定了活塞、活塞销和连杆在汽缸中的安装位置和精度，其加工精度和粗糙度要求都比较高。

根据主要加工面的要求，可对加工过程做出初步估计，确定与质量密切相关的精加工工序和方法。例如，活塞销孔直径尺寸精度为 IT5、表面粗糙度为 $R_a 0.4\ \mu m$，精加工的加工方法是金刚镗，为了进一步减小粗糙度值和改善表面质量，最后还采用滚压销孔。

3. 根据表面间的位置精度决定定位基准和定位方法

表面间的位置精度是加工中最容易产生质量问题的环节。位置精度往往不是由一个工序来保证，需按前后工序的联系，通过定位基准的转换来实现，这就涉及基准的选择和加工顺序问题。例如，活塞销孔轴线对裙部轴线的垂直度及相交的允差、活塞销孔轴线到活塞顶面的距离允差等，加工这些表面的各工序必须正确地选择定位基准和定位方法。

4. 零件结构形状的某些特征会给加工带来特殊的困难

(1) 薄壁零件在夹压时容易变形。

(2) 不规则的表面定位夹紧困难。

(3) 细长杆件受切削力影响，容易变形。

(4) 小孔和窄槽的加工刀具会产生变形或折断。

(5) 深孔加工会引起排屑困难和加工扭曲。

(6) 斜孔的加工要用特殊的安装方法等。

三、零件的结构工艺性分析

零件的结构对其工艺过程的影响很大。使用性能完全相同而结构不同的两个零件，它们的加工方法及制造成本可能会有很大的差别。零件要有良好的结构工艺性，如果发现零件的结构工艺性不好，可以提出局部改变其形状和尺寸，但应遵循两条原则：

(1) 不能影响零件的使用性能和作用。

(2) 任何小的改变都应会同设计人员进行研究，取得一致意见，必要时可进行一些试验，通过规定的审批手续后方能更改。

在大量生产中，往往要求能在一次安装中加工更多的表面，常常需要局部改变结构，有意识地增加工艺孔和工艺凸台。

第三节 工艺路线的拟订

工艺路线的拟订是制订工艺规程中的关键步骤，它的合理与否将直接影响整个零件的加工质量、生产率和经济性。其主要任务是选择零件表面的加工方法、选择定位基准、确定加工顺序、划分工序。在拟订工艺路线时应从工厂的实际情况出发，充分考虑应用各种新工艺、新技术的可行性和经济性，多提几个方案，进行分析比较，选择一个符合工厂实际情况的最佳方案。

一、表面加工方法的选择

一个有一定技术要求的零件表面，一般不是用一种工艺方法一次加工就能达到设计要求的。选择加工方法时应根据加工表面的质量要求、生产类型以及各种工艺方法所能达到的经济精度和粗糙度来确定被加工表面分几次加工以达到其设计要求，并确定相应的工艺路线。所谓经济精度是指：在正常工作条件下，采用完好的设备和刀具，由技术熟练的工人，在不延长加工时间等条件下所能达到的加工精度。常见工艺方法所能达到的经济精度及表面粗糙度可以查阅有关工艺手册。

(一) 选择表面加工方案的一般规律

1. 根据加工精度和粗糙度的要求确定最终加工方式

一个零件由若干个主要和次要表面组成，但各个表面的几何性质不外乎是外圆、内孔、平面、螺纹、齿形及成形表面等。在拟订零件的工艺路线时，首先应根据零件图确定各典型表面的加工方法。图6-1、图6-2和图6-3分别为外圆、内孔和平面的加工方案及其所能达到的平均经济精度。

在确定最终加工方案时，可以结合具体生产条件，提出几种加工方案进行比较，例如，加工精度为H7，直径为$\phi 30^{+0.025}_{0}$ mm，表面粗糙度值为$R_a 1.6$ μm的孔，可有以下四种加工方案：

①钻孔—扩孔—粗铰—精铰；
②钻孔—拉孔；
③钻孔—粗镗—半精镗—精镗；
④钻孔—粗镗—半精镗—磨削。

采用以上的哪一种方案，可根据零件特点和产量决定。

2. 选择加工方法时要对各种技术要求进行综合分析

选择加工方法时，除要考虑精度和粗糙度的要求外，还要满足表面形状、位置精度、力学性能等各方面的技术要求，并进行综合分析。

加工方法应与工件的结构形状和大小相适应。形状不规则的外圆不能选用无心磨削。箱体上的孔不能选用拉削和内圆磨削。

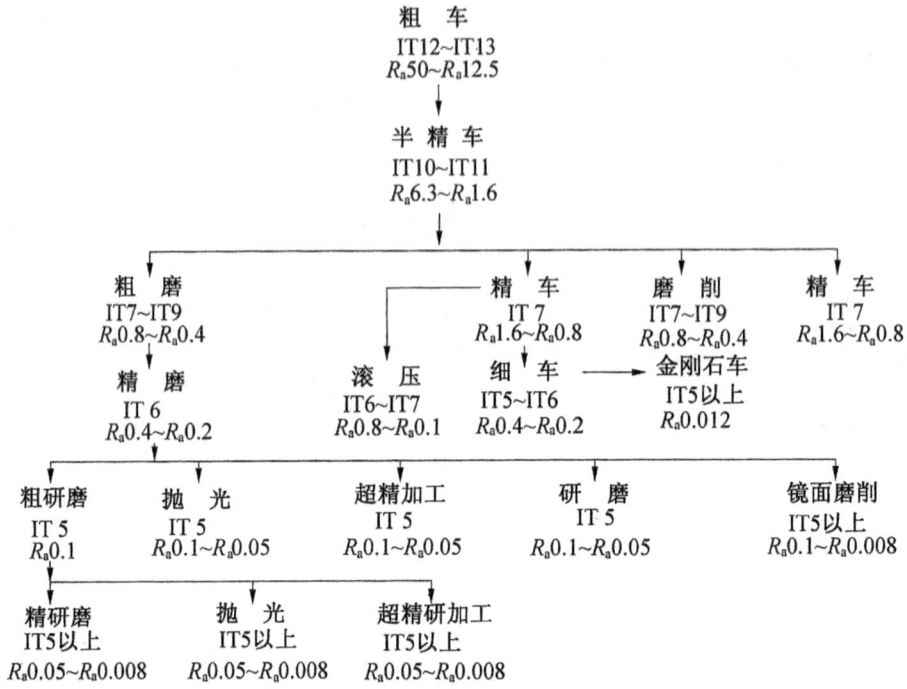

图 6-1 外圆加工方案

R_a—表面粗糙度值，单位为 μm。

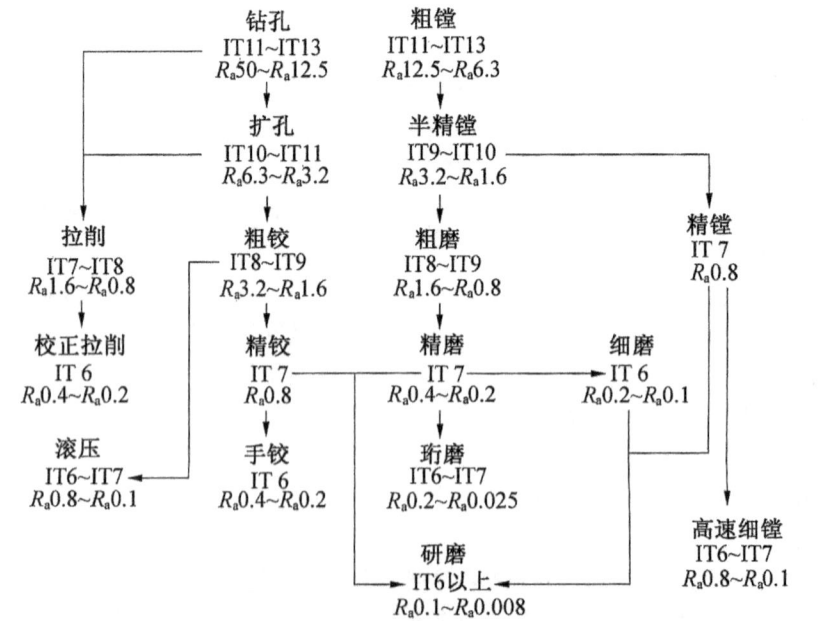

图 6-2 内孔加工方案

R_a—表面粗糙度值，单位为 μm。

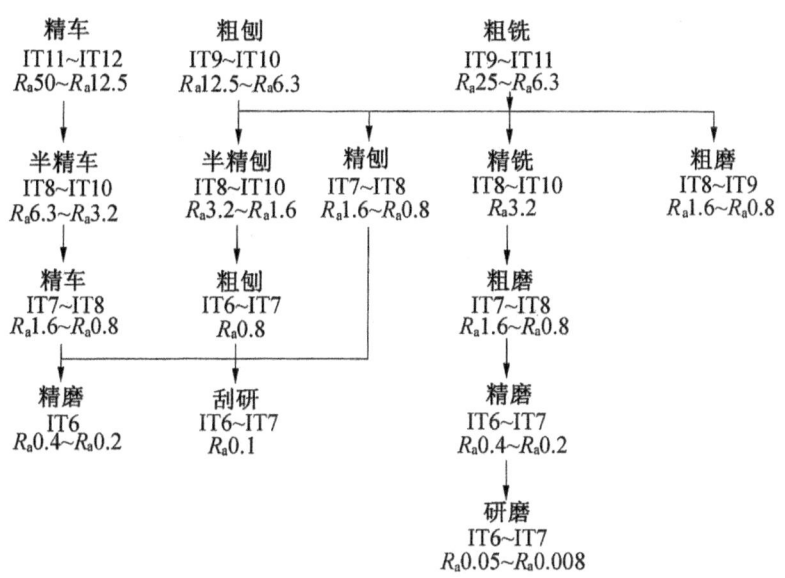

图 6-3 平面的加工方案

R_a—表面粗糙度值,单位为 μm。

在位置精度方面,例如孔与端面的垂直度及孔与外圆表面的同轴度要求较高时,可在车床上采取一次安装,以车、镗的方法把几个表面一次加工好。有些加工方法如拉削、无心磨、珩磨、超精加工、研磨不能提高位置精度。

不同力学性能的材料,应采用不同的加工方法。硬度很低而韧性很大的材料不宜采用磨削加工;硬度和强度都很高的材料,如淬硬钢、耐热钢等,不宜采用金属刃具切削加工。

在要求提高表面耐磨性及疲劳强度的情况下,可对表面进行强化处理,如滚压、胀孔、喷丸处理等。

3．加工方法要与零件的生产类型相适应

不同的加工方法和加工方案,采用的设备和刀具不同,生产率和经济性也不大一样。大批量生产时,应采用高效率的机床和工艺设备,例如平面和孔可以采用拉削加工;轴类零件可以采用半自动液压仿形机床或数控车床加工。在单件小批量生产中,多采用通用机床、通用工艺装备及常规的加工方法。

4．表面加工是由粗到精的提高过程

表面加工的精度和粗糙度,任何加工方案都是由粗到精而逐步提高的。对于各主要表面,首先确定其最终工序的机械加工方法,然后按照由后向前推进的程序,再选定其前面一系列准备工序的加工方法。例如一个精度为IT7、表面粗糙度为 $R_a 0.32~\mu m$ 的孔,其最后工序的加工方法如选用精磨,则其前面准备工序的加工方法依次为:粗镗、半精镗、粗磨。精加工前要经过几次准备加工,主要是因为精加工时希望切削负荷小和余量均匀,要求前面的加工控制余量和原始误差,为精加工创造有利条件。

(二) 外圆、内孔、平面的加工方案

1．外圆

根据加工质量要求的不同,可分别采用下列加工方案:

(1) 粗车（IT12～IT13，R_a50～$R_a12.5$ μm）。这种方案适应于除淬火钢以外的各种金属。当加工质量要求在此范围之内时，一次粗车即可完成。

(2) 粗车—半精车（IT10～IT11，$R_a6.3$～$R_a1.6$ μm）。粗车之后进行半精车，加工质量可有所提高。同样适用于不淬硬的工件。

(3) 粗车—半精车—磨削（IT7～IT9，$R_a0.8$～$R_a0.4$ μm）。这种方案最适用于加工经过淬火而质量要求较高的钢件，也广泛用于未淬火钢件、铸铁件等。对于有色金属，由于其韧性很大，磨削时易堵塞砂轮，难得到光洁的表面，所以不宜采用。

(4) 粗车—半精车—粗磨—精磨（IT6，$R_a0.4$～$R_a0.2$ μm）。适用范围同（3）。由于外圆精度和表面粗糙度要求更高而将磨削分为粗磨及精磨来达到。

(5) 粗车—半精车—粗磨—精磨—研磨或超精加工、镜面磨削（IT5，$R_a0.1$～$R_a0.008$ μm）。这种方案可达到极高的加工质量，但不适于有色金属等韧性材料。

(6) 粗车—半精车—精车（IT7，$R_a1.6$～$R_a0.8$ μm）。

(7) 粗车—半精车—精车—细车（IT6，$R_a0.4$～$R_a0.2$ μm）。

(6) 和 (7) 两种方案适用于加工有色金属，其中细车是指在专用高速精密车床上进行的加工，可获得很高的加工质量。

2. 孔

孔的加工方案可参阅图 6-2 所列加工方案，根据具体生产条件选用。

(1) 钻—扩—粗铰—精铰（IT7，$R_a1.6$～$R_a0.8$ μm）。这种方案用得最广。在成批生产中，常在立式钻床、摇臂钻床或在六角车床上连续进行各个工步的加工。大批量生产中，多在自动机床或组合机床上加工。

此方案适于加工直径小于 80 mm 的通孔或盲孔，因孔径太大时，扩孔钻和铰刀均较笨重，使用不方便。工件材料应为未淬火钢或铸铁，对于有色金属虽可采用，但铰孔不易保证所需要表面粗糙度。

(2) 粗镗—半精镗—精镗（IT7，$R_a1.6$～$R_a0.8$ μm）。此方案一般用来加工在毛坯上铸出或锻出的孔，孔径以中等直径及大直径为宜。孔径太小则所用的镗杆很细，工艺系统刚性差而影响加工质量。镗孔可保证孔与其他表面的位置精度。箱体件轴承座孔的加工通常采用这种方案。根据生产规模不同可采用不同生产率的机床和工艺装备。

(3) 粗镗—半精镗—粗磨—精磨（IT7，$R_a0.4$～$R_a0.2$ μm）。此方案最适宜于加工精度与粗糙度要求较高并经过淬火的钢件的孔。对于铸铁件及没有淬火的钢件，虽也可以加工，但磨孔的生产率较低。

(4) 钻—拉。此方案适用于大批大量生产，因拉刀制造复杂，成本较高。如果孔的直径是标准尺寸，此方案也可用于中批生产。拉削一般适用于中小型零件中小尺寸的孔，孔深不宜太大，一般不超过孔径的 3～4 倍。拉削不能加工不通孔。

手铰一般在机铰后不能满足质量要求时采用，用于单件小批生产。

3. 平面

平面加工可按生产规模、零件的结构尺寸及要求，参阅图 6-3 所列各种加工方案选用。平面除要求尺寸精度和表面粗糙度外，一般都有形状和位置度的要求，如平面度、平行度、垂直度等。平面的一般加工方法有铣、刨、拉、车等，对于滑动配合表面和要求较高的固定装配面，还需进行精加工。精加工方法通常有下列四种：

(1) 磨削。适用于大批大量生产加工各种大小的零件,通常在专用设备上进行。

(2) 精铣或精刨。不淬硬的中小型零件常用高速铣削,大型零件则多用宽刃精刨。有色金属件的平面加工多采用高速铣削,因刨削无法达到所要求的切削速度。

(3) 刮研。适用于单件小批生产中加工大型零件上的配合表面。

(4) 精拉。适用于大量生产,生产率高。

二、定位基准的选择

工件在机床上进行加工时,首先必须定位,为了实现定位,必须选择工件上的某些表面,使之与夹具上的定位元件或机床的工作台面相接触,并与刀具保持一定的相对位置关系。工件上用来定位的表面选择得是否正确,直接关系到加工质量、生产率和成本的高低,也是制订工艺规程时必须首先考虑的问题。

(一) 粗基准的选择

在选择粗基准时,考虑的重点是如何保证各加工表面有足够的余量,使不加工表面的尺寸、位置符合图样要求。选择粗基准时要遵循下列原则:

(1) 选择余量小而均匀的重要表面作为粗基准。如果以余量小而均匀的重要表面为粗基准,则以它为粗基准加工出来的精基准与尚未加工的这个重要表面之间有一定的相对位置精度,因而在以后以精基准定位加工这个重要表面时,就可保证有小而均匀的加工余量。

图6-4所示车床床身的加工,以床身导轨面为粗基准加工底平面,然后再以平面定位加工导轨面(图6-4a),这时导轨面上的余量小而均匀,保存了耐磨性好的金属层。如果相反,以底平面为粗基准加工导轨面,就会把耐磨性好的金属层切掉(图6-4b),而且由于余量不均匀,影响导轨面的加工精度。

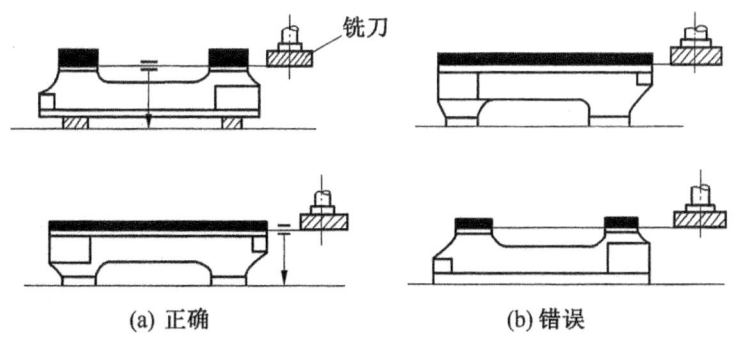

图6-4 床身加工粗基准的选择

(2) 选择不需要加工的表面为粗基准。这在不加工与加工表面之间有相互位置要求时尤为重要。如果有几个不需要加工的表面,则应选择其中与加工表面相对位置精度要求较高的表面作为粗基准。

如图6-5所示,在活塞加工的第一道工序中,加工作为以后工序所用的精基准E、F面,可选用A、B面或C、D面作为粗基准,但这两种选择对以后加工出来的活塞裙部和环槽处壁厚以及顶部壁厚有不同的影响。选用C、D面作粗基准时,加工出来的内止口与毛坯外圆是同轴的,其后用E面定位加工外圆及环槽,则与毛坯面A不同轴线而出现壁厚不均匀的现象。如果选用 A、B 面作为粗基准,这种情况就不会出现。

(3) 应选择工件上平整、光滑,毛坯制造中尺寸和位置可靠,没有浇注系统、冒口、飞边等的表面作为粗基准,以保证定位准确,夹紧可靠。

(4) 粗基准一般只宜使用一次。粗基准的表面粗糙,不能保证重复装夹时的位置精度,故应尽量避免重复使用。

(二) 精基准的选择

精基准的选择,应从安装及加工方便出发,主要考虑如何保证加工精度。选择精基准的原则如下:

(1) 基准重合原则。尽量选用设计基准作为精基准。这样可以避免因基准不重合而引起的定位误差。

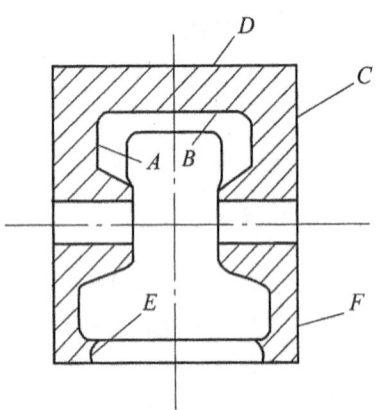

图 6-5 活塞加工的粗基准选择
A,B—毛坯面(不加工面);
C,D—毛坯面(以后要加工的面);
E,F—本工序加工面

如图 6-6 所示,为了保证尺寸 B,在加工阶梯面 2 时,若以顶面 3 定位(图 6-6b),则定位基准与设计基准重合,这时只有与本工序有关的误差影响尺寸 B 的精度。如果以底面 1 作为定位基准(图 6-6c),则定位基准与设计基准不重合,本工序直接得到的是尺寸 A,而尺寸 B 是间接形成的,尺寸 B 的加工精度除了取决于与本工序有关的加工误差之外,还取决于尺寸 C 的误差。这种因定位基准与设计基准不重合而给加工尺寸附加的误差,称为基准不重合误差,它是在工件的定位过程中产生的,属定位误差,其大小等于定位尺寸 C 的公差。显然,基准不重合误差的出现,不利于保证加工精度。因此,选择精基准时,应尽量使定位基准与设计基准重合。

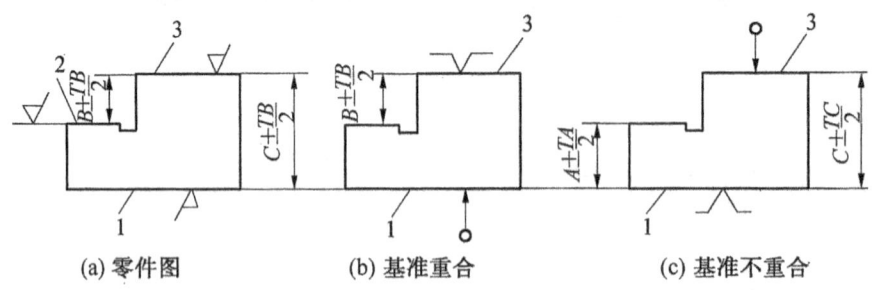

图 6-6 基准重合原则的应用
▽—定位符合;↑—夹紧符合

有时,由于某些原因而不得不采用基准不重合的定位方案,在这种情况下,为了保证所要求的设计尺寸的加工精度,应通过工艺尺寸链的计算,对有关尺寸进行控制。

(2) 基准统一原则。尽量用统一的定位基准进行各工序或大部分工序的加工。基准统一有许多优点:可以避免由于定位基准的多次转换而产生的误差,从而保证各表面的相对位置精度;有可能减少装夹次数,以便在一次装夹中加工多个表面,从而减少辅助时间,并有利于保证加工精度;可以使各工序所用的夹具相互间类似,从而简化夹具的设计和制造工作，缩短生产准备时间。

铝活塞零件一般在加工中先加工出止口和端面，在后续的大部分加工工序中都统一以止口和端面定位。轴类零件采用中心孔作为统一的定位基准进行加工，可以保证各外圆表面的同轴度及端面与轴线的垂直度。

(3) 有时采用自为基准原则。有些精加工或光整加工工序要求加工余量小而均匀，为保证加工质量和提高生产率，这时就以加工面本身作为精基准。如图6-7所示，在最后磨削车床床身导轨面时，为了使加工余量小而均匀，以提高导轨面的加工质量和磨削生产率，常在磨头上装百分表，在床身下装可调支承，以导轨面本身为精基准来调整找正。此外，如珩磨、无心磨等加工方法都是自为基准的例子。

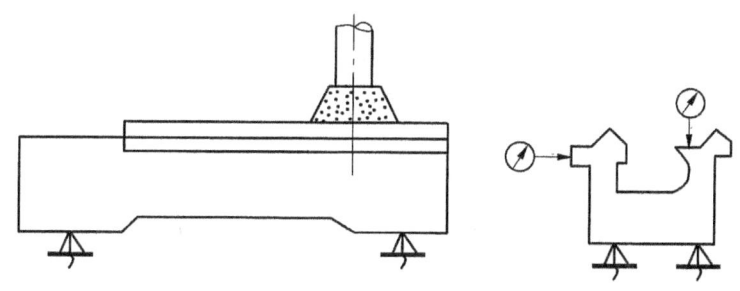

图6-7 按加工表面本身找正定位

(4) 有时采用互为基准、反复加工的原则。两个相对位置精度要求高的表面，可认为彼此互为设计基准，故可采用互为基准的办法进行反复加工。如连杆大、小头孔的精加工就是互为基准、反复加工。这样不仅符合基准重合原则，而且在互为基准的反复加工过程中，基准的精度越来越高，最后可保证达到很高的位置精度。

(5) 所选精基准应尽量使夹具结构简单，工件装夹方便可靠，操作安全，加工时因切削力和夹紧力所产生的变形小。

上述粗、精基准的选择原则，是人们长期经验的总结，在选择基准时应当结合具体零件认真分析，恰当地运用，决不能孤立地、绝对地对待。在具体应用时，有些原则往往不能同时得到满足，有时甚至会相互矛盾。这时应根据具体情况，抓住主要问题，予以解决，同时，还要妥善地处理好次要问题。

三、加工阶段的划分

工件在机械加工时，往往不可能只经过一个工序就能完成全部加工工作，常常要经过由粗到精若干工序才能达到图样要求。在安排这些工序的先后顺序时，通常并不是把各表面的粗精加工工序相互混杂进行，而是把整个加工过程分为几个阶段，依次进行加工。

工件的机械加工工艺过程一般可划分为粗加工、半精加工、精加工等加工阶段。粗加工阶段可以高效率地切除加工表面上总余量的大部分；半精加工阶段可为加工精度要求高的表面的精加工做好准备，达到一定的精度，并保证留有一定的余量；精加工阶段可使各表面达到规定的精度和表面粗糙度要求。对于精度和表面粗糙度要求很高的表面，甚至还要安排光整加工工序。

划分加工阶段的主要原因是：

(1) 保证加工质量。零件在进行粗加工时，要切除大量金属，这样会产生大量的切削热和变形。产生变形的原因很多，例如：毛坯在制造过程中，由于冷却速度不一致等原因，在毛坯内残存有很大的内应力，粗加工时切去最外一层金属，引起内应力重新分布而发生变形；粗加工时夹紧力大，引起工件的弹性变形；粗加工时切削温度高，引起工艺系统热变形等。因此，必须通过半精加工、精加工阶段，逐步降低切削用量和夹紧力，减小切削力和切削热，逐步修正工件变形，提高工件的尺寸精度和降低表面粗糙度值。同时，在粗加工与精加工之间应留有必要的时间间隔，相当于进行自然时效，这样有利于消除工件的内应力，使工件有时间变形，以便在后继工序中将这种变形的后果加以纠正。此外，划分加工阶段，可使各表面的精加工在加工过程的后期进行，也有利于保护加工表面，使之免受损伤。

(2) 合理使用设备。粗加工可以采用刚性好、功率大、精度低的机床设备，以保证获得较高的生产率。精加工需要采用精度高的机床设备，以获得较高的加工质量。粗、精加工分开进行，有利于合理利用机床设备及保护精加工机床的精度。

(3) 及时发现毛坯缺陷。在粗加工阶段如果发现毛坯缺陷，如铸件的砂眼、气孔等，就可以及时报废或修补，以避免其需继续进行后继工序，浪费工时和加工费用。

(4) 便于安排热处理工序。在加工过程中，有时要插入必要的热处理工序，以改善材料的力学性能或加工性能，或者消除内应力，这就自然地把加工过程划分为几个阶段。例如精密主轴加工，在粗加工之后进行去除应力时效处理，半精加工之后淬火，精加工之后进行冰冷处理及低温回火，最后再进行光整加工，这几次热处理就将整个加工过程划分为粗加工—半精加工—精加工—光整加工四个阶段。

划分加工阶段也不是绝对的，例如，在齿轮加工中，首先加工出精确的孔，然后再以孔定位加工齿形；在六角车床及自动车床上进行加工时，也常常把全部加工归并为一个工序；重型零件加工为免于运输，粗、精加工也常安排在一台机床上进行。

四、加工顺序的安排

确定了零件各表面的加工方法并大致划分了工艺路线的加工阶段后，就要进一步确定表面机械加工的先后次序以及安排必要的热处理工序和其他辅助工序。

1. 机械加工顺序的安排

可按下列原则安排各表面切削加工的先后次序：

(1) 基准先行。先加工基准面，后加工其他表面。定位基准是工件装夹时的依据，只有先加工出精基准的表面，才能在后继工序中以精基准定位加工其他表面。例如轴类零件，总是首先加工端面和顶尖孔；箱体件先加工定位用平面及其上的定位用工艺孔。

(2) 先主后次。零件的工作表面、装配基准面等应先加工，次要表面，如紧固孔、螺纹孔、键槽等往往和主要表面之间有一定的相对位置要求，一般应放在主要表面的加工结束之后进行，但最好在最后加工或光整加工之前。次要表面加工量小，切削力、切削热都不大，不会影响主要表面的精度。对于无位置精度要求的次要表面，根据情况也可以穿插于各主要表面加工工序之间进行。攻螺纹工序应尽量放在最后进行。

(3) 先面后孔。先安排平面的加工，后安排孔的加工。箱体、支架、连杆等类零件都有较大分布面积的平面，用这样的平面定位比较稳定可靠，所以先进行这些平面的加工。

此外，在加工过的平面上再进行孔的加工，孔加工刀具的工作条件好，有利于保证孔的位置精度。

2. 热处理工序的安排

热处理工序在工艺路线中的安排，主要取决于零件热处理的目的。

（1）改善金相组织和加工性能的热处理工序，如退火、正火和调质等，一般应安排在粗加工前后。

（2）提高零件硬度和耐磨性的热处理工序，如淬火、渗碳淬火等，一般安排在半精加工之后，精加工、光整加工之前。氮化处理温度低、变形小，且氮化层较薄，氮化工序应尽量靠后，如安排在工件粗磨之后，精磨、超精加工之前。

（3）减小工件内应力的热处理工序，如时效处理等应安排在粗加工之后、精加工之前进行。对于高精度的零件，在加工过程中常进行多次时效处理。对于精密零件如精密丝杠、精密轴承、精密量具等为了消除残余奥氏体、稳定尺寸，还要采用冰冷处理，即冷却到$-80 \sim -70$ ℃。保温 $1 \sim 2$ h。

3. 辅助工序的安排

辅助工序的种类很多，包括检验、去毛刺、清洗、防锈处理等。这些工序也必须妥善安排，穿插于各加工阶段进行，不可忽视和遗漏，以免造成不必要的损失。例如，忽视淬火前的去毛刺工序，会在淬火后因毛刺硬度很高难以除去，而影响加工质量。

辅助工序中最主要的是检验工序，它是保证产品质量的主要措施，除了在每道工序的进行中操作者必须检验外，还必须在下列情况下安排单独的检验工序。

（1）粗加工阶段结束，精加工之前。

（2）重要工序前后。

（3）零件从一个车间转到另一个车间之前。

（4）零件表面全部加工完毕之后。

其他辅助工序的安排视具体情况而定。

五、工序的集中与分散

安排了零件各表面的加工顺序后，就要根据各表面所选用的加工方法、定位基准以及所划分的加工阶段等，把各加工表面的各次加工，按工序集中原则或工序分散原则组合成若干工序。

1. 工序集中原则

工序集中原则是指用少数工序完成零件的加工过程，让每一道工序包含尽可能多的加工内容。例如立式多工位回转工作台机床、加工中心等都是工序集中的例子。工序集中具有如下特点：

（1）有利于采用高效的专用设备和工艺装备，从而缩短加工时间，提高生产率。

（2）减少了工序数目及设备的数量，相应地减少了操作工人人数和生产面积，有利于生产计划和组织工作。

（3）减少了工件的安装次数，不仅仅缩短了辅助时间，而且可在一次安装下加工许多表面，有利于保证这些表面间的相互位置精度。

（4）采用的专用设备和工艺装备的数量多而且复杂，调整和维修比较费事。工序过于集中时,机床工作可靠性降低,增加了机床换刀时间损失,影响生产率。

2. 工序分散原则

工序分散原则是指由较多的工序完成零件的加工过程,每一道工序包含较少的加工内容,最大限度的工序分散是每个工序只包含一个简单的工步。工序分散具有如下特点:

(1) 设备和工艺装备比较简单,调整方便,对工人的技术水平要求不高,生产准备工作量小,易于适应产品的变换。

(2) 有利于选择最合理的切削用量。

(3) 设备数量多,操作工人多,生产面积大。

工序集中和工序分散各有其特点,必须根据生产批量、零件的结构和技术要求以及机床设备等具体情况综合分析,确定采用哪一种原则组合工序。

一般情况下,单件小批生产只能集中工序,而大批大量生产则可以集中也可以分散。根据目前国内外的发展趋势,特别是近年来数控技术和柔性制造系统的发展,一般多采用工序集中的原则来组织生产。

第四节 加工余量和工序尺寸的确定

加工总余量即毛坯尺寸与零件图的设计尺寸之差。在选择了毛坯,拟订出加工工艺路线之后,就可确定加工余量,计算各工序的工序尺寸。余量大小与加工成本有密切关系。余量过大,不仅浪费材料,而且增加切削工时,增大刀具及机床的磨损,从而增加成本。余量过小,会使前一道工序的缺陷得不到修正,造成废品,也会使成本增加。

一、工序余量和总余量

在机械加工过程中,为改变毛坯的尺寸和形状,使之达到零件图的要求而切除的材料层厚度,即加工余量。在某一道工序所切除的材料层厚度,即相邻的工序的工序尺寸之差称为工序余量。由毛坯变为成品的过程中,在某加工表面上所切除的材料层厚度,称为该表面上的总余量。总余量为同一表面各工序余量之和。

在加工过程中,由于工序尺寸有公差,实际切除的余量是变化的,因此可将余量分为最小余量、公称余量和最大余量。通常所说的工序余量是指公称余量,等于前后工序的基本尺寸之差。图 6-8 所示为余量与工序尺寸的关系。

工序尺寸的公差带一般规定为"入体"方向,如图 6-9 所示。被包容面(如轴)的工序尺寸公差常注为单向负偏差的形式,即加工后的基本尺寸和最大极限尺寸相等(图 6-9a),这是考虑到加工轴或平面时有按尺寸上限值做的倾向。包容面(如孔)、工序尺寸公差带都取下偏差为零,即加工后的基本尺寸和最小极限尺寸相等(图 6-9b),这是考虑到加工孔时有按尺寸下限做的倾向。毛坯

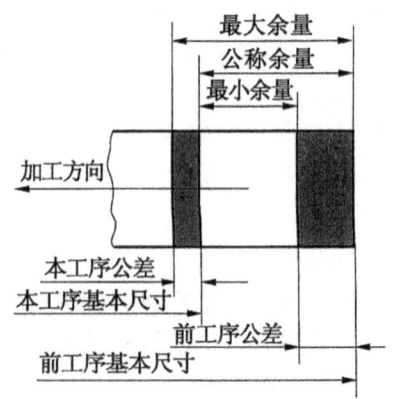

图 6-8 余量与工序尺寸的关系

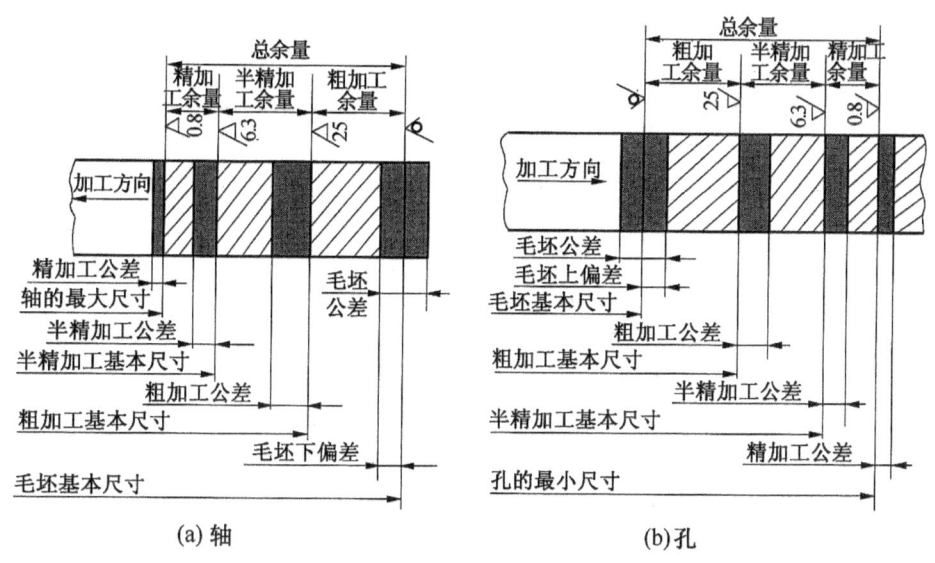

(a) 轴   (b) 孔

图 6-9 工序余量与工序尺寸分布图

尺寸的制造公差比较难控制，故常用双向布置，根据情况可用对称或不对称偏差。

轴或孔的余量是指加工前后直径之差，即余量是双边余量，平面的余量则是单边余量。

二、影响工序余量的因素

工件上留有加工余量的目的，是为了切去具有各种缺陷或误差的金属层，从而提高加工表面的精度和表面质量。加工余量的大小与下列因素有关：

（1）上道工序的尺寸误差 T_a。本工序的加工余量必须大于上道工序的工序误差 T_a。凡是包括在上道工序尺寸公差范围内的表面几何形状误差，如圆度、圆柱度等，不需要单独考虑。

（2）上道工序的表面粗糙度 R_a 和表面缺陷层 S_a。上道工序加工表面的微观表面粗糙度 R_a 和表面缺陷层（包括由于切削而产生的晶格变形、表面冷硬层等缺陷）S_a，直接影响零件的几何性能，都应在本工序切除（图 6-10）。

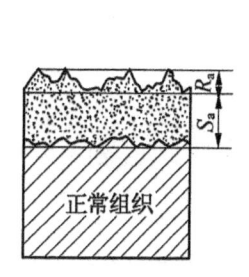

图 6-10 工件表面层结构

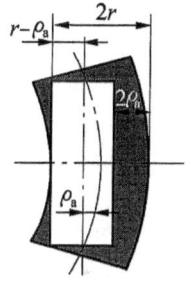

图 6-11 轴类零件的弯曲

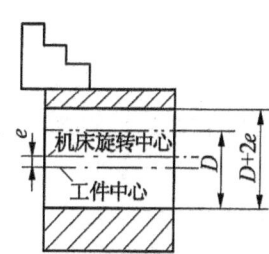

图 6-12 三爪卡盘上安装误差

（3）上道工序的空间误差 ρ_a。空间误差是指没有包括在尺寸公差带内的几何形状误差和位置误差，例如图 6-11 所示刚性差的细长轴，加工前轴线弯曲，其直线度误差为

ρ_a，加工余量必须至少增加 $2\rho_a$ 才能保证工件在加工后消除轴线弯曲。因此，长轴的加工余量应该比同样方法加工一般的轴余量要大一些。

(4) 本工序的安装误差 ε。装夹误差包括定位误差、夹紧误差以及夹具本身的制造误差。如图 6-12 所示，若用三爪卡盘以外圆定位磨内孔时，由于三爪卡盘本身定心的不准确，使工件中心线和机床回转中心偏移了一个 e 值，为此，加工余量必须在直径上加大 $2e$。

由于空间误差 ρ_a 和安装误差 ε 都有一定的方向性，它们的合成应为向量和。

综上所述，加工余量应为：

$$Z_s \geq \delta_a + 2(R_a + S_a) + 2|\rho_a + \varepsilon_a| \qquad (6-1)$$

$$Z_d \geq \delta_a + (R_a + S_a) + |\rho_a + \varepsilon_a| \qquad (6-2)$$

式(6-1) 和式(6-2) 分别为双边余量(Z_s) 和单边余量(Z_d) 的计算公式。上述公式在应用时，应根据具体情况进行修正，对于不同的加工方法，其中有的因素无影响，或者可以忽略不计。例如，对于拉孔、浮动铰刀铰孔，装夹误差(ε)可以忽略不计，空间误差(ρ_a)对加工余量无影响或者影响不大，故

$$Z_s \geq \delta_a + 2(R_a + S_a) \qquad (6-3)$$

超精加工及抛光，主要是提高表面粗糙度，故

$$Z_s \geq 2R_a \qquad (6-4)$$

分析影响加工余量的各种因素，目的是要在生产中有针对地采取工艺措施，保证产品质量，同时也为科学地确定加工余量提供依据。

确定加工余量的方法有计算法、查表法和估算法。目前，工厂大多按经验估算，或者用查表法辅以估算法确定。有关加工余量的数据可查阅有关工艺手册。

三、工序尺寸及其公差的确定

在确定了各工序的加工余量之后，就可接着确定各工序的工序尺寸及其公差。计算的方法是，从最后一道工序开始，往前推算。

现以图 6-13 所示的轴类零件加工为例，说明工序尺寸及其公差的计算方法。此零件的设计要求是：外圆表面为 $\phi 25^{-0.02}_{-0.04}$ mm，表面粗糙度为 $R_a 0.8\ \mu m$；$R8.5$ 凹槽深 $7^{+0.20}_{+0.04}$ mm；淬硬到 $50\sim 56$ HRC。毛坯为棒料。

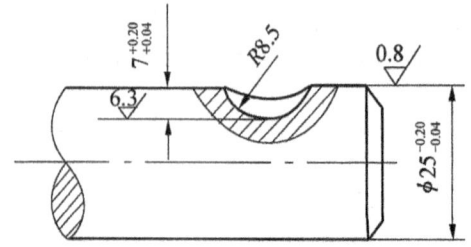

图 6-13 工序尺寸计算实例

其加工工艺过程为：粗车—半精车—铣凹槽—淬火—磨削。

外圆表面各工序的工序尺寸及公差的具体计算过程如下：

(1) 确定各工序的加工余量。根据有关手册查表，决定各工序的余量，并查出各加工方法的经济精度等级，见表 6-1。

(2) 计算各工序的工序基本尺寸：

磨削以后：$\phi 25$ mm；

半精车以后：$(25+0.3)\text{mm} = 25.3\text{ mm}$；
粗车以后：$(25.3+0.9)\text{mm} = 26.2\text{ mm}$；
毛坯尺寸：$(26.2+1.8)\text{mm} = 28\text{ mm}$。

表 6-1　各工序加工余量及精度等级

工序名称	加工余量/mm	精度等级
外圆磨	0.3	达到图样要求
半精车	0.9	$h10\ (^{\ 0}_{-0.084})$
粗车	1.8	$h12\ (^{\ 0}_{-0.21})$
毛坯总余量/mm	3.0	$^{+0.4}_{-0.5}$

(3) 按入体方向决定各工序的工序尺寸及公差（表 6-2）：

表 6-2　按入体方向决定各工序的工序尺寸及公差

工序	磨	半精车	粗车	毛坯
公差/mm	$\phi25^{-0.02}_{-0.04}$	$\phi25.3^{\ 0}_{-0.084}$	$\phi26.2^{\ 0}_{-0.21}$	$\phi28^{+0.4}_{-0.5}$

以上是定位基准与设计基准重合时工序尺寸的计算。如果定位基准与设计基准不重合，或者在其他一些比较复杂的情况下，工序尺寸的计算就要复杂得多。例如在图 6-13 中，要计算铣凹槽的工序尺寸时，由于最后一道磨削工序不仅要达到外圆表面的尺寸精度要求，同时要保证凹槽的深度 $7^{+0.20}_{+0.04}$ mm 的要求，如果铣凹槽的工序尺寸确定得不恰当，就会使磨削工序同时保证两个尺寸要求发生困难甚至不可能，这时需要运用尺寸链原理进行分析和计算。

第五节　工艺尺寸链

一、尺寸链的基本概念

1. 尺寸链的定义与组成

在零件的加工或测量以及产品的装配过程中，经常会遇到一些互相联系的尺寸组合。这种组合是互相联系且按一定顺序排列的封闭尺寸组合，称为尺寸链。其中，由单个零件在加工过程中的各有关工艺尺寸所组合的尺寸链称为工艺尺寸链；在汽车的设计和装配过程中，由有关零部件上的有关尺寸所组成的尺寸链，称为装配尺寸链。

如图 6-14 所示，先以面 1 定位，加工面 3 而得到尺寸 C，在下一道工序中仍以面 1 定位加工面 2 得到尺寸 A，这样，此零件加工时并未直接给予保证的尺寸 B 也就随之确定，尺寸 C-A-B 就构成了一个封闭的尺寸组合，也即形成了一个尺寸链，它是由此零件在加工过程中的有关尺寸组成的。其中尺寸 B 是在加工后间接形成的，其误差大小取决于尺寸 C 和尺寸 A 的误差大小。

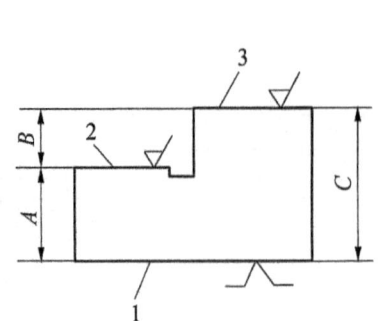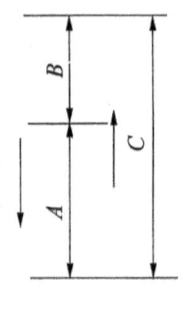

图 6-14 工艺尺寸链

尺寸链中的每一个尺寸，都分别称为该尺寸链的环。尺寸链是由一个封闭环及若干个组成环组成的：

封闭环——尺寸链中间接得到、最后形成的环，称为封闭环，如图 6-14 中尺寸 B 就是加工后间接得到的，因此是封闭环。

增环——当其余各组成环不变时，某环增大，封闭环也随之增大，此环即为增环。如图 6-14 中，尺寸 C 为增环。

减环——当其余各组成环不变时，某环增大，封闭环反而减小，此环即为减环。如图 6-14 中尺寸 A 为减环。

根据以上尺寸链的定义可知，尺寸链具有以下两个重要特征：

关联性：组成尺寸链的各尺寸之间存在一定关系，尺寸链中每个组成环不是增环就是减环，其尺寸发生变化都要引起封闭环的尺寸变化；相互无关的尺寸不能组成尺寸链。

封闭性：尺寸链必须是一组首尾相接的尺寸，并构成一个封闭链环，其中应包含一个间接得到的尺寸，不构成封闭图形的尺寸链环不是尺寸链。

2．建立尺寸链的步骤

（1）找出封闭环，即间接得到的尺寸。

（2）从封闭环一端开始，按照尺寸之间的联系，首尾相连，依次画出对封闭环有影响的尺寸，直到封闭环的另一端，形成一个封闭图形而构成一个尺寸链。

（3）按照各组成环对封闭环的影响，确定其为增环或减环。确定增环或减环也可用如下简便方法：先给封闭环任意规定一个方向（▶），然后沿此方向绕尺寸链依次给各组成环画出箭头（▷），凡是与封闭环箭头方向相反的就是增环，相同的就是减环，如图 6-15 单线箭头方向所示。

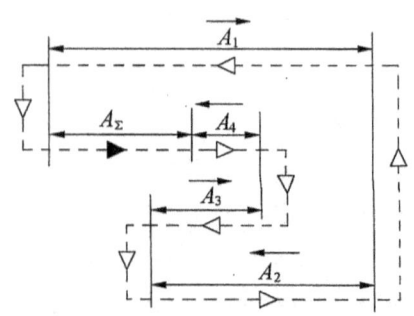

图 6-15 增环和减环的判断

A_Σ—封闭环；A_1、A_3—增环；A_2、A_4—减环

二、尺寸链的基本计算公式

计算尺寸链的目的是要求出工艺尺寸链中某些环的基本尺寸及上、下偏差。计算方法有极值法和概率法两种。其中概率法用于生产批量大的自动化及半自动化的生产或者尺寸链环数较多的场合。这里主要介绍极值法。

用极值法解尺寸链,是以尺寸链中各环的最大极限尺寸和最小极限尺寸为基础进行计算的。图6-16给出了有关工艺尺寸及其偏差之间的关系,表6-3列出了计算工艺尺寸链时所用到的尺寸及偏差符号。

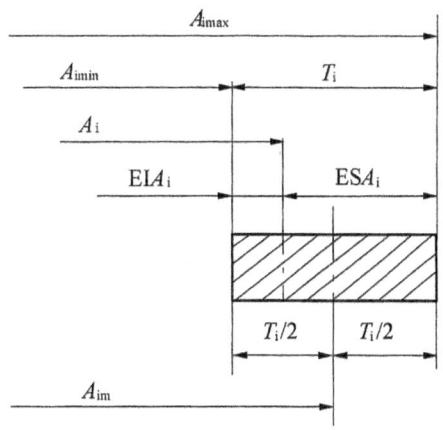

图6-16 尺寸及偏差关系图

表6-3 工艺尺寸链的尺寸及偏差符号

环 名	符 号 名 称						
	基本尺寸	最大尺寸	最小尺寸	上偏差	下偏差	公差	中间尺寸
封闭环	A_Σ			ES_{A_Σ}	EI_{A_Σ}	T_{A_Σ}	
增环	A_z	$A_{z\max}$	$A_{z\min}$	ES_{A_z}	EI_{A_z}	T_{A_z}	A_{zM}
减环	A_j	$A_{j\max}$	$A_{j\min}$	ES_{A_j}	EI_{A_j}	T_{A_j}	A_{jM}

工序尺寸链计算的基本公式如下:

(1) 封闭环的基本尺寸等于增环的基本尺寸之和减去减环的基本尺寸之和,即

$$A_\Sigma = \sum_{z=1}^{m} A_z - \sum_{j=m+1}^{n-1} A_j \qquad (6-5)$$

(2) 封闭环最大极限尺寸等于增环的最大极限尺寸之和减去减环最小极限尺寸之和,即

$$A_{\Sigma\max} = \sum_{z=1}^{m} A_{z\max} - \sum_{j=m+1}^{n-1} A_{j\min} \qquad (6-6)$$

封闭环最小极限尺寸等于增环最小极限尺寸之和减去减环最大极限尺寸之和,即

$$A_{\Sigma\min} = \sum_{z=1}^{m} A_{z\min} - \sum_{j=m+1}^{n-1} A_{j\max} \qquad (6-7)$$

(3) 封闭环的上偏差等于增环上偏差之和减去减环下偏差之和,即

$$ES_{A_\Sigma} = \sum_{z=1}^{m} ES_{A_z} - \sum_{j=m+1}^{n-1} EI_{A_j} \qquad (6-8)$$

封闭环的下偏差等于增环下偏差之和减去减环上偏差之和,即

$$EI_{A_\Sigma} = \sum_{z=1}^{m} EI_{A_z} - \sum_{j=m+1}^{n-1} ES_{A_j} \qquad (6-9)$$

(4) 封闭环的公差等于组成环公差之和,即

$$T_{A_\Sigma} = \sum_{z=1}^{m} T_{A_z} + \sum_{j=m+1}^{n-1} T_{A_j} = \sum_{i=1}^{n-1} T_{A_i} \qquad (6-10)$$

(5) 封闭环的中间尺寸等于增环的中间尺寸之和减去减环的中间尺寸之和，即

$$A_{\Sigma M} = \sum_{z=1}^{m} A_{zM} - \sum_{j=m+1}^{n-1} A_{jM} \qquad (6-11)$$

式中，A_M 为各环的中间尺寸，$A_M = \dfrac{A_{max} + A_{min}}{2}$；$n$ 为包括封闭环在内的尺寸链总环数；m 为增环的数目。

三、尺寸链计算的三种情况

1. 正计算

已知组成环尺寸及公差，求封闭环尺寸及公差，称正计算，用于设计中的计算或校核。

2. 反计算

已知封闭环尺寸及公差，求各组成环尺寸及公差，称为反计算，实际上是设计中的公差分配，即设计问题。

3. 中间计算

已知封闭环及部分组成环尺寸及公差，确定某一组成环的尺寸及公差，称为中间计算，实质上是求解工艺过程中的中间工序尺寸的问题。

运用尺寸链原理，可以简单而清楚地解决产品的设计和装配、零件的加工和测量等工作中的尺寸关系问题。工艺尺寸链的应用场合非常广泛，例如工艺尺寸换算、工序尺寸的计算、加工余量的校核等。

【例 6-1】 图 6-17a 所示套筒的加工。套筒加工的工序如下：

1) 车端面 1，车外圆 $\phi(50.5 \pm 0.1)$ mm，车端面 2，保持 1、2 端面距离为 $49.5^{+0.3}_{0}$。
2) 车端面 3，保证总长 $90^{0}_{-0.2}$ mm，车外圆 $\phi 90^{0}_{-0.3}$ mm。
3) 热处理。
4) 磨外圆 $\phi 50^{0}_{-0.2}$ mm 及端面 2，保证 $40^{0}_{-0.14}$ mm。

试校核磨端面 2 的余量。

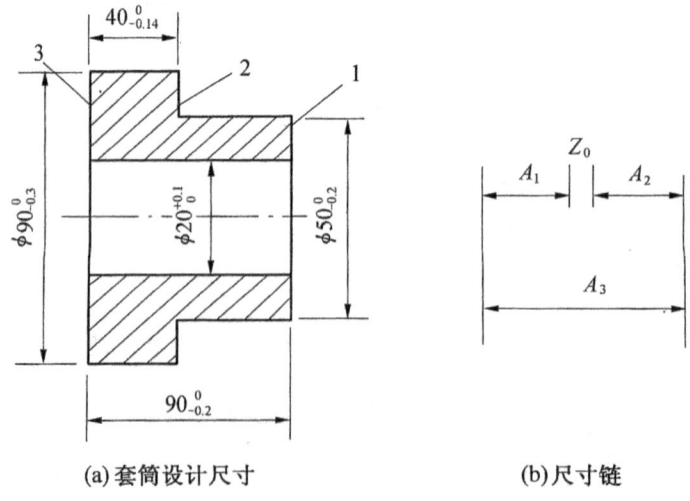

(a) 套筒设计尺寸　　　　　　(b) 尺寸链

图 6-17　套筒工序尺寸链

根据加工过程建立的尺寸链如图 6-17b 所示，A_1、A_2、A_3 均为直接得到的加工尺寸，余量 Z_0 为间接获得的尺寸，是封闭环。

封闭环基本尺寸：$Z_0 = A_3 - (A_1 + A_2)$
$= 90 - (40 + 49.5)$
$= 0.5$ (mm)

封闭环上偏差：$ES_{Z_0} = ES_{A_3} - (EI_{A_1} + EI_{A_2})$
$= 0 - (0 - 0.14)$
$= 0.14$ (mm)

封闭环下偏差：$EI_{Z_0} = EI_{A_3} - (ES_{A_1} + ES_{A_2})$
$= (-0.2) - (0 + 0.3)$
$= -0.5$ (mm)

得：$Z_0 = 0.5^{+0.14}_{-0.5}$ mm。

即 $Z_{0max} = 0.64$ mm，$Z_{0min} = 0$ mm。$Z_{0min} = 0$ mm，说明无余量可磨。需增大 Z_{0min} 至 0.1 mm，则可修改 $\overleftarrow{A_2}$，令 $\overleftarrow{A_2} = 49.5^{+0.2}_{0}$ mm，即可达到此目的。

【例 6-2】 决定图 6-13 所示铣凹槽工序的工序尺寸。

这是一种多个尺寸保证时的中间工序尺寸的计算问题。在最后一道磨削工序中，要同时保证外圆表面的尺寸精度 $\phi25^{-0.02}_{-0.04}$ mm 和凹槽深度 $7^{+0.20}_{+0.04}$ mm 的要求，这时必须用尺寸链原则正确确定中间工序铣凹槽的工序尺寸及公差，否则就会使磨削工序无法同时保证上述两个尺寸的精度要求。

根据加工过程建立的尺寸链如图 6-18 所示，尺寸链中：

$7^{+0.20}_{+0.04}$ mm——凹槽深度，它是磨削工序中在保证外圆柱面达到图样要求尺寸时间接得到的尺寸，为封闭环；

$12.65^{0}_{-0.042}$——外圆半精车工序尺寸，减环；

$12.5^{-0.01}_{-0.02}$——外圆面磨削工序尺寸，即图样要求尺寸，增环；

A——铣凹槽的工序尺寸，增环。

利用尺寸链基本计算公式，可得：

A 的基本尺寸：$A = (12.65 + 7 - 12.5)$ mm $= 7.15$ mm；

上偏差：$ES_A = (0.2 + 0.01 - 0.042) = 0.168$ mm；

下偏差：$EI_A = (0.04 + 0.02 + 0)$ mm $= 0.06$ mm。

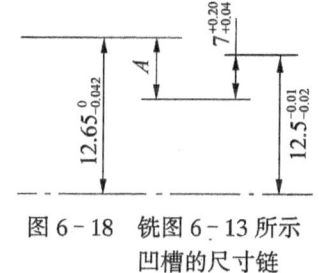

图 6-18 铣图 6-13 所示凹槽的尺寸链

故尺寸 $A = 7.15^{+0.168}_{+0.06}$ mm。即铣凹槽时其深度按 $7.15^{+0.168}_{+0.06}$ mm 加工，就可以保证磨削表面达到 $\phi25^{-0.02}_{-0.04}$ mm 时，凹槽深度为 $7^{+0.20}_{+0.04}$ mm。

第六节　工艺文件的编制

工艺规程制订出来以后，还需以图表和卡片的形式固定下来，以便贯彻执行。这些图表和卡片统称为工艺文件。工艺文件的种类和形式多种多样，繁简程度也有很大差别。常用的工艺文件有机械加工工艺过程卡、机械加工工序卡、检验卡和调整卡等几种。

一、机械加工工艺过程卡

机械加工工艺过程卡是简要说明加工过程的卡片，见表 6-4。其内容包括：按加工工艺路线排列的工序名称及序号；各工序和工步的加工内容和主要技术要求；所用机床设备的型号和名称、编号；所用的工、夹、模、辅、刀、量具的名称、规格及编号；时间定额；等等。

表6-4 机械加工工艺过程卡片

(厂名)		机械加工工艺过程卡片		产品型号		零(部)件图号		共 页	
				产品名称		零(部)件名称		第 页	
材料牌号		毛坯种类		毛坯外形尺寸		每毛坯件数	每台件数	每坯质量	
工序号	工序名称	工序内容		车间	工段设备	工艺装备		工 时	
								准终	单件
描图									
描校									
底图号									
装订号									
								编制(日期) 审核(日期) 会签(日期)	
标记	处数	更改文件号	签字	日期	标记	处数	更改文件号	签字	日期

工艺过程卡片是生产技术准备和组织生产，安排生产计划的依据。无论对单件、中小批量生产或者大批大量生产，它都是必须具备的工艺文件。在单件、小批生产中，一般不设更详细的工序卡片，一般工件就以工艺过程卡作为指导文件，此时，过程卡的各项内容应填写得比较详细。

二、机械加工工序卡

机械加工工序卡是为每个工序制订的卡片,见表6-5。工序卡片详细说明该工序

表6-5 机械加工工序卡片

(厂名)		机械加工工序卡片		产品型号		零(部)件图号		共 页
				产品名称		零(部)件名称		第 页
				工序号		工 序 名 称		
				车 间	工 段	材料牌号		
				毛坯种类	毛坯外形尺寸	每坯件数		每台件数
				设备名称	设备型号	设备编号		同时加工件数
				夹具编号		夹具名称		冷却液
							时间定额	
							准终	单件
描图	工步号	工步内容	工艺装备	主轴转速 /(r·min⁻¹)	切削速度 /(m·min⁻¹)	进给量 /(mm·r⁻¹)	进给深度 /mm	进给次数	时间定额
									机动	辅助
描校										
底图号										
						编制(日期)	审核(日期)	会签(日期)		
标记	处数	更改文件号	签字	日期	标记	处数	更改文件号	签字	日期

的全部工作内容，并附有工序简图，直观地说明本工序的加工工艺。其内容包括：工步号，各工步名称，加工内容和主要技术要求，工序所用的设备型号、名称、编号、冷却液的名称和牌号，夹具名称和编号，辅、模、刀、量具的名称、规格及编号，切削用量、给进次数、时间定额等。

工序卡片是具体指导工人进行操作的工艺文件。大批大量生产必须具备，中批生产和单件小批生产中某些重要的、复杂零件，也可酌情采用。

除了这两种主要工艺文件之外，还有检验人员使用的指导性文件——检验工序卡片以及调整各种自动机、半自动机、齿轮机床、自动线和组合机床的调整卡片。此外，在设计机械加工工艺规程时提出的专用设备、专用工艺装备的设计任务书，也属于工艺文件。

第七节 机械加工质量

任何机械产品，包括汽车，都是由若干个相互关联的零件装配而成的。影响汽车产品质量的因素有零件的材料、零件的制造、产品的装配和调试等，其中零件的制造质量是影响产品的性能、寿命、可靠性等的主要质量指标，是保证产品质量的基础。机械加工是目前汽车零件制造的主要手段，因此汽车零件的机械加工质量是本课程研究的主要问题之一。

一、概述

零件机械加工的质量包括两个方面，即加工精度和表面质量。

（一）加工精度

加工精度是零件加工后的实际几何参数（尺寸、形状及各表面之间的相互位置等）与理想几何参数的接近程度。实际值越接近理想值，加工精度就越高。实际加工时，由于种种原因，加工后的实际几何参数与理想值总存在一定的偏差，这种偏差称为加工误差。加工误差的大小从另一方面反映了加工精度的高低。

零件存在一定程度的加工误差是允许的，只是这些误差在设计规定的公差范围内，就认为是保证了加工精度。

加工精度的衡量指标是：

（1）尺寸精度。尺寸精度是指零件的直径、长度和表面之间距离等尺寸的实际值和理想值的接近程度。

（2）形状精度。形状精度是指零件表面或线的实际形状与理想形状的接近程度，国家标准中规定用直线度、平面度、圆度、圆柱度、线轮廓度和面轮廓度作为评定形状精度的项目。

（3）位置精度。位置精度是指零件表面或线的实际位置和理想位置的接近程度，国家标准中规定用平行度、垂直度、同轴度、对称度、位置度、圆跳动和全跳动作为评定位置精度的项目。

零件尺寸精度的获得与加工过程中的调整、测量有关，也与刀具的制造和磨损等因素有关。零件的形状主要依靠刀具和工件做相对成形运动来获得，所以形状精度取决于机床成形运动的精度，有时也取决于切削刃的形状精度（用成形刀具加工时）。零件的位置精度则受机床精度以及工件装夹方法等因素的影响。通常，加工中的形状误差小于位置误差，位置误差应小于尺寸误差。

（二）表面质量

表面质量是指机械加工后零件表面层的状况，具体内容有以下两个方面。

1. 表面微观几何形状特征

加工表面的几何形状特征包括如下四个部分，如图 6‐19 所示。

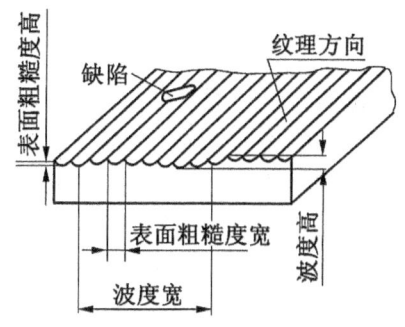

图 6‐19 加工表面的几何形状特征

（1）表面粗糙度。表面粗糙度是加工表面的微观几何形状误差，其波距与波高的比值一般小于 50。

（2）波度。波距与波高之比值等于 50~1000 的几何形状误差称为波度，它主要是由机械加工中的振动引起的。波距与波高的比值大于 1 000 的几何形状误差为宏观几何误差，比如圆柱度误差、平面度误差等，它们属于加工精度范畴。

（3）纹理方向。纹理方向是指切削刀痕的方向，它取决于所采用的加工方法。图 6‐20 中列出了几种纹理方向及其代表符号。运动副或密封件表面常常对纹理方向有要求。

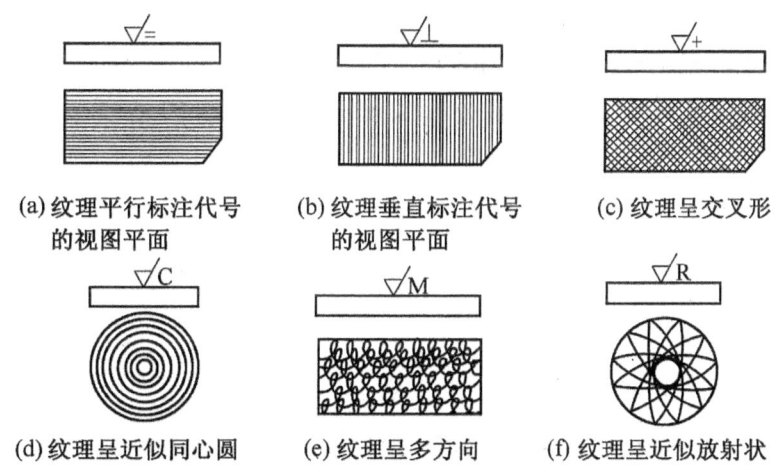

图 6‐20 加工纹理方向及其符号标注

（4）表面缺陷。缺陷是在表面个别位置上随机出现的，包括砂眼、夹杂、气孔、裂痕等。

2. 表面层的物理力学性能和化学性能

机械加工过程中，在切削力和切削热的作用下，表面层的物理力学性能和化学性能会发生一定的变化，主要体现在以下三个方面：

①表面强化（冷作硬化）；

②表面层的残余应力；

③表面层金相组织变化。

随着汽车等机械产品性能的不断提高，一些在高应力、高速、高温等条件下工作的重要零件，对其表面质量的需求也不断提高，因此出现了表面完整性的概念。表面完整性是指经加工后的零件，其表面层状态或性能无任何损伤甚至有所提高。表面完整性除包括上述三个方面外，另外还包括表面层杂质、裂纹、再结晶、晶粒间腐蚀等。

二、加工精度

机械加工中,零件实际几何参数的形成取决于工件和刀具在切削过程中的相互位置关系。而工件装夹在机床夹具中,机床夹具安装在机床上,工件和刀具要受到夹具和机床的约束。因此,在机械加工时,机床、机床夹具、刀具和工件形成了一个完整的加工系统,称之为工艺系统。工艺系统不可避免地存在着种种误差。例如:工件在机床夹具上可能产生定位误差,机床夹具安装在机床上可能产生机床夹具安装误差,因对刀(导向)元件的位置不准确将产生对刀误差,因机床精度、刀具精度、工艺系统各环节的受力变形和热变形等将引起其他加工误差。所有这些误差都将直接影响工件加工后的精度。

有关定位误差、机床夹具制造误差、安装误差和对刀误差在第四章中已作介绍,这里将介绍其他一些影响加工精度的因素。

(一)机床误差

机床是由许多零件组成的,这些零件在制造时都会产生一定的误差:①床身导轨的直线度误差、主轴支撑轴颈的圆度误差等;②机床上零件间的相互位置误差,如车床主轴旋转轴线与床身导轨的平行度误差和主轴旋转轴线的径向圆跳动等;③机床主轴、导轨等在使用过程中的磨损也会引起各种机床误差。机床的这些误差都会影响工件的加工精度。为了保证工件的加工精度,各种机床在制造时,国家标准都规定了若干项目的检测精度标准。使用中,机床精度超出标准时,应进行必要的修理。

(二)刀具误差

刀具误差包括制造和磨损两个方面。

当切削刀具决定工件的最终尺寸及形状时,刀具的制造误差将直接影响工件的加工精度:①用定尺寸刀具(如钻头、铰刀、圆孔拉刀等)加工时,刀具的尺寸误差将直接影响工件的尺寸精度;②用成形刀具(如成形车刀、成形铣刀、成形砂轮等)加工时,刀具的形状误差直接影响工件的形状精度;③用展成法刀具(如齿轮滚刀、插齿刀等)加工时,切削刃的几何形状及刀具有关尺寸精度会直接影响工件的形状精度;④对于一般刀具(如普通车刀、单刃镗刀、面铣刀等),刀具的制造误差对加工精度无直接影响,但刀具的刃磨质量和加工过程中的磨损对加工精度有很大的影响。

任何切削加工刀具在使用过程中都不可避免地要产生磨损,并由此使工件的尺寸和形状产生误差。特别是在精加工过程中,刀具的磨损引起的加工误差要占整个加工误差的很大比重。通常把沿加工表面法向(误差敏感方向)切削刃的磨损量称为刀具的尺寸磨损(如图6-21中的N_B),刀具在这个方向的磨损不仅影响工件的尺寸精度,还影响工件的形状精度。例如在车长轴或镗深孔时,随着刀具的逐渐磨损,就可能使工件出现锥度;用调整法加工一批工件时,刀具的磨损会扩大工件的尺寸分散范围。

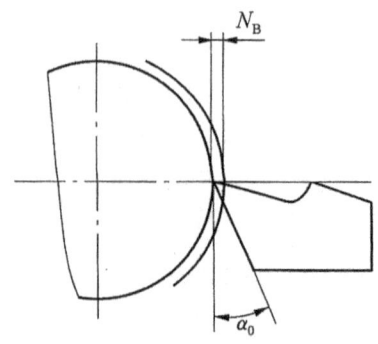

图6-21 刀具的尺寸磨损

刀具的不断磨损还会造成切削力沿加工表面法线方向的分力逐渐增大(可增至1.5~2倍),导致工艺系统受力变形增大,工件尺寸、形状因此产生额外的变化。在工艺系统刚性不足的情况下,这种由于切削力增大产生的变形而引起的加工误差,会比刀具本身尺寸磨损引起的加工误差更为严重。

(三) 工艺系统的受力变形 (压移)

1. 工艺系统的刚度的概念

在机械加工过程中,由机床、机床夹具、刀具和工件组成的工艺系统是弹性系统,在外力(切削力、夹紧力、传动力、离心力等)的作用下工艺系统会变形。这种变形亦称为压移,它包括工艺系统各组成部分本身的弹性变形,以及各组成部分配合(或接合)处的接触变形、间隙等。在外力作用下,工艺系统抵抗变形的能力称为工艺系统刚度。

在加工过程中,工艺系统在外力作用下,将在各个受力方向上产生变形。但只有沿加工表面法线方向(误差敏感方向)的变形对加工精度影响最大。考虑到误差敏感方向及一般刚度概念中的力与位移方向的一致性,工艺系统刚度 k_s 定义为:作用在加工表面法线方向上的切削分力 F_p(称为背向力)与工艺系统在该方向上的变形量(即切削刃在此方向上相对于工件的位移)y 的比值即

$$k_s = \frac{F_p}{y} \qquad (6-12)$$

上式中变形量(或位移)y 是综合性的,它是切削力 F_c、背向力 F_p、进给力 F_f 同时作用的综合结果。

如果引起工艺系统变形的作用力是静态力,则由此力和变形关系所决定的刚度称为静刚度。如果作用力是随着实际变化的交变力,则由该力和变形关系所确定的刚度称为动刚度。工艺系统的动刚度关系到系统的振动情况。这里介绍工艺系统的静刚度及其对加工精度的影响。

2. 机床的刚度及其对加工精度的影响

机床的刚度取决于机床各有关部件的刚度。而各有关部件的刚度可通过实验确定。在已知机床各部件刚度的情况下,就可计算出机床的刚度。在车床两顶尖加工光轴时车床刚度的计算如图 6-22 所示。

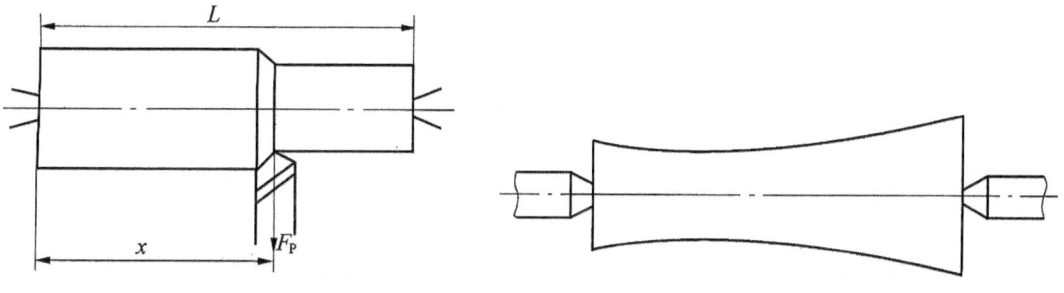

图 6-22 车床刚度的计算　　图 6-23 车床刚度对工件几何形状精度的影响

机床的刚度并不是一个常值,而是车刀切削点位置的函数,以 k_j 表示。一般取切削点位于工件中点处的刚度来代表车床刚度,即 $x = L/2$ 处为

$$k_{j(L/2)} = \frac{1}{\frac{1}{4}\left(\frac{1}{k_t} + \frac{1}{k_w}\right) + \frac{1}{k_d}}$$

在 $x = Lk_w/(k_t + k_w)$ 处刚度有最大值

$$k_{jmax} = \cfrac{1}{\cfrac{1}{k_t + k_w} + \cfrac{1}{k_d}} \tag{6-13}$$

式中，k_t 为主轴箱的刚度；k_w 为尾架的刚度；k_d 为刀架的刚度。

在车床上加工轴类工件时，沿工件轴向方向的受力变形是不一致的。由于受力变形大的位置处于工件被切除的金属层薄，受力变形小的位置处于工件被切除的金属层厚，工件加工后的形状为鞍形，如图 6-23 所示，由此产生圆柱度误差。

3. 工件的刚度及其对加工精度的影响

工件的刚度及受力变形可根据工件的受力情况及装夹方式建立适当的力学模型来进行计算。现以车床上常见的加工情况为例进行说明。

(1) 工件在两顶尖间装夹。这种装夹方式近似于支承在两个支点上的梁，在切削力的作用下，如果工件是一根光轴，则最大挠度发生在工件的中间位置。在纵向工作行程中，车刀所切下的切削厚度将不相等。如不考虑车床刚度的影响，在工件中点处，即挠度最大的位置处切削最薄，而两端切削最厚，最后加工出的零件形状如图 6-24 所示的腰鼓形，产生圆柱度误差。

(2) 工件在卡盘中装夹。这种装夹方式近似悬臂梁，如果工件是刚度较小的光轴，则最大挠曲发生在切削力作用在工件末端时，加工后的零件形状如图 6-25 所示，为喇叭口形，产生圆柱度误差。由于这种装夹方式工件的受力变形较大，因此一般用于长径比不大的工件加工。

(3) 工件装夹在卡盘上并用后顶尖支承。这种装夹方式属于静不定系统，加工后的零件如图 6-26 所示。

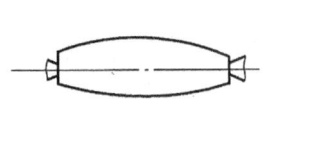 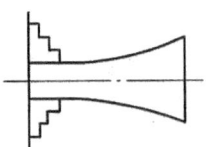 

图 6-24　工件在车床顶尖间装夹　　图 6-25　工件在车床卡盘中装夹　　图 6-26　工件装夹在卡盘上并用后顶尖支承

对于轴类工件的各种装夹方式，工件的刚度都与工件的长度有关，工件的刚度及其变形在全长上也是变值。加工如凸轮轴、曲轴等细长轴时，常采用中间支承，以减小工件的弯曲变形。

(4) 对于薄壁筒形工件，其径向刚度很差，当被夹紧在机床夹具中时，在径向夹紧力的作用下，工件会发生变形，它对加工精度的影响很大。图 6-27 所示为三爪卡盘装夹薄壁套筒形工件。图 6-27b 为将内孔加工完毕后的形状，图 6-27c 为工件卸下后弹性变形恢复的形状，这时已加工孔的形状产生了圆度和圆柱度误差。因此，加工如汽缸套、活塞等薄壁零件时，夹紧力应在工件圆周上均匀分布，常采用液性塑料夹具或专用卡爪，使夹紧力均匀分布。

4. 刀具刚度及其对加工精度的影响

一般刀具，例如外圆车刀、端面铣刀等，其本身在误差敏感方向的刚度很大，这类刀

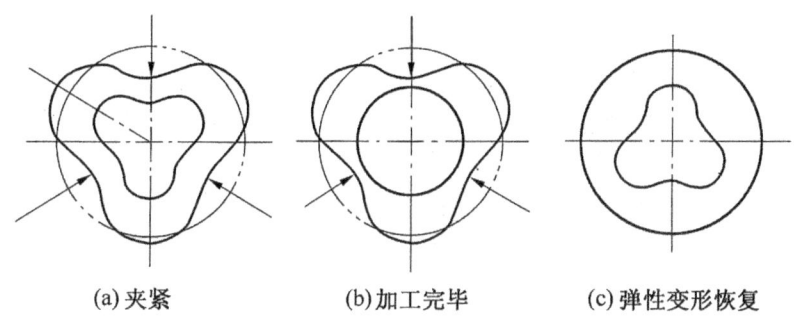

(a) 夹紧　　　　　(b) 加工完毕　　　　(c) 弹性变形恢复

图 6-27　薄壁件的夹紧变形引起的误差

具的受力变形对加工精度的影响很小。

钻头的径向刚度很低，钻孔时钻头受力后引起轴线弯曲、偏斜，将导致被加工孔的尺寸、形状、相互位置产生误差。

汽车零件常用的镗孔方式如图6-28所示。图6-28a所示刚性三轴镗刀杆与机床主轴为刚性连接，镗杆的刚度可按悬臂梁近似计算；图6-28b所示单前导向镗刀杆与机床主轴也为刚性连接，但采用了后导向装置，此时镗刀杆的刚度仍可按悬臂梁近似计算；图6-28c所示为前后双导向镗刀杆与机床主轴为柔性（浮动）连接，采用了前、后双导向装置，镗刀杆的刚度可按自由支承在两个支点上的梁近似计算。在上述三轴镗孔方式中，进给运动可由机床所带的镗刀杆或由机床工作台带动工件来实现。

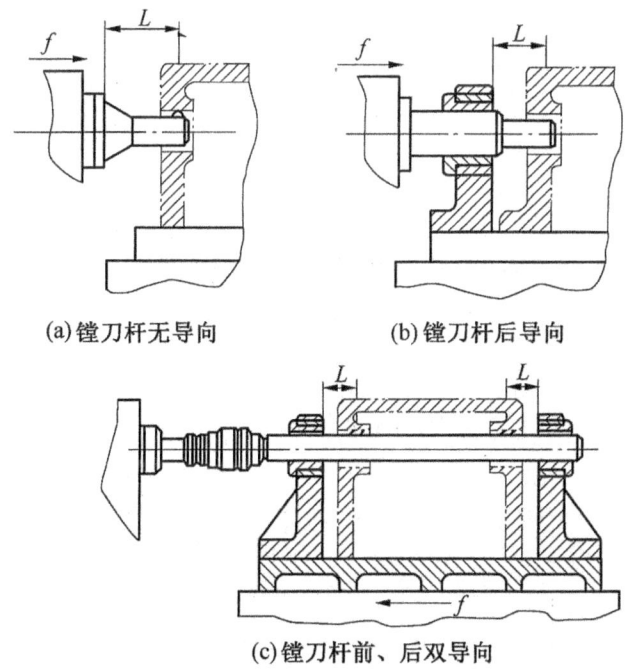

(a) 镗刀杆无导向　　　(b) 镗刀杆后导向

(c) 镗刀杆前、后双导向

图 6-28　不同的镗孔方式

在镗孔过程中，不同的镗孔方式因镗刀杆受力变形引起的误差也不同。对于图6-28a所示的镗孔方式，镗刀杆悬伸长度 L 不变，刀尖因镗刀杆受力变形产生的位移在孔的全长上是相等的，镗刀杆的受力变形只影响孔的尺寸精度，而对孔的轴向形状精度无影响；对于图 6-28b、c 所示的镗孔方式，镗刀杆的悬伸长度 L（图 6-28b）或刀尖至支承点间的距离 L（图 6-28c）是变化的，镗刀杆的受力变形也是变化的，镗刀杆受力变形不仅影响孔的尺寸精度，还影响孔的轴向形状精度（孔呈喇叭口形），但由于采用了导向支承，产生的误差减小。

工艺上提高刀尖刚度的措施有：钻孔时采用钻套以提高钻头的刚度；镗孔时采用导向支承或采用专用镗模来提高镗刀杆的刚度等，如图 6-28c 所示。

5. 工艺系统的刚度及其对加工精度的影响

工艺系统各组成部分在外力作用下都会产生变形，工艺系统在切削力作用点处沿工件表面的总变形量 y_s 是各组成部分在该处、该方向变形量的叠加，在使用通用机床夹具的情况下，可将夹具的变形纳入机床的变形，此时

$$y_s = y_j + y_g + y_{dj} \tag{6-14}$$

式中，y_s 为工艺系统变形；y_j 为机床变形；y_g 为工件变形；y_{dj} 为刀具变形。

根据刚度定义式(6-12)，上式可写成

$$\frac{F_p}{k_s} = \frac{F_p}{k_j} + \frac{F_p}{k_g} + \frac{F_p}{k_{dj}}$$

即

$$\frac{1}{k_s} = \frac{1}{k_j} + \frac{1}{k_g} + \frac{1}{k_{dj}} \tag{6-15}$$

在不同的情况下，工艺系统各组成部分对工艺系统刚度的影响是不同的，需具体分析。

如图 6-29 所示，在车床上加工具有偏心的毛坯，毛坯转一转时，切削深度从最小值 a_{p2} 增至最大值 a_{p1}，然后再降至最小值 a_{p2}，切削力也相应地由最小增至最大，再减至最小。与此同时，工艺系统各部件也产生相应位移，切削力的变化与位移变化成比例，切削力大时位移大，切削力小时位移小，所以偏心毛坯加工后得到的形状仍然是偏心的，即毛坯误差被反映下来了，只不过误差减少了很多，这称为误差复映规律，这个规律还可以推广到毛坯的其他形状和

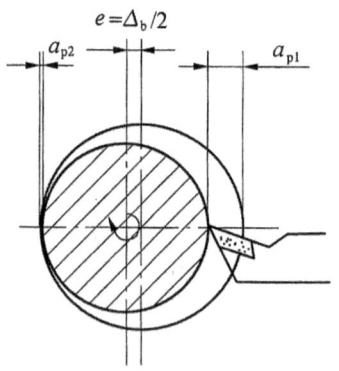

图 6-29 车削偏心毛坯

相互位置误差中去。因此，加工一批毛坯零件时，由于毛坯存在较大的尺寸误差，加工后的工序尺寸仍有一定的误差。

工件半径上的加工误差 Δ_w 可确定如下

$$\Delta_w = y_1 - y_2 = \frac{F_{p1}}{k_s} - \frac{F_{p2}}{k_s} \tag{6-16}$$

式中，y_1、y_2 为切削深度为 a_{p1}、a_{p2} 时工艺系统的压移；F_{p1}、F_{p2} 为切削深度为 a_{p1}、a_{p2} 时的法向切削力。

根据切削原理，法向切削力 F_p 与切削力 F_c 有如下关系

$$F_p = \lambda F_c$$

对外圆纵车、横车 $$F_c = C_{F_c} a_p f^{0.75}$$

式中，λ 为主要与刀具几何角度有关的系数，一般取 $0.4\sim0.5$；f 为进给量；a_p 为背吃刀量；C_{F_c} 为与工件材料、刀具几何角度等有关的系数。

将 F_p 值代入式(6-16)得

$$\Delta_w = \frac{\lambda F_{c1}}{k_s} - \frac{\lambda F_{c2}}{k_s} = \frac{\lambda}{k_s}(C_{F_c} f^{0.75} a_{p1} - C_{F_c} f^{0.75} a_{p2}) = \frac{\lambda}{k_s} C_{F_c} f^{0.75}(a_{p1} - a_{p2})$$

$$= \frac{\lambda}{k_s} C_{F_c} f^{0.75} \Delta_b$$

式中，$\Delta_b = a_{p1} - a_{p2}$，为毛坯的半径误差。

从上式可知，当毛坯偏心 $e = \Delta_b/2$（或其他形状位置误差）一定时，工艺系统的刚度越大，加工后的偏心 $e' = \Delta_w/2$（或其他形状位置）越小，即加工后工件的精度越高。

为了表示工件加工后精度提高的程度，引入误差复映系数，以 ε 表示：

令 $$\varepsilon = \frac{\lambda}{k_s} C_{F_c} f^{0.75},$$

则 $$\Delta_w = \varepsilon \Delta_b \qquad (6-17)$$

ε 值越小，表示加工后零件的精度越高。

当表面需多次加工时，第一次的误差复映系数为 ε_1，第二次的误差复映系数为 ε_2，第三次的误差复映系数为 ε_3，…，则加工后工件的误差为

$$\Delta_w = \varepsilon_1 \cdot \varepsilon_2 \cdot \varepsilon_3 \cdot \cdots \cdot \varepsilon_n \Delta_b$$

令 $\varepsilon_{总} = \varepsilon_1 \cdot \varepsilon_2 \cdot \varepsilon_3 \cdot \cdots \cdot \varepsilon_n$，则

$$\Delta_w = \varepsilon_{总} \Delta_b \qquad (6-18)$$

因为每个误差复映系数均小于1，故总的误差复映系数 $\varepsilon_{总}$ 将是一个很小的数值。这样，经过几次工作行程的加工后，工件误差逐渐减小，从而达到所要求的加工精度。因此，精度要求高的表面，需通过粗、精和精整加工等几道工序完成加工。

对于具有一定尺寸、形状和位置精度要求的表面加工，除了在工艺过程安排上需经过多工步或多工序加工外，还可以通过提高毛坯的精度、提高工艺系统的刚度和采用小的进给量等工艺措施，保证和提高加工精度。

工艺系统除了切削力、夹紧力的作用外，有时还要考虑其他外力如传动力、惯性力、工件重力等对加工精度的影响。

（四）工艺系统的热变形

1. 工艺系统的热源

机械加工过程中，工艺系统会产生大量热量，热的来源主要有以下三个方面：

（1）切削热。切削加工时由于被加工工件切削层发生弹性、塑性变形以及前、后刀面与切屑、已加工表面的摩擦，产生大量的热量。由于热的传导，它对工件和刀具有较大的影响。

（2）摩擦副传动热。它是机床运动零件的摩擦（齿轮、轴承、导轨等）产生的热量，以及液压传动（液压泵、液压缸等）和电动机的温升等产生的热量，这类热量主要是对机床有较大的影响。

（3）外部热源。以上两部分热源，都是在加工过程中产生的，属内部热源。外部热源

主要是指周围环境温度的变化和阳光、照明以及取暖设备的辐射热等。这类热对精密机床、精密零件的加工与测量有较为显著的影响。

工艺系统在各种热源作用下会产生相应的热变形，从而破坏工件与刀具间正确的几何关系和运动关系，造成加工误差。在精密加工中，热变形引起的加工误差占总加工误差的40%～50%；在自动化加工中，热变形会使加工精度不稳定。

2. 工艺系统热变形对加工精度的影响

由于作用于工艺系统各组成部分热源的发热量、位置和作用时间各不相同，各部分的热容量、散热条件也不一样，处于工艺系统不同空间位置上的各点在不同时间其温度也是不等的。当工艺系统的温升达到某一数值时，单位时间内传入的热量和散发的热量相等，工艺系统各组成部分的温度就会稳定在一定数值上，即处于热平衡状态。当分析加工过程中工艺系统各组成部分的热变形及其对加工精度的影响时，要考虑两个不同阶段，第一阶段是从开始加工至达到热平衡，第二阶段是从热平衡开始至加工结束。工艺系统的热变形对尺寸精度、形状精度、位置精度都会有不同程度的影响。

(五) 工件内应力 (残余应力)

工件在没有外力的作用或除去外力后内部存留的应力称为内应力（或残余应力）。内应力总是拉伸应力和压缩应力并存，且处于一种不稳定平衡状态。当外界条件发生变化，如温度改变或工件被切除一层金属，则原来的内应力平衡状态将被破坏，形成新的平衡状态，工件将发生形状变化。这个形成新平衡状态的过程称为内应力重新分布。即使在温度不变的情况下，工件内应力经过一个时期后也会自动地逐渐消失，同时引起工件形状的变化。这是内应力的一个特点，即存在内应力的内部组织总是有恢复到一种稳定的没有内应力状态的倾向。

内应力是由于材料内部相邻宏观组织（例如表面和里层）或微观组织（例如晶粒之间和晶粒内不同区域之间）发生了不均匀的变形（体积变化）而产生的。其中平衡于相邻宏观组织的内应力对加工精度的影响较大。

在工艺过程中，工件材料内部不均匀的变形来源于：

(1) 工件不均匀的加热和冷却。

(2) 工件材料金相组织的转变。

(3) 冷作硬化等。

在铸造、锻造及焊接过程中，由于工件结构的原因致使各部分冷却收缩不均匀，在毛坯内部就会产生内应力。

壁厚不均匀且形状复杂的铸件，由于各部分冷却速度和收缩程度不一致，其内部应力很大，尤其在截面尺寸急剧变化处，内应力甚至会使铸件产生裂纹。发动机缸体、变速器壳体等箱体零件就属于这类零件。

在有内应力的情况下对铸件进行机械加工，由于切去了一层金属，内应力将重新分布而使工件产生变形，因此，加工某些复杂铸件的重要表面（如发动机缸体的缸孔等表面）时，在粗加工后，要经过很多其他工序后才安排精加工，目的就是让工件完成内应力重新分布，待工件变形后再进行精加工。

为了减小复杂铸件的内应力，除了在设计上尽量做到壁厚均匀外，还可采用自然时效、人工时效和去应力退火等。自然时效就是将零件在室内或室外放置较长时间（6～12

个月），使其在自然变化的气温下，让内应力逐渐重新分布，工件充分变形，待工件变形完毕后再进行机械加工。这种清除内应力的方法，只适用于产量不大的中小批量生产的大型铸件。为了缩短时效处理时间，对于汽车制造企业，一般都采用人工时效。常用的人工时效的方法是将零件在炉内缓慢加热至一定温度，保温几小时后缓慢冷却的热处理方法。人工时效还有些作业方式，就是将小零件放在滚筒内，让它们和一些小铁块或专用零件一起滚动、相互撞击；尺寸较大的零件，则放在专用装置上让它们承受振动或者是挂起来用锤子敲击零件上厚薄过渡区域。

经过表面淬火的零件，也会产生内应力。因为这时表面层的金相组织转变了，即从原来密度比较大的奥氏体组织转变为密度比较小的马氏体组织，因此表面层的金属体积要膨胀，但受到内层金属的阻碍，从而在表面层产生压缩应力，在内层产生拉伸应力。

冷轧或冷拔的棒料毛坯会在表层存在较大的压应力，内部存在较大的拉应力。这是由于冷轧或冷拔时，材料表层的塑性变形要比心部大得多的缘故。当用这样的棒料毛坯加工轴类零件时，如果两端中心孔相对毛坯轴线有偏斜，加工余量将不均匀，使原来的内应力平衡被破坏，加工后会产生变形。

细长的轴类零件如凸轮轴、曲轴等，在加工中容易产生弯曲变形，常用冷校直的方法校正，目的是使后续工序减小加工余量，缩短加工时间。冷校直方法是在常温下将工件放在两个支承（V形块）上，在工件的凸侧加压力 F（图 6-30a），使工件反向弯曲以校直工件。

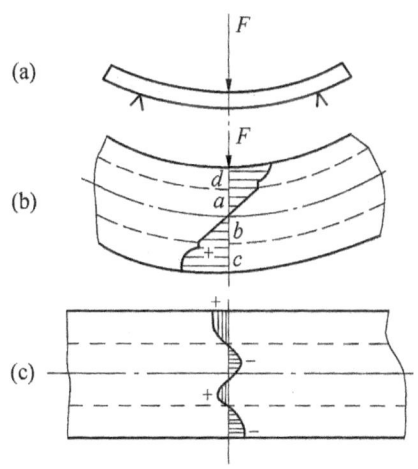

图 6-30 冷校直及产生的内应力状态

冷校直会在工件内产生内应力。从图 6-30b 可知，当载荷 F 加在零件中间部分后，ab 段内产生了弹性变形区，按照胡克定律，在此段范围内可用直线表示应力图形。在两侧边缘 bc 和 ad 两段内产生塑性变形区，这两段内的应力，将沿着类似拉伸曲线上超过比例极限的那段曲线变化。去掉外力 F 后，工件弹性变形恢复，由于两侧 bc 和 ad 段内残留有塑性变形，工件原有的弯曲度减少或消除，但工件内部却产生了如图 6-30c 所示内应力。因此，冷校直的零件在进行下一步加工时，一般还处在内应力状态下，当从表面切去一段金属后，内应力的平衡遭到破坏，会引起内应力重新分布，使零件产生新的变形，在制造像精密丝杠这样细长的零件时不允许用冷校直的方法。

（六）其他原因

1. 原理误差

用近似的加工方法、近似的传动比和近似形状的刀具进行加工时，产生的加工误差，称为原理误差，也称为理论误差或方法误差。滚切渐开线齿廓时，由于滚刀的圆周齿数是有限的，所以滚切的渐开线不是理想的光滑渐开线，而是由多条趋近于该曲线的折线构成。被加工齿轮的齿数越多，滚刀的容屑槽数越多且头数越少时，形成的折线段数就越多,就越接近于理论渐开线。不仅滚齿方法是近似的加工方法,滚刀也是近似形状的刀具,所以也会引起加工误差。

在许多情况下,一些机床的展成运动传动链只能用近似的传动比,近似地得到所需要的表面。例如在普通滚齿机上用单头滚刀加工圆柱齿轮时,因为挂齿的齿数是固定的,有时选择任何挂齿组合也得不到精确值,只能使用近似的传动比,从而产生齿距误差。

当加工误差总和不超过规定的工序公差时,就可以采用近似的加工方法。近似的加工方法和刀具往往比理论上精确的方法和刀具简单,也有利于简化机床结构,降低加工成本和提高生产率。

2. 测量误差

测量误差是指工件实际尺寸与测量尺寸之间的差值。加工一般精度的零件时,测量误差可占工件公差的 1/10~1/5;而加工精密零件时,测量误差则占工件公差的 1/3 左右。

测量误差通常由下述原因产生:

(1) 测量器具本身精度的影响。测量器具误差主要是由示值误差、示值稳定性、回程误差和灵敏度等方面综合起来的极限误差。所用的测量器具不同,测量误差的变动范围不同,所以必须根据零件被测量尺寸的公差值选择适当精度的计量器具。

(2) 测量环境的影响。温度、湿度、气压、振动、电磁场等环境因素的变化会引起测量误差,其中以温度的影响最大,因此规定测量的标准温度为 20 ℃。例如直径为 $\phi100$ mm 的钢轴在加工完毕后,工件表面温度可达 60 ℃,如果立即测量,由于材料热膨胀的原因,直径尺寸比温度为 20 ℃ 时将增大 0.048 mm。即使在常温条件下,车间内的温度也不是固定的,其变动范围可达 3~4 ℃,对于钢件,在此温度变动范围内,100 mm 尺寸上产生测量误差可达 0.003~0.004 mm。所以,精密测量要在恒温室内进行,以消除温度变化引起的误差。

(3) 人为误差的影响。如测量时读数的误差,测量过程中因用力不当引起的量具、量仪变形等,都会引起测量误差。

3. 误差测量

切削加工时,为获得规定的尺寸,就必须对机床、刀具和夹具进行必要的调整。机床的尺寸控制机构、刀具及夹具调整位置不准确而产生的加工误差称为调整误差。在单件、小批量生产中,普遍用试刀法调整;而在大批量生产中,则常用调整法调整刀具的位置。采用调整法时,对刀误差、控制尺寸的定程机构(挡块、行程开关等)的调整误差、样件或对刀块(导向套)产生的对刀误差和夹具在机床上的安装误差等,都影响调整的准确性,从而产生调整误差。

(七) 加工误差的统计分析

1. 加工误差的性质

影响加工精度的因素是很多的,被加工工件产生的加工误差是由多种因素综合作用的结果。由于性质的不同,加工误差分为系统性误差和随机性误差两类。

(1) 系统性误差。在顺序加工一批工件时,其大小方向都保持不变,或按一定规律变化的误差统称为系统性误差,前者称为常值系统性误差,后者称为变值系统性误差。例如:车床主轴旋转轴线与导轨不平行,将一起形成被加工零件的形状误差;定尺寸刀具尺寸变化,零件加工后的尺寸也将发生变化;用定程挡块控制工件加工尺寸,挡块位置有调整误差时，零件加工后也产生相应的尺寸误差。上述误差对于一批工件而言，其大小和方向基本不变，因此都属常值系统性误差。刀具磨损引起的误差和机床、刀具、工件等在热平衡前的热变形引起的误差等，都是随加工时间而有规律变化的，属于变值系统性误差。

(2) 随机性误差。在顺序加工一批工件时，其大小和方向呈无规律变化的加工误差称为随机性误差，或者称为偶然性误差。例如，因材料硬度不均匀、加工余量不均匀、毛坯表面有缺陷等原因导致的切削力变化所造成的误差和因内应力重新分布所引起的工件变形等，都属于随机性误差。

对于不同性质的加工误差，可采用不同的方法来解决。对于某些常值系统性误差，在查明其大小和方向后，可通过重新调整或人为地加入一个大小相等、方向相反的常值误差来补偿。对于变值系统性误差，在掌握其变化规律后，也可通过自动连续或周期性补偿来消除。对于随机性误差，因无明显规律可循，一般不能消除，只能通过分析一批工件的加工误差的总体规律，查出误差的根源，在工艺上采取相应措施，使其对加工精度的影响降至最低。随着现代制造技术的发展，某些随机性误差也能被控制。例如采用自适应控制系统的机床，在毛坯加工余量、硬度不均匀变化时，能自动调节切削用量，保持切削力不变，控制了由于毛坯余量和硬度不均匀而带来的随机性误差。

2. 加工误差的分析方法

加工误差的分析方法有两种，即单因素分析法和统计分析法。

(1) 单因素分析法。这种方法即是根据前述产生加工误差原因用理论公式、实验公式或适当的数学、力学模型将各单个因素引起的加工误差都确定出来，然后按一定的规则把它们合成，即得到加工总误差。

用这种方法确定总的加工误差是比较困难的，因为它需要许多原始资料和进行复杂的计算。但目前可借助一些专业的计算机软件（如有限元分析软件）来完成。在大批量生产中，可用计算机来确定主要零件关键工序中主要因素所产生的加工误差。

(2) 统计分析法。该方法是通过对生产现场实际加工出的一批工件进行测量，然后用数理统计的方法对测量结果进行处理和分析。统计分析的结果一般不能提示产生加工误差的具体因素，但可从中找出误差出现的规律，从而找出解决问题的途径。该方法广泛用于大批量生产中的加工误差分析。在由计算机控制的自动化生产过程中，测量装置可对工艺过程质量指标进行在线测量，控制装置可实时对测量结果进行统计分析，并根据统计分析的结果对工艺过程及时进行控制。

机械加工中，经常采用的统计分析法主要有分布曲线法和点图法两种。

①分布曲线法。分布曲线法是通过测量在一定生产条件下加工的一批工件的实际尺寸或加工误差（或其他工艺过程质量指标），根据测量结果做出该批工件的尺寸或加工误差的分布曲线，然后按该曲线来分析判断加工误差的一种方法。现举例如下：

在调整好的机床上加工一批轴类零件，逐个测量其直径尺寸。将测得尺寸的分散范围适当划分成若干个相等的尺寸间隔，每个尺寸间隔内包含有一定数量的工件。以工件实际尺寸偏差为横坐标，以每个尺寸间隔内工件数与工件总数之比（称频率）为纵坐标，作出如图 6-31 所示统计图形，称为实际分布曲线。测量的工件数量越多，尺寸间隔越小，越接近一条平滑的曲线。图 6-31 中距离 ab 为该零件的尺寸分散范围，它相当于所测量尺寸的最大值和最小值之差。要使加工不出废品，必须使尺寸分散范围 $\Delta = b - a$ 不超出规定的偏差。

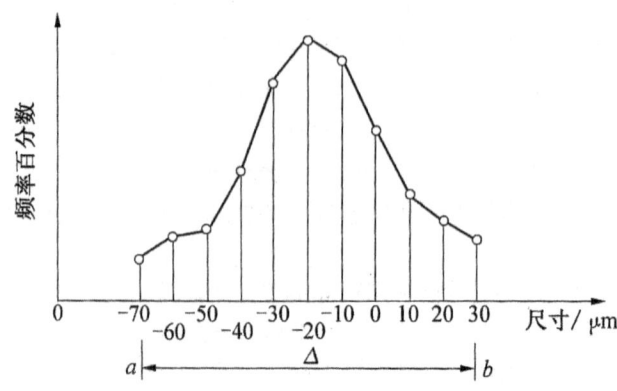

图 6-31 工件加工尺寸实际分布折线

根据测量值得出的实际分布曲线的形状在很大程度上取决于被测量一批工件的数目,并与划分的尺寸间隔的数目有关。根据这样的曲线来得出一个关于加工误差具有一般意义的规律性推论有时是困难的。因此,在进行分析研究时,常用某些理论曲线来代替实际分布曲线。

在调整好的机床上连续对一批工件进行机械加工时,若无变值系统性误差,也无起决定性作用的随机性误差,则其尺寸误差(或形状、位置误差)是由许多相互独立的随机性误差综合作用的结果。根据概率理论,加工后的工件尺寸近似服从正态分布规律。

正态分布曲线的形状如图 6-32 所示,其概率密度函数为

$$y = \frac{1}{\sigma\sqrt{2\pi}} e^{-\frac{(x-\bar{x})^2}{2\sigma^2}} \quad (-\infty < x < +\infty, \sigma > 0)$$

式中,y 为分布的概率密度;x 为工件尺寸;$\bar{x}$ 为一批工件的平均尺寸,$\bar{x} = \frac{1}{n}\sum_{i=1}^{n} x_i$,它表示加工尺寸分布中心;$\sigma$ 为一批工件的标准差(均方差):

$$\sigma = \sqrt{\frac{1}{n-1}\sum_{i=1}^{n}(x_i - \bar{x})^2}$$

式中,n 为一批工件的数量(样本容量)。

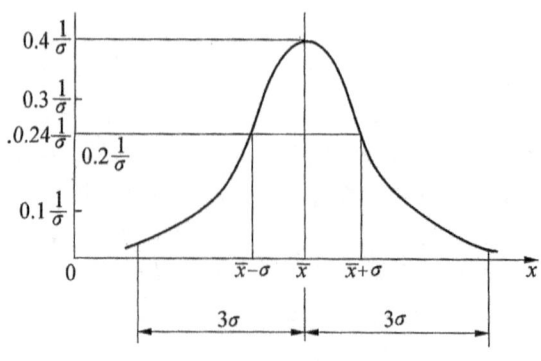

图 6-32 正态分布曲线

分布曲线与 x 轴之间的面积代表了一批工件的全部,即 100%,而其中 $\bar{x} \pm 3\sigma$ 范围内的工件数占 99.73%。生产中常认为一批工件的尺寸全部在 $\bar{x} \pm 3\sigma$ 的范围内,该范围称为尺寸分散范围,这在工艺上称为"6σ 原则"。6σ 的大小代表了某种加工方法在一定生产条件下所能达到的加工精度,所以在一般情况下可以认为,如果工序公差大于 6σ,就能保证加工精度。

加工中常值系统性误差决定了分布曲线相对坐标原点的位置,分布曲线的形状不受其影响。例如铣削平面时,第一次调整机床后加工一批工件得到尺寸分布曲线 A(图 6-33),在同一机床上重新调整后再加工另一批工件时,工作台相对刀具的位置不会与第一次调整时的位置绝对一致。如果尺寸比第一次大了一些,当其他条件相同时,得到的分布曲线 B 的形状和第一次的一样,但是它向右移动了 Δ_L,Δ_L 即为常值系统性误差(此处是调整误差)。全部工件不出废品的条件为

$$T \geqslant \Delta_L + \Delta$$

式中,T 为工件的工序公差;Δ 为尺寸分散范围。

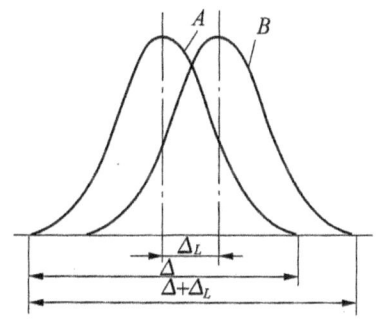

图 6-33 常值系统性误差的影响

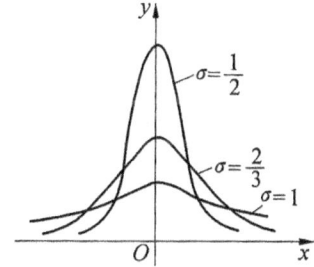

图 6-34 不同 σ 的分布曲线

加工中的随机性误差的影响程度决定了分布曲线的形状和尺寸分散范围。随机误差越大则 σ 也越大,曲线形状越平坦,尺寸分散范围越大,加工精度越低(图 6-34)。这一结论还可由图 6-35 进一步说明。图 6-35 所示为某孔在不同加工阶段直径尺寸的分布曲线,曲线 1,2,3,4 分别为钻孔工序、扩孔工序、粗铰孔工序和精铰孔工序的尺寸分布曲线。很明显,在图中,$\sigma_1 > \sigma_2 > \sigma_3 > \sigma_4$,即每个工序的加工精度都要高于前面工序的加工精度。另外,从图 6-35 中还可以看出,为了避免出废品,$x_4 - x_3$,$x_3 - x_2$,$x_2 - x_1$(各工序间的加工余量)的值应该足够大,使各分布曲线的分散范围至少不重叠。

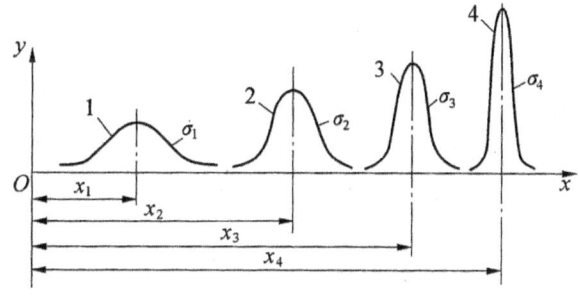

图 6-35 孔在不同加工阶段直径尺寸的分布曲线

如果在两种加工条件下，存在着使总加工误差产生很大差别的因素，则分布曲线的形状或位置将会发生变化，有时两者都变化。如图6-36所示，有两种切削液，要比较它们对铰削孔径的影响。在其他条件不变的情况下，利用切削液A加工一批零件得分布曲线A，利用切削液B加工一批零件得分布曲线B。由图可知，使用切屑液A时，孔径增大的平均值和尺寸分散都会减小。

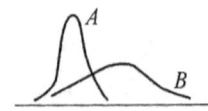

图6-36 不同加工条件下的分布曲线

②点图法。应用分布曲线法分析工艺过程误差的前提是工艺过程必须是稳定的，即在时间历程上保持分散曲线均值$\bar{x}$和标准差σ稳定不变。如果工艺过程不稳定（例如变值系统误差影响较大），采用分布曲线分析工艺过程的误差就失去意义。此外，分布曲线只能在一批工件加工后进行分析，不能在加工过程中及时控制废品的出现，也不能把变值系统性误差和随机性误差区别开来。点图法可以弥补分布曲线法的上述缺点。

如果在横坐标上标出顺序加工的零件号，而纵坐标表示这些零件的尺寸，则能把整批零件的加工结果以图形表示出来（图6-37a）。这是单个零件点图。

为了缩短点图的长度，可将零件分成若干组，每组内包含若干个顺序加工的零件，横坐标标出组的顺序，把每个零件尺寸标在同一垂直线上。这样的点图如图6-37b所示，图中点的分散表征尺寸的分散。

上述点图，由于数值分散很大，很难看出零件在顺序加工过程中尺寸变化的一般趋向。如果把每组零件的平均尺寸绘在点图上，就是所谓的样组平均尺寸点图（图6-37c）。从这个图中可明显看出零件尺寸随时间改变的趋向。

在单个零件尺寸点图中，由于各个偶然因素的影响，零件尺寸很分散，因此点图是杂乱无章的。在样组平均尺寸点图中，由于在各样组范围内各种偶然性因素引起的作用已局部相互抵消，而变值系统性误差则更加突出，容易看出在加工过程中零件尺寸变化的一般趋向。实际应用中选用的样组零件数为5~10个。

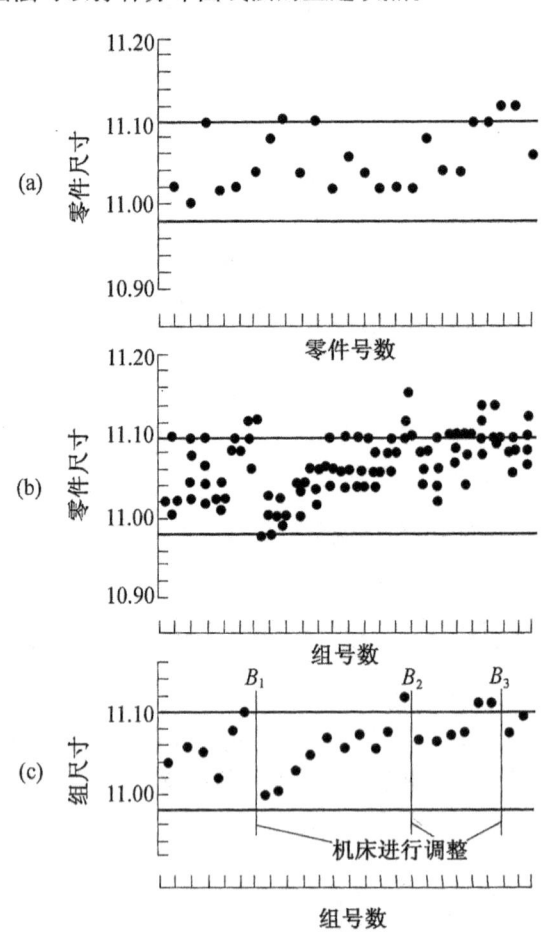

图6-37 点图的各种形式

在大批量生产中，利用点图可以控制工艺过程，避免出现不合格品或废品。绘制这种点图时，定期地测量一组工件，并求出它们的平均尺寸$\bar{x}_i$，在图上绘出相应于平均尺寸值的点，它表示出工艺过程的进行情况（图6-38）。图6-38上还绘出了两条相当于工序公差带的直线；另外还绘出了两条控制用的直线（图中的虚线），该直线的尺寸范围稍小于工序公差带。这种点图称为质量控制图。图6-38说明，车削外圆时，刀具在开始工作时受热伸长，随后刀具达到热平衡不再伸长，而磨损随后成为影响工件尺寸的主要因素，故样组平均尺寸 $\bar{x}_i$ 随时间逐渐增大。当接近上控制线时，就预告可能会因为尺

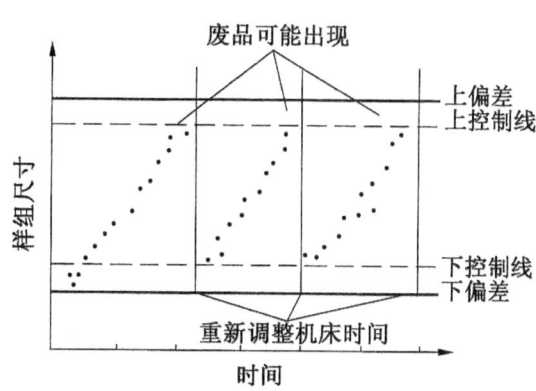

图6-38 控制生产过程的点图

寸超差而产生不合格品，必须重新调整机床，或者更换刀具。

质量控制图还可以用其他工艺过程质量指标来绘制，例如用样组尺寸的极差（样本极差）R，即样组中最大尺寸与最小尺寸的差值来绘制。样本极差 R 的变化反映了尺寸分散程度，R 数值的增加表示工艺过程中发生了某种严重的干扰现象（例如毛坯的余量变化很大等）。实际生产中常联合使用样组平均尺寸 $\bar{x}$ 控制图和样本极差 R 控制图，称 $\bar{x}-R$ 控制图。图6-39所示为 $\bar{x}-R$ 控制图的一个实例。

图中，横坐标是按时间顺序采集的样本组序号，纵坐标为样组尺寸的均值 $\bar{x}$ 和极差 R。$\bar{\bar{x}}$ 是样组平均值的均值线，ES、EI分别是被加工工件公差的上、下极限偏差，UCL、LCL分别是上、下控制线。

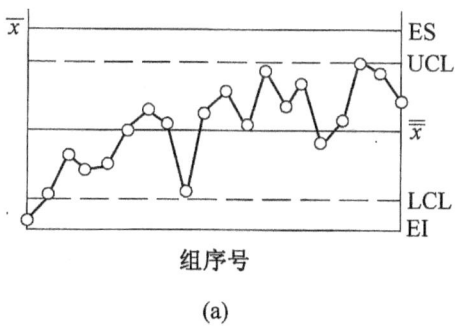
(a)

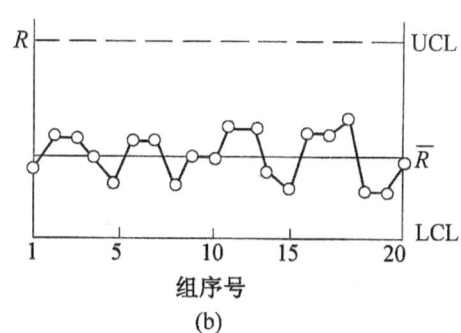
(b)

图6-39 $\bar{x}-R$ 控制图

三、表面质量

（一）表面粗糙度

形成表面粗糙度的因素主要有两方面：一方面是切削的残留痕迹，另一方面是切削时的物理状态。物理状态是切削过程中产生的积屑瘤、鳞刺和工艺系统的振动等。

（1）切削的残留痕迹。切削的残留痕迹与不同加工方法的刀具相对于工件的运动有关，如车削时刀具的刀尖在工件表面上残留的痕迹如图6-40所示。其大小和形状取决于进给量 f 和刀具切削刃的形状。

采用小的进给量 f 和改变车刀几何参数（κ_r，κ_r'，r_ε）均可以减小表面粗糙度值。这也

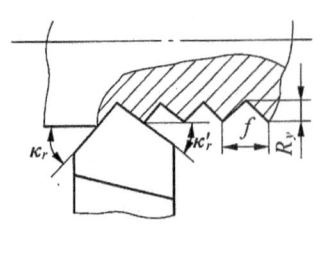 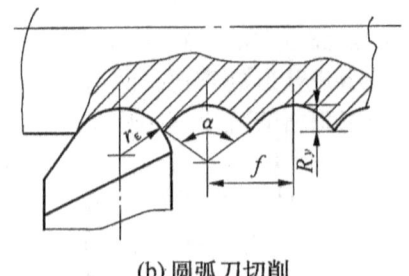

(a) 尖刀切削　　　　　(b) 圆弧刀切削

图 6-40　车削的残留痕迹

是在精加工时采用小的进给量 f 的原因之一。

切削的残留痕迹是表面粗糙度形成的主要因素。表面粗糙度的大小与积屑瘤、工件表面塑性变形、振动等因素有关。

(2) 积屑瘤的影响。在中、低切削速度切削塑性金属材料时，由于高温、高压和摩擦阻力的原因，与前刀面接触的切屑底层流动缓慢，成为滞流层。在一定条件下，滞流层停滞不前，脱离切屑粘附在前刀面上形成积屑瘤 (图 6-41)。积屑瘤塑性变形严重，结晶组织已完全改变，硬度很高，能代替切削刃进行切削。由于积屑瘤形成的形状不规则、沿切削刃方向上高低不平等原因，在加工表面上形成一

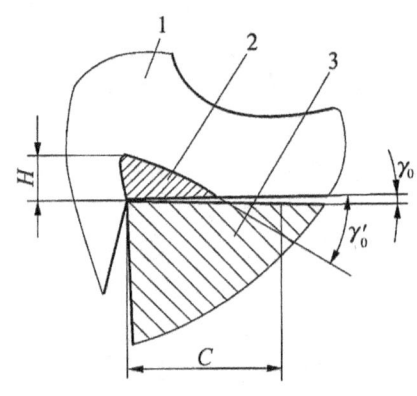

图 6-41　积屑瘤
1—工件；2—积屑瘤；3—刀具；H—积屑瘤高度

些与切削速度同方向深浅和宽度不一的犁沟状划痕，使表面粗糙度值增大。当积屑瘤增大到一定程度，在切削力的作用下，积屑瘤破碎脱落，一部分积屑瘤随切屑流出，另一部分粘附在工件切削表面上形成毛刺，进一步增大了表面粗糙度。

除了积屑瘤的形成影响表面粗糙度外，在较低的切削速度下切削塑性材料时，已加工表面还会形成鳞片状的毛刺，称为鳞刺，它的形成严重地影响了已加工表面的粗糙度。

(3) 工艺系统振动的影响。机械加工中工艺系统的振动，是指刀具相对于工件产生周期性的位移，在加工表面上形成波纹状的振痕。当振动频率较高时，加工表面粗糙度值增大；当振动频率较低时，会产生波度。不仅如此，振动还会使刀具很快磨损或崩刃，机床联结特性将遭到破坏，也限制了切削用量的进一步提高，影响生产率。当振动严重时，切削过程就不能继续进行。

(二) 工件表面层的力学性能和化学性能

1. 表面强化

切削过程中，切削刃与加工表面发生强烈的挤压和摩擦作用，致使表面层塑性变形严重，显微组织受到破坏，晶粒被拉伸、破碎，其强度和硬度提高，塑性和韧性降低，从而在工件表面形成一定深度的硬化层，这种现象称为表面强化（冷作硬化或简称冷硬）。机械加工方法一般都产生表面强化，例如对钢件的磨削，表面硬度平均值可达原工件硬度的 1.2~2 倍，强化层深度平均值可达 0.02~0.06 mm；手工研磨时，表面仍有 3~7 μm 的硬化层，其显微硬度比基体金属高 12%~17%。

表面强化主要是切削过程中金属发生塑性变形的结果。只要有塑性变形，就会产生表面强化现象，塑性变形越大，表面强化就越严重。

另外，切削过程中伴随切削热，它使加工表面温度提高，当温度达到某一数值时，变形、扭曲的晶格自行复原，其力学性能也部分地恢复至原来的数值（如硬度和强度降低、塑性增加）。若温度很高，则发生再结晶现象，这时表面强化完全消失，这种现象称作弱化。由于塑性变形和切削热是同时产生的，所以表面强化和弱化同时存在。一般在温度不高的情况下，表面强化占主要地位。金属的塑性越大，导热性越好，则加工后的强化现象越严重。

2. 残余应力

加工过程中，被加工表面层产生残余应力的原因有以下三方面：

(1) 切削力。在切削过程中，工件表面层受切削力的作用，金属晶体发生塑性变形，位错、空位等晶体缺陷使晶格中的一部分原子偏离其平衡位置造成了晶格畸变，破坏了原来晶格中原子最紧密的排列，导致金属密度下降，体积增加，因受到基本材料的限制，而产生"表压内拉"的应力。

(2) 切削热。切削过程中产生的切削热作用在不引起相变的情况下，使工件表面层产生拉伸残余应力，而里层产生压缩残余应力。

(3) 金相组织变化。加工淬火钢时，由于切削区温度高，工件表面层有可能产生金相组织的变化。因为马氏体的密度比托氏体、奥氏体的密度小，故当淬硬钢表面磨削加工后表层组织回火，转变为回火托氏体或回火索氏体时，表面层密度增大（体积缩小），但受到里层的阻碍，结果在表面层产生残余拉伸应力，而在里层产生残余压缩应力。如果磨削马氏体占较大比例，而回火层的深度不大时，则在表面层产生残余压缩应力，而在里层产生残余拉伸应力。

实际上，机械加工后工件表面层的残余应力是上述三方面综合作用的结果，应力状态主要取决于上述因素中哪个起主导作用。切削加工时，起主要作用的往往是切削热引起的热塑性变形，表面层常产生残余压缩应力；磨削加工时，起主要作用的通常是切削热引起的热态塑性变形或金相组织变化，表面层常产生残余拉伸应力。

3. 表面层的金相组织变化

机械加工中所消耗能量的大部分都转变为热量，使加工表面温度升高，当温度升高到超过金相组织变化的临界点（相变温度）时，就会发生金相组织变化。对于普通的切削加工，温度一般不会达到如此高的程度，但对于磨削加工而言，大部分切削刃为负前角，切削力大，磨削速度又高，因此切除金属的功率消耗远远大于其他加工方法。在磨削加工所消耗功率转化为切削热，有60%~80%传给工件，使工件表面具有很高的温度（瞬时温度可高达800~1200℃，超过金属相变温度），引起工件表面层金相组织的变化，强度和硬度降低，并使工件表层氧化而显现出不同的氧化膜颜色，这种现象称为磨削烧伤。

磨削淬火钢时，由于磨削区温度及磨削条件的不同，可能产生以下三种金相组织变化：

(1) 当磨削区的温度超过马氏体的转变温度（中碳钢为300℃左右），但未超过淬火钢的相变温度（碳钢的相变温度为727℃）时，工件表层由原来的马氏体转变为硬度较低的回火组织（索氏体或托氏体），此现象称为回火烧伤。

(2) 当磨削区的温度超过了相变温度，再加上随后切削液的急冷作用，表层金属会产生二次淬火马氏体组织，其硬度比原马氏体高，但二次淬火层很薄，只有几微米。在它的下层,由于冷却缓慢形成了硬度较低的回火组织。因此二次淬火层极薄,表层总的硬度是降低的,此现象称为淬火烧伤。

(3) 当磨削温度超过了相变温度,而磨削过程无切削液(或冷却效果不好),则表层产生退火组织,硬度急剧下降,此现象称为退火烧伤。

磨削烧伤会破坏工件表层组织,严重时还会产生裂纹,使工件表面质量恶化,严重影响工件的使用性能,必须力求避免。

要控制和避免磨削烧伤可采取以下两方面的措施:

(1) 减少磨削热的产生,减小径向进给量 f_r,选取较软的砂轮,减少工件和砂轮的接触面积,根据磨削要求合理选择砂轮的粒度(砂轮粒度号低些不易烧伤,粒度号太高容易烧伤),经常保持砂轮在锋利条件下磨削,以及选择适当的切削液以减少磨粒与工件之间的摩擦等。

(2) 加速磨削热散出。除适当提高工件速度和轴向进给量外,还应采取有效的冷却方法。为了提高冷却效果,可采用喷雾冷却、高压冷却和切削液通过砂轮内部直接进入磨削区的内冷却等方法。

(三) 表面质量对机器零件使用性能的影响

机器零件的破坏,一般是从表面层开始的,这说明零件的表面质量至关重要。零件表面质量虽然只反映表面的几何特征和表面层特征,但它对零件的耐磨性、疲劳强度、耐腐蚀性、配合性质等使用性能都有不同程度的影响。

1. 表面质量对零件耐磨性的影响

汽车零件相对运动时要产生摩擦。摩擦一方面消耗能量(如汽车发动机在满负荷下工作时,大约有20%的功率消耗在摩擦上),另一方面会引起零件的磨损。汽车很大一部分零件工作时都在做相对运动,为保证汽车的使用寿命,零件要具有一定程度的耐磨性。零件的耐磨性与润滑、摩擦副的材料及热处理有关,但在上述条件确定的情况下,起主导作用的就是表面质量。

从微观的角度看,零件加工后的表面是粗糙不平的,两配合表面只是在凸峰顶部接触,实际接触面积比名义接触面积小得多。在接触的凸峰处很快会产生塑性变形及剪切现象,因此凸峰很快被压平磨去,这个阶段称为初期磨损阶段。这个阶段的磨损很快,在轻度和中等的摩擦条件下,将使表面粗糙度值减小65%~75%。此后接触面积增大,压强减小,磨损缓慢而趋于稳定,即处于稳定的正常磨损阶段。

由试验得知,对于车削、铣削、铰削的表面,实际接触面积为15%~25%;经过精磨的表面为30%~50%;经过超精加工、珩磨、研磨的表面为90%~97%。可见,如果表面粗糙度值小,则零件间接触面积增加,压强小,可减小磨损的速度,这意味着较小的表面粗糙度值可提高零件的耐磨性,从而延长零件的使用寿命。

但对耐磨性来说,并不是表面粗糙度值越小越好,在一定摩擦条件(摩擦因数、摩擦速度及压力、润滑性质等)下,零件表面有一个最合适的表面粗糙度值(一般由试验确定)。表面粗糙度值太小,由于表面间接触紧密,不易形成润滑油膜,而且两表面分子间的亲和力增加,反而使摩擦剧烈增加。

表面加工纹理方向对磨损也有影响,它随摩擦形式、摩擦条件和表面粗糙度的不同而不同。在压强不大,并有充分润滑的条件下,当两摩擦面的加工纹理方向都与摩擦运动方向平行时,摩擦最小。当加工纹理方向都与摩擦运动方向垂直时,摩擦最大。这是因为两个摩擦表面在相互运动时，切去了妨碍运动的凸峰，所以摩擦剧烈。当压强增加，加工纹理方向都与摩擦运动方向平行时，摩擦就大；当加工纹理方向相互垂直时，咬合的危险最小，因而摩擦最小。发动机曲轴轴颈是在充分润滑条件下工作的，因此轴颈和轴瓦的加工纹理都应平行于摩擦运动方向。

为了提高耐磨性，必须使摩擦副表面具有符合摩擦条件的加工纹理方向。因此，对于汽车零件的主要表面，除规定表面粗糙度参数值外，还应规定最后工序的加工方法及加工纹理方向。

零件表面层的强化程度和强化深度也对耐磨性有影响。表面层显微硬度的提高，增强了表面层的接触刚度，减少了摩擦表面发生塑性变形及咬合的现象。但硬度也不能过高，否则会降低金属组织的稳定性，使金属表面变脆。在摩擦过程中，有较小的颗粒脱落就会使磨损增大。

2. 表面质量对零件疲劳强度的影响

零件在长期承受交变载荷的工作条件下，其疲劳强度除了与零件材料的物理力学性能有关外，与表面质量的关系也很大。

在循环交变载荷下工作的零件，当表面上有微观不平度时便形成应力集中。应力集中主要发生在不平度的谷底上，谷底越深，谷尖半径越小，则应力集中越厉害。在谷底出现的应力数值可能超过金属的疲劳极限，促使裂纹逐渐扩展。当裂纹扩展到一定程度，在偶然超载冲击下，零件就会遭受破坏。因此，承受循环载荷的零件表面粗糙度值大时，就容易发生疲劳破坏。相反，减小表面粗糙度值将有助于提高疲劳强度。

铸铁和有色金属对应力集中不敏感，所以表面粗糙度值的大小对零件的疲劳强度影响不大。

金属的表面强化有助于提高零件疲劳强度，这是因为经过强化的表面层能阻碍疲劳裂纹的出现。强化过的表面层还可以显著地消除外部缺陷和表面微观不平度的有害影响。但冷硬层过大时，金属变脆，又容易产生裂纹，因此要求把冷硬层控制在合理的范围内。

疲劳强度还与零件表面的残余应力的性质有很大关系。表面层内有压缩残余应力时，将提高零件的疲劳强度；表面层内有拉伸残余应力时，将降低零件的疲劳强度。这是因为零件的疲劳破坏常常是由于反复的拉伸应力作用的结果，如果预先在零件的表面层中造成压缩应力，就可以抵消在循环交变载荷下所产生的拉伸应力的作用。

为提高零件的疲劳强度，可采用表面强化工艺，人为地在零件表面层造成压缩残余应力。表面强化工艺是通过冷挤压的方法使工件表面产生塑性变形，从而提高其表面层的硬度、强度，并形成残余压缩应力的工艺。在冷挤压过程中，表面微观凸峰被压平，从而也减小了表面粗糙度值。适当的表面强化不仅提高了零件的耐磨性，更重要的是提高了承受循环交变载荷零件的疲劳强度。

3. 表面质量对零件耐腐蚀性的影响

腐蚀性介质凝聚在金属表面，会对金属表层产生腐蚀作用。例如燃料在发动机中燃烧后的废气中含有酸性物质，它凝结在汽缸壁上，使汽缸壁发生腐蚀，加速了汽缸的磨损。机械加工后表面会产生凹谷或显微裂纹，腐蚀性物质就会积聚在凹谷和裂纹处，如图6-42所示，

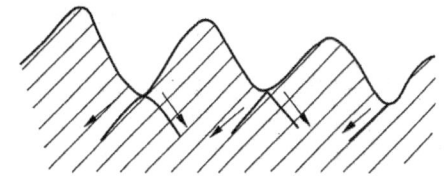

图6-42 表面腐蚀过程

并按箭头方向产生侵蚀作用，逐渐渗透到金属内部，使金属断裂而剥落下来，然后形成新的凹凸表面。以后腐蚀作用再由新的凹谷向内扩展，如此重复继续下去。腐蚀的程度和速度与零件表面粗糙度有很大关系，表面粗糙度值越大，凹谷越深，则越容易发生腐蚀。

在零件表面层造成压缩残余应力和一定程度的强化，将有助于提高零件的耐腐蚀性。

有些零件按其在机器中的作用，并不要求小的表面粗糙度值，但由于工作环境的原因，要求它有较高的耐腐蚀能力，此时，零件的表面必须经过抛光等精整、光整加工。

4．表面质量对零件配合性质的影响

在间隙配合中，如果零件的配合表面很粗糙，则在工作过程中将会很快磨损，使配合间隙增大，从而改变所要求的间隙配合性质。在过盈配合中，如果零件的配合表面很粗糙，则在配合时，表面的凸峰被压平，使有效过盈量减少，从而降低了过盈配合的连接强度。此外，在过盈配合中，如果表面强化现象严重，则强化层的金属在配合压力下很可能与内部金属脱离，从而破坏了配合性质。

【本章小结】

本章主要阐述了汽车零件机械加工工艺规程的制订原则、步骤和内容，讲述了尺寸链的基本原理、解题方法及其应用案例，分析了机械加工质量的形成机理及其控制方法。

【复习思考题】

1．工艺规程的作用是什么？制订工艺规程需具备哪些原始资料？
2．制订工艺规程应遵循哪些步骤？
3．零件加工工艺分析是分析哪些内容？
4．选择表面加工方案应遵循哪些原则？
5．粗基准选择应遵循哪些原则？
6．精基准选择应遵循哪些原则？
7．机械加工工艺过程为什么要划分加工阶段？
8．机械加工顺序应如何安排？
9．什么是工序集中？什么是工序分散？它们各有何优缺点？
10．什么是工序余量？什么是加工逆余量？影响工序余量的因素有哪些？
11．工序尺寸及其公差如何确定？
12．什么是尺寸链？尺寸链由哪几部分组成？如何建立尺寸链？
13．用极值法解算尺寸链的基本计算公式有哪些？
14．常用的工艺文件有哪几种？
15．什么是加工精度？其衡量指标是什么？
16．表面质量包括哪些内容？
17．影响加工精度的因素有哪些？
18．什么是加工误差？加工误差分为哪两大类？
19．何谓分布曲线法？点图有哪几种形式？各有何特点？
20．影响切削和磨削加工表面粗糙度的因素有哪些？如何减小切削和磨削加工的表面粗糙度值？
21．何谓表面强化和残余应力？如何控制？
22．工件表面在磨削加工中产生残余应力的原因和性质与切削加工是否相同？为什么？
23．何谓磨削烧伤？如何控制和避免？
24．机械加工表面质量对机器零件的使用性能有何影响？

第七章 装配工艺

【学习目标与要求】
- 了解汽车零部件的连接方法和装配作业的组织形式
- 了解并掌握装配精度的基本知识，学会运用尺寸链理论分析和解决装配精度问题
- 了解保证装配精度的五种装配方法
- 重点掌握完全互换、不完全互换和选择装配法
- 了解汽车装配全过程

第一节 概 述

任何机械产品都是由许多零件和部件所组成的，并按照规定的技术要求，将若干个零件装配成组件；然后由若干个组件和零件装配成部件；最后由所有的零件和部件装配成最终产品，该过程分别称为组装、部装和总装，统称为装配。

汽车的装配是整个汽车制造过程的最后阶段。汽车整车的质量最终是由总装配来保证的。虽然零件的加工精度是保证装配精度的基础，但是装配精度还与装配工艺和技术相关。例如：轴和滑动轴承分别都达到了很高的加工精度，但是如果装配间隙调整不当，则轴的回转精度就不能达到质量要求。有时为了降低制造成本，而适当降低零件的加工精度，以减少加工费用，然后通过合理的装配工艺来保证产品的精度要求。因此，汽车的装配是汽车制造过程中影响产品成本、质量、生产率和生产周期的重要环节。

一、产品的组成及零件、部件的连接方式

1. 产品的组成

按照装配工艺特点，产品可分为：零件、合件、组件及部件。合件、组件也称为部件，按其装配的从属关系分：将直接进入总装配的部件，称为部件；进入部件装配的部件称为1级部件；进入1级部件装配的部件称为2级部件；2级以下的部件，则称为分部件。它们之间的关系如图7-1所示。

2. 零件、部件之间的连接方式

零件、部件之间的连接，一般可分为固定连接和活动连接两大类，每类连接又可分为可拆卸和不可拆卸两种，如图7-2所示。

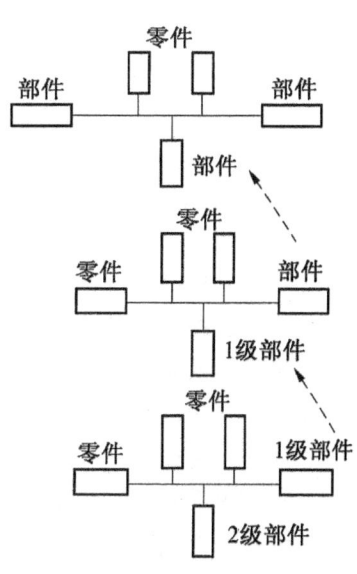

图7-1 产品的组成

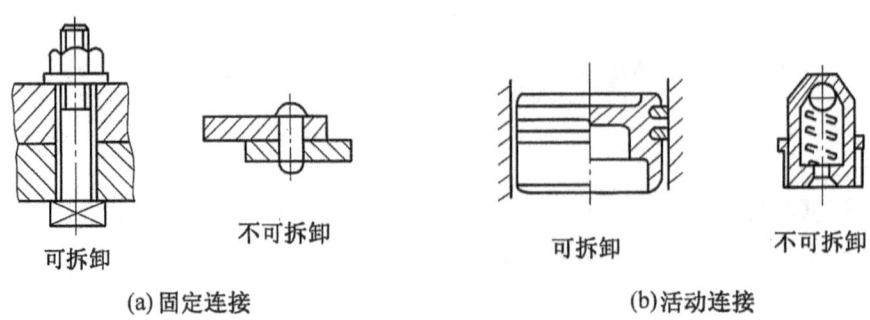

图 7-2 零部件的连接方式

二、装配精度

产品的质量以其工作性能、使用效果、精度和寿命等指标来综合评定。它主要取决于结构设计的正确性（包括正确选材）、零件的加工精度及其装配精度等。

正确地规定产品及其部件的装配精度是设计工作的重要内容之一。因为，装配的精度要求，既影响产品质量，又影响制造成本，因此，它也是确定零件精度要求和制订装配工艺的基本依据。

装配精度包括以下三个方面：

（1）各部件的相互位置精度。如位置尺寸精度、同轴度、平行度、垂直度等。

（2）各运动部件之间的相对运动精度。如直线运动精度、圆周运动精度、传动精度等。

（3）配合表面之间的配合精度和接触精度。

一般地说，产品的装配精度要求高，则零件的加工精度要求也高。但是，如果根据生产实际情况，制订出合理的装配工艺，也可以由加工精度较低的零件装配出装配精度较高的产品。总之，装配精度的保证，必须从产品的结构、零件的加工质量和装配方法以及检验等方面来综合加以考虑。

三、装配工艺过程及装配作业的组织形式

1. 装配工艺过程

装配工艺过程一般由以下五个阶段组成：

①装配前的准备（包括装配前的检验、清洗、分选等）；

②装配工作（部件装配和总装配）；

③校正（或调试）；

④检验（或试车）；

⑤油封、装饰。

2. 装配作业的组织形式

装配作业的组织形式可分为固定式装配和移动式装配两种。

（1）固定式装配。一个产品或部件的装配工作全部固定在一个装配地点（或一个装配

小组里）进行，所有的零件或部件都输送到这一装配地点（或装配小组里）。它又可分为集中装配和分散装配两种形式。

①集中装配。由一个工人或一组工人在一个工作地点完成某一产品的全部装配工作。在单件和小批生产或修理过程中常采用这种装配作业组织形式。

②分散装配。将产品划分为若干个部件，由若干个工人或若干小组，以平行的作业组织形式装配这些部件，然后把装配好的部件和零件一起总装成产品。这种装配作业组织形式最适合于品种较多、批量较大的产品的装配，也适合于较复杂的大型产品的装配。

固定式装配比较便于管理，装配周期长，需要工具和装备较多，要求工人的技术水平较高。

(2) 移动式装配。产品按一定的顺序，以一定的速度，从一个工作位置移动到另一个工作位置，在每一个工作位置上只完成一部分装配工作。根据其对移动速度的限制程度又分为自由移动装配和强制移动装配两种形式。

①自由移动装配。对移动速度无严格限制的移动式装配。它适合于修配工作量较多的装配。

②强制移动装配。对移动速度有严格限制的移动式装配。每一道工序完成的时间都有严格控制，否则，整个装配将无法进行。它又分为间断移动装配和连续移动装配。前者装配对象以一定周期定期移动；后者装配对象连续不停地移动。

移动式装配适合于大批量生产单一产品的装配作业，如汽车的装配。它的特点是生产效率高，对工人技术水平的要求不高，质量容易保证，但工人劳动较紧张。

第二节 装配尺寸链

为了保证汽车具有良好的动力性能和较长的使用寿命，汽车需要一定的装配精度。装配尺寸链就是为了保证装配精度而在实践中建立起来的理论，它可以合理地解决如何保证装配精度的问题。在汽车设计中常用装配尺寸链（在设计中应用时，也称设计尺寸链）进行分析和计算，合理地确定零件的尺寸公差和技术条件及验算部件的配合尺寸公差是否协调。制订装配工艺和解决产品的装配质量问题，也经常需要应用装配尺寸链。

一、装配尺寸链的基本概念

图7-3所示为某凸轮轴止推端与止推板的装配简图。为了保证凸轮轴回转时有必要的最小轴向间隙和不太大的窜动，在设计上，轴向间隙量 A_Σ 要控制在一定的范围。A_Σ 的大小取决于齿轮与轴颈之间的开挡宽度 A_1 和止推板的宽度 A_2 的大小及变动范围，因此 A_Σ，A_1，A_2 三者存在着如下的尺寸链关系：

$$A_\Sigma = A_1 - A_2$$

为了保证 A_Σ 的要求，需要通过尺寸链的计算来确定 A_1 和 A_2 的尺寸公差。

上例的尺寸链与工艺尺寸链本身并没有本质的区别。装配尺寸链反映的问题直观易懂，而工艺尺寸链涉及的问题较多一些。这里介绍一下装配尺寸链的有关概念。

组成尺寸链的尺寸就是尺寸链的"环"。图7-3所示的尺寸链就是由 A_Σ，A_1，A_2 三个"环"组成的三环尺寸链。

根据环在尺寸链中性质的不同，尺寸链的环分为封闭环与组成环，组成环又可分为增环和减环，与前面工艺尺寸链中所述相同，这里不再重复。

封闭环是在装配过程中间接形成的尺寸间隙，其精度是间接地保证的。它使尺寸链最后封闭起来。例如图7-3中的A_Σ就是封闭环，它的大小取决于该尺寸链中其他各环的尺寸。

组成环与封闭环的关系，实际上就是自变量与因变量的关系。这是因为组成环在加工时不可能绝对精确，而是保持在公差带所规定的范围

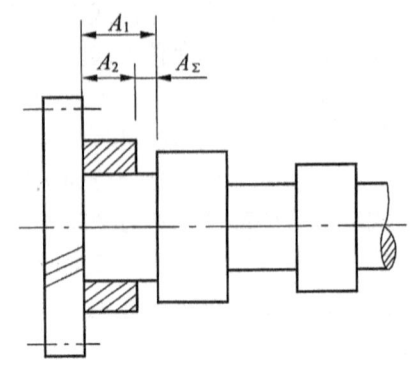

图7-3 齿轮轴止推端与止推板的装配图

内，这是一个自变量；封闭环的尺寸既然是由组成环的尺寸间接得到的，所以它是一个因变量。

在应用尺寸链的原理来作分析计算时，为了能清楚表示各环之间的相互关系，常将相互联系的尺寸组合从零件或部件的具体结构中单独抽出，绘成尺寸链图（如图7-3上方所示）。此图可不按严格比例画出，但应保持各环原有的连接尺寸关系。同一个尺寸链中的组成环以同一个字母来表示，例如A_1，A_2，A_3，…。封闭环则用具有下角标为"Σ"的同一个字母来表示，即写成A_Σ。

尺寸链的具体计算是以尺寸链方程式为基础的。确定尺寸链中封闭环（因变量）与组成环（自变量）之间的函数关系的公式，称为尺寸链方程式，例如$A_\Sigma = A_1 - A_2$（图7-3）。

下面来看尺寸链是怎样建立起来的。图7-4是某发动机的曲轴主轴颈与止推主轴承的装配简图，尺寸链的建立过程是：

（1）首先确定需要间接保证装配精度的尺寸，即尺寸链的封闭环。图7-4就是根据使用要求规定的轴向间隙A_Σ。

（2）确定组成环。找组成环要根据装配图上的装配关系及零件图的尺寸标注方法来确定。可以绘制有关零件的装配简图，标注出所有的有关尺寸（图7-4），从封闭环的任一面（尺寸线的任一端）开始找组成环。从影响封闭环尺寸大小的那些尺寸来找，也就是找与封闭环有直接尺寸关系的（在零件图上标注了尺寸的）表面，然后再找与这个表面有直接尺寸关系的表面，依此类推，一直找到封闭环的另一个面（尺寸线的另一端），而构成一个封闭的尺寸链为止（图7-4中，A_1，A_2，A_3，A_4为组成环，A_Σ为封闭环，它们构成封闭的尺寸链）。在找组成环的过程中，从某一个面可能引出（标注有）几个尺寸，但只有一个尺寸能与封闭环构成封闭尺寸链（图7-4中A_5便不能与封闭环构成封闭尺寸链，故不是组成环）。构成封闭的尺寸链后，除封闭环外，尺寸链包含的其他尺寸都是组成环。

（3）判定增环和减环。三环、四环尺寸链判定增环和减环比较容易，按照上述增环和减环的定义即可得出。多环尺寸链可用下述简捷方法判断：绘出尺寸链图，如图7-5所示，标出封闭环与组成环的尺寸或尺寸代号，如A_1，A_2，…，A_Σ。先在封闭环的尺寸

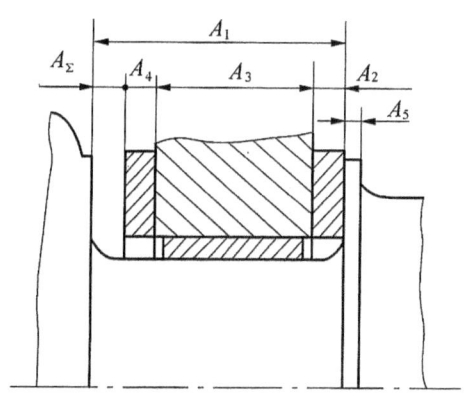 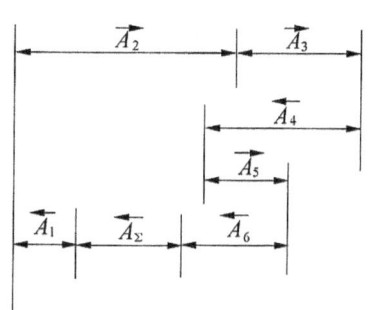

图 7-4 曲轴主轴颈与止推主轴承配合装配简图及轴向尺寸的尺寸链

图 7-5 判断尺寸链的增环和减环

(或代号)上方,标以单向箭头,再根据各环首尾连接的原则,依次给其他各环标以单向箭头,组成一个封闭的回路,然后根据箭头的方向进行判别。与封闭环箭头方向相反的为增环(A_2,A_3,A_5),与封闭环相同的为减环(A_1,A_4,A_6)。

根据图 7-5 中各尺寸线段的长度关系,可以直接写出尺寸链方程式:

$$A_\Sigma = A_2 + A_3 - A_4 + A_5 - A_6 - A_1$$
$$= (A_2 + A_3 + A_5) - (A_4 + A_6 + A_1)$$

可以看出,封闭环是由各组成环的相加或相减而得到的。相加的各组成环是增环;相减的各组成环是减环。由上述尺寸链方程式可以看出,这恰好与上述方法所判定的增环和减环一致,即组成环 A_2,A_3,A_5 为增环,组成环 A_1,A_4,A_6 为减环。装配尺寸链极值解法的计算公式与工艺尺寸链相同,这里不再重复。

二、装配尺寸链的解法

装配尺寸链中还经常用到概率解法。

按极值解法计算尺寸链时,封闭环公差等于组成环公差之和。如封闭环公差较小或组成环较多,各组成环的公差必然很小,这样将给零件加工带来困难或不经济,甚至达不到要求的精度。生产实践证明,在一批零件的加工中,零件的尺寸处于公差带中间部分的是多数,接近于极限尺寸的则很少。而且,各零件恰好都接近极限尺寸而装配在一起的机会极少,即封闭环的尺寸更集中出现在其公差带的中间部分,特别是当组成环数目较多时,具有极限尺寸的零件同时相遇的机会就更少。这时,仍采用极值解法确定零件的尺寸公差,在技术上不合理,在经济上不合算。在这种情况下,可用概率解法计算尺寸链,考虑封闭环尺寸按一定规律分布的情况,所确定的各组成环的公差可按概率的规律放宽(即封闭环的公差小于各组成环的公差的算术和),这样,既有利于加工(提高生产率,降低成本),又可保证绝大部分(99.5%以上)封闭环公差符合规定的要求。

在概率论中,随机变量(例如尺寸链的组成环)与随机变量的函数(例如封闭环)在计算上发生联系的主要是这样两个特征数:算术平均数 $\overline{A}$ 用来说明尺寸分布的集中位置;

均方根差 σ 用来说明尺寸分布对算术平均值的离散程度。

1. 各环公差值的计算

各零件加工尺寸的数值是彼此独立的随机变量,所以作为组成环合成量的封闭环的数值,也是一个随机变量。

由概率论原理可知,各独立随机变量的均方根偏差 σ_i 与这些随机变量之和的均方根偏差 σ_Σ 之间的关系为:

$$\sigma_\Sigma = \sqrt{\sum \sigma_i^2} \tag{7-1}$$

用概率论方法计算封闭环与组成环的误差量或公差关系时常以上式为基本依据。由于尺寸链不是以均方根偏差之间的关系,而是以误差量或公差之间的关系来计算的,上式还要转化为便于使用的公式。

当零件尺寸为正态分布时,其误差量(或尺寸分散范围)w 与均方根偏差 σ 的关系(通常取 6σ 作为尺寸分散范围 w 的大小)为 $w = 6\sigma$,即 $\sigma = \frac{1}{6}w$,当零件尺寸不是正态分布时,即需引入一个相对分布系数 K(见表 7-1):

$$\sigma = K \times \frac{1}{6} w \tag{7-2}$$

显然,正态分布时,$K = 1$。

表 7-1 分布曲线的 a 和 K 值

分布曲线的性质	正态分布	辛浦生律(等腰三角形)	等概率	平顶分布	试切法(轴形)	试切法(孔形)
a	0	0	0	0	≈0.26	≈-0.26
K	1	1.22	1.73	1.1~1.5	≈1.17	≈1.17

注:a 为相对不对称系数。

将式(7-2)代入式(7-1),注意封闭环与组成环在符号上的不同,可得:

$$K_\Sigma w_\Sigma = \sqrt{\sum_{i=1}^{n-1} K_i^2 w_i^2} \tag{7-3}$$

封闭环的尺寸分布性质取决于各组成环的尺寸分布规律、组成环的数目以及各组成环误差量之间的关系。在尺寸链中应不存在数值较其他组成环大很多、尺寸分布偏离正态分布很远的组成环的情况。不管各组成环的尺寸分布为何种形式,只要组成环的数目足够多,则封闭环的分布曲线总是服从或趋近于正态分布,即可取 $K_0 = 1$。例如,组成环不少于 3 个而都是误差相等的辛浦生律(等腰三角形)分布($K = 1.22$)者和组成环不少于 6 个而都是误差相等的等概率分布($K = 1.73$)者,封闭环的尺寸分布都是趋近于正态分布曲线的。

如果误差量 w_i 等于公差值 T_i,式(7-3)便成为概率解法的一个常用公式:

$$T_\Sigma = \sqrt{\sum_{i=1}^{n-1} K_i^2 T_i^2} \tag{7-4}$$

各组成环都是正态分布时,则为:

$$T_\Sigma = \sqrt{\sum_{i=1}^{n-1} T_i^2}$$

将概率解法与极值解法各自所求得的封闭环公差值进行比较(图7-6),可以看出,极值解法的 $T_\Sigma = \sum_{i=1}^{n-1} T_i$ 反映了封闭环尺寸变动的极限范围,它包含着尺寸出现的全部概率(100%);至于概率解法的 $T_\Sigma = \sqrt{\sum_{i=1}^{n-1} K_i^2 T_i^2}$,在正态分布下的取值范围是 $6\sigma_0$,相应的概率则是99.73%。由于超出 $6\sigma_\Sigma$ 以外的概率0.27%是很少的,所以可取 $6\sigma_0$ 作为封闭环尺寸的实际变动范围。这就

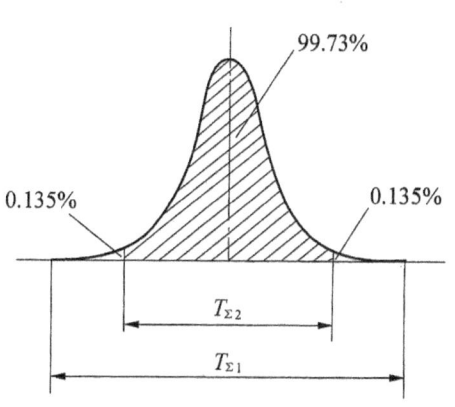

图7-6 极值解法与概率解法的比较

是概率解法所求得的封闭环公差会小于极值解法所求得者的实质。组成环越多,由概率解法求得的 T_Σ 较由极值解法求得的 T_Σ 所缩小的比值也越大。因此,在相同的封闭环公差值下,用概率解法计算出来的组成环的公差比用极值解法为大。由于概率解法扩大了组成环的公差,故可方便加工。采用概率解法时,零件装配后,装配误差(封闭环误差)在 $T_\Sigma = 6\sigma$ 范围内的部件占总数的99.73%,即可能有0.27%的部件不合格,由于部件超差(不能互换)的概率很小,因此,概率解法也可以近似地认为是完全互换法,为了区别起见,才将其称为部分互换法。

2. 各环算术平均值的计算

在确定了所有环的公差 T 以后,还要确定公差带的分布位置,尺寸分布的集中位置是用算术平均值 $\overline{A}$ 来表示的。

由概率论原理可以推知,封闭环的算术平均值 $\overline{A_\Sigma}$ 等于各增环算术平均值 $\overline{A_z}$ 之和减去各减环算术平均值 $\overline{A_j}$ 之和,即:

$$\overline{A_\Sigma} = \sum_{z=1}^{m} \overline{A_z} - \sum_{j=m+1}^{n-1} \overline{A_j} \qquad (7-5)$$

对上式同样要进行转化,使其成为具有平均尺寸 A_M 与中间偏差 EM_{A_M} 关系的公式,以便于尺寸链的计算。

如果各组成环的尺寸分布曲线是对称的,而且尺寸分布中心与公差带中心重合(图7-7),则各环的算术平均值 $\overline{A}$ 等于中间尺寸 A_M,将此关系代入式(7-5),可得:

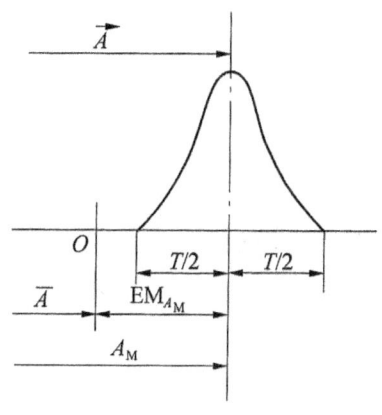

图7-7 对称分布时的尺寸计算关系

$$A_{\Sigma M} = \sum_{z=1}^{m} A_{zM} - \sum_{j=k+1}^{n-1} A_{jM} \qquad (7-6)$$

式(7-6)与极值解法公式完全相同，相应地，以中间偏差计算，可得：

$$EM_{A_\Sigma} = \sum_{z=1}^{m} EM_{A_z} - \sum_{j=m+1}^{n-1} EM_{A_j} \qquad (7-7)$$

式(7-7)与极值解法公式也完全相同。

其他计算公式与极值解法所用的相应计算公式也完全相同。

组成环的尺寸分布为不对称分布时，算术平均值 $\overline{A}$ 相对于公差带中心的尺寸（即中间尺寸 A_M）有一个偏移量 e，用 $e = a \times \dfrac{T}{2}$ 表示，即是：

$$\overline{A} = A_M + \frac{1}{2}aT = A + EM_A + \frac{1}{2}aT \qquad (7-8)$$

显然，若该尺寸公差 T 为定值，e 越大，则 a 也越大，可用 a 来说明尺寸分布的不对称程度，称为相对不对称系数。对于对称分布曲线来说，$a=0$。试切法所得尺寸分布曲线的 a 值见表7-1，a 为负值时，说明 $\overline{A}$ 小于 A_M，分布曲线偏向尺寸较小的一方。

将式(7-8)代入式(7-5)，并考虑到封闭环为正态分布时（组成环数目足够多），存在 $a=0$ 的情况，就可得到概率解法的另一个基本公式：

$$A_{\Sigma M} = \sum_{z=1}^{m} \left(A_{zM} + \frac{1}{2}a_z T_z \right) - \sum_{j=m+1}^{n-1} \left(A_{jM} + \frac{1}{2}a_j T_j \right) \qquad (7-9)$$

相应地，中间偏差则为：

$$EM_{A_\Sigma} = \sum_{z=1}^{m} \left(EM_{A_z} + \frac{1}{2}a_z T_z \right) - \sum_{j=k+1}^{n-1} \left(EM_{A_j} + \frac{1}{2}a_j T_j \right) \qquad (7-10)$$

如果各组成环为对称分布，则 $a_i = 0$，因此式(7-9)和式(7-10)就分别变成式(7-6)和式(7-7)的形式了。

3. 概率解法的近似估算法

同极值解法相比，概率解法是一种更科学、合理的方法，但由于计算复杂，在应用上受到一定限制，在组成环数目较多而要用概率解法时，需要知道各组成环的误差分布情况和 K_i 及 a_i 的数值。如有现场统计资料或经验数据，可以进行计算，但是通常缺乏这种资料，也往往不能预先确定零件的加工条件，在此情况下，只能应用 K_i 及 a_i 的假定值（见表7-1）进行近似的估算。

近似估算法是以不考虑各环的尺寸分布曲线是否对称分布于公差值的全部范围内而取 $a_i = 0$ 及 $w_i = T_i$ 为前提，并取一个共同的相对分布系数的平均值 K_M 来进行估算。至于 K_M 的数值，有些资料建议在 $1.2 \sim 1.7$ 范围内选取，有些资料则在一定统计试验基础上提出建议采用 $K_M = 1.5$ 的经验数据。

必须指出，近似估算法的应用范围是有条件的，即组成环的数目较多。假如组成环的数目不多，各环的误差值相差太大。例如，取 $K_M = 1.5$，若组成环的数目为2，则所得的 T_Σ 值反而要比极值解法求得的为大，这种近似的估算是没有意义的；组成环的数目为3或稍多，也是要求各环误差值不能相差太大；环数越多，则估算的实用性越好。

用近似估算法可使计算简化。由式(7-4)可得：

$$T_\Sigma = K_M \sqrt{\sum_{i=1}^{n-1} T_i^2} \qquad (7-11)$$

式中，K_M 为相对分布系数的平均值，取 $K_M = 1.5$；T_i 为组成环公差；n 为组成环环数，$n \geqslant 5$。

第三节　保证装配精度的装配方法

运用装配尺寸链，可解决下述两方面的问题：

(1) 根据图样上一个组成环的基本尺寸和上、下偏差确定封闭环的变化范围，即审核它是否满足装配精度要求，称之为正计算。

(2) 根据装配精度的要求，即已知封闭环的尺寸变动范围和各组成环的基本尺寸，确定各组成环的上、下偏差，称为反计算。解决这类问题要根据装配精度来确定各零件的尺寸公差，即公差分配。

根据生产方式、装配精度及部件结构的不同，应选用不同的保证装配精度的方法，以达到良好的经济效果。保证装配精度的方法（解装配尺寸链的方法）有完全互换装配法、不完全互换装配法、选择装配法、修配装配法及调整装配法五种。

一、完全互换装配法

完全互换装配法就是把部件中的每个零件按图样公差要求加工后，不需要经过任何选择、修配和调整，装配起来就能达到规定的装配精度要求的装配方法。

这种方法的优点是：装配工作简单，生产率高，不需要技术水平很高的装配工人，有利于组织流水生产，便于采用协作方式来组织生产，也容易解决备件的供应问题，有利于维修工作。其缺点是：当封闭环的精度要求高而组成环的数目又多时，采用完全互换法所确定的各组成环的公差将会很小，难于制造，也不经济。完全互换装配法可用极值解法来计算尺寸链，极值解法计算简便可靠，在我国汽车的设计制造中应用较广。

根据极值解法进行反计算时，待定的组成环数在 2 个以上者，就有如何将封闭环的公差分配给各组成环及确定这些组成环公差带的分布位置的问题。

对于还参加到别的装配尺寸链组成中的组成环，即作为并列尺寸链公共环的组成环，其公差和分布位置应根据在装配精度方面对它要求较严的那个尺寸链来决定。因而，对本尺寸链的计算来说，它可能是已定值或待定值。

各待定的组成环的公差，一般可按各环加工的难易程度加以分配。例如，尺寸相近且加工方法相同，或尺寸不同而加工方法与加工精度相当的组成环，可取相同的精度等级；尺寸较大、成本高的零件或加工精度不容易保证的组成环可取较大的公差值。

至于公差带的分布位置，一般来说，相当于轴的被包容尺寸者，可标注成单向负偏差 $(-T)$ 的形式；相当于孔的包容尺寸者，可标注成单向正偏差 $(+T)$ 的形式；孔间距等则可标注成双向对称偏差 $\left(\pm \dfrac{T}{2}\right)$ 的形式。

应当指出，为了便于使用标准的极限量规，应使各组成环尺寸的公差和分布位置尽可能符合国家标准中关于公差与配合的规定。作为基准件的公差应用较广,故优先选用。如果组成环的公差分配所得的数组只能与某一种配合一致,为了能用该种配合的极限量规,其尺寸偏差应尽可能按该种配合所规定的偏差选取(即不取单向偏差的标注形式)。

显然,当各组成环都按上述原则确定其公差时,其公差的累积值往往不能满足封闭环的要求。这就需要从各组成环中保留一个(或两个)组成环,其公差和分布位置就不能按上述原则确定,必须根据它与各环相协调,并使所得的封闭环与装配精度的要求相同来决定。这种组成环称为协调环。它应是容易制造和便于使用通用量具的尺寸。现举例如下。

【例 7-1】 图7-4所示某发动机的曲轴主轴颈与止推主轴承的配合中,由主轴颈、两个止推环、主轴承的轴向尺寸和轴向间隙形成一个装配尺寸链。根据使用要求,规定轴向间隙 $A_\Sigma = 0^{+0.25}_{+0.07}$ mm。由结构设计要求可知,主轴颈轴向长度 $A_1 = 44$ mm,主轴承轴向长度 $A_3 = 38$ mm,两止推垫片 $A_2 = A_4 = 3$ mm。现确定有关零件轴向尺寸的公差和分布位置。

解题的一般步骤如下:

1) 绘出装配尺寸链图,找出组成环,判定增环和减环。由图 7-4 的结构图可知:A_Σ 是封闭环,A_1 是增环,A_2、A_3、A_4 是减环,构成一个五环($n=5$)尺寸链。绘成如图 7-4 上方所示的尺寸链图。

2) 确定各组成环尺寸的公差值。各组成环公差之和 $\sum T_i$ 不应超过封闭环公差,即

$$\sum_{i=1}^{n-1} T_i = T_1 + T_2 + T_3 + T_4 \leq T_\Sigma = 0.25 - 0.07 = 0.18 (\text{mm})$$

组成环的公差可有不同的组合,为了计算上的方便,一般可先按各组成环为"等公差"的分配方法求出各组成环的平均公差:

$$T_{iM} = \frac{T_\Sigma}{n-1} = \frac{0.18}{4} = 0.045 (\text{mm})$$

由所得的数值可以看出,零件的制造精度要求较高,但加工还不是很困难,而且组成环数不是很多,可以采用极值解法。

上面求出的平均公差是为了具体分配各组成环公差时所做的初步估计。第二步要考虑各组成环在制造时技术上的可能性和经济上的合理性,调整各组成环的公差,但修改后的公差之和仍应满足 $T_\Sigma \geq \sum\limits_{i=1}^{n-1} T_i$。

考虑到 A_2、A_4 容易加工,A_1、A_3 轴向尺寸加工时较难保证,故将各个组成环的公差调整为:

$$T_1 = 0.1 \text{ mm};\quad T_2 = T_4 = 0.015 \text{ mm};\quad T_3 = 0.05 \text{ mm}。$$

代入式 $T_\Sigma = \sum\limits_{i=1}^{n-1} T_i$ 得

$$T_\Sigma = 0.1 + 0.015 + 0.05 + 0.015 = 0.18 (\text{mm})$$

故满足要求。

3) 确定各组成环 A_1、A_3 公差带的分布位置(上、下偏差)。

组成环 A_1 为包容尺寸,取为:上偏差 $ES_{A_1} = 0.1$ mm;下偏差 $EI_{A_1} = 0$ mm。对于基

本尺寸 $A_1 = 44$ mm，它相当于 H10。

组成环 A_3 为被包容尺寸，取为：上偏差 $\mathrm{ES}_{A_3} = 0$ mm；下偏差 $\mathrm{ES}_{A_3} = -0.05$ mm。对于基本尺寸 $A_3 = 38$ mm，它相当于 h9。

4) 确定协调环 A_2，A_4 的上、下偏差。根据平衡各环的需要，协调环 A_2，A_4 的公差和分布位置不能再按单向偏差的形式标注，而由尺寸链的计算来确定。

为了便于制造，取 A_2，A_4 的上偏差相等（$\mathrm{ES}_{A_2} = \mathrm{ES}_{A_4}$）和下偏差相等（$\mathrm{EI}_{A_2} = \mathrm{EI}_{A_4}$）。

由偏差计算公式知：
$$\mathrm{ES}_{A_\Sigma} = \mathrm{ES}_{A_1} - \mathrm{EI}_{A_2} - \mathrm{EI}_{A_3} - \mathrm{EI}_{A_4}$$

则
$$0.25 = 0.1 - \mathrm{EI}_{A_2} - (-0.05) - \mathrm{EI}_{A_4}$$

得 A_2，A_4 的下偏差：
$$\mathrm{EI}_{A_2} = \mathrm{EI}_{A_4} = -0.05 \text{ mm}$$

因
$$\mathrm{EI}_{A_\Sigma} = \mathrm{EI}_{A_1} - \mathrm{ES}_{A_2} - \mathrm{ES}_{A_3} - \mathrm{ES}_{A_4}$$

则
$$0.07 = 0 - \mathrm{ES}_{A_2} - 0 - \mathrm{ES}_{A_4}$$

得 A_2，A_4 的上偏差
$$\mathrm{ES}_{A_2} = \mathrm{ES}_{A_4} = -0.035 \text{ mm}$$

最后，将各组成环的尺寸和上、下偏差标注出来：

$A_1 = 44^{+0.1}_{0}$ mm

$A_2 = A_4 = 3^{-0.035}_{-0.05}$ mm

$A_3 = 38^{0}_{-0.05}$ mm

二、不完全互换装配法

在大批量生产或机械加工工艺系统的工况很稳定的情况下，零件加工的尺寸是极限尺寸的概率是很小的，并且所有组成环尺寸均处于极限尺寸进行组合装配的概率会更小。所以，采用完全互换法装配是不合理的。这时，可以采用不完全互换装配法保证装配精度。这种方法保证装配精度是以一定的合格率（亦称置信水平）为依据的。

不完全互换装配法是将零件尺寸公差都放大到经济加工精度要求的公差大小，装配时零件不需挑选或修配，就能使绝大多数装配产品达到装配精度要求。不完全互换装配法解算装配尺寸需用概率法，故也称为统计互换装配法或大数互换装配法。现举例如下。

【例 7-2】 某发动机的曲轴止推端装配图如图 7-8a 所示。在机体第一轴承座的前后端面装有止推片，通过第一曲拐在曲柄臂的台阶面和正时齿轮之间的开挡配合而进行轴向定位，正时齿轮是用起动爪等压到第一主轴颈的左端台阶上。根据使用要求的规定，装配后的轴向间隙最小为 0.05、最大为 0.25 mm（$A_\Sigma = 0^{+0.25}_{+0.05}$ mm）。零件图给出的有关组成尺寸如下：

第一主轴颈宽 $A_1 = 43.5^{+0.1}_{+0.05}$ mm；

前止推片厚 $A_2 = 2.5^{0}_{-0.04}$ mm；

机体轴承座宽 $A_3 = 38.5^{0}_{-0.07}$ mm；

后止推片厚 $A_4 = 2.5^{0}_{-0.04}$ mm。

生产实践表明，曲轴的轴向最大装配间隙从未超过 0.1 mm，且在圆周上此间隙值是变化的，严重时曾发生趋向于没有间隙的情况，使止推片表面划伤，甚至高度发热而咬死。现分析轴向间隙的装配质量问题，并提出解决方法。

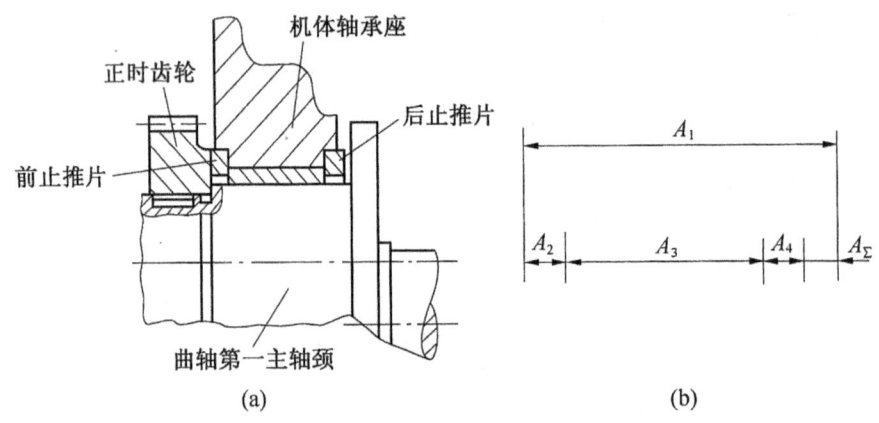

图 7-8 某发动机的曲轴止推端装配图

从装配图初步看来，影响封闭环的轴向间隙 A_Σ 的各组成环如图 7-8b 所示，A_1 是增环，A_2、A_3、A_4 是减环。通过极值解法的验算很容易判断原零件图上的这些尺寸公差是用极值解法规定的。

但是，进行深入分析研究后，查明在尺寸链的组成环中，还必须包括这些有关零件表面的垂直度和平行度等误差，即原来极值解法所用装配尺寸链的组成环是不全面的，在产品结构设计上还有需要改进的地方：

1）增添组成环项目。下列零件的垂直度和平行度等项目，必须同时列为尺寸链的组成环：

① 机体轴承座两止口端面对主轴承座孔轴线的摆差，在图样上规定不大于 0.06 mm。

在实际加工时，此两止口端面是用同一主轴上的两把铣刀在行星铣床上同时进行加工的，铣出的两端面对主轴承座孔轴线的摆差向着同一个方向倾斜（图 7-9），显然此摆差值 Δ 会"吃掉"装配间隙。

此摆差值在现场一般控制在 0.06 mm 以内。

② 止推片的平面度。零件图中规定，止推片在 49 N 负荷下，平面度、斜度等不大于 0.025 mm。由于止推片的翘曲，使轴线间隙值减小。装配时止推片的轴向负荷与 49 N 的负荷情况不同，但准确地计算比较困难。这里就以平面度为 0.025 来计算。

③ 第一主轴承盖相对于轴承座在装配时的轴向错位（图 7-10）。

由于装主轴承座盖时没有纵向定位机构，难免产生轴向错位。这使止推片之间的距离

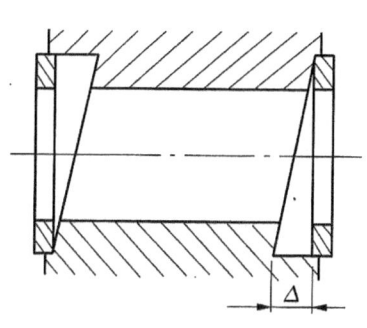

图 7-9 轴承座两止口端面向同一个
方向倾斜的端面摆差

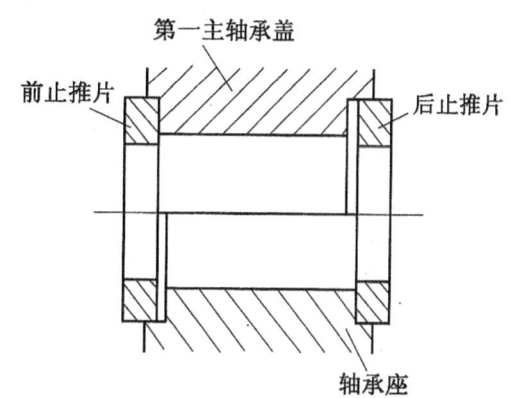

图 7-10 轴承座盖在装配时
产生轴向错位

增大,同样"吃掉"了与错位量等值的间隙值。暂以错位量为 0.05 mm 计算。

可以将影响轴向间隙 A_Σ 的新的装配尺寸链绘于图 7-11 中,并将其组成环的尺寸公差列于表 7-2 中。

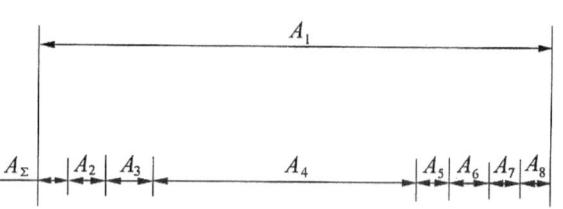

图 7-11 影响曲轴轴向间隙的新装配尺寸链

表 7-2 新装配尺寸链组成环零件尺寸表 mm

名 称	符号	极限尺寸	公差 T_i	中间偏差 EM_{A_i}
曲轴第一主轴颈宽度	$\vec{A_1}$	$43.5^{+0.1}_{+0.05}$	0.05	0.075
前止推片厚	$\overleftarrow{A_2}$	$2.5^{\ 0}_{-0.04}$	0.04	-0.02
前止推片平面度	$\overleftarrow{A_3}$	$0^{+0.025}_{0}$	0.025	0.0125
机体轴承座宽	$\overleftarrow{A_4}$	$38.5^{\ 0}_{-0.07}$	0.07	-0.035
机体轴承座端面摆差	$\overleftarrow{A_5}$	$0^{+0.06}_{0}$	0.06	0.03
后止推片厚	$\overleftarrow{A_6}$	$2.5^{\ 0}_{-0.04}$	0.04	-0.02
后止推片平面度	$\overleftarrow{A_7}$	$0^{+0.025}_{0}$	0.025	0.0125
轴承盖装配的错位	$\overleftarrow{A_8}$	$0^{+0.05}_{0}$	0.05	0.025

2) 验算实际轴向间隙值 A_Σ

①轴向间隙的实际变动量 T_Σ。此尺寸链共有 9 个组成环,各环尺寸分布曲线未作统计分析,故以概率近似估算法求解,取相对分布系数平均值 $K_M = 1.5$,得:

$$T_\Sigma = K_M \sqrt{\sum_{i=1}^{n-1} T_i^2} = 1.5 \sqrt{\sum_{i=1}^{8} T_i^2}$$

将表 7-3 中的公差 T_i 值代入上式,得:

$$T_\Sigma = 1.5 \sqrt{0.05^2 + 0.04^2 + 0.025^2 + 0.07^2 + 0.06^2 + 0.04^2 + 0.025^2 + 0.05^2} = 0.2 \text{(mm)}$$

②轴向间隙的实际平均偏差值

$$\text{EM}'_{A_\Sigma} = \sum_{z=1}^{m} \text{EM}_{A_z} - \sum_{j=m+1}^{n-1} \text{EM}_{A_j}$$

将表 7-3 中的平均偏差 EM_A 值代入上式，得：

$\text{EM}'_{A_\Sigma} = 0.075 - [(0.0125 + 0.03 + 0.0125 + 0.025) - (0.02 + 0.035 + 0.02)] = 0.07 (\text{mm})$

轴向间隙的基本尺寸为零，EM'_{A_Σ} 就是轴向间隙的实际平均尺寸 $A'_{\Sigma M}$，因为 $A_M = A + \text{EM}_A$，得：

$$A'_{\Sigma M} = \text{EM}'_{A_\Sigma} = 0.07 \text{ mm}$$

由计算所得的轴向间隙量为：

$$A'_\Sigma = \text{EM}'_{A_\Sigma} \pm \frac{1}{2} T_\Sigma = 0.07 \pm \frac{0.2}{2} = \{{}^{+0.17}_{-0.03}(\text{mm})$$

最小间隙值为 -0.03 mm，说明没有间隙，即正时齿轮在装配时靠不到曲轴第一主轴颈的左面台阶，却是压在前止推片上，因而造成端面划伤，甚至发热而咬死。

3) 修改原设计。根据上述的分析计算，并考虑到实际上还有其他一些误差因素也会导致装配间隙量的减少，还必须包括在内。设这些误差因素的平均偏差值为 -0.02 mm，则轴向间隙的实际平均偏差值为：

$$\text{EM}_{A_\Sigma} = \text{EM}'_{A_\Sigma} - 0.02 = 0.07 - 0.02 = 0.05 (\text{mm})$$

这样，最后将曲轴第一主轴颈宽基本尺寸加大 0.1 mm，即成为 $A'_1 = 43.6^{+0.1}_{+0.05}$ mm。A_1 是增环，故由此求得轴向间隙的中间尺寸为：

$$A_{\Sigma M} = 0.1 + \text{EM}_{A_\Sigma} = 0.1 + 0.05 = 0.15 (\text{mm})$$

轴间装配间隙量为：

$$A_\Sigma = A_{\Sigma M} \pm \frac{1}{2} T_\Sigma = 0.15 \pm \frac{0.2}{2} = 0.05 \sim 0.25 (\text{mm})$$

恰好与使用要求的规定 $A_\Sigma = 0^{+0.25}_{+0.05}$ mm 相符。

通过本例说明，在某些情况下，尺寸链的计算不应只考虑零件长度尺寸公差对装配精度的影响，还必须考虑垂直度、平面度等的影响。

三、选择装配法

在设计产品时，有时会遇到装配尺寸链的环数不多，但封闭环精度要求很高，如用完全互换法计算，组成环的公差就会很小，因而组成环零件的加工很困难或极不经济。选择装配法有直接选配法和分组互换法两种。在汽车制造中采用较多的是分组互换法。分组互换法是在设计时将尺寸链按完全互换法所确定的各组成环零件的公差放大几倍（一般为 2～4 倍），使其能按经济精度加工，再把各零件放大后的公差带都等分成几组，也就是将各零件按尺寸的大小分成几组，零件按对应的组装配在一起，以保证封闭环要求的配合精度及配合性质。同一个组的零件可以互换，故称为分组互换法。分组以后，每组内零件尺寸的公差很小，因此能达到很高的装配精度。零件尺寸的制造公差比分组的公差放大几倍（倍数等于分组数），便于加工。举例说明如下。

【例 7-3】 某汽油机的汽缸孔径和活塞裙部外径的配合（图 7-12），要求配合间隙为 $A_{\Sigma\min}=0.075$ mm，$A_{\Sigma\max}=0.085$ mm（$T_\Sigma=0.01$ mm）。按极值解法确定的两个组成环尺寸公差为：

汽缸直径：$A_1=\phi 40^{+0.005}_{0}$ mm（$T_{A_1}=0.005$ mm）

活塞裙部直径：$A_2=\phi 40^{-0.075}_{-0.08}$ mm（$T_{A_2}=0.005$ mm）

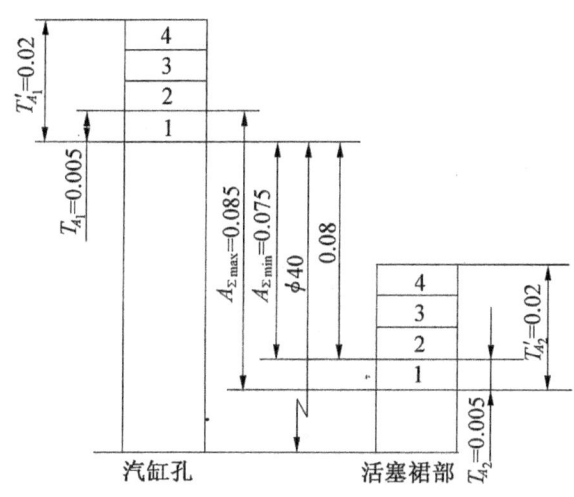

图 7-12 汽缸孔与活塞裙部的配合采用分组互换法示意图

由于对零件的公差要求很严，比 IT5 还高，制造很不经济，生产率也低。因此，采用分组互换法，将两个配合件的上述公差放大 4 倍，取 $T'_{A_1}=T'_{A_2}=0.02$ mm，汽缸直径尺寸公差为 $\phi 40^{+0.02}_{0}$ mm，活塞裙部直径尺寸公差为 $\phi 40^{-0.06}_{-0.08}$ mm。然后将制成的零件进行测量，按汽缸直径和活塞裙部直径的实际尺寸各分成 4 组（$T'_{A_1}=T'_{A_1}=4T_{A_1}=4T_{A_2}=4\times 0.05=0.02$ mm），大汽缸孔配大活塞，小汽缸孔配小活塞，见表 7-3。

表 7-3 汽缸直径和活塞裙部直径按分组互换法分组　　　　　　　　　　mm

组 别	标志颜色	汽缸直径	活塞裙部直径	配合间隙	
				最小尺寸	最大尺寸
第 1 组	红	$\phi 40^{+0.005}_{0}$	$\phi 40^{-0.075}_{-0.08}$	0.075	0.085
第 2 组	黑	$\phi 40^{+0.01}_{+0.005}$	$\phi 40^{-0.07}_{-0.075}$		
第 3 组	绿	$\phi 40^{+0.015}_{+0.01}$	$\phi 40^{-0.065}_{-0.07}$		
第 4 组	白	$\phi 40^{+0.02}_{+0.015}$	$\phi 40^{-0.06}_{-0.065}$		

这样，同一组的汽缸和活塞相配，可以完全互换，能保证配合间隙 $A_{\Sigma\min}=0.075$ mm 和 $A_{\Sigma\max}=0.085$ mm 的要求。

还可以看出，为了保证每一组的配合间隙都处于 0.075～0.085 mm 范围内，两个组成环的公差应取等值，即 $T_{A_1}=T_{A_2}$（或 $T'_{A_1}=T'_{A_2}$）。否则，随着级别的变化，虽然配合精度保持不变，但是配合性质将逐渐发生变化。

由此可见，分组互换法的特点是：

(1) 一般用在组成环数目为 2 个（或 3 个）的配合件（如轴和孔）而封闭环精度要求很高的情况下。在发动机制造中常用于活塞销与活塞销孔、活塞销与连杆小头孔、汽缸孔与活塞裙部等的配合。

(2) 为了保证分组后各级的配合精度和配合性质与原要求相同，配合件的公差要相等，公差增大时要向公差带同方向增大，增大倍数就是分组的数目。

如图 7-13 所示，若把汽缸直径和活塞裙部直径的公差均放大 n 倍，则两者的公差为 $T' = nT$。再将两者的尺寸分为 n 组，这样每组公差仍为 $\frac{T'}{n} = T$。由此可知，每一组的配合精度和配合性质是不变的。

如果汽缸孔与活塞裙部的公差不相等，可以保持各组的配合精度不变，但配合性质却要变化，以致各组的最大间隙及最小间隙将不相等。因此，在设计上一般都使配合件的公差相等。

(3) 配合件的分组数不宜太多，以能够达到经济加工精度为原则。否则，零件的测量、分组、保管、运输、装配等就会复杂化，容易造成混乱。

(4) 由于装配精度取决于分组公差，零件的表面粗糙度和形位公差均需与分组公差相适应，不要因此降低其技术要求。也就是说，采用分组互换法时，零件的尺寸公差可以放大，但是表面粗糙度和形位公差仍需严格控制，形位公差一般应小于分组公差的 50%。所以，分组公差值不能任意缩小。

(5) 为了保证分组后在装配过程中零件能顺利地进行配套，两零件的尺寸分布规律应为正态分布，这样才不会产生各组中两零件数量不等的情况。如果在加工中有某些因素具有较大影响，造成零件不是正态分布，如图 7-13 所示，各组的尺寸分布就不对应，以致各组零件数相差悬殊。在生产批量小的情况下，由于不能配套，有时使装配工作不能正常进行，所以配合件的尺寸分布规律接近相同、工艺稳定、备件数量多等特点的大批、大量生产情况，可采用这种方法。但是，在实际生产中，

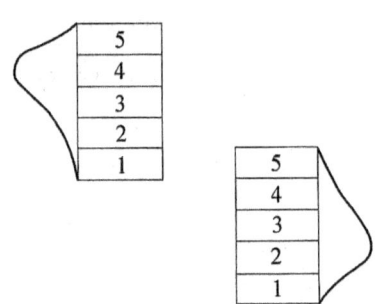

图 7-13 采用分组互换法时孔和轴的尺寸分布曲线

由于各种原因，往往还是不能全部配套，这就只能在积累相当数量后，专门加工一批零件来进行配套。

因此，分组互换法只是用于装配精度要求很高的少环（一般组成环数为 2）尺寸链和大批、大量生产的情况。这种装配方法生产组织复杂，应用并不广泛。

四、调整装配法

对于封闭环精度要求较高的多环装配尺寸链，若用完全互换法，组成环的公差就很小，加工困难；若用分组互换法，由于环数多，零件分组的工作相当复杂。在此情况下，可以采用调整法。

调整法的实质也是扩大组成环的公差，使各组成环按经济加工精度制造。选一调整件，装配时调整它的位置，或选用一合适尺寸的调整件来保证装配精度要求的方法。调整法有固定调整法和可动调整法两种。

1. 固定调整法

固定调整法就是在尺寸链中加入一个（或几个）具有适当尺寸的零件作为调整环（该零件称为调整件）。通过计算按一定的尺寸级别制成的一批专用零件，装配时根据需要，选用某级的专用零件来做补偿，从而达到规定的装配精度。

通常使用的调整件有垫片、套筒等简单零件。例如，在发动机中用来调整轴承间隙、调整水泵叶轮侧面的间隙、调整喷油泵供油提前角所用的垫片等。

2. 可动调整法

可动调整法就是在尺寸链中选定一个（或几个）零件作为调整环，用改变调整件的位置的方法来调整所积累的封闭环的误差，从而保证装配精度要求。

采用可动调整法，在调整过程中不需要拆卸零件，所以比较方便，减少了装配工作量。

常用的可动调整件有螺钉、螺母、楔等。

在产品中使用调整法来保证装配精度的例子很多。如图 7-14 所示，轴承间隙用调整螺钉来调整，使轴承外环相对于内环有适当的间隙，以便保证有足够的刚性，同时又不过紧而引起发热。图 7-15 为丝杠螺母间隙的调整，转动中间螺钉，通过斜面来改变间隙的大小。

图 7-16 所示为发动机气门间隙的调整方法。为了保证挺柱未抬起时进排气门与摇臂之间保持适当的间隙 N，在与推杆接触的摇臂端部装有气门间隙的调整螺钉，以进行调整。此外，有些喷油泵凸轮上面的辊轮挺柱装有用来调整供油提前角的调整螺钉，这些都是可动调整的例子。

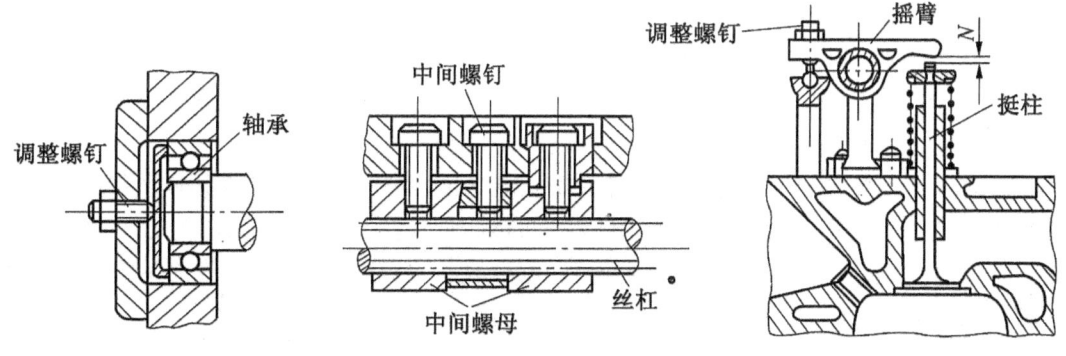

图 7-14 轴承间隙的调整　　图 7-15 丝杠螺母间隙的调整　　图 7-16 气门间隙的调整

设计可动调整件时，其最大调整量必须考虑到最大的补偿数值，同时还要考虑产品在使用过程中由于零件磨损、温度变化等而使组成环尺寸发生的变化以及所能补偿的最大量。

调整法的特点是：

(1) 加大了组成环的公差，使零件制造容易。

(2) 采用可动调整件，能使封闭环达到任何一个精度等级。

(3) 在使用过程中，可以用调整可动调整件或更换固定调整件的方法来恢复部件的原有精度。

(4) 装配工作简单，不需要修配。所需装配工时比较固定，便于组织流水生产。

(5) 必须有作为调整件的零件，往往增加了零件数，因而使结构复杂化，以致有时难以实现，故在使用上受到限制。

根据这些特点，调整法适用于封闭环精度高的尺寸链及在使用过程中组成环零件的尺寸容易变化（因磨损、温度变化等）的尺寸链。

五、修配装配法

单件、小批生产由于产品数量小，可用修配法来保证装配精度。在装配精度要求高的尺寸链中，用极值解法则要求组成环的公差很小，难以加工。修配法就是将各组成环按经济加工精度制造（公差不可过分放大）。装配时根据实际测量的结果来修配在尺寸链中预先选定的容易修配的某个组成尺寸，以保证装配精度要求。进行修配的零件称为修配件，该环称为修配环。

修配法的主要问题是如何确定修配环的预加工尺寸，使之有足够而又是尽可能小的修配余量。确定修配环的预加工尺寸，一般可用极值解法求得，组成环很多时也可考虑采用概率解法。修配环对封闭环尺寸变化的影响，可分为修配环被修配时使封闭环尺寸变小或变大两种情况。

1. 修配时封闭环尺寸变小

如图 7-17 所示的简单尺寸链，如果部件的实际结构是以 A_1 为修配环，在 A_1 越修越短的情况下，封闭环的尺寸 A_Σ 也就越小。这样，当装配后所得封闭环的实际数值大于规定的最大值时，就可把修配环 A_1 加以修配，直到达到装配精度要求为止。相反，如果环的实际数值已经小于规定的最小值，修配环再被修配，只能使封闭环更小，达不到装配的精度要求。

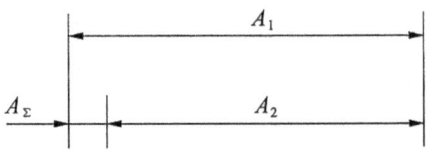

图 7-17 计算修配环的尺寸链图

所以，为了使装配后通过对修配环的修配能满足装配的要求，就必须使所得封闭环的实际尺寸 $A'_{\Sigma \min}$ 在任何情况下都不小于规定的封闭环的最小值 $A_{\Sigma \min}$。为了使修配量最小，就要使 $A'_{\Sigma \min} = A_{\Sigma \min}$。根据这个关系，在修配环被修配而封闭环变小的情况下，所用的计算式为：

$$A'_{\Sigma \min} = A_{\Sigma \min} = \sum_{z=1}^{m} A_{z\min} - \sum_{j=m+1}^{n-1} A_{j\max} \tag{7-12}$$

或

$$EI_{A'_\Sigma} = EI_{A_\Sigma} = \sum_{z=1}^{m} EI_{A_z} - \sum_{z=m+1}^{n-1} ES_{A_j} \tag{7-13}$$

根据式(7-12)或式(7-13)，将修配环作为未知数，就可求出修配环的预加工尺寸。根据部件实际结构的不同，修配环可以是增环，也可以是减环。

2. 修配时封闭环尺寸变大

如图 7-17 所示，如果部件的实际结构是以 A_2 为修配环，在 A_2 越修越短的情况下，封闭环的尺寸也就越大。因此，装配后所得封闭环的实际尺寸 $A'_{\Sigma \max}$ 在任何情况下都不能大于规定的封闭环的最大值 $A_{\Sigma \max}$。根据这个关系，便可得出在修配环被修配，而封闭环变大的情况下所用的计算式为：

$$A'_{\Sigma\max} = A_{\Sigma\max} = \sum_{z=1}^{m} A_{z\max} - \sum_{j=m+1}^{n-1} A_{j\min} \qquad (7-14)$$

或

$$\mathrm{EI}_{A'_{\Sigma}} = \mathrm{EI}_{A_{\Sigma}} = \sum_{z=1}^{m} \mathrm{EI}_{A_z} - \sum_{j=m+1}^{n-1} \mathrm{ES}_{A_j} \qquad (7-15)$$

根据式(7-14)或式(7-15)，就可求出修配环的预加工尺寸。根据部件实际结构的不同，修配环可以是增环或减环。

修配法主要用于单件生产和小批生产，在汽车制造中也有应用。如大、中型发动机的曲轴轴颈与厚壁轴瓦的配合可用修配法，按轴颈直径刮配轴瓦。柴油机供油系统的精密偶件，如喷油器的柱塞与套筒、喷油器的喷嘴与针阀等的最后加工，经常采用修配法进行互研磨。此外，进排气门与气门座的锥面之间要有良好的密封性，最后加工大多数采用修配法，进行互研磨来达到要求。

在修配法中，组成环的公差与封闭环的公差没有直接关系，前者可以适当放大，以便于制造，又能保证较高的装配精度。修配法的缺点是零件不能互换，增加了测量和修配的工作量，对工人的技术水平要求高，所需工时较多，生产率较低，而且难以掌握工时，组织流水装配比较困难。

通过以上的分析可知，这种方法适用于下述情况：

(1) 单件和小批生产中，封闭环精度要求高的多环尺寸链及配合件不要求互换而封闭环精度要求高的少环尺寸链。如大、中型发动机的曲轴轴颈与轴瓦的配合。

(2) 在各种生产批量中，封闭环精度要求很高的配合件（组成环数为2）。如柴油机供油系统的精密偶件等。

上述几种保证装配精度的方法，都是在加工与装配的矛盾中产生的，在不同的条件下采用不同的方法来解决不同矛盾。有些方法对零件的加工精度要求较严，加工较难，但装配工作较简单；而另一些方法是零件的加工精度要求适当放宽，但使装配工作复杂化。选择装配方法时应当根据装配精度要求、尺寸链的环数、生产批量及设备条件等综合考虑。

第四节 汽车总装

一、概述

汽车总装是汽车制造的重要组成部分。装配正确与否，对汽车质量有很大影响。即使零件合格，而零部件之间的相对位置不正确、螺纹连接的坚固力不当等，也会使零件或部件不能正常工作，影响汽车的性能，降低其使用寿命。

总装过程也是汽车零部件制造质量最终检验的过程。通过总装，可以发现汽车结构设计和生产过程中存在的问题，如设计上的错误及不合理的结构尺寸、零部件在生产过程中存在的质量问题和装配工艺自身的问题等，都会在总装过程中暴露出来。研究其装配过程，采用合理的装配方法，制订合适可行的装配工艺，对保证汽车质量有着重要意义。

汽车总装是以车架为基准件。在车架上装发动机、前桥、后桥、前轮、后轮、油箱、蓄电池、制动器、转向器、车身、电器等部件及若干个组件和零件，就构成了一辆汽车。

组成汽车的零件数量虽然很多,但并不是所有的零件都相互有直接联系,如前桥与后轮之间、坐椅与发动机之间就不存在直接的连接关系。装配时,可将有直接连接关系的零件组合在一起,把汽车分为若干个独立的装配单元,即组件、部件等。经过检验,将合格的零件、组件和部件等装配成汽车。零件是组成汽车的最小装配单元。装配单元的划分,取决于生产的组织形式和生产类型。

装配好的汽车,还要经过装配完整性、可靠性、电器工作是否正常、调整是否符合设计要求、性能是否达到出厂标准等的检查和测试。对不合格项目,必须进行修理或重新调整,确认所有项目合格后,才能准许出厂。

二、生产类型和组织形式

1. 生产类型

汽车装配的生产类型,根据装配批量的大小,可分为大量生产、批量生产和单件小批量生产。各种生产类型,在装配组织形式、装配方法、工艺装备等方面都不相同。

(1) 大量生产。大量生产时,主要是采用互换法装配,也允许做少量简单的调整。工序的划分必须很细,即应采用工艺分散的原则组织生产,以使工艺过程达到高度的均衡性和节奏性,充分发挥专用高效设备的作用,建立移动式的装配流水线和自动线。

(2) 单件小批量生产。单件小批量生产如产品试制的装配工艺则是以修配法和调整法为主,互换件比例较小,工艺上的灵活性较大,工序集中,工艺文件不详细,设备通用,组织形式多为固定式。装配的工作效率较低。为了提高单件小批量装配的工作效率,可采用固定式装配流水线组织生产,并应尽可能采用机械加工代替手工修配以减轻劳动工作量。应采用先进的调整方法及测试手段,提高调整工作效率。逐步建立起详细的装配工艺文件和操作条例,以保质保量地完成装配任务。

(3) 批量生产。批量生产装配工作的特点介于大量生产和单件小批量生产之间。从生产发展的角度出发,应尽量向大量生产方向靠近。

2. 组织形式

根据生产类型、装配所需的劳动量及汽车的车型等因素,装配的组织形式分为固定式装配和移动式装配,具体分类如图7-18所示。

汽车属于大量的装配,多采用强制移动式装配。

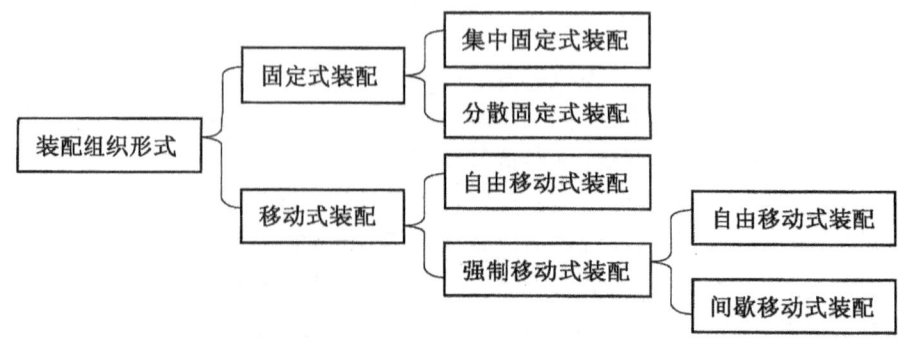

图7-18 装配组织形式分类

三、汽车结构的装配工艺性要求

汽车结构的装配工艺性，是指在满足使用要求的前提下，汽车的结构适合于装配、维修的可能性和经济性。结构的装配工艺性不好，则装配工作比较困难，装配出来的汽车，其使用和维修也会受到影响。

提高汽车零部件的装配工艺性，应遵循以下基本原则：

1．应能分为独立的装配单元

汽车应能分为许多独立进行装配的装配单元，即可先将一些零件装配成组件及部件，经检验合格，再将零件、组件及部件装配成整车。

采用这种装配方法，组件及部件的装配可以平行作业，缩短了装配周期，并且容易组织装配流水线；组件及部件便于单独试验及调整，从而保证了汽车的质量，也便于在使用中更换组件或部件；有利于企业之间的协作。

2．应尽可能减少装配时的修配和机械加工工作量

装配时进行了修配和机械加工，不仅产品没有互换性，而且不易组织装配流水线，增加设备和作业面积，延长了装配周期，所以在大批、大量生产时，应尽可能避免采用。

3．应便于装配、拆卸和修理

图 7-19 为两个箱体零件用圆柱定位销定位的局部结构图，定位销与下箱体定位孔为过盈配合。如果定位销孔设计成盲孔（图 7-19a），由于打入定位销时，孔内空气不能逸出，阻碍了定位销顺利进入。合理的结构应如图 7-19b、c 所示，箱体定位销孔应钻通，或在定位销上钻通气孔或铣通气平面。

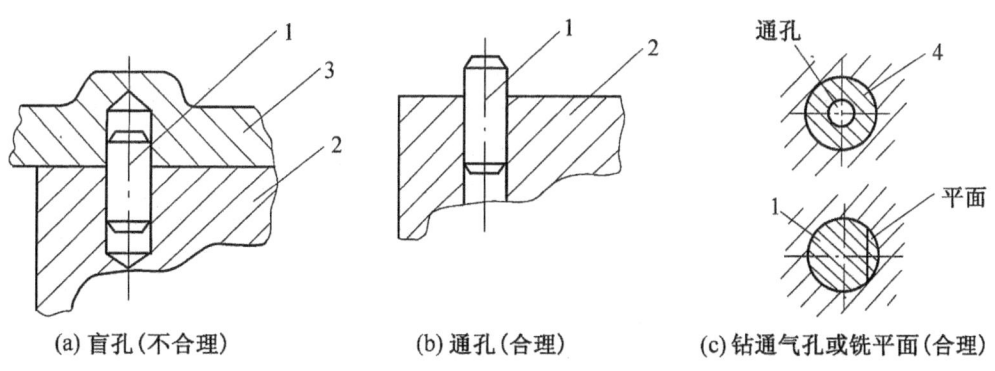

(a) 盲孔(不合理)　　(b) 通孔(合理)　　(c) 钻通气孔或铣平面(合理)

图 7-19　两箱体零件用圆柱销定位
1—定位销；2—下箱体；3—上箱体；4—通气平面

装配工艺性不仅要考虑产品制造时装配的方便性，也要考虑装配中调整、修配和使用中维修、拆卸的方便性。图 7-20 为轴承外圈装在轴承座内和内圈装在轴颈上的三种结构方案。图 7-20a 所示结构的工艺性不好，因为轴承座台肩内径等于轴承外圈内径，而轴承内圈外径等于轴颈轴肩直径，所以轴承内、外圈都无法拆卸。若将轴承座台肩内径加大到大于轴承外圈内径，轴颈轴肩直径减小到小于轴承内圈外径，如图 7-20b 所示；或者在轴承座台肩处做出 2~4 个缺口，如图 7-20c 所示，内、外圈就便于拆卸了。

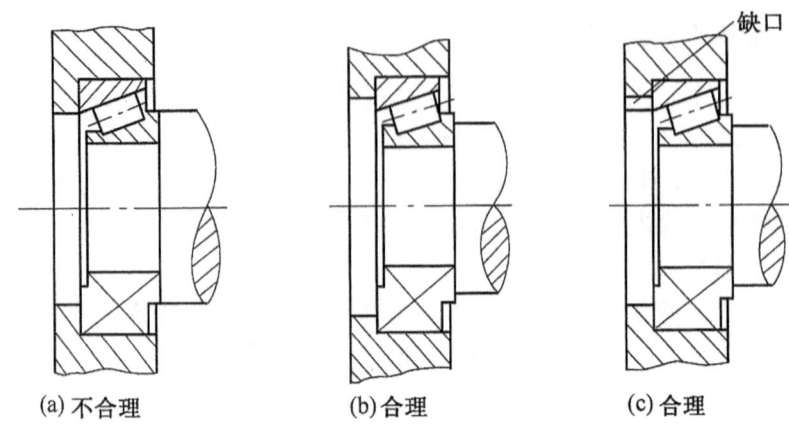

(a) 不合理　　(b) 合理　　(c) 合理

图 7-20　轴承座台肩和轴径肩的结构

四、装配工艺规程的制订

(一) 装配工艺规程的内容及原始资料

装配工艺规程是用文字、图表等形式规定装配工艺过程及所使用的设备和工夹量具等内容的技术文件。它是装配工作的指导性技术文件，又是制订装配生产计划、组织并进行装配生产的主要依据，也是设计装配工艺设备和装配车间的主要依据。

制订装配工艺规程的目的是为了使装配工艺过程规范化，以保证装配质量，提高装配生产效率，缩短装配周期，减轻装配工作的劳动强度，减小装配车间面积，降低生产成本等。

装配工艺规程的主要内容包括：确定装配方法；划分装配单元；拟订装配顺序；划分装配工序；确定装配时间定额；规定装配技术要求；确定装配质量检查方法和检验工具；确定装配过程所用设备、工具及零、部件的传送方式；提出装配所需的专用工具和非标准设备的设计任务书。

制订装配工艺规程，必须具备下列原始资料：
①产品的装配图和零件图；
②产品验收标准；
③国内、外生产状况；
④本企业现有生产条件等。

(二) 制订装配工艺规程的原则和步骤

1. 制订装配工艺规程的原则

制订装配工艺规程，应遵循下列原则：
①在保证装配质量要求的前提下，尽可能地提高劳动生产率；
②装配钳工工作量最小；
③装配周期最短；
④占用装配车间的生产面积最少。

上述原则亦是衡量装配工艺规程是否经济合理的标准。

2. 制订装配工艺规程的步骤

制订装配工艺规程，一般按下列步骤进行：

(1) 审查装配图和零件图，分析装配技术要求和验收标准，具体内容有：
①审查装配图的完整性、正确性和装配技术要求的合理性。
②提出保证装配技术要求的措施和修改意见。
③进行装配工艺性分析，明确各零部件的装配关系。
④用装配尺寸链理顺装配关系，进行初步分析和计算，检查设计上是否合理，不合理则提出修改意见。
(2) 确定装配方法。
(3) 绘制装配系统图。具体步骤如下：
①划分装配单元。
②选定装配基准件（基准零件或基准部件）。
③绘制装配单元系统图。
(4) 划分装配工序：
①划分装配工序的内容：确定工序数目、工序顺序、工序内容和所需设备及工夹具，其中包括检查和试验工序。
②划分装配工序的一般原则：
A. 先行工序不应妨碍后续工序的进行：
a. 首先安排预处理工序，如零件的清洗、倒角、去毛刺或飞边、防锈防腐处理、涂装等工作内容安排在前。
b. 先里后外，使先装配的部分不致成为后续作业的障碍。
c. 先下后上，使整个装配过程产品的重心始终处于最稳定的状态。
d. 先难后易，有利于较难装配的零件、部件的装配。
B. 后续工序不应损坏先行工序的装配质量。因此，有些工序应尽量安排在前面，如冲击性的装配作业、压力装配作业、变温装配作业、补充加工工序等，以便保证装配质量和提高装配生产率。
C. 处于与基准件同一方位的装配工序，应尽可能集中连续安排，以减少装配过程中的翻转次数。
D. 使用同一装配工艺装备和设备以及装配环境有同样要求的工序，应尽可能集中安排，以减少待装件在车间内的迂回和设备的重复设置。
E. 及时安排检验工序，特别是在对产品质量和性能影响较大的工序之后，必须安排检验工序，检验合格后，才允许进行后续的装配工序。
F. 易燃、易爆、易碎、有毒物质或零部件的装配，尽可能集中在专门的装配工作地点进行，并安排在装配的最后，以减少污染、减少安全防护的工作量和设备。
G. 导线、导管（导气管、导液管）的安装，必须根据需要安排在合适的工位，不得遗漏。
划分装配工序是根据装配单元系统图进行的，首先开始装配低级分部件，接着装配高级分部件，然后到部件装配，直至汽车的总装配。与此同时开始绘制装配工艺系统图。
(5) 确定工序时间定额。规定了工序的工作内容和所需设备及工夹具之后，可按装配工作时间定额标准，并根据车间装配工作的实际所用工时而取其平均值来制订时间定额，通常很难将基本时间和辅助时间分开，因此工序时间定额标准的是整个工序的时间。

将各工序时间定额相加所得的总和称为该产品装配工艺过程的劳动量，它是表征装配工艺规程合理程度的绝对指标。

在成批生产中，对装配工艺规程的合理性，常用相对指标——装配劳动量系数来评定，

$$K = T_1/T_2$$

式中，K 为装配劳动量系数；T_1 为产品的装配劳动量；T_2 为产品全部零件的机械加工劳动量。

这个指标不仅说明该装配工艺规程制订的合理程度，而且也说明在某一生产规模下，零件的机械加工工艺规程制订的合理程度。如在金属切削机床制造业中，K 的合理平均值一般为：小批生产时，$K = 0.5 \sim 0.6$；成批生产时，$K = 0.45$；大批生产时，$K = 0.25$。

(6) 填写装配工艺卡片或装配工序卡片。在单件小批生产时，通常不制订装配工艺卡片，而用装配工艺系统图来代替。工人装配时，按装配图和装配工艺系统图进行。

成批生产的情况下，通常制订部件装配工艺卡片和产品总装配工艺卡片，它是根据绘制的装配工艺系统图将部件和产品的装配过程按工序的次序记录在单独的卡片上，每一个工序应简要地说明其工作内容（包括工步说明）、所需设备和工夹具名称及编号、工人技术等级和时间定额等。

大批大量生产中，应制订装配工序卡片。装配工序卡片能直接指导工人进行装配。如果有条件，在成批生产中最好也制订装配工序卡片。

在制订装配工艺卡片或装配工序卡片的同时，要提出设备和工夹具的设计任务书。

装配工艺卡片及装配工序卡片目前尚无统一格式，表 7-4 和表 7-5 仅供参考。

表 7-4 装配工艺卡片

工厂		装配工艺卡片		产品名称	产品型号	第 页	
车间	工段					共 页	
工序号	工步号	操作说明	技术条件	装配件			设备及工装	工时(分)
				图号	名称	数量		
制订	会签							
校对	批准	更改标记	更改数量	更改文件号	更改者	日期	更改标记 更改数量 更改文件号 更改者 日期	

表 7-5 装配工序卡片

工厂		装配工序卡片	产品名称	产品型号	第 页
车间	工段				共 页
部件号		工序号		工序名称	

序号	工步内容	装入零件或部件号	装入数量	设备、工夹具		工人等级	工时(分)
				名称	编号		

制订		定额					
校对		会签					
审核		批准		更改标记	更改数量	更改文件号	更改者	日 期

五、汽车总装配工艺过程

汽车总装配是将各种汽车零、部件按规定的技术要求，选择合理的装配方法进行组合、调试，最终形成可以行驶的汽车产品的过程。汽车总装配的工艺过程大致可分为装配、调整、检测、路试环节。

(一) 汽车总装配工艺过程

1．装配

按一定的技术要求，将各种汽车零、部件进行组合形成整车。同时，对于需润滑的部件加注润滑剂，对冷却系统加注冷却液，基本上达到组合后的汽车可以行驶的过程。

2．调整

通过调整来消除装配中暴露的质量问题，使整机、整车处于最佳工作状态。

3．检测

检测各项性能指标，包括淋雨试验等。

4．路试

调整合格的汽车需经过一定里程的路面行车试验，进行实际运行情况下的各种测试并发现所暴露的质量问题，以便及时消除。

(二) 汽车总装配的一般技术要求

1．装配的完整性

按照工艺规程，所有零、部件和总成必须全部装上，不得有漏装现象。

2．装配的完好性

按工艺规定，所装零、部件和总成不得有凹痕、弯曲、变形等机械损伤及锈蚀现象。

3．装配的紧固性

按工艺规定，螺栓等连接件必须达到规定的转矩要求，不得有松动及过紧现象。

4．装配的润滑性

按工艺规定，凡润滑部位必须加注定量的润滑油或润滑脂。

5．装配的密封性

按工艺规定，气路、油路接头不允许有漏气、漏油现象，气路接头处必须涂胶密封。

6．装配的统一性

各种变形车应按生产计划配套生产，不允许有误装、错装现象。

（三）汽车总装配工艺过程简要介绍

1．总装配线的构成

（1）强制流水线装配。采用先将车架反向放在装配线上，装上前桥、后桥及传动轴等总成，然后翻转车架再装配其他总成及零部件的方案。

（2）悬链式输送系统。主要总成均由输送链运输至装配地点或相应的工位，如前桥输送链、后桥输送链、发动机输送链、驾驶室输送链、车轮输送链等。

（3）在线检测系统。总装配车间设置有汽车在线检测系统，整车通过在线检查，基本能完成要求的路试项目，达到较好的检测效果。

2．主要装配设备与工艺装备

总装配输送链是由高出地面的桥式链和与地面水平的板式链等组成。输送链由调速电机驱动，并由减速器根据需要调节其速度。

主要工艺装备有底盘翻转器和润滑油加油器等。

3．装配工艺过程

车架上线→装后钢板弹簧软垫总成→装后桥→装储气筒及储气筒支架→装储气筒→装储气筒、装供气三通管→装制动系统的三通管及支架→装制动阀→装前制动管路空气管、装后制动管路空气管→装蓄电池框架→装消声器前后支架→装传动轴及中间传动轴支承→装汽车油箱托架→装脚踏板托架→装蓄电池搭铁线→装前桥→装滑脂嘴→**翻转底盘**→装驾驶室左右前悬置支架→装转向机和滑动叉万向节总成→装减震器→装转向纵拉杆→底盘补漆→装左、右后灯托架→**将发动机送到总装配带上**→装发动机→装中间传动轴与手制动盘→装消声器进气管及消声器→装离合器踏板轴支架→装铭牌→往后桥、转向机、变速器及发动机内加入润滑油→用油枪注入润滑脂→装制动阀至前围与管接头的空气管→装后电线束总成→装速度表软轴→装扭杆支架→装前大灯及车头及车架间搭铁总成→**将车头送到分装线上**→装前大灯罩→装喇叭→装车头悬置支座总成扭力杆机构→装车头总成于车架上→装前保险杠和前后拖钩→装备胎升降器→装离合器操纵机构及制动操纵机构→装雾灯→装空气压缩机到储气筒的空气管→装蓄电池于框架中→装起动机到蓄电池的电线总成→装分电器至火花塞及点火线圈的高压线→装下连接轴总成→装倒车灯总成→装倒车蜂鸣器→检验制动系统并消除漏气→装车轮→紧固散热器悬置、连接制动灯开关电线及气压警报开关电线→装转向柱与上转向轴总成→装转向盘、转向开关→装转向传动轴和万向节总成→**将驾驶室送到装配带上**→装驾驶室→装气压调节器空气管、制动阀至前围管接头胶管→装左右后灯、牌照灯总成→装汽油箱、汽油油量表感应器并接通电线→装汽油滤清器及汽油管→装散热器拉杆→装左右脚踏板轴→装后橡胶挡泥板→装空气滤清器连接管→装制动踏板和离合器踏板→装加速踏板→连接手油门与手风门操纵线→连接百叶窗拉线→连接电线→轮胎螺母转矩检测→连接速度表软轴→装驾驶员和乘员坐垫、靠背总成→气制动系统充气→连接蓄电池搭铁、装蓄电池防护罩→加防冻液、燃油→装暖风装置及导水管。

【本章小结】

本章介绍了汽车零部件的连接方式、装配精度要求及装配作业的组织形式，阐明了保证汽车装配精度的基本方法，分析了汽车产品的装配特点和装配结构工艺性要求，讲述了汽车装配工艺规程的制订方法和步骤。

【复习思考题】

1. 产品的结构单元如何划分？
2. 装配精度要求有哪些？
3. 装配工艺过程由哪几个阶段组成？
4. 装配作业的组织形式有哪几种？各有何特点？
5. 如何建立装配尺寸链？
6. 装配尺寸链如何解算？
7. 保证装配精度的装配方法有哪几种？各用于什么情况？
8. 装配工艺对保证汽车质量有何意义？
9. 汽车装配的组织形式有哪几种？常用哪种形式？
10. 提高汽车零部件的装配工艺性应遵循哪些基本原则？
11. 制订装配工艺规程须具备哪些原始资料？
12. 制订装配工艺规程应遵循哪些原则和步骤？

第八章 涂装工艺

【学习目标与要求】
- 了解汽车涂装的作用
- 了解并掌握汽车涂装的组成、分类、编号、调配方法及其注意事项
- 重点了解涂前处理的目的、意义和方法
- 了解并掌握汽车涂装的典型工艺

第一节 概 述

一、涂装的作用

表面涂层是保护和装饰汽车的重要手段。涂装工艺是汽车制造的主要工艺之一,并且越来越受到人们的重视。

表面涂层对汽车有以下几方面作用:

(1) 保护作用。汽车表面长期暴露在空气中,会受到空气中的水分、气体、微生物、紫外线等侵蚀。有了表面涂层就能起到隔离作用,从而可以防止腐蚀,延长使用寿命。

(2) 装饰作用。利用涂料的色彩装饰汽车表面,能达到美化环境、满足人们审美需求的目的,并提高产品的使用和销售价值。

(3) 标志作用。涂料可做色彩广告标志,利用不同的色彩来表示警告、危险、安全、前进、停止等信号,以提高行车安全。

(4) 特殊作用。特殊涂料具有防振、消声、隔热的作用。

二、涂装的要求

汽车表面的涂层应满足下述要求:

(1) 具有极好的耐候性和耐腐蚀性,以适应各种气候条件;使用寿命应接近汽车寿命;要求在苛刻的日晒、风雨侵蚀情况下保光、保色性好,不开裂、不脱落、不粉化、不起泡;无锈蚀现象。

(2) 具有极好的施工性能和配套性能。要求涂料适应于自动喷涂、大槽浸涂、淋涂、静电喷涂或电泳涂装等高效涂布方法;还要求干燥迅速,涂层的烘干时间以不超过 30~40 min 为宜;并要求涂层间结合力优良,不引起咬起(一种涂装缺陷)、渗色、开裂等涂膜弊病。

(3) 极高的装饰性。要求涂层色泽鲜艳和多种多样,外观丰满,鲜艳性好,符合消费者的审美要求。

(4) 具有极好的机械强度,适应汽车在行驶中的振动和应变,要求涂膜坚韧和耐磨。

(5) 要求涂料价格低廉，并能逐步实现低公害化，便于进行"三废"处理。

(6) 要求具有能耐汽油、机油和公路用沥青等的作用，在上述介质中浸泡一定时间不产生软化、变色、失光、溶解或产生印斑等现象；要求与肥皂、清洗剂、鸟或昆虫的排泄物等接触后不留痕迹。

影响涂层质量的因素很多，主要有涂料、涂装工艺、涂装设备和人的因素（责任心和技术熟练程度）等方面。

第二节 涂 料

一、涂料的组成

涂料通常称油漆，最先它是以植物油和天然漆为主要原料，所以被称为油漆。但随着石油化工和有机合成化工工业的发展，有些涂料，特别是许多新型涂料，已不再使用植物油和天然漆为其主要成分，而是广泛地利用各种合成树脂与颜料，以及有机溶剂、水溶剂或无机溶剂为原料，因此又称之为涂料。

涂料虽然种类繁多，但各种涂料均是由油料、树脂、颜料、稀料（溶剂和稀释剂），催干剂和其他辅助材料等五种原料组成的。

1. 主要成膜物质

主要成膜物质是指能粘附在汽车表面上成为涂膜的主要物质，没有它涂膜就不能牢固地附着在汽车表面上。因此，它们是构成涂料的基础，称为基料、漆料或漆基。在涂料中，作为主要成膜物质的有油料和树脂两大类。以油料作为主要成膜物质的涂料，习惯上称为油性涂料，也叫油性漆；以树脂作为主要成膜物质的涂料，称为树脂涂料，也称树脂漆，如以酚醛树脂或改性酚醛树脂为主要成膜物质的涂料称为酚醛树脂漆；以油和一些天然树脂合用为主要成膜物质的涂料，称为油基涂料，也叫油基漆。

(1) 油料。油料是主要成膜物质之一，包括植物油和动物油，主要来源于植物的种子和动物的脂肪，其主要组成是脂肪酸三甘油酯。植物油有干性油（桐油、亚麻仁油、梓油、苏子油等）；动物油有鲨鱼肝油、带鱼油、牛油等。

以植物油为基料的油性漆，有很好的韧性、气密性、水密性，有坚固的附着力及很好的耐候性。

(2) 树脂。树脂是由许多有机高分子化合物互相溶合而成的混合物。涂料中使用树脂能提高涂膜在硬度、光泽、耐水、耐酸碱等方面的性能。

树脂从来源可分为：自然界的天然树脂，主要有松香、动物胶（虫胶、干酪素等）、天然沥青等；用天然高分子化合物加工制得的人造树脂，主要有松香衍生物、纤维衍生物、氧茚树脂等；用化工原料合成的合成树脂，如酚醛树脂等。在涂料中使用树脂的品种以合成树脂为最多。

2. 次要成膜物质

次要成膜物质也是构成涂膜的组成部分，但它不能离开主要成膜物质单独构成涂膜，而主要成膜物质可以单独成膜，也可以和次要成膜物质共同成膜。颜料是次要成膜物质，不仅使涂膜呈现颜色和遮盖力，还可以增加机械强度、耐久性及特种功能，如防蚀和防污等性能，以满足更多的需要。

颜料是涂料中的着色物质，同时又具有遮盖底层、阻挡光线、提高涂膜性能等作用。颜料是不溶于水的无机物，如金属及非金属元素的氧化物、硫化物及盐类。此外，也有一些有机颜料。颜料一般分为着色颜料、防锈颜料、体质颜料三种。

（1）着色颜料。着色颜料是颜料品种最多的一种，它不溶于水和油，具有美丽的颜色、良好的附着力和遮盖力，在涂料中起着色和遮盖物体表面的作用。

着色颜料分类如下：

着色颜料 ⎰ 无机颜料：铬黄、铁红、铁蓝、钛白、铁黑、铬绿等
　　　　 ⎱ 有机颜料：耐晒黄、甲苯胺红、酞菁蓝、苯胺黑等

（2）防锈颜料。防锈颜料具有特殊的防锈能力，用在涂料中涂在金属表面上，可阻止金属的锈蚀，甚至涂膜略为擦破也不致生锈。

防锈颜料分类如下：

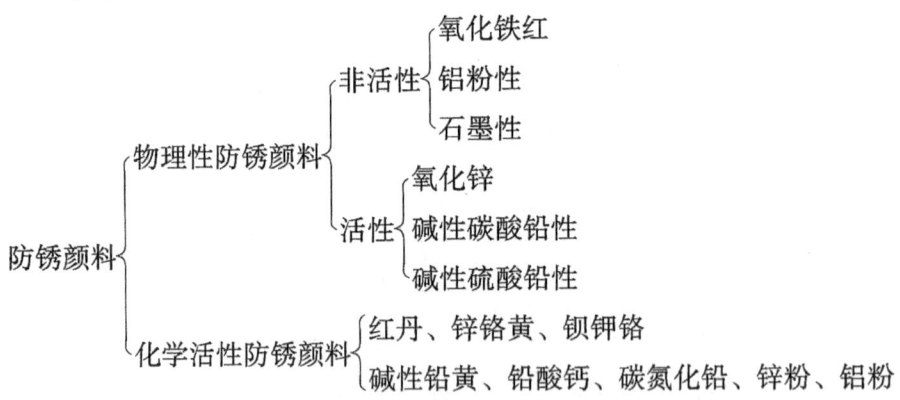

（3）体质颜料。体质颜料可以增加涂膜厚度，加强涂膜的体质，使涂膜经久、坚硬、耐磨，但它没有遮盖力与着色力。体质颜料大部分是天然产品和工业上的副产品。在涂料中使用体质颜料，不仅可以降低成本，同时还有提高质量的作用。

体质颜料分类如下：

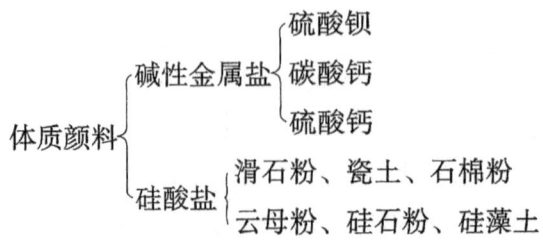

常用颜料的名称、用途与性能见表 8-1。

表 8-1 常用颜料的名称、用途与性能

类别	名称	又名	用途与性能
着色颜料	钛白	二氧化钛	遮盖力及着色力强，耐光、耐热、耐碱、耐稀酸，不变色，易粉化
	锌钡白	立德粉	遮盖力及着色力好，耐碱而不耐酸，耐候性差，易粉化
	锌白	氧化锌	遮盖力次于钛白和锌钡白，着色力好，耐热、耐光，不变色，不粉化，防锈性强
	铅铬黄	铬黄、铬酸铅	遮盖力、着色力及耐大气性较好，耐光性较差
	汉沙黄		遮盖力及着色力较铅铬黄强，耐光、耐碱、耐酸
	镉黄	硫化镉	遮盖力及着色力不如铅铬黄，色彩鲜明，耐光、耐晒、耐热及碱，不耐酸，易受潮、易粉化
	氧化铁		有红、黄、黑三种，遮盖力和着色力好，耐光、耐碱
	镉红		遮盖力及着色力良好，耐光、耐高温，色彩鲜明，但较贵
	甲苯胺红		遮盖力及着色力良好，耐光、耐水、耐油、耐热、耐酸碱，色彩鲜艳
	铁蓝		着色力强，耐候、耐酸好，但不耐碱
	群青		遮盖力、着色力差，耐光、热、碱，色彩鲜艳，但不耐酸
	酞菁蓝		遮盖力极高，着色力比铁蓝高 2~3 倍，耐光、耐热、耐酸、耐碱
	氧化铬绿		耐光、耐热、耐酸、耐碱
	碳质颜料		遮盖力、着色力最强，极稳定、耐热、不变色。一般只适合做面漆，因用于底漆会引起基体金属腐蚀，一般多用炭黑；但如果为抗酸、碱及腐蚀性气体，则用天然的或人造的石墨
	金属粉末颜料	铝粉	有阻止周围水分渗入及防紫外线性能，既保护基体又可使主要成膜物质不易蜕变，在涂料中加适量（每升不少于 1/4 kg）时，作为中间层及面层，对钢铁及铝的基体有良好的保护性
		不锈钢粉	能抗化学品侵蚀
体质颜料（填料）	重晶石粉	天然硫酸钡	耐酸碱，防紫外线，可使漆膜坚实；但密度太大，易沉底。用于腻子、底漆、耐酸漆等
	重质碳酸钙	石粉、太白粉、白垩、老粉	不溶于水但易吸潮，呈微碱性，用于腻子、底漆中
	滑石粉		有消光及防止颜料沉降的作用，增加漆膜的耐水性及耐磨性，用于底漆及腻子
	瓷土	高岭土	耐光性好，耐酸及稀碱，用于底漆
	石膏粉		吸水量大，仅少量用于底漆及腻子中

续表 8-1

类别	名称	又名	用途与性能
防锈颜料	红丹	铅丹	用于铁基金属底漆的优良防锈颜料，粒度在 2~10 μm 之间，有毒性
	锌铬黄		用于铅、镁等金属底漆的优良防锈颜料，也可用于铁基金属表面，在海洋环境有良好保护性能，会受热分解，不适用于烘烤漆，也不适用于严重的工业大气中使用
	酸性偏硼酸钡		可代红丹，有防霉、防污、防粉化、耐热等特性
	锌粉		钢铁及热浸锌板上底漆中最好的防锈颜料，适用于工业气氛及海水中使用

3. 辅助成膜物质

它是对涂料变成涂膜的过程（施工过程）或对涂膜性能起一些辅助作用的物质。它不是涂膜的主体，不能单独构成涂膜。这种成分的原料包括稀料和辅助材料两大类。

辅助成膜物质在涂料中的作用概括起来主要有以下几点：

（1）改进涂料性能。如缩短涂料烘烤或常温下的干燥时间；防止涂料储存过程中的沉淀、胶化、结皮等。

（2）提高涂层的性能。如增强涂层的柔韧性、耐候性，提高对紫外线和热的稳定性，防止涂层在潮湿环境中长霉，增强或减弱涂层的光泽等。

（3）改善生产工艺。如使颜料在涂料中提高分散度，减少制漆的研磨等。

（4）改善施工工艺。如使涂料能适应潮湿或某些特定条件下施工等。

（5）防止涂层发生病态。如使涂膜易于流平、光滑，防止起皱、橘皮、麻点、起霜等。

稀料用来溶解及稀释涂料，以利于施工应用。有的涂料仅需加入 1~2 种稀料即可，成膜干固后，稀料全部挥发。

稀料按作用性能可分为三种：溶剂、助溶剂和稀释剂。

溶剂是一类挥发性液体，其蒸发气大部分有毒，有些还易燃。溶剂具有溶解成膜物质的能力，常用溶剂及其溶解度参数见表 8-2。

表 8-2 常用溶剂及其溶解度的参数

溶剂	溶解度参数	溶剂	溶解度参数	溶剂	溶解度参数
脂肪族氟代烃	5.5~6.2	十氢萘	8.8	异丙醇	11.15
芳香族氟代烃	7.5~8.2	甲苯	8.93	正丁烷	11.4
异戊烷	6.3	苯二烯	9.20	正丙烷	11.9
正戊烷	7.0	苯	9.15	乙腈	12.1
二乙基醚	7.5	乙基硫醇	9.25	乙醇	12.7
正辛烷	7.6	氯仿	9.30	甲酚	13.3
对二甲苯	8.1	甲乙酮	9.30	苯酚	14.5
环己烷	8.2	二氧六环	9.95	甲醇	14.3
醋酸丁酯	8.5	丙酮	10	水	23.4
环戊烷	8.7	正丁醇	11.1		

助溶剂的作用是调节树脂溶液的粘度，提高涂料的稳定性，改善涂料的流平性和外观性，以及增加树脂在水中的溶解度。助溶剂一般用丁醇、乙醇或丁基溶纤剂。

稀释剂用来调节涂料的粘度，以利于施工。

辅助材料的作用主要有催干、防潮、防霉等。涂料中常用的辅助材料及性能见表8-3。

表8-3 常用辅助材料及性能

助剂类别	名　　称	性　　能	用　　途
湿润剂	甲基硅油	润滑、消泡、绝缘、防潮、防颜料发花	环氧及氨基漆中常用
分散剂	N-甲基吡咯烷酮	使颜料在漆中分散良好	在乙烯漆及硝基漆中用
消光剂	硬脂酸铝	降低漆膜光泽，防止体质颜料沉底结块	用于半光、无光磁漆及底漆
紫外线吸收剂	乙烯基-4-甲氧基二苯甲酮(UV-9)	对紫外线光波有较高的吸收能力	户外使用或暴晒条件下的清漆使用，效果好
防活剂	氧化亚铜	粉末状，有杀死海生物和细菌的功能	用作船底及水线防污漆的涂料
稳定剂	聚氧乙烯脂肪醇醚	黄棕色液体、耐酸、碱，并有优良乳化及渗透性	作乳胶漆的稳定剂、乳化剂，还可供湿润剂使用
乳化剂	OP乳化剂	黄棕色膏状物，易溶于水，扩散效果好	配制乳胶漆，也可做纺织、医药等工业乳化剂
防霉剂	硫柳汞（或五氯酚钠）	毒性大，对各种菌类的生长有抑制作用	配制各种防霉漆
防结皮剂	丁醛肟	在漆中与催干剂形成不稳定络合物，成膜时络合物分解，肟便挥发掉	多用于清漆及油性漆中，防止涂料在储存中结皮
防冻剂	乙二醇	色浅，溶于水可降低水的冰点	用于乳化漆中，防止低温时冻结

二、涂料的分类、命名及编号

1. 涂料的分类

涂料分类方法很多，常见的有以下几种：

(1) 按用途分类。如建筑用涂料、工业用涂料等。

(2) 按施工方法分类。如刷漆、喷漆、烘漆、电泳漆、粉末涂装漆等。

(3) 按涂料的作用分类。如底漆、面漆、罩光漆、腻子等。

(4) 按涂料的使用效果分类。如绝缘漆、防腐漆、防锈漆。防锈漆中又分为黑色金属防锈漆、有色金属防锈漆等。

(5) 按是否含有颜料来分类。如清漆（不含颜料的透明体）、色漆（含有颜料的不透明体）、腻子（含有大量体质颜料的稠厚浆状体）。

色漆又包括厚漆、调合漆、磁性调合漆、磁漆等。

厚漆是一种稠厚的油性色浆，由亚麻油或其他干性油（12%～18%，质量分数，下同）的基料，加入着色颜料（4%～50%）、较多体质漆料（30%～80%）混合搅拌而成。

调合漆（油性调合漆）由干性油、颜料及体质颜料混合，加入催干剂及溶剂等制成。磁性调合漆还加有甘油、松香、树脂等。

磁漆由于成膜物质的发展和增多，其种类也多，各种面漆通称为磁漆。按其外观光泽方面的不同，磁漆又分为光漆、半光漆、无光漆及皱纹漆、锤纹漆等。

（6）按溶剂的构成情况分类。如溶剂型漆（以一般有机溶剂作稀释剂）、水性漆（以水作稀释剂）、无机溶剂（没有挥发性稀释剂）——粉末涂料。

（7）按成膜过程原理分类。

①氧化聚合型漆。它是常温干燥膜，干燥过程必须接触空气，氧化聚合成高分子膜。常用的油基漆就属此类，即用干性油、半干性油或含有干性油或半干性油改进性的合成树脂漆。如清漆、酯胶漆、酚醛漆、醇酸漆、环氧树脂底漆等。

②固化剂固化型漆。这类漆必须加固化剂方能固化成膜，它的成膜过程是在固化剂作用下进行的。固化剂是它的聚合条件，因此，这类漆一般是使用时现配现用，而平时分装保存。如环氧漆（双组分）、聚氨酯漆（双组分）、环氧沥青漆（双组分）等。可常温干燥，也可烘烤干燥。另有以烘烤干燥的环氧粉末漆等。

③热固型漆（或称烘烤聚合型漆）。这类漆须加热后方可聚合成高分子漆膜，故在平时及储存期间应注意不能受热，要远离热源。如氨基烘漆、环氧氨基漆、有机硅磁漆、丙烯酸烘漆、环氧酚醛漆、沥青烘漆等。一般都要超过100℃使之烘干成膜。

④挥发型漆（即溶剂挥发型漆）。此类漆本身就是高分子物，又称高分子物溶液。它在常温下靠溶剂挥发，即可干燥成膜，因此它的干燥性比其他类型漆较好，而附着力则较差，储存期间应注意严防溶剂挥发。如硝基漆、过氯乙烯漆、丙烯酸漆、磷化底漆、聚醋酸乙烯乳胶漆等。

⑤其他类型漆。如潮固化聚氯酯漆、不饱和聚酯漆。这类漆需要在潮湿环境下固化，并加入引发剂或促进剂等。

（8）按成膜物质分类。涂料分类采用最广泛的是根据成膜物质来分类。以主要成膜物质为基础，若主要成膜物质为两种以上的树脂混合而成，则按其中起决定作用的一种为主，将涂料产品分为18大类，见表8-4。

分类表8-4中的辅助材料，主要用于改进和调节涂料的施工性能，不能单独使用。辅助材料按其用途不同，又分为不同种类，其分类名称见表8-5。

表8-4 涂料的分类

序号	代号字母	成膜物质类别	主要成膜物质
1	Y	油脂漆类	天然植物油、清油（熟油）、合成油
2	T	天然树脂漆类	松香及衍生物、虫胶、乳酪素、动物胶、大漆及衍生物

续表 8-4

序号	代号字母	成膜物质类别	主 要 成 膜 物 质
3	F	酚醛树脂漆类	改性酚醛树脂、石油沥青、煤焦沥青
4	L	沥青漆类	甘油醇酸树脂、季戊四醇酸树脂、其他改性醇酸树脂
5	C	醇酸树脂漆	脲醛树脂、三聚氰胺甲醛树脂、聚酰亚胺树脂
6	A	氨基树脂漆	硝基纤维树脂
7	Q	硝基漆类	乙基纤维、苄基纤维、羟甲基纤维、其他纤维及醛类
8	M	纤维素漆类	苄基纤维素、乙基纤维素、羟甲基纤维素
9	G	过氯乙烯漆类	过氯乙烯树脂
10	X	乙烯漆类	氯乙烯共聚树脂、聚酯酸乙烯及其共聚物、聚乙烯醇、缩醛树脂、聚二乙烯乙炔树脂、含氟树脂
11	B	丙烯酸漆类	丙烯酸酯树脂、丙烯酸共聚物及其改性树脂
12	Z	聚酯漆类	饱和聚酯树脂、不饱和聚酯树脂
13	H	环氧树脂漆类	环氧树脂、改性环氧树脂
14	S	聚氨酯漆类	聚氨基甲酸酯
15	W	元素有机漆类	有机硅、有机钛、有机铝等元素有机聚合物
16	J	橡胶漆类	天然橡胶、合成橡胶及其二者的衍生物
17	E	其他漆类	未包括在以上所列的其他成膜物质
18		辅助材料	稀释剂、防潮剂、催干剂、脱漆剂、固化剂

表 8-5 辅助材料的分类

序号	1	2	3	4	5
代号/字母	X	F	G	T	H
名称	稀释剂	防潮剂	催干剂	脱漆剂	固化剂

2. 涂料的命名及编号

(1) 涂料的命名原则。涂料在统称上用"涂料"而不用"油漆"这个词，但对具体涂料品种命名还称为××漆。涂料的命名原则如下：

①全名＝颜料或颜料名称＋成膜物质名称＋基本名称。

②对于某些有专业用途及特性的产品，必要时在成膜物质后面加以阐明。例如：醇酸导电磁漆、白硝基外用磁漆。

(2) 涂料的编号原则。

①涂料编号。涂料编号由三部分组成：第一部分是成膜物质，用汉语拼音字母表示，见表 8-4；第二部分是基本名称，用两位数字表示，见表 8-6；第三部分是序号，以表示同类产品间的组成、配比或用途的不同。这三部分组成的涂料型号，基本是可以表达某

种涂料是哪一种成膜物质做成的什么油漆（基本名称）和什么品种（序号）及用途特性。例如 C06-1 中：C 表示成膜物质（醇酸树脂）；06 表示基本名称（底漆）；1 表示序号。

②基本名称编号及代号。采用 00～99 这些数字表示。其数字代表基本品称，例如 10～19 代表美术漆；20～29 代表轻工用漆；30～39 代表绝缘漆；40～49 代表船舶漆；50～59 代表防腐蚀漆等。

例如：H01-1 表示氧化清漆；Q01-1 表示硝基外用清漆；C04-2 表示各色醇酸磁漆；A05-11 表示氨基无光烘漆；G64-1 表示过聚乙烯可剥漆。

涂料的基本名称编号见表 8-6。

表 8-6　涂料的基本名称编号

代　号	基本名称	代　号	基本名称
00	清油	30	（浸渍）绝缘漆
01	清漆	31	（覆盖）绝缘漆
02	厚漆	32	绝缘（磁烘）漆
03	调和漆	33	（粘合）绝缘漆
04	磁漆	34	漆包线漆
05	烘漆	35	硅钢片漆
06	底漆	36	电容器漆
07	腻子	37	电阻漆、电位器漆
08	水溶性漆、乳胶漆、电泳漆	38	半导体漆
09	大漆	40	防污漆、防蛀漆
10	锤纹漆	41	水线漆
11	皱纹漆	42	甲板漆、甲板防滑漆
12	裂纹漆	43	船壳漆
13	晶纹漆	44	船底漆
14	透明漆	50	耐酸漆
15	斑纹漆	51	耐碱漆
20	铅笔漆	52	防腐漆
22	木器漆	53	防锈漆
23	罐头漆	54	耐油漆

③辅助材料编号。辅助材料编号由两部分组成：第一部分是辅助材料种类（代号），第二部分是序号。

例如：F—1

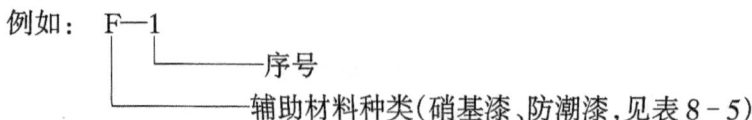

④其他规定。在油基漆中根据所用油量的多少又分为长、中、短油度。其分别为（以

体积分数计）：

树脂:油＝1:3 以上为长油度；

树脂:油＝1:(2～3) 为中油度；

树脂:油＝1:2 以下为短油度。

在醇酸漆中（以质量分数计），含油量在50%以下的为短油度；含油量为50%～60%的为中油度；含油量为60%以上的为长油度。

如果涂料中含有松香改性酚醛树脂和松香甘油酯，根据其含量比，又划分为酚醛漆类和脂胶漆类。若改性酚醛树脂含量占树脂总量的50%以上则为酚醛漆类。

氨基漆是以氨基树脂和醇酸树脂为成膜物质的涂料，按含氨基树脂多少分为高、中、低三种氨基漆。

氨基树脂:醇酸树脂＝1:(1～2.5) 为高氨基漆；

氨基树脂:醇酸树脂＝1:(2.5～5) 为中氨基漆；

氨基树脂:醇酸树脂＝1:(5～9) 为低氨基漆。

第三节 涂料的调配及使用

一、涂料颜色的调配

1. 配色原理

颜色的存在是由于物体反射可见光而产生的。当某种物体具有反射部分波长的光时，此物体就呈现一定的色彩。彩色涂料就具有这种功能。

最基本的颜色是红、黄、蓝三种，称为三原色。用这三种颜色可以配成其他各种颜色。

每两种原色混合就可得到一种复色。黄与蓝混合成绿色；黄与红混合成橙色；红与蓝混合成紫色。两种原色混合时，有多些的和少些的，混合成的复色带有多些的原色，如黄与蓝混合，当黄色较多时成为黄绿，蓝色较多时成为蓝绿。红、黄、蓝三色加在一起可成黑色。如图8-1所示的颜料拼色法，再从图8-2所示的颜色圈可以了解到更多的颜料拼色关系。

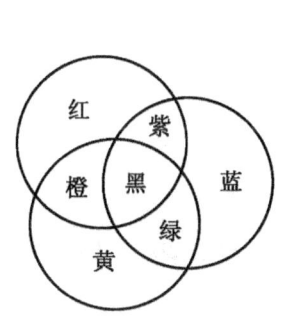

图8-1 颜料拼色法

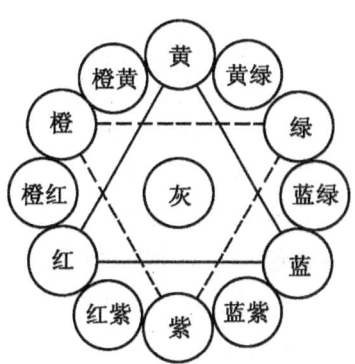

图8-2 颜色圈

调配颜色时，两种原色（或复色）混合成一种复色，如需要和另一种原色（或另一种复色）混合，则此另一种原色（或另一种复色）称为该色的补色，其关系见表8-7。

表 8-7 原色与复色的调配

三原色调色时			三复色调色时		
调色 （两个原色）	成色 （又称复色或间色）	补色 （第三原色）	调色 （两个原色）	成色 （再复色）	补色 （第三复色）
红与蓝	紫	黄	紫与绿	橄榄	橙
黄与蓝	绿	红	绿与橙	柠檬	紫
黄与红	橙	蓝	橙与紫	赤褐	绿

原色与复色相混，可得其他各色；复色与复色相混，可得再复色；原色、复色、再复色相混，可得数不胜数的颜色。

补色加入复色中会使颜色变暗，甚至变成灰色或黑色，因此加入补色需要特别注意。

原色或复色用白色冲淡，可得出深浅不同的颜色。原色或复色中加入不同分量的黑色时，可得明度不同的各种色彩，如灰色、棕色、草绿、墨绿等。

涂料使用红、橙、黄、绿、蓝、紫、白、黑、金属光泽颜料等九种着色颜料来显示色彩。但每种颜料由于化学成分、品种结构、颗粒大小、表面状态和所含杂质等不同，就会呈现不同的色相，几种颜料的色相见表 8-8。

表 8-8 几种颜料的色相

炭黑（软质炉黑）	呈蓝色相	钛青蓝	有蓝、黄两种色相
炭黑（硬质槽黑）	呈黄、红色相	铁蓝	有红、青两种色相
铬绿	有白、黄两种色相	铁红	有黑、红、灰三种色相
钛白	有黄、蓝、灰三种色相		

由于各种油漆类型及其使用的颜料不同，配成的色漆便有不同的色相，如硝基磁漆和白醇酸磁漆比较，则前者带红相。几种配色和色相如下：

(1) 黑色与不同色混合呈现的颜色和色相：

黑＋红→紫棕色。

黑＋白→灰色，由不同比例的黑、白色，调得深浅不同的灰色；加少许铁红或铁蓝、铁黄，便可得红相灰、蓝相灰或黄相灰。

(2) 蓝色与不同色混合呈现的颜色和色相：

蓝＋深黄→深草绿，呈土黑棕相。

蓝＋中黄→中绿，可能呈黄相或白相。

蓝＋浅黄→翠绿色，可能呈白相或黑相。

蓝＋白→蓝、浅蓝或天蓝，可能呈红相或黄相，其深浅由调配比例而得，用铁蓝时出色暗，用酞蓝时出色鲜艳。

蓝＋黄＋红＋黑＋白→草绿和一系列杂绿（色发土）。

(3) 黄色与不同色混合呈现的颜色与色相：

黄＋白→乳黄。

黄＋红→杏红或橘红。

(4) 红色与不同色混合呈现的颜色与色相：

红+白→粉红。

2. 颜色的调配

目前涂装工业使用的八个色系见表8-9，相互调配可以产生数以千计不同颜色的复色，一般涂料颜色的配比见表8-10。

表8-9 八大色系的颜料表

序 号	八大色系	各 色 系 的 颜 料
1	红色系	大红、铁红、酞菁红
2	紫色系	甲苯胺紫、酞菁紫
3	黄色系	深、中、浅铬黄，深、浅汉砂黄，深、浅铬黄
4	蓝色系	铁蓝、钛青蓝
5	白色系	钛白、锌钡白
6	黑色系	色素炭黑、硬质炭黑（槽法炭黑）、软质炭黑（炉法炭黑）、松烟
7	绿色系	酞青绿、氧化铬绿
8	橙色系	铅铬绿

表8-10 各种颜色油漆配成其他颜色油漆的配比（参考）

配比（质量）/% 需配置的颜色漆	绿漆	白漆	黄漆	浅黄漆	蓝漆	铁红漆	黑漆
豆绿色漆	38	25	12	25			
草绿色漆		11	50		4	15	20
深绿色漆	80				20		
海蓝色漆		68		9	23		
天蓝色漆		94			6		
钢灰色漆		88			1		11
中灰色漆		92			0.5		7.5
橘黄色漆			18			80	2
军黄色漆			73		4	20	3
奶油色漆		97		3			
电视色漆		95	2		0.3		2.7

采用单色硝基漆配复色漆的配比见表8-11，配色时如果没有下列五种基准颜料（表8-12），可以用其他颜料代替，具体用量见表8-13。

表8-11 采用单色硝基漆配制复色漆的配比（参考）

配比（质量）/% 需配置复色漆	白	蓝	黄	黑	浅黄	绿	铁红	红	紫红
橙红			52.7					47.3	
樱桃红								82.66	17.34
紫红									100
红色								100	
浅肉红	96.17		3.28					0.55	
铁红							100		
蔷薇红	92.02		4.59					3.39	
浅玫瑰	69.06		5.53					18.03	7.38
浅猩红	43.3		26.7					30.0	
玫瑰红	46.28							29.55	24.17
浅杏红	76.78		20.80					2.42	
浅棕			28.5				71.5		

表8-12 五种基准颜料

基准颜料	以炭黑100%为基准	以氧化锌100%为基准	以铁蓝100%为基准	以铬黄100%为基准	以铬绿100%为基准
替代颜料用量（质量比）/%	松烟 500 铁黑 1250 石黑 3600	钛白（金红石型）12.5 锌钡白（立德粉）77 硫化锌 23.5 锑白 61.5	群青 1200 钛青蓝 50	锶黄 33.3 镉黄 220~250 汉沙黄 20	三氧化二铬 400 酞青绿 50

表8-13 各种常见颜色用其他颜料配制量

配比（质量）/% 需配置复色漆	白	蓝	黄	黑	浅黄	绿	铁红	红	紫红
棕黄			16.70	5.77			77.53		
棕色			2.95	2.54			94.51		
栗色			4.10	16.20			79.70		
酱色			18.90	3.80			77.30		
紫酱色			13.20	6.47			80.33		

续表 8-13

配比（质量）/% 需配置复色漆 \ 配入单色漆	白	蓝	黄	黑	浅黄	绿	铁红	红	紫红
黄棕			18.75	3.35			77.90		
紫棕				5.98			94.02		
浅黄					100.00				
黄色			100.00						
橘黄			84.92					15.08	
浅稻黄			65.40					34.60	
牙黄	89.35		10.65						
乳黄	84.57		5.43						
米黄	82.02		14.29				3.69		
稻黄			55.10				44.90		
军黄			32.33	13.83			53.84		
中绿		24.65	4.16			71.19			
绿色		32.52	8.50			58.98			
深绿		52.38	11.05			36.57			
墨绿		66.64	18.67			14.69			
车皮绿	3.48	44.35	15.65	17.39		19.13			
军绿		13.36	42.42			44.22			
草绿		24.66	26.02	2.44		46.88			
解放绿	10.04	43.20	19.60	19.63		30.59			
鲜绿	53.33	18.45	8.73			19.49			
灰绿	52.72	19.05	23.47	4.76					
苹果绿	83.18				9.43	7.39			
湖绿	78.28	3.53				18.19			
深湖绿	57.48	7.76	8.72			26.04			
浅豆绿	67.82		10.29	1.58	3.96	16.35			
浅湖绿	85.90	2.19	1.77			10.14			
豆绿	27.50	15.41	19.91			37.18			
浅绿		15.81	5.19			79.00			
浅灰绿	95.91	1.25	0.95	0.17	1.72				

续表 8-13

配比(质量)/% 需配置复色漆	白	蓝	黄	黑	浅黄	绿	铁红	红	紫红
灰杏绿	82.14		11.41			6.45			
杏绿	92.42	3.03	4.55						
杏黄绿	87.33	1.47	11.20						
浅芽绿	70.72	2.74	23.69		1.48		1.37		
芽绿	48.79	8.70	42.51						
灰芽绿	74.97	3.90	20.07	1.06					
中芽绿	49.46	9.54	35.68	5.32					
国防绿	49.70	2.90	34.75	12.65					
青绿	79.70	9.44	5.91		4.95				
浅翠绿	86.49	3.82			9.69				
果绿	84.23	1.18			14.59				
茶青		16.75	35.95				47.30		
豆青	72.31	6.55			21.14				
深豆青	46.15	13.77			40.08				
正青	38.72	16.98	4.15		40.15				
浅翠青	75.44	8.67	3.31		12.58				
翠青	59.28	22.78	7.33		10.61				
深翠青	61.13	24.34	8.85		5.68				
水蓝	93.28	3.26	0.46		3.00				
湖蓝	87.85	4.80	1.69		5.66				
浅水蓝	93.77	5.30	0.93						
中水蓝	91.61	5.04	0.61		2.74				
浅海蓝	85.46	10.06	2.72		1.76				
海蓝	46.78	41.63	11.59						
天蓝	93.55	6.45							
浅蓝	83.10	16.90							
中蓝	57.10	42.90							
蓝色	10.77	89.23							
深蓝	8.33	86.11		5.56					

续表 8-13

配比(质量)/% 需配置复色漆 \ 配入单色漆	白	蓝	黄	黑	浅黄	绿	铁红	红	紫红
浅孔雀蓝	82.25	15.64	2.11						
浅灰蓝	92.20	6.70		1.10					
中灰蓝	88.30	8.80		2.90					
灰蓝	83.5	13.70		2.80					
深灰蓝	73.70	20.00		6.30					
中蓝灰	94.20	2.09		3.71					
灰色	94.36			5.64					
机床灰	86.20	0.90	7.30	5.60					
银灰	90.73	1.30	3.25	4.72					
淡灰	91.34	2.29	2.78	3.59					
浅灰	88.88	0.98		10.14					
中灰	73.67	1.23		25.10					
蓝灰	77.31	6.22		16.47					
钢灰	67.94	6.62		25.44					
深灰	64.76	1.43		33.81					
电机灰	91.25	1.25	3.50	4.00					
鸽灰	94.34		2.94	2.72					
浅豆灰	82.90	2.57	11.10	3.43					
豆灰	75.67	3.82	14.57	5.94					
沙灰	70.50		7.00	7.50			15.00		
黄河汽车灰	50.20		21.40	15.80			12.60		
珍珠灰	93.00		0.97	1.78			4.25		
浅驼灰	50.30		7.60	32.50			9.60		
中灰驼	30.66		20.28	6.61			42.45		
深灰驼	42.92		14.56	6.13			36.39		
深驼	22.10		24.30	7.10			46.50		
珍珠白	98.59		1.41						
奶油白	94.98		4.43				0.59		

注：①采用几个单色漆便可配制多种复色漆，这样对色漆易于保存，使用配色也方便。
②如变更其他漆料时，颜料和成膜物质的比例也随着改变，可利用硝基复色漆中颜料组分为基础进行换算及试验。

二、调色的注意事项

调色前应准确地判断出颜色的组成,哪种是主色,哪种是副色,各占多少比例,拟出配方,经过小样调试对比,这项工作必须认真细致。还应注意以下几点:

(1) 涂装车间平时要做好基础工作,最好备有标准色板和湿样。

(2) 选择同一类型品种的涂料进行配色,使混溶性良好。只能用色漆配色,不宜加颜料配色。

(3) 由于各种涂料颜料在湿色时的颜色较浅,干后颜色加深,因此,在干样对照时,必须待干后与干样对照,或者将湿漆与湿样对照,这样较准确。

(4) 配色的样板用玻璃片或镀锌薄钢板为好。

(5) 配色用的工具、容器、涂漆刷子等均要干净,不得掺有其他脏物及颜色。

(6) 配色宜在晴天和光线充足的情况下进行。

(7) 对于同一类型品种的涂料,应注意不同的生产厂、出厂的年月及批次对颜色的影响。

(8) 配色用的色漆,如因储存过久而颜色沉底,必须充分搅拌均匀,然后使用。

(9) 调配浅色漆时,如需加催干剂,应在配色前加入并搅拌均匀(特别是钴、锰催干剂),否则会影响色相。

三、合理选用涂料的一般原则

使用涂料时由于对其性能要求不同,必须选择既符合技术性能要求又注意到经济节约的原则。除要求选用优质、价廉、低毒、高效的涂料品种外,还需充分地考虑施工方法、劳动保护及液体的污染等。此外,还应注意到以下几方面:

(1) 根据使用的环境条件来选择合适的涂料。干寒地区使用的汽车,要求涂料具有一定的耐寒性能;湿热地区使用的汽车,要求涂料有三防性能(防湿热、防盐雾、防霉菌)。

(2) 根据被涂物材质的不同要求选用不同的涂料,因为被涂物材质的不同,对涂料的吸附力也存在差异。

(3) 选用涂料还必须考虑到施工条件,如没有喷涂设备,就不要采用挥发性涂料;没有电泳涂浸设备,就不能采用水溶性电泳漆;没有烘干设备,就不能采用各种烘漆。

(4) 选用涂料时必须注意涂层面和底层的配套与厚度。

四、计算机配色

在涂装工艺中,配色是一个重要而复杂的问题,虽然人们根据经验总结出了一些配色方法,并且在手工配色的基础上发明了机械配色,使配色工效提高了许多,但是它们的弱点是要人来对其所配之色进行确认。随着计算机的发展和广泛使用,用计算机进行涂料配色就随之产生。

计算机配色的原理是:由带函数显示器的计算机将所需颜料(样板)不同波长的反射

率算出反射率函数 $A(R)$，并显示出 $A(R)$-i 曲线（i 为波长），而计算机中的模拟加法器对红、黄、蓝三种颜色的曲线（增加颜料浓度时峰值升高）进行叠加后所显示的图像与上述曲线进行比较，可以看出其匹配情况。调节红、黄、蓝三色的旋钮，使三条曲线叠加后与指定颜料的光谱反射率曲线相一致（图 8-3），这样就可以由旋钮的位置精确地找出所需三种原色的用量。

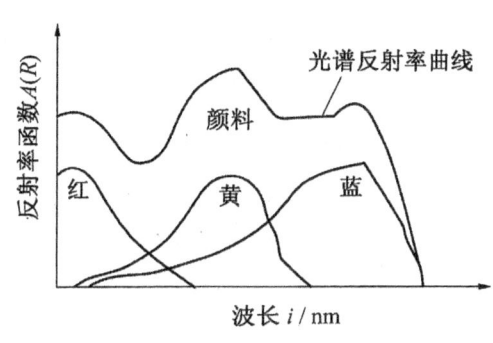

图 8-3 计算机配色图

第四节　涂装前金属的表面处理

一、概述

1. 涂装前表面处理的意义

在涂装前除去金属表面所附着的油脂、锈蚀、氧化皮、灰尘等异物是非常必要的，否则会造成涂层干燥不良、起泡、龟裂、剥落等病态，直接影响涂层的附着力、装饰性及使用寿命等。特别是锈层，如果带锈涂装，锈蚀仍然在涂层底下蔓延，将使涂装完全失去意义。

2. 涂装前金属表面处理的方法

涂装前表面处理主要包括脱脂、除锈、磷化（或称氧化）三方面，其方法归纳如下：

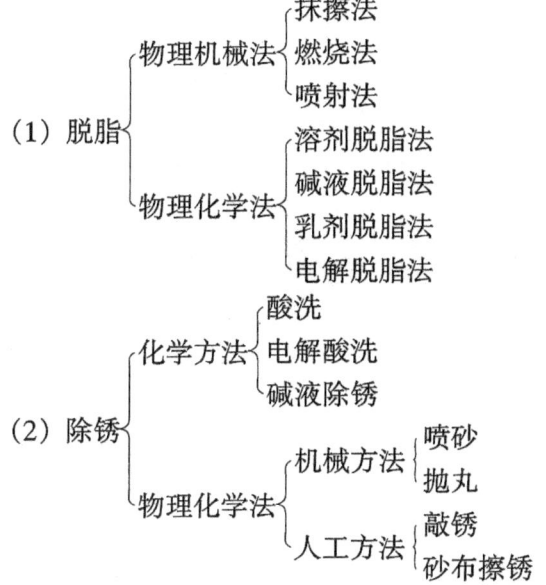

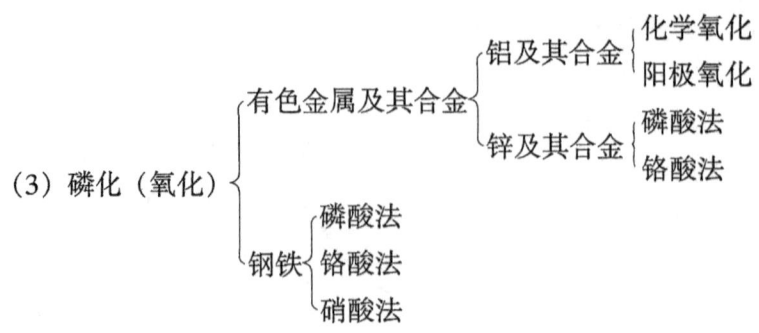

(3) 磷化（氧化）

二、脱脂方法

（一）碱液脱脂法

碱液脱脂清洗法主要是通过皂化作用而把油脂除去。当清洗不能皂化的矿物油时，靠表面活性剂的作用，帮助乳化脱脂，这种方法应用得十分广泛，脱脂效果较好，又较经济。

1. 脱脂液中各种碱的作用

（1）氢氧化钠（NaOH）。氢氧化钠又称苛性钠，在溶液中是一种游离碱，能使动、植物油皂化。在同一浓度的碱中，其 pH 值最大时最稳定，皂化作用也最大。

（2）碳酸钠（Na_2CO_3）。碳酸钠是一种弱酸盐，几乎没有皂化性，但有浸润油脂、调节 pH 值的作用。

（3）偏硅酸钠（$Na_2SiO_3·5H_2O$）。偏硅酸钠浸润、乳化作用良好，也有一定的皂化性，而且由于是呈胶体状的悬乳物质，在物理上加速了油污的去除而被配合使用。

（4）正硅酸钠（Na_4SiO_4）。正硅酸钠的作用仅次于氢氧化钠，pH 值较高，皂化、乳化、浸润力大，清洗力强。即使是它的单一水溶液，也可以作为很好的清洗液。

（5）磷酸三钠（$Na_3PO_4·12H_2O$）。磷酸三钠有浸润作用，pH 值较高，不能浸铝或锌，只能配合用作非铁金属的洗净剂。

（6）焦磷酸钠（$Na_4P_2O_7·10H_2O$）。其作用与磷酸三钠相同，用作碱清洗剂的碱类。最好是 2~3 种碱配合使用，使其各自的特性充分发挥，以达到更好的效果。

一般使用的碱类，根据金属的材质或附着油的种类多少而选定适合的配方，在用碱液清洗时，由于皂化反应为主要目的，所以温度高为好，一般采用 70~90 ℃。对于锌、铝，如用苛性钠作清洗液，则作用过强，有被腐蚀的危险，最好采用正硅酸钠、磷酸钠等。碱液清洗配方见表 8-14。

表 8-14 碱液清洗配方

被洗材料	清洗方式	溶液配方/(g·L^{-1})	处理温度/℃	处理时间/min
钢材	浸洗	①氢氧化钠 50~100 磷酸三钠 10~35 碳酸钠 10~40 硅酸钠 10~30	90	15~30
钢材	浸洗	②磷酸三钠 25~35 碳酸钠 25~35 合成洗涤剂 0.75	80~100	10~20
钢材	喷淋	碳酸钠 8 氢氧化钠 3 磷酸三钠 4	80	（表压为 1.5~2MPa）
钢材	电解	氢氧化钠 50 水玻璃 5~10 碳酸钠 25 磷酸三钠 25	60~80	
铜及铜合金	浸洗	①磷酸钠 80~100	80~90	10~40
铜及铜合金	浸洗	②氢氧化钠 25~30 磷酸三钠 25~30 硅酸钠 5~10	80	10~20
铝及铝合金	浸洗	①氢氧化钠 40~60 碳酸钠 40~50 水玻璃 2~5 表面活性剂 3~5 mL/L	70~90	10~15
铝及铝合金	浸洗	②OP-10 乳化剂 10~16 磷酸三钠 2~6 磷酸钠 2~6	70~80	3~5

2. 碱液脱脂方法的种类及注意事项

碱液脱脂方法有以下几种：

(1) 电解法。把被清洗的工件浸入碱液中，然后通电，靠通过电解产生的气体的物理作用而清洗脱脂的方法。

(2) 喷射法。把碱液喷射到被洗工件表面而进行清洗的方法。此方法适用于大量生产和流水线作业。

(3) 旋转法。把被洗物放入盛有碱液的容器或缸内，使之旋转脱脂。此方法一般适用于形状小、油脂多的工件。

(4) 浸渍法（煮沸法）。把被洗物放在加热的碱清洗剂中浸渍而脱脂的方法。如前所述，仍是利用乳化作用（湿润、浸透、分散）而清洗干净的。为了使作用加强，可以利用给槽液搅拌、振动等机械作用，进一步提高脱脂的效果。

碱液脱脂操作上的注意事项有以下几点：

（1）浸渍时间。根据油污的程度，浸渍时间一般为 10～30 min。

（2）浸液温度。液温越高，效果越好。因为液温高时，油脂被软化，液体的对流作用能促进脱脂作用。一般操作液温在 60～100 ℃。经验认为，在 50 ℃ 以上，温度每增加 10 ℃，清洗效果即提高一倍。

（3）pH 值。pH 值越大，油与液之间的表面张力越小，越容易形成乳浊液，对脱脂有利。但 pH 值过高时，对一些非金属会引起腐蚀；当然，其 pH 值过低（pH＝8 以下）时，几乎没有脱脂的效果。所以，决定 pH 值时必须考虑金属的种类。1% 碱溶液的 pH 值如表 8-15 所示。

表 8-15 1% 碱溶液的 pH 值

碱	pH 值	碱	pH 值
$NaOH$	13.4	$Na_4P_2O_7$	10.2
Na_4SiO_4	13.1	$Na_5P_2O_{10}$	8.7
Na_2SiO_3（无水）	12.8	$Na_2B_4O_2$	9.4
$Na_2SiO_3 \cdot 5H_2O$	12.6	Na_2HPO_4	9.0
$Na_3PO_4 \cdot 12H_2O$	12.0	Na_2HCO_3	8.4
Na_2CO_3	11.2	Na_2SO_4	7.0

各种金属的腐蚀界限值（pH 值）如下：黄铜 11.5，锌 10，铝 10，锡 10。

（4）水洗。油污很多时，要用流动水充分洗净，并用热水冲洗。清洗不彻底时，因碱溶剂中的硅酸钠附着在被洗物上，带入洗槽后会生成二氧化硅，给磷化处理带来不良影响。

（5）刷洗。在没有条件的情况下，可以用刷子刷除油污，再用清水冲洗和手工擦洗干净。

（6）槽液的管理。脱脂液使用一段时间后，脱脂能力逐渐减小，脱脂时间变长。为了保持好的脱脂效果，应经常调整槽液，即加强槽液浓度的管理是非常重要的。

（二）乳剂脱脂法

乳剂脱脂法就是在有机溶剂中加入一种或数种表面活性剂，或再添加弱碱性净洗剂组成一种混合液。当用这种混合液浸渍或喷射在被洗物上时，溶剂浸透油脂层使油脂微粒化，而表面活性剂使油脂微粒乳化分散在水中，从而把油脂除去。

1. 乳化净洗剂

乳化净洗剂是由有机溶剂和表面活性剂构成的。

（1）有机溶剂，是指沸点在 220～240 ℃ 的烃系溶剂，即煤油、轻油、干洗用溶剂、石脑油等。

（2）表面活性剂，是具有乳化、洗净、浸透、分散、湿润和可溶化等作用的物质，是亲水基和亲油基有机的组合物质。作为主要乳化清洗剂而采用的表面活性剂是非离子性的。它有四大类：烷基醚型、脂肪酸酯型、烷基酚型、多元醇诱导体。

2. 乳剂脱脂配方两例

(1) 水100 L、煤油10 L、表面活性剂1 L，混合后溶液加入20～30 g/L的偏硅酸钠。

(2) 煤油61%（质量分数，下同）、松节油22.5%、月桂酸5.4%、三乙醇胺3.6%、丁基溶解剂1.5%。

3. 乳剂脱脂法的优点

乳剂脱脂能一起除去油类物质以及固体的粒子或其他污物等；锌、铝等不适合用碱脱脂的金属也能使用；脱脂工艺时间短，清除油污效果好；乳剂清洗后，工件表面有不沾水的特点；无毒、无害，对工作人员安全；无需特殊装置。

4. 操作注意事项

水洗不完全时，表面活性剂或碱在金属表面残存，会给磷化处理工艺造成恶劣的影响。所以要先用室温流水充分冲洗，然后用热水进行冲洗，把表面附着的微量异物完全除去。

（三）溶剂脱脂法

1. 浸渍法

浸渍法是把被洗物浸入有机溶剂中，经搅拌或人工冲洗脱脂的清洗方法。所使用的溶剂是汽油、二甲苯、丙酮等。采用此方法可以较快地把大量油脂溶解而除去，但是要达到完全脱脂的效果是困难的，故要和其他脱脂方法并用。

2. 三氯乙烯清洗法

在三氯乙烯装置内浸入被洗物，以三氯乙烯的热溶液或蒸气对被洗物进行脱脂。根据被洗物与三氯乙烯的接触状态，又分为以下几种方法：①液相法，②气相法，③液相-气相法，④多重液相法，⑤喷射法。

3. 采用三氯乙烯清洗的注意事项

(1) 清洗时为了避免三氯乙烯分解，需要加入稳定剂，尤其是清洗铝件时。稳定剂可选用切面呈棕色，坚硬而脆、木质纤维粉性少的赤芍（中药），加入量1.5%～4%（质量分数，下同）。清洗铝合金件要在无水、避光的情况下进行，其稳定效果较好。使用前可在35℃低温下烘24 h，然后密封储存。作为清洗钢铁件而采用的稳定剂配方有两种：一种是三乙胺0.05%、环氧氯丙烷0.5%、四氢呋喃0.5%、吡啶0.01%、异丁醇0.1%；另一种是醋酸乙酯0.02%、四氢呋喃0.2%。

(2) 当清洗液中油脂蓄积时，引起沸点升高，蒸发量降低，使蒸气脱脂能力下降，需要定期测定沸点和密度，以掌握清洗液的含油量。

(3) 三氯乙烯蒸气有毒性（易麻醉），长时间吸、触其蒸气会引起中毒，因此工作环境要有良好的通风设备，要做到设备密封并防止蒸气泄漏，以保障工作人员的身体健康和安全。

三、除锈方法

通常把金属表面生成的氯化物和氢氧化物称为锈。根据锈的颜色、生成状态和程度，选择适当的除锈方法。

除锈方法大致可以分为物理除锈和化学除锈。

物理除锈有手工除锈，即用各种工具铲、刮、刷、擦等。化学除锈，即用酸洗除锈。以下主要介绍化学除锈。

1. 钢铁表面的酸洗

钢铁表面的 Fe_2O_3 层最容易与酸起化学反应而被溶解。同时酸液可从氧化铁皮的裂缝处浸透到基体，在铁与酸起化学反应的同时，产生的 H_2 压力使氧化皮剥落。但 H_2 一部分容易被铁吸收，在铁的表面组织内，原子氢迅速扩散的结果将引起铁脆化，有减弱其力学性能的作用，同时另一部分氢气从酸液中被逐出形成酸雾，造成环境污染。为了防止这两种情况的发生，必须加入一定的抑制剂。

（1）酸洗的抑制剂及湿润剂。抑制剂不会减弱酸除锈或除氧化皮的作用，只抑制铁与酸的反应，而且能使酸的除锈能力提高。抑制剂分无机和有机两类。后者的抑制效果和稳定性都较好，如苯胺、吡啶、哇林、甲醛、硫脲、明胶等。一般多含有氧、氮、硫，用量为1%（质量分数，下同）以下。

使用适当的湿润剂时，可使除锈的时间缩短，酸洗效果提高。这类表面活性剂有烷基或丙烯基磺酸盐、烷基萘酸盐、高级醇硫酸酯等，用量为0.1%～0.5%。

（2）酸洗所使用的酸类及其特性。一般在工业上多用 HCl（盐酸）。由于盐酸便宜，处理简单，酸腐蚀作用易于控制，对氧化物的溶解力大。但温度高时易产生气体蒸发，使成分变稀，所以必须在40℃以下使用。酸液的浓度根据锈层的厚度、种类、工作温度等条件而定。通常常温采用10%～15%的HCl溶液；而对于 H_2SO_4（硫酸），大多数采用工作温度在40～70℃、6%～10%的酸溶液。无论哪一种酸，当浓度或工作温度高时，酸洗的时间要缩短，且对钢铁的腐蚀也加速，所以必须适当选择酸液的浓度和工作温度与工作时间等参数（表8-16、表8-17）。

表 8-16 酸洗用酸的种类及性能

酸的种类	酸洗速度	质量分数/%	温度	污物	备注
盐酸 HCl	快	10～15	室温	少	
硫酸 H_2SO_4	次于盐酸	5～10	40～70℃	多	添加质量分数为2%～10%的NaCl酸洗效果好，污物少
磷酸 H_3PO_4	次于硫酸	10～20	40～60℃	比硫酸少	形成磷酸铁薄膜
硝酸 HNO_3	慢	15～20	室温		不宜单独使用

表 8-17 化学除锈配方

适用范围	溶液成分及其质量浓度/(g·L^{-1})	处理温度/℃	处理时间/min
厚钢板强酸蚀	硫酸 180～200 缓蚀剂 3～5	20～60	5～50
热轧钢板脱脂除锈 （二合一）	硫酸 200～250 硫脲 3～5 OP-10 6～8	60～65	40～90
轻微锈脱脂除锈	硫酸 98 硫脲 5 OP-10 10	60～70	10～15

续表 8-17

适用范围	溶液成分及其质量浓度/(g·L^{-1})	处理温度/℃	处理时间/min
铸铁制件或钢制件	硫酸 75~100 盐酸 110~180 食盐 200＞500 缓蚀剂 3~5	20~60	5~50
不宜加温的较大工件	盐酸 5%~20%（质量分数）	室温~40	锈除尽为止

注：常用缓蚀剂有硫脲、洛托品、若丁等。

2．非铁金属的酸洗

（1）铜及其合金的酸洗。一般采用 10%～40%（质量分数，下同）的 H_2SO_4 溶液，在常温至 80 ℃进行。如果用这种配方氧化膜还不容易去除干净时，可在酸液中每升加 20 g 的 Na_2CrO_4，必要时把溶液升温到 80 ℃，效果较好。

（2）铝及其合金的酸洗。用 10% 的 H_2SO_4 水溶液在 50 ℃下浸数分钟，或经水洗后在 5% 的 NaOH 溶液内常温浸数分钟，或经水洗后一般在 5% 的 HNO_3 溶液中，90 ℃浸 0.5～5 min。为了光泽好，可以在以下溶液中浸渍：

①35%～50% 的 HNO_3 溶液，常温浸 2~5 s。

②10% 的 H_3PO_4 与 0.5% 的 H_2O_2 水溶液，在 50~60 ℃温度下浸 2~5 s。

（3）锌及其合金的酸洗。在 2%～3% 的 HCl 或 HF 溶液中快速进行。

（4）镁及其合金的酸洗。在 18% 的 CrO_3 溶液、工作温度 90~100 ℃下浸渍，如氧化膜不易除去时，再在 HNO_2(78 mL/L)、H_2SO_4(24 mL/L) 的水溶液中常温浸渍，或 CrO_3(120 mL/L)、HNO_3(120 mL/L) 的水溶液中常温浸渍。

3．酸洗后的处理

从酸洗槽中取出的工件，由于附着酸液，必须用温水充分冲洗，把酸完全除去，否则又会马上生锈，仍要再次进行酸洗。为了彻底把酸除去，往往采用碱液中和处理，最好立刻进行磷化处理或用稀 H_3PO_4、CrO_3 溶液浸渍（指对钢铁）后再进行冲洗。

四、金属表面的磷化处理

1．磷化处理的作用

磷化处理是用磷酸（H_3PO_4）或锰、铁、锌和镉的磷酸盐溶液处理金属制品，在金属制品表面上形成磷酸盐层膜（亦即磷化膜）的过程。钢铁、铝、锌、镉等金属均能进行磷化处理，以钢板制件表面的磷化处理最为普遍。

磷化后，金属表面生成不溶于水的磷酸盐层膜，具有极优良的防腐蚀性能和高的浸润透油能力。除了单独作为金属的防腐覆盖层外，通常广泛用于冷挤压、拉延等压力加工过程。特别是作为油漆涂层的基底，磷化能显著提高涂层的耐蚀性，能阻止腐蚀在涂层下以及在涂层被破坏部位的扩展，并能增强涂层与金属之间的附着力，因而它能大大增加涂层的使用寿命。

在汽车制造过程中，对于一些大型覆盖件的涂装，在涂装前多数已采用磷化处理。

2．磷化膜的类型

根据每单位面积质量的不同，磷化膜分为重型、中量型、轻量型和最轻量型四种。一一般而言，磷化膜的耐腐蚀性随着单位面积膜质量的增加而增加，但作为涂料涂层的基底，膜过厚，质量过大，反而对涂层的光泽、附着力及涂层的力学性能，特别是弹性和冲击韧度产生不良影响。因此，涂料底层的磷化膜一般都是采用轻量型和最轻量型（即薄膜致密型）。例如，锌盐磷化和铁盐磷化，其单位面积的膜质量在 $0.2\sim0.7\ g/m^2$ 的范围内。而锰盐磷化因温度较高，磷化时间又长，磷化膜厚而疏松，不宜用于磷化涂料涂层的基底，而只是用在防腐蚀等其他工序中。

磷化按其处理方式不同可分为浸渍式磷化、喷射式磷化、电化学磷化。

根据其反应时温度的不同又分为高温磷化、中温磷化、低温磷化。

根据反应时速度的不同又分为正常磷化、快速磷化。

在汽车制造过程中应用较广的是喷射式快速磷化处理。对使用条件比较苛刻的汽车部件，大都采用锌盐磷化，膜厚在 $1.5\sim5\ \mu m$；单位面积膜质量在 $1.5\sim4\ g/m^2$。对使用条件不太苛刻的部件也有采用最轻量型的铁盐磷化的。

3. 磷化处理的化学原理

磷化处理随着磷化液成分的不同而各有所异，在磷化时首先发生磷酸盐溶液的分解反应，此反应随着温度的增加和搅拌的进行而加速。当金属与磷化液接触时，与游离磷酸发生反应，生成磷酸氢盐和磷酸盐，其结晶在金属表面沉积形成薄膜。其反应过程大致如下：

$$Me(H_2PO_4)_2 \rightleftharpoons H_3PO_4 + MeHPO_4$$

$$3MeHPO_4 \rightleftharpoons H_3PO_4 + Me_3(PO_4)_2 \downarrow$$

$$3Me(H_2PO_4)_2 \rightleftharpoons 4H_3PO_4 + Me_3(PO_4)_2 \downarrow$$

其中，Me 表示锌、锰、铁等二价金属。

上述磷化反应的进行是极其缓慢的，一般需要 60 min 或更多时间，因为磷化过程中，阴极区域产生氢气停留在反应界面，即金属制品表面上，阻碍了磷化反应的进一步进行。这种现象称为阴极的极化，其反应式如下：

$$Fe + 2H_3PO_4 \rightleftharpoons Fe(H_2PO_4)_2 + H_2 \uparrow$$

为了去除这种极化现象，可加入氧化剂，如硝酸盐、亚硝酸盐、氯化盐等，把氢气氧化而除去，加速反应的进行。为促使 Fe 的溶解和氢气的逸出，还可以加入催化剂（如铜盐、亚硝酸盐等），使反应在几分钟内完成，这便是常用的快速磷化过程。

4. 钝化

在磷化处理以后，一般还有钝化工序。钝化就是金属与铬酸盐溶液作用，生成三价或六价铬化层。它具有一定的防腐蚀性能，大多用于铝、锌、镁等有色金属。尤其是用于防止锌及镀锌层的发白。而在钢板表面的铬化层，单独使用的较少，大多用于封闭磷化层，主要是使磷化层孔隙中暴露的金属钝化，以及抑制磷化加速剂残渣的腐蚀作用，结合磷化层以增加耐蚀能力。

钝化采用的铬酐（CrO_3），其质量浓度一般为 $0.2\sim0.45\ g/L$；pH 值为 $3.5\sim5.0$。

5. 磷化处理

涂装前的表面处理包括脱脂、清洗、磷化等工序。汽车的磷化处理一般采用的方法有：①喷淋法；②浸渍法；③喷淋—浸渍—喷淋法；④喷淋—逆流法（除喷淋外，再利用喷淋的逆流水，向车身或箱体物件内部浇灌的方法）。

为提高工件的防蚀能力，磷化膜厚度和晶体结构的要求非常严格。对磷化工件的外表面，最可行的办法是喷淋法，因为它可使表面磷化膜结晶致密。但是喷淋法对工件的遮盖部位及箱体物件的内部效果不好。而采用浸渍法，得到的效果与喷淋法相反，它可使车身或箱体的内部及被遮盖部分形成完整的磷化膜，但外表面磷化膜结晶粗大。

以往都认为磷化膜的厚度在 $2\sim3.5~\text{g/m}^2$ 最理想，但实践证明，在这样厚的磷化膜表面上再电泳底漆（阳极电泳），经过几年后，油漆涂层上将产生"疤形"腐蚀。这是因为在电泳中磷化膜发生了阳极溶解。当磷化膜的厚度降至 $1.5\sim2~\text{g/m}^2$ 时，可防止这种"疤形"腐蚀的弊病，获得良好的效果。

(1) 磷化系统。汽车车身在浸渍槽内进行磷化处理时，如槽内不设搅拌装置，车身外表面的磷化膜厚度将达 $3\sim3.5~\text{g/m}^2$，而内表面磷化膜的厚度仅是 $1.5\sim2~\text{g/m}^2$。如果将车身从槽中提起，使其溶液流出后再浸入槽中，这样反复几次，总的磷化处理时间不变，则车身内表面磷化膜的厚度就基本与外表面一样了。

为使车身外表面和内表面得到不同厚度的磷化膜，考虑到以上种种因素，在喷淋—浸渍—喷淋法的基础上，改成喷淋—逆流—浸渍的联合处理方法，则车身内外表面磷化膜的厚度就可以控制了，如图 8-4 所示。

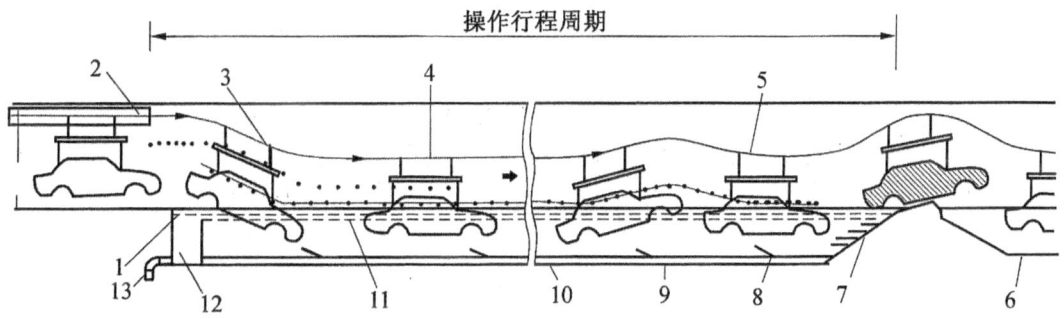

图 8-4 磷化系统
1—液槽液面和调节器；2—单轨高架运输机；3—激活喷淋装置；4—持续喷淋装置；5—起伏轨道；6—冲洗槽；7—槽头逆流液流；8—逆向液流持续喷淋装置；9—淤渣排出管；10—横向淤渣排出沟；11—保持液流流过箱形部件的压头差；12—筛网装置；13—主流回管（通常设有过滤、加热和调定测定装置的溶液控制设备）

这种磷化处理系统可有效地控制车身内外表面磷化膜的厚度。内表面磷化膜的厚度达 $3\sim3.5~\text{g/m}^2$，而外表面磷化膜的厚度则为 $1.5\sim2~\text{g/m}^2$，满足了汽车车身内部要有较高的抗蚀性、外表面要有较高装饰性的要求。

(2) 净化装置。在磷化处理的溶液中会出现大量的沉渣，如不及时清除掉，对磷化膜质量的影响较大。其措施是，在系统中除在磷化槽入口处设置过滤网外，还附设一个净化装置，见图 8-5。磷化液通过净化装置，经两次分离，沉渣运走，溶液循环使用。

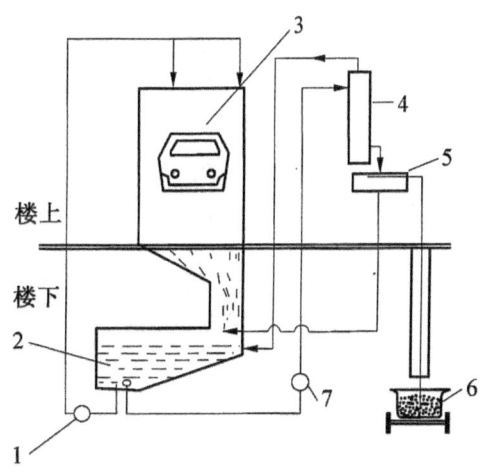

图 8-5 磷化液净化装置
1, 7—泵；2—分离器；3—磷化室；
4—旋涡滤清器；5—过滤器；6—小车

第五节　汽车的涂装工艺

汽车涂装工艺包括刷涂、浸涂、喷涂、静电喷涂、电泳涂装、粉末喷涂等，下面介绍几种常用的工艺方法。

一、静电喷漆

静电喷涂是借助于高压电场的作用，使喷枪喷出的飞漆雾化，并使飞漆带电，通过静电引力而沉积在带异电的工件表面的一种涂装方法。其优点是大大降低了喷雾的飞溅损失，提高了涂料的利用率，改善了工人的劳动卫生条件，可以实现机械化和自动化，从而有效地提高了劳动生产率，并且使喷涂的涂膜质量获得可靠的稳定性。但静电喷涂也存在不足之处，如需要使用的直流电压高达 100 kV，必须严格按操作规程进行工作，以免发生危险；设备和仪器比较复杂；静电喷涂因工件形状不同，造成电场强弱不同，因此均匀度差；由于飞漆密度小，对涂膜流平性和涂膜光泽度会产生一定的影响。

1. 静电喷涂的类型

静电喷涂的类型可分为纯静电雾化和有附加能的静电雾化两大类。

（1）纯静电雾化方式。这种方式以旋杯式静电喷枪为代表，如图 8-6a 所示。旋转式喷枪结构简单，不易阻塞，容易清洗；由于它属于机械离心式电雾化，对于涂料和溶剂的导电性要求低（当然导电性也要好）；有效面积大，吸附效率高，对涂层均匀性大为改善；雾化后涂料细致，表面平整、光滑。这种雾化方式对于形状简单的工件较为适合。

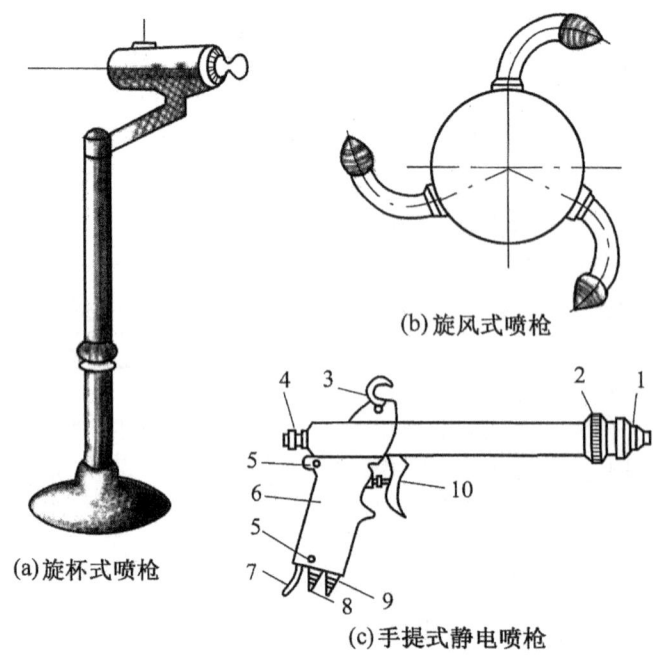

(a) 旋杯式喷枪　　(b) 旋风式喷枪　　(c) 手提式静电喷枪

图 8-6　喷枪

1—喷头螺母；2—连接螺母；3—挂钩横销螺栓；4—调漆栓；5—螺钉；
6—枪柄；7—电缆；8—漆管；9—气管；10—扳机

其缺陷是喷出的涂层有中心孔,对于形状较复杂的工件喷涂较困难,涂层不均匀或凹坑部位喷涂不上。另外,由于各种颜料的带电本领特性不同,所以喷涂多种颜料配成的涂料时会出现颜色不均匀的弊病。

为了克服有中心孔的缺陷,可在喷杯周围加装一只用聚氯乙烯或有机玻璃等非导电材料制作的、上面钻有100多个0.01~0.2 mm小孔的"环形多孔气幕喷头",以压缩空气围绕着旋杯喷射,这样便消除了涂覆漆面有环形中心的现象;并增加了直射的冲势,通入气体压力一般采用0.01~0.06 MPa,改变旋杯的转速和送气压力,可获得不同的喷射区域,这对形状复杂工件的喷涂极为有利。

(2) 有附加能的静电雾化方式。因附加能的种类不同,又可分为两类,即空气雾化法和液压雾化法。

旋风式喷枪(图8-6b)和手提式静电喷枪(图8-6c)都属于空气雾化,它们是借助于压缩空气和静电力的作用使涂料雾化的,所以能够喷涂形状较复杂或面积较大的物体。旋风式喷枪上的三个蛇形嘴可以调节,变更涂层直径较为方便,且能减少甚至消除涂层中心孔现象,容易得到比较均匀的涂层。但因空气雾化过程中溶剂易挥发,使涂膜易产生橘皮等弊病,所以对于溶液的要求较高,如要求低粘度而固体成分含量高,遮盖力好,溶剂挥发速度要慢,流动性能好等。而且由于空气雾化时压力流动将带电的漆粒冲出了静电吸引力范围,这些溶粒将不可能涂覆在工件上,因而增加了涂料的流失。

高压无气喷涂加上静电喷涂设备的组合就属于液压雾化。它是借助于压力将漆液加压到较高的压力范围,然后通过喷嘴小孔喷出,受高压的涂料喷到大气中便立即剧烈膨胀雾化。这种雾化方式与空气雾化方式相比,雾化状态比较好,喷出量大,涂装效率高,而对涂料的要求与空气雾化相似。

2. 静电喷涂的工艺参数

(1) 喷枪和电网的位置。由于喷雾带相同的电荷互相排斥,使飞漆乱飞,因此两支喷枪的距离至少要有1 m。

在喷枪的对面,装上用漆包线绕成的直流高压电电网,可以把大部分窜过工件的飞漆弹回工件,减少涂料的消耗,改善环境条件。但电网离喷枪不宜太近,一般离70 cm以上为好;离房顶50 cm以上,否则影响涂着率。

(2) 电压。直流电压的高低是非常重要的因素,电压高涂着率就高,一般采用80~90 kV,电压过高时对设备的绝缘性要求很高。

(3) 喷枪与工件的距离。喷枪与工件的距离直接影响电场强度,一般两者的距离以25~30 cm为宜;超过40 cm时,其涂着率显著下降。同时,还必须与工件的形状及喷枪的布置等结合起来考虑。

(4) 喷枪的转速。转速高,线速度高,飞漆粒子细,所形成的涂膜平整;反之,则飞漆粒子粗,所形成的涂膜有橘皮痕迹,且喷涂粘度高的涂料有困难。一般旋风式喷枪的转速为800 r/min,旋杯式喷枪转速必须大于100 r/min。

(5) 工件悬挂要求。工件在互不碰撞的前提下,以悬挂的节距最小为原则,这样涂料损耗小,产量大。工件离地面和喷房传送链至少在1 m以上。工件离地面过近,会使雾化涂料有一部分被吸向地面,影响涂料吸附;同样,离传送链太近,会使传送链和静电房的房顶也喷上涂料而造成滴漆，改变了电场强度，影响产品质量，降低涂着效率。静电房的两对面和左右侧壁至少相距1.5 m以上，这样比较理想。

对于工件形状复杂而使得涂料的涂着性能有差异时，可用回转喷涂的方法。但对于回转中心不对称或旋转后使喷枪与工件距离显著变化的工件，则不宜采用。回转的速度不宜过快，一般为3~4 r/min；传送链的速度根据具体喷涂的零件以及干燥情况决定，如过快，则会影响喷涂质量，要求适当的速度为0.22~2.4 m/min。

(6) 涂料的性能。涂膜的好坏不仅取决于喷涂技术，而且取决于选用涂料品种的性能。各种涂料的静电喷涂效果对涂装后涂膜状态的影响也很大，静电喷涂应选用易于带电的涂料品种，一般以电阻率为标准量来评价带电性。涂料的电阻率在5~50 MΩ·cm，比较适宜静电喷涂。如涂料电阻过高或过低，可适当添加低电阻或高电阻的极性溶剂来调节。但仅从电阻率来选择溶剂还不够全面，静电喷涂用的溶剂要求沸点高、极性高、溶解性良好。涂料的粘度对静电喷涂效果也有一定的影响，通常粘度越高，效果越差，尤其是涂料的分散度和沉积率较差。但在不影响质量的前提下，粘度应尽可能地高些，这样可以增加不挥发成分的含量，且涂膜的光泽和丰满度好，有利于降低成本和使用安全。

在选择工艺条件时，应根据实践经验结合工件的具体情况综合考虑。

3. 静电喷涂的安全措施

(1) 工件与喷枪的距离不能小于20 cm。

(2) 喷涂房内不允许有孤立导体存在，因为孤立导体本身就是一个电容，易积存大量的电荷，如果碰到接地的物体，工件就会产生放电火花，从而引起火灾。与人接触可发生触电事故。

(3) 悬挂要清洁，且不能绝缘，否则工件就变成孤立导体而产生电容放电现象。

(4) 在静电喷涂操作时，最好不要穿绝缘鞋或站在绝缘物上，以免发生电击。

(5) 喷漆房内不应有易燃物质，溶剂浓度不能超过规定标准，并保持一定的通风量。

(6) 喷漆房的电灯应为防爆式或罩灯式。

(7) 静电发生器要距离喷漆房5 m以外，离照明及动力线路50 cm以外，工件距离墙壁50 cm以上为宜。

需要说明的是，静电喷涂工作人员虽长期在电场内工作，但对人的健康并无妨碍。

二、电泳涂装

电泳涂装是把工件和对应电极放入水溶性树脂制成的电泳涂料液中，接上直流（或交流）电源后，在电场力的作用下，涂料在工件上沉积，形成均匀涂膜的一种涂装施工方法。

电泳涂装按电源可分为直流电泳和交流电泳，而按涂料沉积性能又可分为阳极电泳和阴极电泳；按工艺方法还可分为定电压法和定电流法。目前应用较广泛的是直流电源定电压法阳极电泳。

1. 电泳涂装的原理

电泳涂装是一个复杂的电化学反应过程，其中主要包括以下四个同时进行的过程。

(1) 电泳。一般水溶性涂料是一种胶状分散体，树脂分子在水中离解而带电，在直流电场作用下，分散在极性介质水中的带电树脂粒子和吸附在其表面的颜料、填料粒子一起向它所带电荷相反的电极方向移动，称为电泳。

(2) 电沉积。在电场作用下，带电的胶体粒子到达阳极（工件），放出电子后沉积在阳极表面，形成不溶于水的涂膜，称为电沉积。沉积先在线密度大的位置发生，随着这些位置有了一定的绝缘性后（涂膜具有绝缘性），沉积点逐渐移动，直到完全均匀涂覆成膜。

(3) 电渗。当涂料液中的胶体粒子受电场影响，向阳极移动并沉积时，此沉积物在电场力作用下不能移动，而吸附在阳极上的介质（主要是水）相对地被挤压，在内渗力作用下，从阳极穿过沉积的涂膜进入涂料液中，称为电渗。

(4) 电解。当电流通过电解质水溶液时，水便发生电解反应，在阴极放出氢气，阳极放出氧气，同时阳极本身也会发生溶解。

2．电泳涂装的优缺点

(1) 涂膜均匀，附着力强，质量好，一般涂装方法不易涂或不好涂的部位，如内层、凹缘、焊缝等处都能获得均匀、平整、光滑的涂膜。

(2) 涂料的利用率高达 90%～95%。

(3) 电泳涂料是以水作为主要溶剂，减少了空气污染，没有火灾的危险，改善了劳动条件。

(4) 施工速度快，可实现机械化和自动化连续生产，劳动生产率高。

(5) 设备复杂，投资费用大。

(6) 限于在导电的被涂物表面上涂装。

(7) 烘烤温度较高，耗电量稍大。

(8) 不易变换涂料颜色。

(9) 废水必须进行处理。

3．影响电泳涂膜质量的主要因素

(1) 电压。电压是决定涂膜厚度和外观的主要因素，电压过低，则泳透力差，涂膜薄；电压高，泳透力强，但电压过高，则涂膜表面粗糙，有针孔、橘皮等。电压的选择取决于涂料类型、工件材料或工件外形复杂程度和极间距离等。一般情况下，对于钢铁焊件可采用 30～70 V，钢铁铸件和铝及铝合金件可采用 60～100 V，镀锌件可采用 70～80 V。

(2) 电泳时间。涂膜厚度随着电泳时间的延长而增加，但当涂膜达到一定厚度时，继续延长时间，膜厚也不再增加。一般电泳时间为 1～8 min。

(3) 漆液温度。漆液温度过低，电沉积量小，涂膜薄；温度高，涂膜易加厚，且漆液温度过高时，涂膜变得粗糙，有橘皮；如长期温度过高，会造成涂料液变质。漆液温度通常控制在 15～30 ℃为宜。

(4) 漆液固体分量。漆液固体分量低时，涂料浪费少，但过低时泳透力降低，涂膜薄，容易产生针孔，表面粗糙；漆液固体分量高时，泳透力强，涂膜表面状态得到改善。但漆液温度过高时，泳透力也会降低，电渗性不良，涂膜粗糙疏松，而且工件带出损失的涂料量也大。一般控制漆液中固体质量分数在 10%～15%。

(5) 漆液的 pH 值。pH 值过低时，漆液的亲水性下降，树脂水溶性不良，涂料分散不好，漆液变质；pH 值过高时，涂膜薄，泳透力下降，而且新沉积的涂膜会再溶解，涂膜易出现针孔，表面变粗。一般 pH 值控制在 7.5～9.5 之间。

(6) 漆液的电阻值。工件从前一道处理工序带入电泳槽的杂离子或稀释水，会使涂料液的电阻值下降,从而引起涂膜出现粗糙、不均匀和有针孔等各种弊病,因此,必须设法减少杂离子对漆液的污染。漆液中杂离子的许可质量浓度见表8-18。

表8-18 漆液中杂离子的许可质量浓度

离子名称	SO_4^{2-}	NO_3^-	PO_4^{3-}	Zn^{2+}	Ca^{2+}	Cr_2O^{2-}
许可质量浓度/$(mg \cdot L^{-1})$	120	108.5	143.5	80	300	0.5

(7) 阴阳极面积比及极间距。阴阳极面积比对涂膜厚度及外观影响不大,但当阴极面积过小时,阴极电解速度加剧,会出现气泡增多,影响涂层质量。一般阴极面积不能小于阳极面积的1/3,阴阳极面积比取1:1较好。

极间距对涂膜厚度有一定影响,在电压一定的条件下,极间距小,沉积量增加。但极间距过小时,涂料液升温快,泡沫多,反而使涂膜质量下降;若极间距太大,沉积量减少,涂膜薄。极间距一般以150~800 mm为宜,极板至工件外缘的间距应大于150 mm。

(8) 颜料树脂比(P/B——颜基比)。恰当的P/B(质量比)是:灰色(20~30)/60,红棕色(25~35)/60,黑色(3~4)/60。

比率大,涂面不好,容易出现小针孔;比率小,易出现大针孔。

(9) 溶剂含量。电泳槽一般含有质量分数为5%~6%的溶剂,溶剂过多会使电泳时所使用的电压降低,造成泳透力弱,而且会出现针孔。

4. 电泳涂膜常见的弊病及其原因

(1) 涂膜外观不好。有花脸、橘皮、流挂等现象。这种病态所产生的原因主要是由于表面处理不好,脱脂、除锈不净或磷化膜不均匀;电泳后水洗不净;pH值过高;漆液泡沫过多;固体量过高;极间距离或被涂工件距离小;电压过高;漆液温度过高等。

(2) 工件表面光亮不一致。这种病态主要是因为漆液中的颜基比不适当,P/B过大,而且分散性不好;漆液搅拌不充分;固体量过低;pH值低;电压太低造成涂膜过薄等。

(3) 涂膜过薄。涂膜过薄的主要原因是电压过低、pH值过高、固体量过低、电泳时间过短、涂料温度过低、搅拌速度过快等。

(4) 针孔。引起针孔的主要原因是固体量太低,水解激烈;电压太高,电解反应快,气泡增多;涂料液中杂质离子过多;通电入槽时速度较慢,或槽液搅拌慢;工件表面潮湿(产生阶梯针孔);槽液混入油类;工件表面脱脂不净、颜基比小、漆液流平性过大(易产生大针孔)等。

(5) 粗粒。主要原因有灰尘等异物混入漆液、电泳涂料溶解不良、颜料分散不良、杂离子太多等。

(6) 水迹。主要原因有涂膜疏松,电渗性差;漆液中助溶剂太多;颜基比小,清漆过多等。

(7) 电泳后水洗时涂膜脱落。主要原因有表面处理不干净、pH值过高、涂膜产生再溶解、电压过低、杂质离子过多、水洗时间过长、颜基比大等。

三、粉末喷涂

1. 粉末涂料

粉末涂料是一种新型涂料,一次涂覆的涂层厚度可从几十微米到100 μm以上,可代替溶剂型涂料的几道涂层，简化了施工工艺，显著地减轻了工人的劳动强度和提高了生产效率。再加上适当的回收装置，粉末的回收率可达90%以上。但工件必须经高温烘烤，调色也不如溶剂型涂料方便，并且要有一套相应的涂覆设备。

粉末涂料可分为以下两类：

（1）热塑性粉末。包括聚氯乙烯、聚乙烯、氟树脂、聚丙烯、氯化聚醚、聚苯硫醚、尼龙等。

（2）热固性粉末。包括环氧粉末、聚酯粉末、丙烯酸粉末等。

2．粉末喷涂工艺

粉末喷涂方法有流化床法、静电流化床法、静电喷粉法和火焰喷涂法等。目前应用较多的是流化床法和静电喷粉法。尤其是作为装饰性涂层时多数用静电喷粉法施工。

（1）流化床法。在装有多孔隔板的槽中放入粉末，从底部通过多孔隔板通入适量的压缩空气，使粉末涂料形成流化层，然后往流化层浸入预热的工件，粉末被熔融而形成均匀的涂层。

这种方法的优点是设备简单，操作方便，使用的粉末品种范围广，更换颜色也较容易。其缺点是不能薄涂，外观和附着力不够理想。

（2）静电喷粉法。用压缩空气将粉末送到带有高压静电的喷枪上，使粉末带上负电，粉末由于受静电引力作用而吸附到作为正极的工件上（工件接地）。其优点是可获得较薄而且均匀的涂层，对复杂的工件也可获得较好的效果。

静电喷粉装置如图8-7所示。

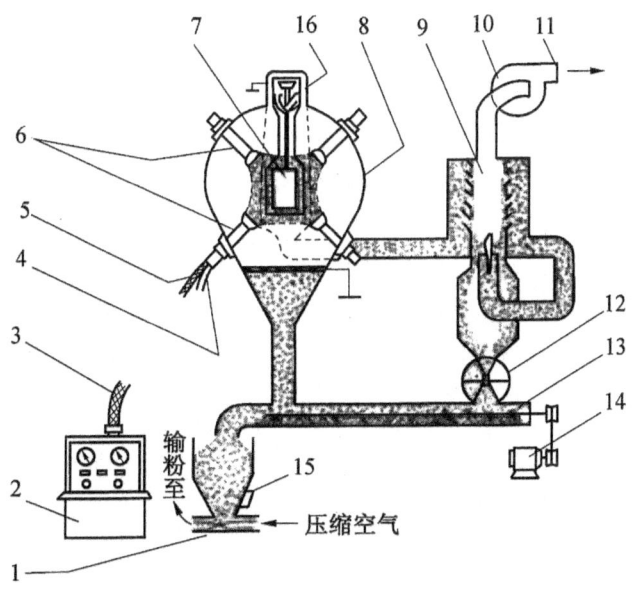

图8-7 静电喷粉装置示意图

1—供粉器；2—高频高压静电发生器；3—高压电缆（接喷枪头）；4—输粉管（接供粉器）；5—高压电缆（接发生器）；6—喷枪；7—工件；8—喷粉柜；9—收尘器；10—抽风机；11—净气出口；12—出料阀；13—螺旋回粉管道；14—电动机；15—电磁振动器；16—传动线导轨

(3) 静电喷粉的工艺参数：

电压：60～100 kV。

送粉压力：一般为 5～15 kPa；形状复杂的工件或喷死角及凹坑处时要达到 20～30 kPa。

喷出粉末量：对中小型工件，单枪出粉量可控制在 4～12 kg/h；对大型工件，出粉量可大些。

喷枪与工件距离：150～350 cm 范围内。

(4) 静电喷粉的安全措施。安全措施与静电喷涂相同。

第六节 干燥工艺

涂膜干燥的过程也就是涂膜形成的过程。各种不同的涂料有着不同的干燥要求和干燥工艺规范。干燥工艺又与涂膜的外观质量、物理、力学性能及涂装成本等有着极其密切的关系。因此，正确地选用干燥方法和控制干燥条件是十分重要的。

一、干燥方法

1．自然干燥

这种干燥方法的特点是：不需要任何设备，只需要有一个灰尘少和通风良好且较大的场地；但干燥时间受气候变化的影响较大，因此只适用于小批量生产的汽车厂。

2．热空气对流干燥

对流干燥是利用热源的热量以对流方式传递的原理干燥涂膜的。其热源有蒸气、煤气、电热。首先是由热源对热传导介质——空气进行加热，然后靠自然对流或强制对流的形式将热量传递给涂装工件，从而达到干燥的作用。这种干燥方法的热能利用率及干燥的效率都比较低，但设备简单，所以目前应用较为普遍。

3．红外线辐射干燥

这种干燥方法是将热能转变为不同波长的电磁振动辐射能。而这种辐射能又被其他物体吸收转化为热能，致使产生了热能的辐射和吸收的过程，即辐射交换。辐射热干燥法中，目前应用最广泛的就是红外线辐射干燥。因为红外线具有较高的发热效率，当红外线照射在涂装的工件表面时，能透过涂层被工件所吸收而转变为热能，使涂膜干燥。因此，其干燥速度快，并可使得膜坚硬、光亮，提高涂膜质量。

二、各类涂料所适用的干燥方法

1．挥发性漆

这类涂料，如硝基漆、过氯乙烯漆、丙烯酸漆、磷化底漆、虫胶漆、聚醋酸乙烯乳胶漆等，在干燥过程中主要是由于溶剂的挥发，使漆的粘度逐渐增加而固化成膜，漆中主要成膜物质不起化学变化，所以适合于自然干燥。但若相对湿度超过 80% 时，涂膜易发白。

2．氧化聚合型漆

这类涂料，如清油、酯胶漆、酚醛漆、醇酸漆、环氧树脂底漆等，在干燥过程中，虽有溶剂的挥发，但主要是依靠成膜高分子之间的氧化聚合作用而固化成膜的。因为氧化聚合反应速度慢于溶剂的挥发,所以这一类型的干燥速度主要取决于氧化聚合反应速度。这类漆都能自干,但在100℃以下干燥可提高涂膜性能。

3. 烘烤聚合型漆

这类涂料,如氨基烘漆、环氧酚醛漆、环氧氨基漆、有机硅漆、沥青烘漆、丙烯酸烘漆等,只能烘干,不能自干,只有在较高温度下成膜高分子之间才能起交联反应而固化成膜,在常温下不起反应。对于各种烘干聚合型漆,烘烤温度太低时,交联反应太慢,或根本不起反应;温度太高时,可能使成膜高分子裂解,颜料分解变色。

4. 固化剂固化型漆

这类涂料,如环氧漆、聚氨酯漆、环氧沥青漆等,是靠固化剂中的活性元素或活性基因引起成膜物质分子的交联固化。这类漆是双组分油漆,现配现用,可以自然干燥,也可以低温烘烤。

第七节 汽车涂装工艺简介

涂装是指用涂料装饰产品,汽车涂装工艺是指涂料涂覆汽车车身覆盖件表面的工艺。

一、汽车用涂料

(1) 货车车身组用涂料,代号为TQ1,该组分甲、乙两级。甲级具有优良的装饰性,乙级只有一般的装饰保护作用。它们主要用于货车驾驶室及其覆盖件的涂装。

(2) 轿车车身组用涂料,代号TQ2,该组分甲、乙两级。甲级具有高等级的装饰性,主要用于高级轿车车身及其覆盖件的涂装;乙级具有优良的装饰保护性,主要用于中级轿车车身及其覆盖件的涂装。

(3) 车箱组用涂料,代号TQ3,也分为甲、乙两级。甲级具有防腐、装饰性能,用于金属车箱;乙级也具有防腐、装饰性能,用于木质车箱。

(4) 车内装饰组用涂料,代号TQ4,没分级,主要用于客车、货车内饰件。

二、车身用底漆

底漆是涂布在经过表面处理的白车身表面上的第一底漆,是整个涂层的基础。它是车身防锈蚀的关键涂层。

底漆必须具备下列特性:

(1) 应具有极强的附着能力和结合力,应能牢固地附着在车身表面,还应能与腻子或面漆牢固结合。

(2) 有良好的防锈能力、耐腐蚀性、耐潮湿性和抗化学试剂性。

(3) 底漆涂膜应具有较高的机械强度、适当的弹性和一定的韧性,当车身覆盖件膨胀或收缩时不致脆裂脱落。

(4) 应与中间涂层或面漆涂层有良好的配套性和良好的施工性。应能适应汽车涂装工艺和大量流水生产的要求。

为达到上述要求的特性,底漆用的主要漆基应为各种改性的环氧树脂、酚醛树脂、醇酸树脂和一些优质水溶性树脂(如马来酸改性的聚丁烯树脂、聚酯型树脂和环氧酯树脂等)。醇酸树脂因其耐潮湿性差,易起泡,已有被淘汰之势。汽车用底漆中都有优质的防锈颜料。汽车车身涂装常用底漆如表 8-19 所示。

表 8-19 汽车车身涂装常用底漆

型号	名称	组成	性能	施工注意事项	应用
F06-10	铁红醇酚醛电泳底漆	纯酚醛电泳漆料,防锈颜料,蒸馏水	附着力好,防锈性能好,漆膜平整,与面漆结合力强	水作溶剂,水质要好,施工时遵守技术规范	车身覆盖件
H06-3	铁红、锌黄环氧底漆	环氧树脂,三聚氰胺甲醛树脂,防锈颜料,溶剂(二甲苯、丁醇)	优越的附着力,极好的耐水性及耐化学药品性能		高级轿车和驾驶室覆盖件
H06-5	铁红环氧树脂电泳底漆	环氧树脂,亚麻油,酸顺丁烯二酸酐,丁醇,胺类,蒸馏水	附着力、耐水防潮及防锈性能近似于环氧底漆	溶剂是水	驾驶室覆盖件
H06-19	铁红、锌黄环氧树脂底漆	环氧树脂,植物油,氨基树脂(少量),铁红锌黄,体质颜料,溶剂(二甲苯、丁醇)	漆膜坚硬耐久,附着力好,可与磷化底漆配套使用		驾驶室覆盖件

三、车身用中间层涂料

中间层涂料是指底漆层与面漆层之间的涂层涂料。它主要用来改善被涂工件表面或底涂层的平整度,对物体表面微小的不平处有填平能力,如用来填平涂过底漆表面的划痕、针孔和麻点等缺陷,为面漆层创造优良的基底,增加底漆层和面漆层的结合力,提高整个涂层的外观质量。对于表面平整度和装饰性要求不高的汽车车身,在大量流水生产中,常去掉中间涂层,以简化工艺。但对于装饰性要求高的乘用车,有时采用下面几种中间层涂料:通用底漆(又称底漆二道浆)、二道浆(又称喷用腻子)、腻子(俗称填密)和封底漆。

中间层涂料应具有以下特性:

(1) 应与底漆、面漆层配套良好,涂层之间的结合力强,硬度适中,不产生被面漆的溶剂咬起(一种涂装缺陷)的现象。

(2) 应具有较强的填平性,能消除被涂漆表面的浅纹路等微小缺陷。

(3) 打磨性能良好,在湿打磨后能得到平整光滑的表面;能高温烘干,烘干后干性好,再打磨时不沾砂纸。

(4) 涂层不应在潮湿环境下起泡。

为保证涂层间的结合力和配套性,中间层涂料所选用的漆基应与底漆和面漆所用的漆基相仿,其差异逐步由底向面过渡,最好选用同一家公司的产品。

中间层涂料的种类也比较多,主要有环氧树脂、氨基醇树脂和醇酸树脂漆。几种常用的中间层涂料如表 8-20 所示。

表 8-20 汽车车身涂装常用中间层涂料

型号	名称	施工方法	性能	施工注意事项	应用
C06-10	醇酸二道底漆，又称醇酸二道浆	涂料用二甲苯兑稀后喷涂，与醇酸底漆、醇酸磁漆、醇酸腻子、氨基烘漆等配套使用	漆膜细腻，容易打磨，打磨后平整光滑	喷涂后可常温干燥。若喷涂后放置0.5 h，再在100～110 ℃温度下烘烤1 h，可提高漆膜性能	多用其喷涂在底漆和腻子的表面上，或只有底漆的金属上，填平微孔和砂纹
H06-9	环氧树脂烘干二道底漆	施工以喷涂为主，用二甲苯调稀	填密性良好，可填密腻子孔隙、细痕，也易打磨	漆膜烘干后可用水砂纸打磨，使底层平滑	作为汽车车身封闭底漆
C06-5	过氯乙烯二道底漆，又称过氯乙烯封闭漆	适宜喷涂，用X-3过氯乙烯稀释剂和F-2过氯乙烯防潮剂调整粘度，除防潮外还可防止发白。可与过氯乙烯底漆、腻子、磁漆、清漆等配套使用	可填平微孔和砂纹，打磨性较好，能增加面漆的附着力和丰满度		用来作为头道底漆和腻子层上的封闭性底漆

四、车身用面漆

汽车面漆是汽车车身覆盖件多层涂层中最后涂层用的涂料，汽车的装饰性、耐候性、耐潮湿性和抗污性等性能等要求主要靠面漆实现。在汽车车身生产中，尤其在乘用车生产中，对汽车用面漆的质量要求非常高，具体要求如下：

(1) 外观装饰。保证汽车车身具有高质量的、优美的外观，具有光彩亮丽的外观装饰性。

(2) 硬度和抗崩裂性。面漆涂膜应坚硬耐磨，以保证涂层在汽车行驶中经受路面沙石的冲击和在擦洗车身时不产生划痕、裂纹。

(3) 耐候性。按有关标准，要求汽车用面漆涂层在热带地区长期暴晒不少于12个月后，只允许极轻微的失光和变色，不得有起泡、开裂和锈点。

(4) 耐潮湿性和防腐蚀性。涂过面漆的工件浸泡在40～50 ℃的温水中，或暴露在相对湿度较高的空气中，面漆应不起泡、不变色或不失光。整个涂装体系具有较强的防腐蚀性。

(5) 耐药剂性。面漆涂层在使用过程中，若与蓄电池酸液、润滑油、制动液、汽油、各种清洗剂和路面沥青等直接接触，擦净后接触面不应变色或失光，也不应产生带色的印迹。

(6) 施工性。在大量流水生产中，面漆的涂布方法采用自动喷涂或静电喷涂，烘干温度一般为120～140 ℃，时间以30～40 min为宜。在装饰性要求高时，面漆涂层应具有优良的抛光性能，这样能满足汽车在使用中对漆面光泽度翻新的要求。

汽车车身用面漆的种类很多，按其成分主要有表8-21所示的几大类。

表8-21 汽车车身涂装常用面漆

型号	名称	组成	性能	施工注意事项	应用
B01-10	丙烯酸清烘漆	甲基丙烯酸脂，丙烯酸脂，β-烃乙酯，三聚氰胺甲醛树脂，增韧剂，苯、酮类溶剂	漆膜有较好的光泽、硬度、丰满度，以及防湿热、防盐雾、防霉变的性能，保色、保光性极好	供B05-4面漆罩光用	用于轿车车身
B05-4	各色丙烯酸烘漆	加颜料，其余与丙烯酸清烘漆组成相同	热固性漆，烘干后漆膜丰满，光泽及硬度良好，保色和保光性极好，三防性能好	用B05-4烘漆并掺入质量分数为50%~70%的B01-10清烘漆喷涂罩光，作为最后工序	用于光泽要求高及三防性能好的轿车车身
A01-10	氨基清烘漆	氨基树脂，三羟甲基丙烷醇酸，丁醇二甲苯	漆膜坚硬，光泽平滑，耐潮及耐候性好	作为A05-15面漆罩光用	用于轿车室外金属表面罩光
A05-15	各色氨基烘漆	氨基树脂，三羟基丙烷，脱水蓖麻油，醇酸树脂，有机溶剂	漆膜坚硬度高，光亮度好，漆膜丰满，耐候性优良，附着力好，抗水性强	与电泳底漆、环氧树脂底漆配套，进入烘干室烘干前应在常温下静置15 min	用于中级轿车车身
C04-49	各色醇酸磁漆	植物油改性醇酸树脂，颜料，加少量氨基树脂，催干剂，二甲苯	较好的耐候性，附着力、耐水耐油性能也较好	加少量氨基树脂起防皱作用，故可一次喷得较厚。烘干温度120~130℃，时间30 min	用于汽车驾驶室表面涂布
Q04-31	硝基磁漆	低粘度硝化棉，有机硅改性，椰子油醇酸树脂，氨基树脂，增韧剂，溶剂（酯、醇、苯）	漆膜光亮平滑、坚硬、丰满、耐磨、耐温变及机械强度较好，户外耐久性好	面漆层总厚度控制在100 μm以内，在100℃~110℃烘1 h，可提高耐温变性	中、高级轿车车身

五、车身涂装的典型工艺

汽车涂装属于多层涂装。由于各种汽车使用条件及外观要求不一样，涂装工艺也各不相同。国内外汽车车身涂装工艺可以分为以下三个基本体系。

1. 涂三层烘三次体系/涂层总膜厚 70~100 μm

碱性脱脂→锌盐磷化→干燥(120 ℃/10 min)→底漆涂层（电泳底漆，膜厚 15~25 μm，不烘干（仅晾干水分））→中间涂层（静电自动喷涂与电泳底漆相适应的水性涂料，膜厚20~30 μm，烘干(100 ℃/10 min 预烘，160 ℃/30 min 与底漆一起烘干))→面漆涂层（喷涂三聚氰胺醇酸树脂系面漆（金属闪光色用丙烯酸树脂系），膜厚 35~45 μm，烘干(130~140 ℃)/30 min)。

对于外观装饰性要求不太高的旅行车和大客车车身及轻型载货汽车的驾驶室等一般采用这一涂装体系。

2. 涂三层烘两次体系/涂层总膜厚 70~100 μm

碱性脱脂→锌盐磷化→干燥(120 ℃/10 min)→底漆涂层（电泳底漆，膜厚 15~25 μm，烘干(160 ℃/30 min))→中间涂层（静电自动喷涂与电泳底漆相适应的水性涂料，膜厚 20~30 μm，烘干(100 ℃/10 min 预烘，160 ℃/30 min 与底漆一起烘干))→面漆涂层（喷涂三聚氰胺醇酸树脂系面漆（金属闪光色用丙烯酸树脂系），膜厚 35~45 μm，烘干(130~140 ℃)/30 min)。

3. 涂两层烘两次体系/涂层总膜厚 55~75 μm

碱性脱脂→锌盐磷化→干燥(120℃/10 min)→底漆涂层(电泳底漆，膜厚 20~30 μm，不烘干（仅晾干水分））→干或湿打磨→干燥→面漆涂层（喷涂三聚氰胺醇酸树脂系面漆（金属闪光色用丙烯酸树脂系），膜厚 35~45 μm，烘干(130~140 ℃)/min)。

中、重型载货汽车的驾驶室一般采用这一涂装体系。

【本章小结】

本章主要阐述了涂装工艺的作用和要求，涂料的组成、分类和编号；介绍了涂料的调配原理、注意事项和原则以及涂装前金属表面处理的意义、方法；也介绍了汽车常见的涂装工艺、漆膜的干燥工艺和汽车车身涂装的典型工艺等相关内容。

【复习思考题】

1. 涂装的作用有哪些？汽车的表面涂层应满足什么要求？
2. 车用涂料由哪些物质组成？
3. 涂料和油漆有何区别？
4. 简述下列各代号的含义：①C04-2；②A05-11；③C06-1。
5. 汽车常用底漆有哪些？车用底漆有何功能？它必须具备哪些特性？
6. 中涂的功用和特性有哪些？
7. 常用的面漆和罩光漆有哪些？
8. 调色过程中应注意哪些事项？
9. 汽车进行涂装之前为何要进行金属表面处理？主要的方法有哪些？
10. 碱液脱脂常用的方法有哪些？溶剂脱脂常见的方法有哪些？
11. 钢铁表面酸洗除锈的原理是什么？
12. 金属表面磷化处理的作用是什么？
13. 汽车磷化处理的一般方法有哪些？磷化处理的化学原理是什么？

14. 静电喷涂的原理是什么？该涂装工艺有何优缺点？
15. 静电喷涂的工艺参数有哪些？
16. 电泳涂装的原理是什么？该涂装工艺有何优缺点？
17. 常见的粉末涂料有哪几类？该涂料有何优点？其常见的喷涂工艺有哪几种？
18. 涂膜的干燥方法有哪几种？如何针对不同类型的涂料选择相应的涂膜干燥方法？
19. 汽车车身涂装工艺可以分为哪三个基本体系？

参 考 文 献

[1] 钟诗清,王文德. 汽车车身制造工艺学 [M]. 北京:机械工业出版社,1991.
[2] 曾东建. 汽车制造工艺学 [M]. 北京:机械工业出版社,2007.
[3] 李双义. 冷冲模具设计 [M]. 北京:清华大学出版社,2002.
[4] 李硕本. 冲压工艺学 [M]. 北京:机械工业出版社,1988.
[5] 马正元,韩启. 冲压工艺与模具设计 [M]. 北京:机械工业出版社,2000.
[6] 刘心治. 冷冲压工艺及模具设计 [M]. 重庆:重庆大学出版社,2005.
[7] 王宝玺. 汽车拖拉机制造工艺学 [M]. 2版. 北京:机械工业出版社,2004.
[8] 华健. 现代汽车制造工艺学 [M]. 上海:上海交通大学出版社,2002.
[9] 张福润. 机械制造技术基础 [M]. 2版. 武汉:华中科技大学出版社,2000.
[10] 钟诗清. 汽车装焊工艺及设备 [M]. 武汉:武汉汽车工业大学教材出版中心,1996.
[11] 王宝玺,贾庆祥. 汽车制造工艺学 [M]. 北京:机械工业出版社,2009.
[12] 韩英淳. 汽车制造工艺学 [M]. 北京:人民交通出版社,2005.